Ted Conover

VORHOF DER HÖLLE

UNDERCOVER IN SING SING

Mit einem Vorwort von Günter Wallraff

Deutsch von
Cornelia Holfelder-von der Tann
und Sabine Grebing

Rowohlt

Die amerikanische Originalausgabe
erschien 2000 unter dem Titel «Newjack: Guarding Sing Sing»
bei Random House, Inc., New York

Lektorat Frank Strickstrock
Redaktionelle Mitarbeit Martina Bergmann
Umschlaggestaltung Thomas Lemmler
Satz Sabon PostScript, PageOne
bei Pinkuin Satz und Datentechnik, Berlin
Druck und Bindung Clausen & Bosse, Leck
Printed in Germany
ISBN 3 498 00922 2

Die Schreibweise entspricht den Regeln
der neuen Rechtschreibung.

Inhalt

Für Margot,
süße Muse, scharfzüngige Kritikerin,
meine ständige Begleiterin

Ich danke
Kathy R., meiner unvergleichlichen Agentin;
Dan M., der von Anfang an an mein Projekt geglaubt hat;
Nicky D., Bob R., und Estelle G., die mich durch aufmerksames
Lesen und gute Tipps unterstützt und mein Geheimnis bewahrt
haben; Robert S., Esq., der mich beriet; Jerry C.,
Jody und Jenni K., David S., Katie C. und
vor allem, wie immer, Jay.

VORWORT
VON
GÜNTER WALLRAFF

Ted Conover hat, um dieses Buch schreiben zu können, eine Arbeitsmethode und List angewandt, die in den USA eine lange Tradition hat: Bereits 1887 gelang es der Reporterin Nelly Bly, sich in eine psychiatrische Klinik als Patientin und in ein Gefängnis als Insassin einzuschleusen, um mit Wissen und Unterstützung von Joseph Pulitzer, dem Besitzer der *New York World*, Verbesserungen vor Ort zu erreichen. Legendär die Verwandlungen von John Howard Griffin 1959 und Grace Halsell 1969, denen es als Weiße durch Pigmentveränderung gelang, in die Haut von Schwarzen zu schlüpfen, um die Rassendiskriminierung am eigenen Leib zu erfahren und in ihren Büchern «Black like me» («Reise durch das Dunkel») und «Soul Sister» («Ich war eine Schwarze») anzuprangern.

Ted Conovers außergewöhnliches Engagement scheint schon früh angelegt: Er ist einer der ersten weißen Schüler seiner Heimatstadt Denver, der im Rahmen der «Desegregation», eines integrativen Unterrichtsmodells, eine Schule im schwarzen Ghetto besucht. (50 Prozent der Schüler sind Schwarze, 40 Prozent Weiße und 10 Prozent spanischer Abstammung.) «Vermutlich hat sich gerade hier meine Aufmerksamkeit für gesellschaftliche Ungerechtigkeit und kulturelle Unterschiede herausgebildet.» Inspiriert von Jack Londons «Abenteurer des Schienenstranges» lebt er mit obdachlosen Tramps zusammen, den so genannten «Hoboes»; so entsteht sein erstes Buch «Rolling Nowhere», das Resümee von «12 000 Meilen, in 65 Güterwaggons durchrattert, durch 15 Staaten der USA». Für sein zweites Buch «Coyotes» lebt er an der Grenze zwischen USA und Mexiko mit Flüchtlingen und Fluchthelfern und erlebt «ungeahntes Elend und zuvor nicht gesehene Grausamkeit». In «White out – lost in Aspen» gelingt es ihm, in die Glanz-und-Glamour-Scheinwelt der High Society einzudringen, eine «Reflexion über die süße Verführungskraft von Reichtum und das großspurige Verlangen nach dem Paradies, die sich an diesem sinnentleerten Platz namens Aspen, Colorado, verbinden».

Im vorliegenden Buch berichtet Conover über sein bisher zeitaufwendigstes und radikalstes Sozialexperiment im Selbstversuch. Seine Erzählung ist von einer schonungslosen Offenheit und einer Ehrlichkeit gegen sich selbst, die bis an die Grenze geht.

Keine soziologisch-wissenschaftliche Untersuchung könnte diesen Erkenntniswert verschaffen, und an Spannung kann es sein Insiderbericht mit manchem Krimi aufnehmen.

Egon Erwin Kisch, schrieb Kurt Tucholsky 1930 als Peter Panter, «hat eine Eigentümlichkeit, die ich immer sehr bejaht habe: Er sieht sich in fremden Ländern allemal die Gefängnisse an. Denn maßgebend für eine Kultur ist nicht ihre Spitzenleistung; maßgebend ist die unterste, die letzte Stufe, jene, die dort gerade noch möglich ist.» Als Ted Conover Näheres darüber wissen will, versucht er zuerst auf dem offiziellen Weg, eine Genehmigung für seine Gefängnisrecherchen zu erhalten. Als ihm dies verweigert wird, lässt er sich was einfallen. Er bewirbt sich als «Vollzugsbeamter», und nach einer siebenwöchigen Ausbildung an der so genannten Akademie wird er mit Schlagstock, Latex-Handschuhen und Schlüsselringen ausgestattet in eins der berüchtigtsten Gefängnisse der Welt als Schließer entsandt mit den Worten: «Die in den grauen Uniformen sind die Guten, die in den grünen Uniformen die Bösen.»

In Sing Sing erlebt Conover die krasse Aufspaltung der Gesellschaft in Angesehene und Geachtete und endgültig Ausgestoßene und Geächtete tagtäglich in albtraumartiger Übersteigerung. Er empfindet seine Tätigkeit wie ein Lagerist in einem «riesigen Lagerhaus für Menschen» oder wie es sein Vorgesetzter definiert: «Sie sind jetzt Zoowärter. Also legen Sie los und schmeißen Sie den Zoo.» Zeit für Gespräche, Zuwendung oder gar psychologische Betreuung lässt das durchamerikanisierte Gefängnissystem nicht zu. Auch hier gilt: Zeit ist Geld. Einsparen, ruhig stellen, wegschließen. Verrohung und Aggression sind die Regel bei sich belauernden Wärtern und Gefangenen und beruhen auf Gegenseitigkeit. Conover beschreibt den amerikanischen Gefängnisalltag unbestechlich ehrlich und unpathetisch realitätsgenau, so, wie er bisher noch nie dargestellt wurde. Man erfährt mehr über die Deformationen der amerikanischen Gesellschaft und ihre Ursachen als in den meisten zeitgenössischen Romanen der US-Bestsellerautoren. Man fragt sich, wie lange es noch dauert, bis dieses Gesellschaftssystem kollabiert, in dem für junge männliche Schwarze die Wahrscheinlichkeit, im Gefängnis zu landen, fünfmal so hoch ist wie die, eine staatliche Universität zu besuchen. Jeder dritte männliche Schwarze zwischen 20 und 29 sitzt entweder hinter Gittern oder ist gerade auf Bewährung.

Conover spricht von der «Masseninhaftierungskrise». Obwohl die Verbrechensraten sinken, werden wesentlich mehr Menschen inhaftiert als je zuvor. «Als Folge müssen gewaltige Finanzmittel umgewidmet werden, extrem gespart wird am Gesundheits- und Bildungswesen. In den USA werden sechsmal so viel Menschen eingesperrt wie in England, jeder 140. US-Bürger sitzt zurzeit hinter Gittern.» Die Zahl der Inhaftierten hat sich in den letzten 25 Jahren verdreifacht, und die Inhaftierungsrate steigt weiter an, sodass seit einiger Zeit selbst mit Haftanstalten unter privatisierter Leitung experimentiert wird. 22 000 Menschen sterben jährlich durch Handfeuerwaffen.

Die USA gehören neben Iran und Irak (so genannte «Schurkenstaaten»), Nigeria, Pakistan und Bangladesh zu den Staaten, in denen auch Minderjährige zum Tode verurteilt werden. Im Jahr 2000 wurden in den USA laut *amnesty international* 85 Todesurteile vollstreckt, womit sich die Zahl der Exekutionen nach Aus-

laufen eines Moratoriums seit 1977 auf 683 erhöhte – in einem
Land, das sich zivilisiert nennt und den Anspruch der Weltpolizei
erhebt. Neunzig Prozent derjenigen, die in den USA wegen eines
Kapitalverbrechens angeklagt werden, sind mittellos; weniger als
zwei Prozent sind in der Lage, einen qualifizierten Anwalt zu bezahlen. Kapitalverbrechen und das Strafmaß haben in den meisten Fällen etwas mit Armut zu tun, und die wiederum hängt ganz
offensichtlich mit der Hautfarbe zusammen. In den Todeszellen
der Vereinigten Staaten sitzen zu 40 Prozent Afroamerikaner ein,
deren Anteil an der Gesamtbevölkerung jedoch nur 12 Prozent
beträgt. Wenn Schwarze wegen Mordes angeklagt sind, kommt
es in 82 Prozent der Fälle zum Todesurteil, bringen hingegen Weiße Schwarze um, kommen sie in der Regel mit Haftstrafen davon.
Neuere Überprüfungen gehen davon aus, dass mindestens einer
von vierzig Hingerichteten unschuldig war.

Abgesehen von dramatischen Kinoepen, die immer wieder einmal von brutalen Verhältnissen hinter Gittern handeln, dabei aber
auch zahlreiche Klischees reproduzieren, ist die Welt der Wegge-
sperrten für die übrige Gesellschaft nahezu unzugänglich. Conover beschreibt sie aus der Perspektive der Menschen, die schlecht
ausgebildet und überfordert «eine lebenslängliche Strafe in Acht-
stundenschichten» erleiden und im Kreislauf einer allherrschen-
den Gewalt nicht selten Gefangene demütigen oder verprügeln.
Sie müssen an vorderster Front umsetzen und ausbaden, was die
Rechtspolitik an Normen und Fehlern produziert. Conover legt
in seinem Bericht selbstkritisch offen, wie ihn dieses Jahr im Gefängnis zu verändern droht, wie sein Familienleben dabei zerstört
wird und wie er selber vom friedfertigen Zeitgenossen zum Ge-
waltbereiten wird. «Je länger ich den Job machte, umso mehr verlangte es mich nach der Anwendung von Gewalt.»

Die besondere Glaubwürdigkeit und Brisanz seines Buches
rührt auch daher, dass Conover über das in der Wissenschaft prak-
tizierte und dort legitime Prinzip der teilnehmenden Beobachtung
weit hinausgeht und zum agierenden, zutiefst betroffenen und mit-

leidenden Teilnehmer wird. Er maßt sich nicht an, über den Dingen zu stehen, erhebt sich nicht über seine Kollegen und ist bemüht, seine Arbeit möglichst gewissenhaft zu machen. Zwar begegnet er in Sing Sing den unterschiedlichsten Typen von Menschen und einer allgegenwärtigen Atmosphäre der Gewalt, die durch rigide Regeln nur mühsam gebändigt wird und sich dennoch immer wieder Bahn bricht. Aber selbst wenn er ausgesprochen brutale Typen schildert, verurteilt er sie nicht von vorneherein, sondern versucht herauszufinden, warum sie so sind und wie sie dazu geworden sind. Und so wird besonders eindringlich deutlich, wo die eigentliche Verantwortung liegt: bei jenen in Politik, Verwaltung und Gesellschaft, die diese Verhältnisse auch da nicht verändern, wo es möglich und erforderlich wäre, und das Gefängnis damit zu einem Raum machen, in dem negative gesellschaftliche Tendenzen noch verstärkt werden: die Aufspaltung in Gut und Böse, Oben und Unten, solche mit Chancen und solche, die von vornherein keine haben, Rassenschranken und Rassenhass und die Verweigerung von Hilfe und Bildung gerade denjenigen gegenüber, die sie besonders nötig hätten. Statt Resozialisierungsbemühungen Strafanstalten als Lehrwerkstätten neuer Kriminalität! Die Praxis, die gesellschaftlichen Probleme einfach wegzusperren, mit den Menschen, die sie tatsächlich oder angeblich verursachen, so lehrt dieses Buch, löst kein einziges Problem, es schafft nur neue. Daran kann man sich erinnern, wenn die nächste modische Welle einer «Nulltoleranz» im Umgang mit gesellschaftlichen Problemen über den Atlantik zu uns rüberschwappt.

Das Sympathische an Ted Conovers Grenzgänger-Literatur ist, dass er sich selbst – soweit es geht – zurücknimmt, sich jedenfalls nie in den Vordergrund schiebt und die anderen handelnden Personen damit nicht zu Statisten degradiert. Er selbst definierte seine Art zu schreiben einmal so: «Erzählende Sachliteratur in der ersten Person ist eine verzwickte Angelegenheit. Man hat die Erzählstimme, gibt jedoch auch stets einen gehörigen Teil von sich selbst preis und muss dazu die nötigen Sachinformationen liefern.

11

Von Anfang an war es mir wichtig, andere Menschen in den Vordergrund zu stellen und mich selbst als einen Handlungsträger einzufügen.»

Eine Schlüsselszene, die das ganze Dilemma des amerikanischen Strafvollzugs drastisch vor Augen führt, findet sich im letzten Teil des Buches. Ein Gefangener namens Larson bringt es auf den Punkt, indem er darauf hinweist, dass in den USA schon jetzt die Gefängnisse mit Zuwachsrate geplant werden, in denen dann die Kinder von heute weggesperrt werden sollen: «Machen Sie sich das mal klar. Jeder, der jetzt ein Gefängnis plant, das erst in zehn oder fünfzehn Jahren gebaut werden soll, plant es für ein Kind. Er plant Gefängnis für jemanden, der jetzt ein Kind ist. Verstehen Sie, die haben dieses Kind schon aufgegeben. Die erwarten schon, dass dieses Kind versagt. Also, wenn man dieses Kind in eine gute Schule schicken und der Familie helfen könnte zusammenzubleiben, warum wird dieses Geld dafür verwendet, das Kind ins Gefängnis zu stecken?!» Und der Autor bekennt: «Ich fühlte mich in dem Augenblick läppisch in meiner Uniform, wie der Büttel, der den miesen Plan eines anderen ausführt.»

Egon Erwin Kisch übrigens stattete Ende der zwanziger Jahre auch Sing Sing seinen Besuch ab. Allerdings mit offizieller Erlaubnis und nur einen Tag lang. Dafür war er mit falschen Papieren in die USA eingereist, um für sein Buch «Paradies Amerika» authentische Erlebnisse zu sammeln. In seiner Reportage «Vierzehn Dinge in Sing Sing» schreibt er: «Der Felsen ist kein natürlicher Felsen. Vor hundert Jahren wurde er aus grauem Stein aufgerichtet, solcherart, dass die Höhlungen frei blieben. Diese Arbeit leisteten Sträflinge, vielleicht Diebe, vielleicht Räuber, vielleicht Betrüger und vielleicht Meuchelmörder, an jener Stelle des Hudsonufers, wo einst die Sinck-Sinck-Indianer bestohlen, beraubt, betrogen, und gemeuchelt worden waren von Menschen, die sich und ihren Nachkommen dadurch Reichtum, Macht, Ehre und Standesbewusstsein und vor allem das Recht errungen hatten, Verbrecher unnachsichtig zu strafen.»

Kisch berichtet auch von einer Gefangenenorganisation in Sing Sing, der «mutual welfare league»: «Jeder eingelieferte Sträfling ist als solcher Mitglied der Liga und darf an den Wahlen seiner Arbeitsgruppe teilnehmen. Je 45 Mann werden von einem Delegierten vertreten.» Gut siebzig Jahre später ist von diesem demokratischen Ansatz nichts mehr übrig geblieben.

Vorbemerkung des Autors

Dieses Buch schildert Situationen und Ereignisse, die ich selbst erlebt habe, an denen ich beteiligt war. Keine Szene ist erfunden, wenn auch manche Dialoge zwangsläufig nachgestaltet werden mussten. Wie alle Vollzugsbeamten hatte ich stets ein kleines Spiralnotizbuch in der Brusttasche, um mir Dinge zu notieren, aber anders als die Mehrzahl meiner Kollegen habe ich mir viele Notizen gemacht. Die meisten Personen in diesem Buch treten unter ihrem richtigen Namen auf. Um die Privatsphäre bestimmter Beamter und Häftlinge zu schützen, habe ich für sie jedoch folgende Pseudonyme benutzt:

Aragon	Di Paola	Chilmark
Antonelli	Speros	Duncan
Foster	Turner	St. George
Arno	Malaver	Massey
Dobbins	Fay	Phelan
Bella	Melman	Perlstein
McCorkle	L'Esperance	Billings
Popish	Michaels	Mendez
Dieter	Rufino	Larson
Birch	Hawkins	Saline
Di Carlo	Wickersham	Delacruz

VON DRAUSSEN NACH DRINNEN

Sechs Uhr zwanzig; über einem dunklen Gebäudekomplex geht die Sonne auf. Am anderen Hudson-Ufer, gegenüber vom Staatsgefängnis Sing Sing, färben sich die Hügel rosa. Ich sehe die kahle Kerbe im Hügelkamm, wo, laut einem Vollzugskollegen, Häftlinge einst Marmor für den ersten Zellenblock brachen. Damals, 1826, konnte das niemand fassen: eine Sträflingskolonne, die am Flussufer kampiert, weil man sie dazu gebracht hat, sich ihr eigenes Gefängnis zu bauen. Die Gefangenen waren aus Auburn, dem berühmten zweiten Gefängnis des Staates New York, hierher geschickt worden, um das dritte zu errichten, Sing Sing. Was mag das für ein Gefühl gewesen sein, sich selbst ein Gefängnis zu bauen?

Die äußere Hülle dieses Zellenblocks von 1826 steht immer noch, jenseits der Mauer, an der ich parke. Wenn sich heute Gefangene über ihre zwei mal drei Meter großen Zellen beschweren, erzähle ich ihnen manchmal, wie es früher war: zwei Mann in einer Zelle von einem Meter zehn auf zwei Meter zwanzig, einer davon wahrscheinlich tuberkulosekrank, keine Zentralheizung, kein fließendes Wasser, in der Zelle offene Abwasserrinnen, kaum Licht. Es scheint sie nicht weiter zu beeindrucken.

Ich parke neben meinem Freund Aragon aus der Bronx, der sein Lenkrad immer mit der Kralle sichert, ich sehe sie durch die getönten Scheiben. Das finde ich interessant, denn diese Stelle hier, nur wenige Meter von einem waffenbestückten Wachturm, müsste doch einer der sichersten Parkplätze in ganz Westchester County sein. Hier wird doch wohl niemand einen Wagen klauen. Aber Aragon hat einen Abschließtick: Er hat eine kleine Schließlasche an seine Plastik-Lunchbox geschraubt und sichert sie mit einem Zahlenschloss, weil ihn plündernde Kollegen schon so viele Mineralwasserdosen gekostet hätten, sagt er. Zwischen der Bronx und Sing Sing kann man schon einen Abschließtick entwickeln. Sonst ist hier niemand. Die meisten Leute parken auf den Parkplätzen droben auf dem Hügel, näher beim großen Umkleideraum im Verwaltungsgebäude. Aber für einen Neuling ist es so gut wie unmöglich, dort einen Spind zu kriegen, also parke ich hier unten beim Fluss und dem unteren Umkleideraum. Es ist noch schummrig. Schotter knirscht unter meinen Stiefeln, während ich zu dem stillgelegten Heizwerk marschiere.

Das sechsstöckige Gebäude ist eins dieser heruntergekommenen Ungetüme, die die besondere Atmosphäre von Sing Sing ausmachen. Massiv, ockerfarben und so gut wie fensterlos, sieht es aus wie ein Hangar für eine kurze, dicke Rakete. Das ganze Ding ist verrammelt, bis auf eine Autowerkstatt um die Ecke und einen Teil des Erdgeschosses, der Umkleideräume und Toiletten für Männer und Frauen beherbergt.

Der Männerumkleideraum – den der Frauen habe ich nie gesehen – ist selbst so gut wie außer Betrieb; zwar ist er mit einem Sammelsurium von gut zweihundert in Gefängniswerkstätten produzierten Spinden vollgestopft, aber nur noch etwa zwanzig davon sind faktisch in Gebrauch. Die übrigen haben – zum Teil uralte – Vorhängeschlösser und gehörten Beamten, die längst gekündigt haben, versetzt wurden, gestorben oder weiß Gott wo abgeblieben sind. Niemand führt darüber Buch. Gleich linker Hand hängt ein Telefon, ein alter Wandapparat, kopfüber an seinen Leitungsdrähten und der Hörer baumelt an der Spiralstrippe, Inbild des chronisch defekten Telefonsystems von Sing Sing.

Nur noch fünfzehn Minuten bis zum Dienstantritt. Ich fahre in meine graue Polyesteruniform, vergewissere mich, dass sich alles, was ich brauche, an meinem Gürtel befindet: Funkgeräthalter, Latexhandschuhpack, zwei Schlüsselbundclips, Schlagstockring. Ich stecke Stift und Block, das Büchlein mit der Gefängnisordnung und den blauen Gewerkschaftskalender in die Brusttasche, stecke den Schlagstock durch den Ring, haue die Spindtür zu und schließe das Vorhängeschloss ab. Ich gehe an einem Stapel alter Büroschreibtische vorbei und, der Notwendigkeit gehorchend, in die Männertoilette. Die stinkt wie ein altes Plumpsklo. Ich halte meine Sitzung, die zweite an diesem Morgen. Das ist jeden Morgen so, bei den anderen Neuen auch: Kurz vor Dienstbeginn lässt einen der eigene Magen wissen, was er von diesem Job hält.

Eine baufällige Fußgängerüberführung bringt mich über die Gleise der Metro North – Sing Sing ist vermutlich das einzige Gefängnis der Welt, das von einer Pendlerbahnlinie durchschnitten wird – und jetzt tauchen Kollegen auf. Es geht weiter aufwärts, über eine Holztreppe, die auf eine bröckelnde Betontreppe gelegt wurde.

Hier befinden sich der Parkplatz des Verwaltungsgebäudes und der Haupteingang des Gefängnisses. Ich nehme die letzten Stufen zum Haupttor und zeige Marke und Personalausweis vor, die ich in einer besonderen Ausweismappe aus der Akademie aufbewahre. Der Beamte wirft einen kursorischen Blick in meinen Lunchbeutel – Kontrolle auf Konterbande. Ich stecke meine Karte in die Stechuhr und gehe weiter, dem schlimmsten Moment des Morgens entgegen: der Dienstzuweisung.

Sergeant Holmes' Schreibtisch bildet den Blickpunkt des Dienstantrittsraums. Er steht auf einem Podest, vor einem Fenster. Von dort oben sieht Holmes jeden im Raum und den größten Teil derer, die die Vordertreppe heraufkommen. Sein Blick sucht ständig die Umgebung ab, ruht nie länger als einen Sekundenbruchteil auf einer Person oder einem Gegenstand, wandert vom jeweiligen Beamten zu dem Computerausdruck auf dem Schreibtisch und wieder zurück. Der Ausdruck sagt ihm, welche Löcher er stopfen muss: wer dienstfrei oder Urlaub hat, wer krankgemeldet oder suspendiert ist. Die alten Hasen hakt er einfach nur ab – sie haben sich ihre Jobs ausgesucht und wissen, wo sie hinmüssen. Neulinge wie ich sind ihm ausgeliefert.

Holmes ist einer von den hartgesottenen schwarzen Beamten, die schon ewig hier sind, ein massiger Mann, der die Distanz zum gemeinen Fußvolk zu genießen scheint. Einige seiner Weißhemden-Kollegen haben während der Orientierungsphase zu uns gesprochen, hauptsächlich über die institutionellen Abläufe. Nicht so Holmes. Er kam nur, um uns zu warnen: Legen Sie sich nicht mit mir an, sagte er, den Blick auf die Rückwand des Raums gerichtet. Ich weise Ihnen Ihren Job zu, und wenn Sie sich beschweren, gebe ich Ihnen morgen einen noch schlimmeren. Ich habe keine Geduld. Ich bin nicht nett. Kommen Sie mir nicht in die Quere. Ein paar Tage später riet mir eine altgediente Kollegin, Holmes niemals zu zeigen, dass ich Angst vor ihm hatte – oder überhaupt vor irgendetwas. «Holmes lebt von anderer Leute Schwäche», sagte sie.

Jetzt ist die Schlange vorgerückt und ich bin dran, ein kleiner Dienstanfänger vor dem mächtigen Sergeant. Ich lege meine Stechkarte vor ihn hin – er zeichnet sämtliche Karten ab, damit wir nicht für Freunde stechen können – und ernte ein atypisches Schweigen: Holmes hat sich noch nicht entschieden, was er mit mir machen soll. Oder vielleicht denkt er ja gar nicht über mich nach; vielleicht ist er ja im Geist bei seinem Auto, seiner Stromrechnung oder dem Film, den er gestern Abend im Fernsehen geguckt hat. Er blättert in seinem Ausdruck. Normalerweise werde ich nach Block A oder Block B geschickt. Das sind riesige Lagerhäuser für Menschen, zwei der größten Gefangenenunterbringungseinheiten der Welt, zusammen fassen sie über tausend Insassen. Ich lebe für die Ausnahmen: ein lockerer Tag auf dem Wachturm, im Friseursalon oder auf der Krankenstation. Das ist die Wurzel meiner Angst – die Hoffnung auf etwas anderes.

«Zwo-vierundfünfzig», sagt Holmes schließlich, wobei er links an mir vorbeischaut. Holmes könnte uns den Job nennen, statt der bloßen Zahl, aber wenn es ein Dienst in den Blocks ist, tut er's nicht. Er will, dass wir raten, als ob wir noch auf der Akademie wären. Ich drehe mich um und verschwinde zwischen den rund achtzig Beamten, die in dem überfüllten Raum herumstehen, suche nach jemandem, der wissen könnte, was für ein Job 254 ist. Ich frage Miller; der zuckt die Achseln. Ich frage Eaves;

der glaubt, es sei ein Eskortenjob. Das wäre gut. Eskortenbeamte bringen eine ganze Weile in der Kantine zu und kommen dann für beträchtliche Teile des Tages aus dem Block heraus, weil sie Häftlingsgruppen zu anderen Gefängnisgebäuden begleiten müssen. Eaves hat sich alle Jobs in seinem Gewerkschaftskalender notiert, aber die richtige Ziffer noch nicht gefunden, als ein anderer Sergeant brüllt: «Aufstellen!» Während wir uns in Reihen aufstellen, bete ich, dass es wirklich ein Eskortenjob ist und kein Galeriejob. Galeriebeamte sind für die Stockwerksgänge zuständig, an denen die Gefangenen wohnen. Die Galerien sind unterbesetzt und die Beamten dort, die den ganzen Tag von Gefangenen umgeben sind, arbeiten unter hohem Risiko und immensem Stress. Es ist ein grässlicher Job. Einer, den ich oft kriege.

Wir bilden sechs, sieben Reihen, mit Blickrichtung auf die Weißhemden, hauptsächlich Sergeants. Während wir in Habachtstellung dastehen, ist es interessant zu beobachten, wie sich die korpulenteren Weißhemden zwischen unseren Reihen durchzwängen, um kursorisch nach Verstößen gegen die Uniformordnung zu fahnden: vergessenen Abzeichen, Bärten oder Koteletten, einem versehentlich drin gelassenen Ohrring. Dann spricht ein Lieutenant, oft der Dienstleiter, um uns zu berichten, was im Gefängnis passiert ist, seit wir es am Vortag verlassen haben. Heute ist es Lieutenant Goewey.

«Okay, es war ziemlich ruhig. Ein Mann mit Stecherwunde im Bein, im Tunnel zum Hof von Block A. Kein Stecher, keiner war's, das Übliche. Dann haben wir drei Stecher gefunden, im Hof von Block B in der Erde vergraben, zwei davon aus Metall, das der Metalldetektor aufgespürt hat. Sie glauben vielleicht, die sitzen da draußen nur herum, aber diese Gangster kochen immer irgendwas aus.» Mit anderen Worten: ein Häftling durch einen Messerstich verletzt, Angreifer unbekannt, Messer nicht gefunden; drei selbst gemachte Messer aufgespürt, kein Beamter verletzt. Ein ziemlich typischer Tag. Dann tritt ein anderer Sergeant vor: «Denken Sie dran, in der Freizeit ist keine doppelte Kleidung erlaubt, warum, versteht sich von selbst. Insassen mit zwei Hemden oder zwei Paar Hosen sind in die Zellen zurückzuschicken und nicht in den Hof oder die Sporthalle zu lassen.» Doppelte Kleidung gilt zum einen als Schutz davor, «gestochen» zu werden, und zum anderen als Trick, um schnell das eigene Äußere zu verändern, wenn man selbst jemanden «sticht».

Oft wird uns bei Dienstantritt auch eine moralische Botschaft zuteil: die Warnung, dass wir entschlossener mit den Häftlingen umgehen müssen, die Ermahnung, dass wir besser aufeinander aufpassen und die Namen unserer Arbeitskollegen kennen müssen, oder der Hinweis, dass unser Job darin besteht, «um drei Uhr nachmittags heil hier herauszukommen» – als ob das der Erwähnung bedürfte. Heute jedoch nichts dergleichen. Es folgen noch die Fahrschultermine für alle Interessierten und eine Erinnerung an die Blutspendeaktion nächste Woche, dann sind die Ankündigungen beendet.

«Beamte, Aaach-*tung*!», ruft ein Sergeant. Alles ist still. «Auf die Posten!» Und schon sind wir, wenn auch nicht gerade im Laufschritt, auf dem Weg durch die langen, unwirtlichen Korridore und den Hügel hinauf, um den Tag zu beginnen.

Sing Sing verteilt sich über fünfundfünfzig Acres Land, hauptsächlich felsiger Hang. Drunten am Fluss, wo ich geparkt habe, ist das Gelände flach – hier befinden sich der alte Zellenblock und die Bahngleise. Und auch das ehemalige Todeshaus, Standort des elektrischen Stuhls, auf dem zwischen 1891 und 1963 614 Insassen getötet wurden. (Heute dient das Gebäude als Berufsausbildungstrakt.) Und hier unten liegt auch Tappan, das Standardsicherheitsgefängnis von Sing Sing, mit rund 550 Insassen, die in drei schuhschachtelförmigen Siebziger-Jahre-Bauten untergebracht sind.

Aber der Hauptteil von Sing Sing liegt oben auf dem Hügel und dort hinauf steigen wir jetzt. Block B hat den längsten Anmarschweg, ist der abgelegenste Teil des Hochsicherheitsgefängnisses. Zwei Wege führen dorthin, und beide beinhalten jede Menge Treppen. Beamte trinken aus Kaffeebechern und halten Lunchbeutel in der Hand, während wir langsam unserer Arbeit entgegenmarschieren. Wir sind Schwarze, Weiße und Latinos, Männer und Frauen. Beamte der aufs Notwendigste reduzierten Nachtschicht kommen uns in der Eingangshalle entgegen und winken matt; die meisten haben diese graue Nachtschichtgesichtsfarbe. Sie tauschen den normalen Tagesrhythmus gegen den Vorteil ein, sehr wenig Kontakt mit Insassen zu haben – nachts sind alle Gefangenen in ihren Zellen eingeschlossen. Wenn ich keine Familie hätte, würde ich mich vielleicht auch zum Nachtdienst melden.

Die Korridore und Treppenhäuser sind alt und zum Teil in schlechtem Zustand. Wenn es regnet, umgehen wir Pfützen, die von undichten Dächern herrühren. Bei Kälte wird uns bewusst, dass diese Verbindungswege unbeheizt sind. Die Tunnels schlängeln sich durch die gesamte Anlage von Sing Sing und vernetzen die einzelnen Gebäude. An jedem Ende – und manchmal auch noch in der Mitte – befindet sich ein verschlossenes Tor. Die meisten Beamten an diesen Toren haben große, dicke Schlüssel, aber an einem Tor drückt die Wache auf einen Knopf, wie es in modernen Gefängnissen üblich ist. Wenn ich das schwere Eingangstor von Block B passiere, liegen zehn verschlossene Tore zwischen mir und der Freiheit.

Block A und Block B sind die beeindruckendsten Gebäude von Sing Sing, allerdings in einem rein negativen Sinn. Eine mächtige Kathedrale flößt Ehrfurcht ein, ein mächtiger Zellenblock meiner Erfahrung nach nur Horror.

Die Größe der Gebäude überrascht jeden Neuling, zumal man ihr völlig unvorbereitet ausgesetzt ist. Statt über eine breite Treppe oder durch einen Torbogen zu kommen, tritt man aus einem geschlossenen Gang durch zwei massive Metalltüren, beide kaum größer als eine normale Haustür. Und findet sich in einem Bau von erschlagenden Dimensionen. Block A, vermutlich der größte frei stehende Zellenblock der Welt, ist knapp zweihundert Meter lang – annähernd die Länge von zwei Footballfeldern. Er beherbergt etwa 684 Häftlinge, mehr als die gesamte Insassenzahl vieler anderer Gefängnisse. Man hört sie – eine alles erfüllende, überwältigende Kakophonie von Radios, zuknallenden schweren Eisentoren, Gebrüll, Pfiffen und Gerenne – aber man sieht seltsamerweise zunächst keine inhaftierte Menschenseele. Man sieht lediglich die Gitterstäbe, die die schmalen Zellenfronten bilden, vier Stockwerke empor und so weit nach beiden Seiten, dass sie zur Illusion einer geschlossenen Wand verschmelzen. Und wenn man dann die achtundachtzig Zellen lange Galerie entlanggeht und Blickkontakt mit den Insassen aufnimmt – Häftling um Häftling grimmig zurückstarren, dösen oder gelangweilt auf dem Klo sitzen sieht – dann bekommt man ein Gefühl für die menschlichen Dimensionen dieser Kolonie. Vor einem blinken dann vielleicht ein halbes Dutzend kleiner Spiegel, von dunklen Armen durch die Gitter gereckt; sie verschwinden, wenn man näher kommt, und für einen kurzen Moment blickt man dem Insassen direkt in die Augen.

Block A und Block B stehen in einer Linie, mit den Schmalseiten zueinander, und beanspruchen die gesamte obere Breite des Geländes; zwischen den beiden Blocks steht das Kantinengebäude. Beide Blocks wurden 1929 fertiggestellt und sind sich vom Bauplan her sehr ähnlich, nur dass Block B pro Stockwerk zwanzig Zellen weniger (68) hat, dafür aber ein Stockwerk mehr (5). Wenn auch die wenigsten Außenstehenden je etwas Derartiges gesehen haben dürften, hatten diese Bauten doch, vom Architektonischen her, nie etwas Innovatives. Ihr Plan basiert auf dem des Zellenblocks von 1826, der sich wiederum am «neuen» Nordflügel von Auburn orientierte, dem Prototyp der meisten amerikanischen Zellengebäude: winzige Zellen, Rückwand an Rückwand, über fünf Etagen, mit einer Treppe an jedem Ende und einer weiteren in der Mitte der langen Zellenreihen.

Vom Erdgeschoss, in beiden Gebäuden «die Flats» genannt, kann man ganz hinaufschauen und erkennen, dass der gesamte Bau aus zwei fast völlig getrennten Komponenten besteht. Die eine ist der metallene Innenblock, der die Insassen beherbergt; er ist grau lackiert und sieht aus wie auf einer Schiffswerft geschweißt. Die andere ist die Außenhülle aus Wänden und Dach, eine Glocke aus Stein und Beton, die über dem Zellenblock sitzt wie der Deckel einer Butterdose über der Butter. Beide berühren sich nicht: Sollte es einem Gefangenen irgendwie gelingen, aus seiner Zelle zu entkommen, wäre er doch immer noch in der Außenhülle gefangen. Die Längsseiten der Außenhülle haben je eine Reihe hoher, vergitterter Fenster. Diese Fenster würden doppelt so viel Licht durchlassen, wenn sie geputzt wären. So aber dringt nur ein diffuser, smogfarbener Schimmer herein, der etwa fünf Meter leeren Raum durchquert, ehe er auf das Metall fällt, ohne es zu erwärmen. Das flache, undichte Dach berührt die Oberseite des metallenen Zellenblocks nicht, sondern schwebt etwa drei Meter darüber. Würde man das ganze Gebäude drastisch verkleinern, könnte der Uneingeweihte dahinter irgendeinen landwirtschaftlichen Zweck vermuten: eine Hühner- oder Nerzfarm vielleicht.

Es ist laut, weil in den Blocks alles so hart ist. Darin ist nichts, was Geräusche dämpfen könnte, außer den dünnen Matratzen und den Körpern der Insassen. Ansonsten ist jede Oberfläche aus Metall, Beton oder Backstein.

Gleich hinterm Eingang von Block B trifft man eine ganze Anzahl Beamte vor einer Zelle an. Diese Zelle ist das Büro des Aufsicht habenden Beamten. Diensträume wurden bei der Planung von Block B nicht berücksichtigt, weshalb einige Zellen im Eingangsbereich für diesen Zweck umfunktioniert werden mussten. Neben dem Büro des Aufsichthabenden dient eine ebenso winzige Zelle als Dienstraum der Sergeants, die sich zu zweit dort hineinquetschen. Daneben ist die Garderobe mit einem so gut wie nicht funktionierenden Mikrowellengerät und einem Kühlschrank, dessen Tür nicht zubleibt. Dann kommen ein Büro für den Papierkram und das Ausfüllen von Formularen und eine Toilette – die einzige Personaltoilette auf diesen fünf Stockwerken.

Seit vielen Jahren ist die Aufsichthabende der Tagschicht Hattie «Mama» Cradle, eine Mittfünfzigerin, eins fünfzig groß und von etwa demselben Leibesumfang. Sie hat ein Klemmbrett in der Hand und eine Hornlesebrille an einer Kette um den Hals. Die Beamten nennen ihren Namen und die Jobnummer, und sie sagt ihnen, wo sie hinmüssen. Ich drücke mich ein bisschen im Hintergrund herum, aber dann gibt es keinen Aufschub mehr: «Conover, zwovierundfünfzig», sage ich. Sie liest die Schreibweise vom Namensschildchen an meinem Hemd ab und sagt dann, den Stift schon in Stellung, um den nächsten Namen zu notieren: «R und W.»

Mir rutscht das Herz in die Hose. Schlimmer geht es nicht. Ich bin der Hauptbeamte auf den Galerien im ersten Stock, die mit den Buchstaben R und W gekennzeichnet sind. Ich habe dort schon ein paar Mal Dienst getan, auch an jenem – schrecklichen – ersten Tag meiner praktischen Ausbildung, als ich einem «Neuen», einem frisch gebackenen Beamten, zugewiesen war, der selbst kaum wusste, was er tat. Heute bin ich dieser Neue und muss es allein angehen.

Ich zwänge mich in Cradles Büro und suche meine Schlüssel – vier separate Ringe mit den großen, schweren Schlüsseln für die Zellentüren, mit Zentral- und Endtorschlüsseln und zur Abrundung noch ein paar Feuermelderschlüsseln. Ich klippse diese Ringe an meinen Gürtel und spüre das Gewicht. Mein Herz pocht, aber es ist nun mal nicht zu ändern. Ich finde eine neue Batterie für das Handsprechfunkgerät der Etage und schnappe mir einen Stapel Formulare, die ich während meines Dienstes ausfüllen muss. Jetzt fehlt noch die Liste der «Verschlusshäftlinge». Ich schreibe mir meine von Cradles Pinnbord ab und bemerke, dass in den letzten vierundzwanzig Stunden zwei neue dazugekommen sind. Verschlusshäftlinge sind Häftlinge, die besonderen disziplinarischen Restriktionen unterliegen. Früher gab es davon nur wenige und die saßen oft in Isolierhaft, in der so genannten Spezialunterbringungseinheit, auch «Box» genannt. Inzwischen sind es jedoch mehr, als die Box fassen kann, deshalb bleiben sie im allgemeinen Trakt – nur mit dem Unterschied, dass sie ihre Zellen nicht verlassen dürfen. Zu den Hauptaufgaben des Galeriebeamten gehört es, dafür zu sorgen, dass die Verschlusshäftlinge tatsächlich eingeschlossen bleiben. Da wir auf den Galerien immer im Stress sind und die Häftlinge oft nicht kennen, ist das schwerer, als es klingt. Man schließt so leicht die falsche Tür auf.

Ich passiere auf dem Weg nach oben zwei weitere Tore und löse schließlich die Nachtschichtbeamtin auf R und W ab. Da alle Zellen an den Galerien über Nacht verschlossen sind, besteht die Aufgabe des Nachtdienstes hauptsächlich darin, sich etwa jede Stunde zu vergewissern, dass alle Insassen noch atmen. Das ist kein übler Job und wenn tatsächlich einmal ein Insasse stirbt, ist das weiter kein Problem – es sei denn, die Totenstarre hätte bereits eingesetzt, wenn er gefunden wird. In diesem Fall würde die Nachtdienstbeamtin ihren Job verlieren, wegen des unübersehbaren Beweises dafür, dass sie die Kontrollen nicht ordnungsgemäß durchgeführt hat. Die Nachtdienstbeamtin übergibt mir das Sprechfunkgerät und noch ein paar Schlüssel. Ob sie weiß, warum die neuen Verschlusshäftlinge unter Verschluss sind, frage ich.

«Keine Ahnung, ist mir auch egal, sind keine Freunde von mir und ich kann sie nicht leiden», sagt sie auf eine brüske, kategorische Art, die mich irgendwie komisch anmutet. Sie reicht mir das Funkgerät, das ich an meinem Gürtel befestige. Sie hat ein paar Bonbonpapierchen und Papiertaschentücher auf dem Schreibtisch liegen lassen, aber ich sage nichts; sie wirkt müde. Ich beneide sie, als sie ihre Jacke anzieht: Sie geht jetzt nach Hause und braucht sich nicht mehr mit den Häftlingen zu befassen. «Die Zellen sind alle zugeschlossen», sagt sie noch, ehe sie geht. Das heißt, dass nicht nur die riesige Zuhaltung vorgelegt ist, die alle Zellen auf einmal sichert, sondern obendrein jede von Hand abgeschlossen wurde. Nachts sind da keine Häftlinge, die auf dem Weg in die Kantine um einen herumströmen, die mit einem debattieren, wenn es Zeit für den «Einschluss» ist, die einen beschimpfen und bis zum Gehtnichtmehr stressen. Die Büchse der Pandora ist geschlossen. Mein erster Job, jetzt, eine knappe Stunde vor dem Frühstück, wird es sein, sie zu öffnen.

27

Kapitel 2

DIE AKADEMIE

Bei seiner Ankunft taucht der Rekrut unvermittelt in eine feindliche Umgebung ein, der er dann rund um die Uhr ausgesetzt ist. Er ist betäubt, benommen, verängstigt. Die Schwere des Schocks spiegelt sich in 17-Hydroxycorticosteroid-Pegeln, die denen von schizophrenen Patienten beim Einsetzen eines psychotischen Schubs vergleichbar sind – d. h. höher als in allen sonstigen Stresssituationen. Der Rekrut erhält fast keine oder nur mangelhafte Informationen darüber, was ihn erwartet, und das nährt tendenziell seine ängstliche Angespanntheit.

PETER G. BOURNE, «Some Observations on the Psychosocial Phenomena Seen in Basic Training, *Psychiatry*, Bd. 30, Nr. 2 (1967), S. 187–196.

Als der Zusagebrief der Justizvollzugsbehörde eingetroffen war, hatte Arno als Geschäftsführer eines Burger King in Syracuse gearbeitet. Chavez hatte die Bohnermaschine durch die Eingangshalle eines Apartmenthauses in Manhattan geschoben. Davis hatte in seiner Karosseriewerkstatt in Upstate New York Kotflügel ausgebeult. Allen und Dimmie hatten männliche Jugendliche in Jugendstrafvollzugszentren in Westchester beaufsichtigt. Brown war Klempner in Keeseville, nahe der kanadischen Grenze, gewesen. Charlebois hatte in Midstate als Lieferfahrer für Wal-Mart gearbeitet. Andere hatten schon eine Weile gar keine Arbeit mehr gehabt. Ich hatte seit mehreren Monaten an einer Story für das *New York Times Magazine* gearbeitet. Jetzt gab der Brief jedem von uns höchstens zwei Wochen Zeit, seinen Job hinzuschmeißen und sich in der Ausbildungsakademie in Albany einzufinden, um als Vollzugsrekrut in den Staatsdienst einzutreten.

Ich versuchte, meine Story rasch zu Ende zu bringen und mich darauf vorzubereiten, sieben Wochen von zu Hause weg zu sein –

oder auch wesentlich länger, falls ich mich entscheiden würde, dabeizubleiben und in einem Gefängnis zu arbeiten. Dann, an einem regnerischen Sonntagabend im März 1997, fuhr ich von New York City hinauf zur Akademie. Ich war schon zweimal dort gewesen, zu psychologischen Tests. Das dreistöckige Backsteingebäude hatte einen Glockenturm mit einer weißen Statue darin und sah aus wie eine katholische High School in einem Vorstadtbezirk. Später sollte ich erfahren, dass es einmal ein Priesterseminar gewesen war. Vom Priesterseminar zur Strafvollzugsakademie: ein Symbol des Zeitenwandels. In der Eingangshalle wollten zwei uniformierte Beamte, die an einem Tisch saßen, dass ich mich auswies. Sie nahmen meinen Brief entgegen und nickten zu einem Gepäckhaufen hinüber.

«Legen Sie Ihr Gepäck da ab und stellen Sie sich an.»

Die Schlange von männlichen Rekruten im Anzug (und einer Handvoll Frauen im Rock oder Kleid) zog sich einen langen Flur entlang und um die Ecke, aus meinem Blickfeld. Alle standen in Habachtstellung da. Als ich auf dem Weg zum Ende der Schlange vorsichtig einen Beamten umging, der einen Mann wegen dessen schlampig gebundener Krawatte zur Schnecke machte, dämmerte mir, dass ich in einem Grundausbildungscamp gelandet war.

«Das nennen Sie einen Schlips tragen?», herrschte der Uniformierte den jungen Mann an. «Kragen zuknöpfen. Nein. Ich hab's mir anders überlegt. Abnehmen und nochmal binden.» Der Mann machte sich ans Werk, kam aber offenbar ohne Spiegel nicht zurecht. Ein zweiter Uniformierter, ebenfalls dafür abgestellt, die Rekruten zu drangsalieren, kam herbei und lachte ihn aus.

Die Beamten waren wie Haie, die Blut rochen. Die erste Lektion, die uns die Akademie erteilte, war klar: bloß nicht auffallen. Ich hatte ein ungutes Gefühl, was den Rekruten drei Mann vor mir anging. Blondes Haar quoll über seinen Hemdkragen und er trug einen Ohrring. Natürlich fielen auch noch andere auf, etwa der Typ, der beschlossen hatte, Army-Stiefel zu Jackett und Krawatte zu tragen. Aber langes Haar implizierte doch eine andere Art von Aussage.

Der erste Beamte blieb stehen und begaffte den Mann theatralisch-übertrieben. «Was dachten Sie, wo Sie hingehen, in eine Disco?», fragte er. Der Typ mit dem langen Haar murmelte etwas. «*Was?*», sagte der Beamte und baute sich direkt vor ihm auf. «Dachten Sie, das hier wäre eine Disco? Haben Sie sich fein gemacht für die Disco? Er hat sich fein gemacht für die Disco!», erklärte er dem anderen Beamten, der wieder eine Runde lachte.

Mein Haar war nur unwesentlich kürzer, aber ich bestand die erste Inspektion. Die Schlange rückte langsam vor. Ich versuchte, aus den Augenwinkeln meine Umgebung wahrzunehmen. An den Wänden hing eine Reihe alter Schwarz-Weiß-Fotos von Gefängnissen des Staates New York und außerdem standen da zwei große Glasvitrinen. Die erste enthielt Gegenstände mit verborgenen Hohlräumen, in denen Gefangene Dinge versteckt hatten: eine Coladose mit doppeltem Boden, ein Schuh mit ausgehöhltem Absatz, eine Haarbürste mit hohlem Stiel. Die zweite Vitrine zeigte von Häftlingen gefertigte Waffen: ein scharf geschliffenes Stück Plexiglas, ein zugefeilter Vorlegelöffel, ein Metalldorn. Das war faszinierend; es fiel mir schwer, geradeaus zu gucken.

«Was glauben Sie, was das hier ist, ein Museum?», blaffte ein Beamter irgendwo hinter mir. Zuerst fühlte ich mich ertappt, aber als der Beamte weiterpolterte, kapierte ich, dass er jemanden hinter mir beim Betrachten der Waffenausstellung erwischt hatte. «Augen geradeaus! *Das* heißt ‹Achtung›!»

Der Beamte marschierte an mir vorbei und blieb wieder vor dem Mann mit dem Schlips stehen. Er deutete ärgerlich auf diesen. «Missachten Sie meine Anweisungen *absichtlich*?», blaffte er. Ein paar Minuten später wurde derselbe Typ, der vermutlich das Schlimmste überstanden glaubte, dabei erwischt, wie er sich leicht an die Wand lehnte: ein geborenes Opfer. «Verzeihung! Braucht die Wand da eine Stütze? Wollen Sie mich für dumm verkaufen? Machen Sie zwanzig Liegestütz.»

«Äh ... hier?», stotterte der Rekrut.

«Natürlich hier! Dachten Sie, wir gehen dafür in die Sporthalle?»

Der Mann ließ sich zu Boden und begann schwerfällig zu pumpen.

«Fünf! Sechs! Sieben! Acht!», zählte der Beamte ungeduldig.

Ich schloss einen Moment die Augen. Für diesen Abend war ich eingeladen gewesen, in einem Club in meiner Nachbarschaft einen Diavortrag über Alaska zu halten. Mein Dad und ich hatten kürzlich dort oben eine Fußwanderung durch die Wildnis wiederholt, die mein Großvater 1915 gemacht hatte. Die Veranstalter hatten den Termin großzügig verlegt, als ich ihnen erklärt hatte, es sei etwas dazwischengekommen, aber jetzt sah ich mich im Geist dort sitzen, meinen After-Dinner-Vortrag beenden, meinen Wein austrinken und, die Hände auf dem weißen Tischtuch, auf den Kaffee warten. Ein plötzlicher, aber lang ersehnter Auftrag, hatte ich erklärt – eine unaufschiebbare Reise. Es war der Beginn der tausend Schwindeleien und Sorry-kann-leider-nicht-drüber-reden-Ausflüchte, zu denen ich im Lauf der nächsten dreißig Monate greifen sollte, weil sich mein Leben in zwei Teile spaltete, die nichts voneinander wissen durften.

Das langsame Vorwärtsgeschiebe dauerte fast eine Stunde. Schließlich landete ich wieder in der Halle, wo ich eine Schlafraumnummer und eine Ladung Bettzeug erhielt, was man mir beides, wie mir jetzt aufging, auch gleich bei meiner Ankunft hätte zuteilen können. Aber dann hätte niemand Gelegenheit gehabt, uns anzubrüllen. Ich fischte mein Gepäck aus dem Haufen und strebte die Treppe hinauf.

Es blieb keine Zeit, auszupacken oder meine drei Zimmergenossen kennen zu lernen; wir sollten sofort wieder herunterkommen, in den Hörsaal. Ein kleiner, straffer, rotgesichtiger Mann, der ziemlich unglücklich wirkte, betrat den Raum. Es war Sergeant Rusty Bloom, der Leiter der Akademie. Er musterte uns einen Augenblick wortlos durch dicke Brillengläser. Ab heute Abend, begann er, seien wir Vollzugsbeamtenanwärter des Staates New York, mit einem Jahresgehalt von 23 824 Dollar. «Und beachten Sie, dass ich ‹Vollzugsbeamte› sage, nicht Gefängniswärter. Um Gefängniswärter zu werden, braucht es nicht viel. Für Gefängniswärter gibt es keine Akademie. Sie sind hier, um qualifizierte Fachkräfte zu werden.» Wir würden zu mehr als 26 000 Vollzugsbeamten des Bundesstaats stoßen und für eine Behörde mit einem Jahresetat von 1,6 Milliarden Dollar arbeiten. Über 18 000 Personen hätten sich der Eignungsprüfung für den Vollzugsdienst gestellt, die wir vor zwei Jahren abgelegt hatten; wir zählten zu den ersten Lehrgängen, die wegen besonders guter Leistungen aus der Liste der Prüflinge ausgewählt worden seien. Dennoch, erklärte er, böten wir im Moment noch ein ziemlich schwaches Bild. Im Lauf der nächsten sieben Wochen würden er und seine Ausbilder alles tun, um das zu ändern.

Wie jeder neue Lehrgang, erklärte Bloom, dürften wir während der ersten Woche das Akademiegelände nicht verlassen, obwohl wir am Wochenende in unseren Jacketts und Krawatten nach Hause fahren könnten, sobald er uns am Freitagnachmittag entlassen habe. Falls wir die Regeln des Akademielebens nicht einhalten zu können glaubten, sollten wir jetzt sofort gehen. Das mit der persönlichen Ordnung zum Beispiel. Die Anweisungen hinsichtlich der Aufbewahrung von Uniformteilen und Toilettenartikeln seien klipp und klar; wenn jemandes Sachen dem nicht entsprächen, bekomme die ganze Stube dafür einen Eintrag. Das gelte im übrigen generell. Unser Lehrgang von 128 Rekruten werde in vier «Sessionen» aufgeteilt. Wenn jemand in einer Session Mist baue – zu spät komme, schlampig sei oder irgendwelche Anweisungen nicht befolge – müsse die ganze Session dafür bezahlen. Im Allgemeinen bedeute das Ausgangssperre, so wie wir sie jetzt hätten, weil das nun mal bei jedem Lehrgang in der ersten Woche so sei. Und damit wir nicht vergäßen, worum es bei diesem Job gehe, erklärte Sergeant Bloom: «Die einfachste Methode, Mist zu bauen, ist ein Schloss offen zu lassen.» Wir hatten, den Anweisungen entsprechend, Vorhängeschlösser für die Spinde auf unseren Zimmer mitgebracht. «Und ich sage Ihnen jetzt schon, wenn ich jemandes Schloss unverschlossen finde – und ich verspreche Ihnen, dass das passiert –, dann haftet die ganze Session dafür.»

Bloom forderte uns auf, nach rechts und links zu gucken – einer unserer beiden Nachbarn werde in zwölf Monaten nicht mehr im Vollzugsdienst sein. Das sei kein leichter Job, kein Job für jeden. Das klang irgendwie ominös. Doch das, was Bloom dann sagte, durchbrach diesen düsteren Bann. «Und falls Sie beschließen, die Akademie während des Lehrgangs zu verlassen – was einige von Ihnen garantiert tun werden –, dann bitte, bitte, lassen Sie mich wissen, dass Sie gehen. Verschwinden Sie nicht einfach.»

Den Sergeant so flehen zu hören, war irgendwie komisch und erleichternd. Bloom war nicht nur ein furchteinflößender Dämon, er war auch ein Bürokrat, dem Papierkram ausgeliefert. Ich schloss aus seinen Worten, dass öfters Rekruten die Akademie verließen, ohne sich zu verabschieden, und dieser Gedanke heiterte mich beträchtlich auf.

In diesem Job, sagte er abschließend, gehe es um *Aufsicht, Verwahrung und Kontrolle*. «Die in den grauen Uniformen sind die Guten, die in den grünen Uniformen die Bösen. Darum geht es und um sonst nichts.» Und in fünfundzwanzig Jahren hätten wir eine Pension.

———

Ich war letztlich deshalb hier, weil mir die Vollzugsbehörde erklärt hatte, dass das nicht möglich sei. Zur Akademie, hatte man mich beschieden, hätten Journalisten keinen Zutritt – ohne Ausnahme, Punkt, Ende. Wieso?, fragte ich mich. Wo die Gefängnisse so oft in den Nachrichten waren, so viel Geld kosteten und eine so beispiellose Zahl von Gefangenen beherbergten, schien mir doch, dass alles, was dort vorging, absolut transparent sein müsste.

Aber wie konnte man mehr über Gefängnisse erfahren? Wie konnte man, ohne selbst zum Häftling zu werden, jemals erfahren, wie es in dieser Welt aussah? Die meisten neueren Berichte stammen von Gefängnisinsassen verschiedenster Art – Radikalen (Eldridge Cleaver, George Jackson, Mumia Abu-Jamal), Angehörigen des Establishments (Sol Wachtler, vormals New Yorker Oberrichter, Joseph Timilty, Politiker aus Boston) oder auch Hard-Core-Kriminellen (Jack Henry Abbott, Sanyika Shakur). Die Dokumentarfilme (wie etwa der exzellente Film *The Farm*) konzentrieren sich ebenfalls überwiegend auf das Leben der Häftlinge.

Aber die Welt des Gefängnisses, dachte ich, hat doch zwei Seiten – zwei Uniformfarben, ein «Wir» und ein «Sie». Und ich wollte die Stimmen hören, die man nie hört, die Stimmen der Aufseher – derjenigen, die an vorderster Front unserer Gefängnispolitik stehen, der Vollzieher der Gesellschaft.

Die meisten Außenstehenden beziehen ihre Vorstellung von Gefängniswärtern aus Filmen. *Der Unbeugsame, Brubaker, Die Verurteilten* und viele andere Filme zeichnen melodramatische Bilder des Gefängnislebens, die sich auf einen gewissen gemeinsamen Nenner bringen lassen. Die wichtigsten Grundlektionen: Zwar sind einige wenige Gefangene wirklich üble Kerle, aber viele sind eigentlich ganz vernünftige Menschen, die zu Unrecht eingesperrt sind; weiße Mittelschichtsmänner werden mit hoher Wahrscheinlichkeit vergewaltigt; Gefängnisleiter sind oft korrupt und Wärter durchweg brutal.

Das Wärter-Klischee interessierte mich besonders. Stimmte es? Und wenn ja, dann deshalb, weil dieser Job vor allem knallharte Typen anzog, die ohnehin zur Gewalttätigkeit neigten? Oder waren Wärter ganz normale Menschen, die erst gewalttätig wurden, wenn sie sich in das System eingebunden fanden? Und wenn das Klischee falsch war, warum hielt es sich dann so hartnäckig?

Das alles zu klären schien mir deshalb besonders dringlich,

weil wir in Amerika heute etwas haben, was man die Masseninhaftierungskrise nennen könnte. Obwohl die Verbrechensraten
sinken und die Wirtschaft floriert, werden wesentlich mehr Menschen inhaftiert als je zuvor, was vor allem an den Gesetzen liegt,
die Haftstrafen für Drogenvergehen vorschreiben. Die Folge ist,
dass gewaltige Finanzmittel umgewidmet werden: Der Staat Kalifornien, dessen Gefängnisse bereits bis zum Doppelten ihrer ei-
gentlichen Kapazität belegt sind, muss jedes Jahr eine neue Haftanstalt bauen, um der Häftlingsflut gewachsen zu sein. Also
leiden andere Aufgaben – Gesundheits- und Bildungswesen –,
aber dennoch spricht wenig dafür, dass diese Masseninhaftierung
Verbrecher kuriert oder potentielle Verbrecher abschreckt. Seit
dem Ende des Apartheidregimes in Südafrika – bis dahin Spitzen-
reiter in Sachen Inhaftierung – liefern sich die USA und Russland
ein Kopf-an-Kopf-Rennen um den ersten Platz. Wir sperren pro-
zentual sechsmal so viele Menschen ein wie England, siebzehn-
mal so viele wie Japan. Anfang 2000 saßen in den Haftanstalten
der USA fast zwei Millionen Menschen ein, was heißt, dass sich
jeder hundertvierzigste Bürger hinter Gittern befand. Die Zahl
der Inhaftierten hat sich in den letzten fünfundzwanzig Jahren
verdreifacht, und die Inhaftierungsrate steigt weiter. Während in
den neunziger Jahren des vergangenen Jahrhunderts die Wall-
street boomte, war jeder dritte männliche Schwarze zwischen
zwanzig und neunundzwanzig entweder hinter Gittern oder nur
auf Bewährung in Freiheit. Für junge männliche Schwarze in Kalifornien ist heute die Wahrscheinlichkeit, im Gefängnis zu landen, fünfmal so hoch wie die, eine State University zu besuchen.
Mit Wissen, politischem Willen und vielleicht auch einer Portion
Glück scheint es uns gelungen zu sein, die Inflation und das Haus-
haltsdefizit in den Griff zu kriegen. Aber unsere Reaktion auf Kriminalität ist nach wie vor ein stumpfes Instrument, das öfter Narben hinterlässt als Besserung.

Die Inhaftierung, die beste Bestrafungsmethode, auf die wir
bisher gekommen sind, wird selbst zu einem gesellschaftlichen

Problem. Eine ihrer unbeabsichtigten Folgen ist die Entstehung der so genannten Gefängniskultur. Die Mode der superweiten, tief hängenden Baggy-Pants geht offenbar auf das Gefängnis zurück, wo die Häftlinge schlecht sitzende Kleidung und oft keinen Gürtel erhalten. Dasselbe gilt für die schnürsenkellosen Turnschuhe, eine Sicherheitsmaßnahme auf den psychiatrischen Stationen der Haftanstalten. Junge Angehörige ethnischer Minderheiten, die ich in New York traf, hatten in so vielen Fällen ältere Brüder im Gefängnis, dass ihnen eine Haftstrafe so gut wie unvermeidlich erschien, fast schon als eine Art Mannbarkeitsritus. Dass Häftlinge einen solchen Einfluss auf den Rest der Gesellschaft haben, ist, wie Theoretiker meinen, nur *ein* Indikator dafür, dass das Gefängnis, ohne es zu wollen, eine eigene Empowerment-Kultur entwickelt hat, eine Kultur, die dafür sorgt, dass die Häftlinge das Ziel der «Besserung» ablehnen, das die Vollzugsbehörden einst verfolgten und zu dem sie sich verbal noch immer bekennen.

Zuerst dachte ich gar nicht bewusst daran, selbst Vollzugsbeamter zu werden. 1992 – nachdem der Staat New York meinen Versuch, das Thema Vollzug und Gefängnis in allgemeinerer Form zu untersuchen, abgeschmettert hatte – setzte ich mich mit der Vollzugsbeamtengewerkschaft des Staates New York in Verbindung – einer Unterorganisation des Amerikanischen Bundes der Staats-, Bezirks- und Kommunalbeamten. Der Geschäftsführer, Joe Puma, stammte aus Brooklyn, war selbst Vollzugsbeamter und früher in der Transportarbeitergewerkschaft gewesen. Er erklärte mir, Vollzugsbeamte hätten die höchste Scheidungsrate, die höchste Rate an Herzkrankheiten, Drogen- und Alkoholsucht und die kürzeste Lebenserwartung im gesamten öffentlichen Dienst, da sie so hohem Stress ausgesetzt seien. Sie fürchteten sich nicht nur vor tätlichen Angriffen der Häftlinge, sondern auch vor der dienstbedingten Ansteckung mit Aids oder Tuberkulose. (Erst kürzlich hatte ein Vollzugsbeamter seine Familie mit einer TB infiziert, die er sich im Gefängnis geholt hatte, und ein anderer war an einem resistenten Tuberkelstamm gestorben.)

Puma bestätigte meinen Verdacht, dass der Vollzugsdienst ein schrecklich undankbarer Job war. «Für etwas mehr Respekt würde ich eine Gehaltskürzung hinnehmen», erklärte er, noch immer sauer, dass der New Yorker Gouverneur George Pataki vor kurzem seinen Berufsstand – wie auch in der Presse üblich – nicht als «Vollzugsbeamte», sondern als «Gefängniswärter» bezeichnet hatte. «Es hat mich immer schon verblüfft, dass ein Verbrecher, der beim Prozess für die Leute noch ein übler Schurke war, so schnell zu einer Art Opfer wird, sobald er im Gefängnis sitzt», fügte er hinzu. «Wir Vollzugsbeamten hassen das, weil wir doch die Guten sind.» Er stimmte meiner Vermutung zu, dass das Imageproblem der Vollzugsbeamten zum Teil selbst verschuldet sei: Diese Leute scheuten jede Publizität, weil sie dabei oft so schlecht wegkämen. «Aber wir gehen jetzt an die Öffentlichkeit», insistierte er. «Wir werden unsere Geschichte erzählen.» Puma versprach mir, unser Gespräch bald fortzusetzen und mich mit anderen Leuten bekannt zu machen. Dann, plötzlich, war er, ohne jede Erklärung, für mich telefonisch nicht mehr erreichbar. Ich blieb ein paar Monate am Ball und bekam schließlich über die Pressestelle eine Einladung zur Eröffnungssitzung der Verhandlungsrunde über den neuen Tarifvertrag zwischen der Gewerkschaft und dem Staat New York. Dort freundete ich mich mit einer Handvoll weiterer Gewerkschaftsvertreter an, unter anderem mit Rick Kingsley von der Washington Correctional Facility, einem Standardsicherheitsgefängnis in Comstock, New York.

Kingsley verblüffte mich mit dem Eingeständnis, dass sich wohl neunzig Prozent der Vollzugsbeamten, die er kenne, gegenüber flüchtigen Bekannten für etwas anderes – etwa für Handwerker – ausgäben, da ihr Job mit einem solchen Stigma behaftet sei. Natürlich habe er seine Vorteile, das Gehalt, die Sicherheit und, ab einem gewissen Dienstalter, die Arbeitszeiten: Er, Kingsley, beginne seinen Dienst im Morgengrauen und habe dann nachmittags Zeit, sein Stück Land zu bearbeiten und seine Blockhütte auszubauen. Hauptsächlich jedoch, erklärte er, bestehe die Gefängnisarbeit in Warten. Die Häftlinge warteten auf ihre Entlassung, die Beamten auf ihre Pensionierung. Für Kingsley war dieser Job ein «Lebenslänglich in Acht-Stunden-Schichten.»

Er lud mich ein, sein Gefängnis zu besichtigen, und bot mir, als ich hinkam, sogar an, in seinem Trailer zu übernachten. Eine Besichtigungserlaubnis zu bekommen, war schwierig, und so war es ein tolles Gefühl, endlich drin zu sein. Aber schon nach einer halben Stunde war mir klar, dass ich nur die Oberfläche zu Gesicht bekam. Gespräche brachen ab, wenn Rick und ich einen Personalraum betraten, und Beamte auf dem Parkplatz verstummten, wenn wir uns näherten. Ich war wie der Typ im schrillen Hemd, der von einem riesigen Kreuzfahrtschiff ins Händlerviertel irgendeines tropischen Hafens spaziert – die Einheimischen würden mir zeigen, was sie mir zeigen wollten, und zwei Stunden später würde ich wieder weg sein und ihr eigentliches Leben konnte weitergehen.

Am stärksten war dieses Gefühl, als Rick mich mit in den Hof nahm und ich ein paar Kollegen von ihm kennen lernte. Sie erklärten mir die Regeln, an die sie sich hielten, um Problemen vorzubeugen: Auflösen jedweder Versammlung von mehr als sechs Personen, Verbot von Kampfsporttraining, religiösen Gruppenaktivitäten (die Muslime wollten gemeinsam gen Mekka beten) und Kontaktsportarten; Durchsuchen der Häftlinge beim Wiederbetreten des Gebäudes. Ich fragte, ob es trotz dieser Vorsichtsmaßnahmen je Probleme gebe. Sie sahen sich an und dann Rick, dessen Gesichtsausdruck ich nicht mitbekam. Nein, erklärten sie nach einem winzigen, aber vielsagenden Zögern, eigentlich nicht. Die Sicherheitsmaßnahmen seien wasserdicht.

Quatsch, wollte ich sagen. Aber das verbot sich.

Rick hatte mir von der Akademie erzählt und das schien mir ein tolles Thema: der Ort, wo die Werte dieses Berufsstands vermittelt wurden, wo Burschen vom Land lernten, was ein Vollzugsbeamter ist. Rick hielt meine Idee, einen Rekruten zu porträtieren und durch den gesamten Lehrgang zu verfolgen, für gut. Ich machte mich daran, sie in die Tat umzusetzen.

Aber die Vollzugsbehörde wies mein Ansinnen schlichtweg ab. Man gab mir keine Begründung und wollte meine Gründe nicht hören. Es komme einfach nicht infrage. Ich war enttäuscht. Und wollte jetzt erst recht mehr über diese Welt wissen.

Ich erkannte, dass es nur eine Möglichkeit gab, in diese Akademie hineinzugelangen: als ganz normaler Rekrut. 1994 stellte ich den Antrag, an der nächsten Eignungsprüfung für den Vollzugsdienst teilnehmen zu dürfen, und ein paar Monate später saß ich mit einem Testaufgaben-Büchlein in einem großen Raum voller Leute, die verzweifelt einen Job suchten. Dann wartete ich weitere Monate.

Unsere Session versammelte sich am nächsten Morgen in einem Klassenraum im Untergeschoss, gleich neben einem Aufenthaltsraum und der Kantine. Die Ausbilder waren allesamt Vollzugsbeamte mit einer Ausbildungsbefähigung. Unserer war glücklicherweise Vincent Nigro («Nei-gro», wie er uns extra erklärte), ein Vollzugsbeamter aus einem Hochsicherheitsgefängnis in Downstate New York, der Eastern Correctional Facility. Er platzierte uns in alphabetischer Reihenfolge – in unserer Session waren die Teilnehmer A bis F – und stellte uns dann eine Scherzfrage. «Welche drei Dinge werden Ihnen zuteil, sobald sie Vollzugsbeamte sind?», fragte er. Wir warteten. «Ein Wagen. Eine Waffe. Die Scheidung.»

So begann unsere Einführung ins Akademieleben. Unser Tag würde, noch ehe er, Nigro, käme, hier in unserem «Klassenzimmer» anfangen. Nachdem wir unseren Schlafraum tipptopp verlassen hätten, würden wir uns hier versammeln und uns gegenseitig auf das korrekte Erscheinungsbild hin kontrollieren: Das Abzeichen müsse gerade sitzen, das Namensschild exakt an der richtigen Stelle, in die Brusttasche gehöre ein einzelner Kugelschreiber, die Gesäßtasche habe zugeknöpft zu sein, das Schuhwerk blitzblank. Dann würden wir schweigend und im Gänsemarsch zur Kantinenschlange stoßen. Es gab, so erfuhren wir, eine vorschriftsmäßige Art, um die Ecke zu gehen: eine Drehung auf dem Ballen des inneren Fußes, ohne aus dem Schritttakt zu kommen. Das Frühstück sei schweigend einzunehmen. Wir würden uns etwa um sieben Uhr fünfundvierzig im Klassenzimmer einfinden und er werde um acht erscheinen. Dann würden jeden Tag zwei andere Teilnehmer die Klasse zählen, als ob wir Häftlinge wären, und den ausgefüllten Zählbogen sowie einen Brandschutz- und Sicherheitsreport bei Sergeant Bloom abliefern. Nigro gab zu, dass Bloom etwas einschüchternd sei, und sagte, er werde uns helfen, möglichst wenig mit ihm zu tun zu haben.

Jeder Ausbilder hatte ein Spezialgebiet und Nigro erklärte, dass wir im Lauf des Lehrgangs von allen unterrichtet würden. Die Themen gingen von Berichterstellung bis Gewaltanwendung, von Strafrecht bis «Verhaltensnormen für Häftlinge», vom sicheren Umgang mit Geräten und Schlüsseln bis hin zu «Drogen – Gefahren und Warnzeichen». Jeden Freitag würden wir Tests schreiben, bei denen wir mindestens siebzig Prozent der Fragen richtig beantworten müssten, sonst dürften wir den Test höchstens zweimal wiederholen. Das alles sowie erste Hilfe und Wiederbelebung sei der akademische Teil. Dazu kämen zwei Stunden körperliches Training jeden Nachmittag und in der letzten Woche ein physischer Leistungstest. In einem Kurs namens «Defensivtaktiken» würden wir den Umgang mit dem Schlagstock und Techniken des unbewaffneten Kampfes lernen. Außerdem müssten wir ein Schießtraining absolvieren. Und schließlich würden wir Tränengas («CS-Gas» oder «Chemischen Reizstoffen», wie man das hier nenne) ausgesetzt und am Gasgewehr ausgebildet.

Nigro befragte die Teilnehmer in einigermaßen alphabetischer Ordnung, was sie gemacht hätten, ehe sie hierher gekommen seien. Die Antonelli-Brüder, gut aussehende, Bodybuilding treibende eineiige Zwillinge aus der Gegend von Buffalo, besaßen einen

Gärtnereibetrieb, den sie derzeit ihren Brüdern anvertraut hatten. Don Allen, einer der drei männlichen Schwarzen in der Gruppe, hatte im Jugendstrafvollzug gearbeitet. Die große, schlanke Aisha Foster, eine von vier schwarzen Frauen, war Wärterin auf Rikers Island gewesen. Ihre Zimmergenossin, die lebhafte Tawana Ellerbe, hatte einen Schreibtischjob bei der New Yorker Polizei gehabt. Dave Arno war, trotz eines College-Abschlusses und eines halben Master-Studiums, Geschäftsführer eines Burger King gewesen, da er in der Gegend von Syracuse keinen anderen Job gefunden hatte. Cleve Dobbins war ein zerstreuter Ex-Militärpolizist in den Vierzigern. Carlos Bella hatte als Aufseher und Betreuer im Jugendstrafvollzug von New Jersey gearbeitet. Felix Chavez, ein höflicher Puertoricaner aus Brooklyn, war Hilfshausmeister gewesen. Ich hätte ebenfalls als Hausmeister in einem Apartmentkomplex gearbeitet, konnte ich wahrheitsgemäß sagen, und außerdem Taxi gefahren. Peter Di-Paola war in der Buchhaltung eines Verkaufsautomatenherstellers gewesen. Matt Di Carlo, Ex-Navy-Soldat und Sohn eines Vollzugsbeamten, hatte eine Tankstelle betrieben und tat es auch jetzt noch am Wochenende. Diandre Dimmie war ebenfalls im Jugendstrafvollzug tätig gewesen und hatte außerdem, was seine schicken Anzüge erklärte, in einem Herrenbekleidungsgeschäft gearbeitet. Brian Eno war ein intelligenter, birnenförmiger Ex-Sanitäter. Der winzige Anthony Falcone hatte kürzlich seinen Army-Dienst beendet.

Um festzustellen, ob jemand von uns Probleme beim körperlichen Leistungstest haben würde, hängte sich Nigro eine Trillerpfeife um und ließ uns in Viererreihen über den Akademieparkplatz zur Sporthalle marschieren. Dort war ein Probe-Testparcours aufgebaut und das Erste, was ich im Eintreten sah, war eine schwere, graue Übungspuppe, die, eine Seilschlinge um den Hals, schlaff von der Decke baumelte. Dieser Dummy war offenbar auch Teil des Tests. Daneben lag eine zweite Puppe auf dem Boden. In der Nähe befanden sich eine Zeitanzeigetafel, wie man sie in der

Leichtathletik verwendet, und alle möglichen anderen Gerätschaften.

Nigro erklärte, der Parcours umfasse zehn Aufgaben, die allesamt innerhalb von zwei Minuten und fünfzehn Sekunden bewältigt werden müssten. Jede Aufgabe simuliere eine reale Situation, mit der wir als Vollzugsbeamte konfrontiert sein könnten. Nigro sagte, wir täten gut daran, unsere Klassenkameraden unterwegs anzufeuern. Ein Dutzend Leute starteten vor mir; dann war ich plötzlich dran. Nigro pfiff.

Ich schnappte mir einen großen, silbernen Feuerlöscher und sprintete damit schwerfällig etwa fünfunddreißig Meter weit (natürlich, um ein von einem Häftling gelegtes Feuer zu löschen). Ich drehte mich um, stemmte mich mit aller Kraft gegen eine bewegliche Wand (stellvertretend für eine Häftlingsbarrikade) und kletterte dann eine an der Sporthallenwand befestigte Leiter (einen Wachturm) hinauf und wieder hinunter. Als Nächstes kam der 72-kg-Dummy – ein lebensmüder Häftling: Ich umschlang seine Taille und hob ihn hoch, um den Zug am Hals zu verringern. Theoretisch schnitt ihn in dieser Zeit ein anderer Beamter los. Als ich ihn etwa zehn Sekunden so gehalten hatte, ertönte ein weiterer Pfiff, also ließ ich ihn behutsam herunter («Brechen Sie ihm nicht das Genick!», brüllte Nigro) und ging rasch zu dem liegenden Dummy. Das war offenbar der Häftling, der es nicht lebend überstanden hatte. Hier bestand die Aufgabe darin, ihn knapp zwanzig Meter weit zu ziehen.

Als das getan war, keuchte ich, aber direkt vor mir lag eine 36-kg-Hantel, die es zu heben und einige Sekunden in normaler Stehposition zu halten galt – mein Ende der Trage. Die nächste Station war ein Längspferd, das man überspringen musste (einfach nur um zu zeigen, dass man nicht zu sehr außer Form war); zu meiner Bestürzung schlug ich am anderen Ende hin. Aber meine Klassenkameraden klatschten dennoch und ich war blitzartig wieder auf den Beinen und absolvierte einen Slalomkurs aus roten Warnkegeln über drei Viertel der Halle, um dann eine Treppe zum zweiten Stock der Halle hinauf- und wieder hinunterzurennen. Schließlich presste ich, statt der Arme eines widersetzlichen Häftlings, dem es Handschellen anzulegen galt, einen Impander mit gut zwanzig Kilo Widerstand zusammen. Und war durch.

***

Die einundsiebzig Gefängnisse des Staates New York liegen über das ganze Staatsgebiet verstreut. Dazu gehören berühmte Hochsicherheitsgefängnisse – Sing Sing, Attica (im Westen, bei Buffalo), Auburn (in Midstate) und Clinton (in den nördlichen Adirondacks, nahe der kanadischen Grenze) – aber auch eine Vielzahl von Standardsicherheitsgefängnissen und Anstalten mit gelockertem Vollzug sowie Freigängereinrichtungen und psychiatrische Verwahranstalten. (In Staatsgefängnissen sitzen Gefangene mit Freiheitsstrafen von mindestens einem Jahr. Untersuchungshäftlinge und Gefangene mit kürzeren Haftstrafen bleiben in lokalen Gefängnissen wie etwa dem riesigen Komplex von Rikers Island in New York City, nahe dem Flughafen La Guardia. In Bundesgefängnisse kommen in der Regel Kriminelle, die nach Bundesrecht verurteilt wurden – häufig Drogendealer.)

Fünfzig der einundsiebzig Staatsgefängnisse wurden in den letzten fünfundzwanzig Jahren gebaut, einem Zeitraum, in dem die Häftlingszahl beinahe auf das Sechsfache angestiegen ist, von 12 500 auf 70 000, was hauptsächlich an den obligatorischen Haftstrafen für Drogenvergehen liegt. Die meisten Häftlinge sind farbige junge Männer aus New York City. Da die Staatsregierung jedoch in Albany sitzt und der Senat des Staates von Politikern aus ländlichen Wahlkreisen dominiert wird, wurden fast alle Gefängnisneubauten mehr oder weniger fern von New York errichtet, dort, wo sich Kommunen, der Arbeitsplätze wegen, dafür stark machten.

Mit einem Staatsbeamtengehalt kommt man in einer Kleinstadt des Staates New York ziemlich weit – nach acht Jahren hat ein Vollzugsbeamter ein Jahresgehalt von fast vierzigtausend Dollar plus diverse Sozialleistungen. Der demographischen Zusammensetzung dieser Kleinstädte entsprechend, ist das Vollzugspersonal überwiegend weiß. Da die Häftlinge überwiegend ethnischen Minderheiten angehören, ähnelt die Rassenhierarchie in den meisten dieser Haftanstalten der in Südafrika unter dem Apartheidregime.

Häftlinge wie jüngere Vollzugsbeamte führen ein mobiles Dasein. Die Häftlinge werden häufig ohne große Vorwarnung verlegt, weil irgendwelche obskuren Pläne der Vollzugsbehörde es so wollen. Die Vollzugsdienstrekruten verlassen ihren Heimatort, um die Akademie zu besuchen, und verbringen dann im typischen Fall die nächsten Jahre mit dem Versuch, wieder dorthin zurückzugelangen: Ihr erster Posten ist oft Sing Sing, das wegen seines Rufs als extrem chaotische Haftanstalt und wegen seiner Lage im teuren Westchester County immer an Personalknappheit leidet. (Da Sing Sing so nah bei New York City liegt, besteht das reguläre Personal dort überwiegend aus Angehörigen ethnischer Minderheiten – eine Ausnahme von der ansonsten staatsweit gültigen Regel.) Die begehrteren Gefängnisse haben nach Dienstalter gestaffelte Wartelisten, teilweise von mehreren Jahren. Bis sie dorthin kommen, wo sie eigentlich hinwollen, machen sich die meisten Vollzugsbeamten für ihre beiden freien Tage auf die Heimfahrt, auch wenn das sechs oder sieben Stunden Fahrzeit bedeutet. Und Sie lassen sich, in einer Art Hopse-Spiel, von einem Gefängnis zum nächsten versetzen, bis sie endlich wieder zu Hause wohnen können. Daher begann für die meisten meiner Klassenkameraden bereits mit den sieben Wochen Akademie so etwas wie eine Wanderarbeiterexistenz.

Am nächsten Tag begann der Unterricht ernsthaft und unter den vielen einschläfernden Themen – Notizenmachen, sicherer Umgang mit Gerätschaften und Schlüsseln, Sensibilisierung für kulturelle Besonderheiten – gab es auch einige, die uns alle aufmerken ließen. Ein gutmütiger, kahl geschorener, stiernackiger älterer Schwarzer namens Kirkley unterrichtete ein Fach namens «Anwendung von Gewalt», wo wir lernten, wann es okay war, handgreiflich zu werden. Man musste sich durch einen ganzen Stapel Papiere ackern – «Artikel 35», «Weisung 49», «Personalhandbuch 8. 2, Kapitel V», «Strafvollzugsgesetz 137–5» – aber unterm Strich lief es darauf hinaus, dass «Handgreiflichkeiten oder der Einsatz des Schlagstocks gegenüber Gefangenen» dann zulässig waren, wenn diese Mittel «zur Selbstverteidigung, zur Verhinderung von Gewalt gegenüber Personen oder Anstaltseigentum, zur Unterbindung von Unruhe, zur Erzwingung der Befolgung einer legitimen Anweisung oder zur Vereitelung eines Fluchtversuchs» notwendig waren. Diese Kriterien schienen ziemlich streng, bis man sich das vorletzte näher ansah: «zur Erzwingung der Befolgung einer legitimen Anweisung». Das war der springende Punkt, neunundneunzig Prozent dessen, was man wissen musste. Wenn der Gefangene nicht tat, was man ihm sagte – solange es nicht gerade «Putz meine Schuhe» war –, durfte man ihm gegenüber physische Gewalt anwenden.

Tödliche physische Gewalt war in drei Fällen okay: zur Fluchtverhinderung, in Notwehr oder zur Verhinderung von Brandstiftung. Brandstiftung? «Brandstiftung ist etwas sehr Ernstes, weil ein Häftling ein ganzes Gebäude niederbrennen könnte, womöglich samt der darin befindlichen Menschen», erklärte Kirkley. Na ja, schon, aber das Szenario war schwer vorstellbar. Ein Häftling, der sich inmitten entleerter Benzinkanister bückte, um ein Streichholz anzuzünden. «Halt, oder ich schieße!», konnten wir rufen. Und wenn er nicht innehielt, durften wir ihn erschießen.

In einer seiner persönlichen Randbemerkungen, die uns vermutlich besser auf den Job vorbereiteten als alle offiziellen Lehrinhalte, erklärte uns Kirkley, dass Vollzugsbeamte durchaus in Notwehrsituationen kommen konnten. Gewöhnlich durch spontan aufflammende Aggression – etwa, weil ein Häftling sich über

45

etwas ärgerte, was man ihm gesagt oder befohlen hatte, und einen unversehens angriff. Aber es sei auch möglich, dass wir als Vollzugsbeamte vorsätzlich attackiert würden. Zu Beginn seiner Dienstzeit, erzählte Kirkley, sei er einmal bei einem Kontrollgang auf einem Laufsteg innerhalb eines Gefängnisses von fünf vermummten Häftlingen angefallen worden, die ihm die Brieftasche abgenommen hätten. Wir waren verblüfft, dass so etwas im Gefängnis passieren konnte. Und Kirkley war ein Hüne. Aber in diesem Fall war Notwehr eher eine theoretische Möglichkeit gewesen. «Ich war absolut unterlegen», erklärte Kirkley, deshalb seien die Angreifer ungestraft davongekommen. So viel (zumindest in diesem Fall) zum Punkt Kontrolle.

Ein anderer Beamter, Voltraw, unterrichtete uns in Rechtswesen, wo wir hauptsächlich mit Auswendiglernen – etwa des Unterschieds zwischen Diebstahl dritten und vierten Grades oder der präzedenzrechtlichen Grundlagen der Miranda-Formel – beschäftigt waren, klärte uns aber auch über die Befugnisse auf, die wir haben würden. Dazu gehörten das Recht, eine Waffe zu erwerben und verdeckt zu tragen, sowie das Recht, Verhaftungen vorzunehmen: Im Dienst wie außer Dienst würden wir, sobald wir Zeuge eines schweren oder minderschweren Verbrechens würden, zur Festnahme schreiten dürfen (bei einem schweren Verbrechen sogar dann, wenn wir es nicht mit eigenen Augen sähen.)

Das alles basierte auf unserem Status als Schutzpolizisten, «Peace Officers» genannt. Im Staat New York gab es sechsunddreißig verschiedene Sorten Peace Officers, von der Parkpolizei über die State-University-Polizei bis zur Kommunalpolizei – aber die Vollzugsbehörde, mit einem Budget von einem Viertel des Gesamtetats, war mit Abstand die größte dieser Institutionen. «Die Vollzugsbehörde will nicht, dass Sie als Gesetzeshüter fungieren – sie bildet Sie nicht dafür aus», sagte Voltraw. «Es gibt da Haftungsprobleme und der Behörde passt es im Grund gar nicht, dass wir Leute festnehmen können. Aber rechtlich dürfen wir fast genauso viel wie Polizeibeamte.»

Ein paar Tage später warnte uns Tom Testo, Leiter der Personalstelle der Vollzugsbehörde, vor jeglichem Missbrauch dieser Befugnisse. Seine Dienststelle, sagte er, entziehe mehrmals die Woche Beamten den Waffenschein, weil sie beim Tragen der Waffe in alkoholisiertem Zustand erwischt worden seien, jemanden mit dem Ding bedroht hätten oder es sich hätten klauen lassen. Derzeit prozessiere gerade ein Börsenmakler gegen die Vollzugsbehörde, weil er von einem Vollzugsbeamten an den Straßenrand gewunken und wegen überhöhter Geschwindigkeit zur Schnecke gemacht worden sei, erklärte uns Testo in müdem Ton. Und dann seien da die Jungs, die sich Nummern unter ihre Dienstmarke klebten, damit sie aussehe wie die der New Yorker Polizei, um dann auf eigene Faust «Ermittlungen» durchzuführen. Für so etwas werde man gefeuert, sagte Testo, und jeder Zehnte von uns werde im Lauf seines Berufslebens eine disziplinarische Verwarnung von der Vollzugsbehörde erhalten. Nicht dass er, Testo, nicht wüsste, unter welchem Druck wir stünden. Klar, Häftlinge seien «das Letzte vom Letzten, der Abschaum der Menschheit». Und wir müssten jeden Tag mit ihnen umgehen. Aber das entschuldige noch keinen Machtmissbrauch.

An jenem ersten Abend in der Akademie hatte Sergeant Bloom überraschend erklärt, das Wichtigste, was wir hier lernen könnten, sei «mit den Häftlingen zu kommunizieren». In den folgenden zwei, drei Wochen begriff ich allmählich, wie er das gemeint hatte. Der Vollzugsdienst war, wenn auch auf eine spezielle, machohafte Weise, «Umgang mit Menschen». Ein gut Teil unseres Erfolgs und unseres Wohlbefindens als Vollzugsbeamte würde davon abhängen, wie wir den Häftlingen gegenüber auftraten und mit ihnen interagierten.

Doch die Methode der Vollzugsbehörde, uns diese Fähigkeiten zu vermitteln, war eine kurze Unterrichtseinheit in Interpersoneller Kommunikation (IPC), erteilt von einem Möchtegernschauspieler. Er habe auch schon Stand-up-Comedy in Clubs gemacht, erklärte uns Officer Speros, und am ersten Tag waren wir eher sein Publikum als seine Schüler. Sein Einstiegsgag war es, zu befinden, welchen Figuren der Populärkultur wir ähnelten: Di-Paola war Bart Simpson, Chavez war Zorro, Dimmie ein Soulsänger aus den siebziger Jahren. Hinterher beschwerte sich jemand bei Sergeant Bloom über die rassistischen Untertöne dieser Scherze und Bloom stauchte, wie uns ein anderer Ausbilder kurz darauf ernst mitteilte, Speros deswegen zusammen. Am nächsten Tag mimte unser Kommunikationstrainer den Gekränkten, war aber ansonsten die Sachlichkeit in Person.

Durch effiziente Kommunikation mit den Häftlingen, hob Speros an, könnten wir die Eskalation von Problemen verhindern, Beziehungen zu Gefangenen aufbauen, besser mit ihnen zurechtkommen. Außerdem, erklärte er augenzwinkernd, könnten wir durch genaues Hinhören Informationen aus Häftlingen herausholen, sie dazu kriegen, uns Dinge zu verraten, «ohne es zu merken!»

Speros benutzte Diagramme, Tabellen und Arbeitspapiere, um uns die diversen, griffig benannten Stufen und Stadien (die Basics, die Ausbauphase, die aktive Gestaltung) zu erläutern – die Moden des Managementtrainings hatten bereits auf den Strafvollzug übergegriffen. Doch was jeder von uns mitnahm, war eine erheiternde Methode, die wir anhand eines Films studiert und dann selbst erprobt hatten. Speros nannte sie Inhaltsbezogene Reaktion. Wir nannten sie Wenn-ich-Sie-recht-verstehe-sagen-Sie ... Sinn der Übung war es, dem Gefangenen zu zeigen, dass man ihm zuhörte. Das tat man, indem man schwieg, bis er fertig war, und dann seine Äußerung paraphrasierte, damit er wusste, man hatte sie mitgekriegt – auch wenn man sie dann nicht akzeptierte. Das war vermutlich keine schlechte Methode, aber es sorgte für amüsante Dialoge beim Abendessen («Wenn ich Sie recht verstehe, sagen Sie, Sie möchten noch mehr Salisbury-Steak?»).

In seltsamem Widerspruch zu dieser Unterrichtseinheit stand die Tatsache, dass man uns befohlen hatte, auf keinen Fall mit der Handvoll Gefangener zu kommunizieren, die in der Akademie arbeiteten. Diese Crews – die, soweit ich mitbekam, ausschließlich aus jungen schwarzen Männern bestanden – wurden von raubeinig aussehenden Beamten mit breitkrempigen Hüten und Lederstiefeln beaufsichtigt. Die Bewacher hatten die Hosen in die Stiefelschäfte gesteckt und schienen aus einem Südstaaten-Sträflingsmelodram entsprungen. Die Häftlinge hielten den Blick gesenkt, während sie die Dreckarbeit machten, Aschenbecher leerten und Urin von den Klos wischten. Reden Sie kein Wort mit ihnen, befahl man uns. Lassen Sie sich in keiner Weise mit ihnen ein. Also ignorierten wir Rekruten diese Häftlinge, taten, als wären sie gar nicht da. Eine seltsame Art und Weise, einen Job zu beginnen, der doch angeblich auf Kommunikationstechniken beruhte. Als ich in einer Feedback-Sitzung am Ende des Lehrgangs anregte, ein paar Häftlinge einzubeziehen, damit sie mit den Rekruten redeten und vielleicht an den IPC-Workshops teilnähmen, sahen mich alle an, als sei ich plemplem.

Alle paar Tage ereilte uns eine unangekündigte Inspektion durch Sergeant Bloom, der uns aus dem Klassenraum holte und auf dem Gang antreten ließ, um uns anschließend – erst von hinten, dann von vorn – zu mustern, während wir in Habachtstellung dastanden. Er interessierte sich besonders für den Glanz unserer Schuhe, konnte aber auch an allem anderen etwas zu beanstanden finden: ein Namensschild, das ein ganz klein wenig schief saß, Haar, das auf den Ohren aufstieß, eine beim Rasieren übersehene Stelle, eine mangelhafte Bügelfalte. Wenn ihn genügend Rekruten enttäuschten, ließ er uns alle, gleich dort auf dem Gang, zwanzig oder auch vierzig Liegestütze machen. Wenn wir ihn weiterhin enttäuschen würden, warnte er uns, bekämen wir abends Ausgangssperre.

Außerdem pirschte Bloom jeden Morgen durch die Schlafräume, auf der Suche nach irgendetwas Unvorschriftsmäßigem. Einmal wurde mein Zimmer aufgeschrieben, weil auf dem Grund des geleerten Papierkorbs noch ein Papierfetzchen lag; ein andermal hatten wir das kleine Licht über dem Waschbecken angelassen. Vermerke über diese Verstöße, warnte uns Bloom grimmig, kämen direkt in unsere Personalakte.

Daher war es jedes Mal eine Erleichterung, nachmittags aus der Hintertür der Akademie und über einen unbefestigten Parkplatz zur Sporthalle zu marschieren. Diejenigen, die Mühe hatten, das phantasielose, immer gleiche Gymnastikprogramm zu absolvieren, mochten ja anders denken, aber ich war froh über jede Gelegenheit, der Langeweile des Klassenzimmers zu entrinnen. Nach der Gymnastik folgte stets ein Zwei- oder Dreitausendmeterlauf, bestehend aus Runden um das Akademiegebäude. Während wir rannten, skandierten manche Ausbilder umgedichtete Soldatenlieder und wir brüllten jede Zeile nach:

Mein Hund heißt Blue und ist sehr klug,
Er will auch in den Strafvollzug.

Oder

Wir sind körperlich und geistig fit,
Mit uns Vollzugsbeamten hält keiner mit.

Nur um sicherzustellen, dass man sich auch beim Sport leicht in Schwierigkeiten bringen konnte, hatte die Akademie das Anlassen von Armbanduhren untersagt. In der Hast, aus der Uniform und in das Sportzeug zu schlüpfen und zur festgesetzten Zeit in der Sporthalle zu sein, konnte man das leicht vergessen. Normalerweise passten die Zimmergenossen auf und wiesen einen darauf hin, aber eines Tages bemerkte ich erst auf dem Marsch zur Sporthalle, dass ich meine Uhr noch trug. In Ermangelung eines anderen Verstecks ließ ich sie in meine Unterhose fallen. Ich sprach ein Dankgebet, als sie am Ende des Nachmittags immer noch dort war.

Felix Chavez hatte weniger Glück. Chavez, der ehemalige Hilfshausmeister, war einer meiner Lieblingskameraden. Er wohnte mit Frau und Kindern in einem nicht aufgepeppten Teil von Park Slope, Brooklyn. Chavez, mit seinem Schnauzbärtchen, hatte so etwas Verwegenes; er sagte, es habe ihm gar nichts ausgemacht, dass ihn Speros mit dem Spitznamen Zorro belegt hatte. Er war gut gelaunt und optimistisch, fand es enorm aufregend, hier zu sein, und wollte seine Sache gut machen. Aber er konnte sich einfach nicht angewöhnen, seine Uhr abzulegen. Beim ersten Mal verwarnten ihn die Sportausbilder – wenn er sie noch einmal anlasse, werde unser ganzer Kurs dafür büßen. Wir erwischten den vergesslichen Chavez ein paar Mal gerade noch in der Tür zur Sporthalle. Aber eines Tages, bei einer außerplanmäßigen Sportstunde am Vormittag, merkte niemand etwas. Der Ausbilder – ein extrem humorloser, muskelbepackter Typ – stoppte uns mitten in unserer Hampelmannübung, als er Chavez' Uhr erspähte. Statt uns auf der Stelle zur Schnecke zu machen, erklärte er, wir sähen uns später.

Nach der Mittagspause stand der Ausbilder plötzlich in der Tür zu unserem Klassenraum. «Oje» sagte Bella leise. Wir wurden in einen Flur im Obergeschoss beordert und mussten uns aufstellen. Während wir in Habachtstellung da standen, erklärte uns der muskelbepackte Ausbilder, dass er uns für das Vorgefallene mit einer Ausgangssperre belegen könne. Dann kommandierte er: «Auf den Boden.» Wir gingen in Liegestützposition. «Fünfzig Stück, alle miteinander», befahl er. Das war für die meisten in der Gruppe jenseits des Machbaren. Er zählte mit, wobei er manchmal eine Zahl wiederholte oder sogar ein paar Zahlen tiefer wieder ansetzte, wenn er fand, dass jemand seine Sache nicht ordentlich gemacht hatte. Bei zwanzig etwa sackten die ersten Rekruten erschöpft auf den Bauch. Er überging seine Drohung, in diesem Fall noch einmal bei null anzufangen, und begnügte sich damit, die Leute anzuschnauzen. Dann zählte er weiter. Zitternd machten wir, die wir dazu in der Lage waren, weiter, bis unsere Arme

KAPITEL 2

streikten. Dann lagen wir in unseren säuberlich gebügelten Uniformen auf dem Boden. Er befahl uns aufzustehen.

«Nein, Sie nicht», sagte er zu Chavez. Der ließ sich wieder nieder.

«Sie machen mir nochmal zwanzig.»

Ich hatte Chavez noch nie über irgendetwas an der Akademie klagen hören, außer über den Schmerz in seinem kaputten Ellbogen, den ihm die Liegestütze bereiteten. Das hier musste ihn schier umbringen. Schweiß troff von seinem Gesicht auf den Boden. Seine Uniform war durchtränkt. Er begann so heftig zu zittern, dass ich nicht mehr hingucken konnte. «Acht!», schrie der Ausbilder. Tränen mischten sich jetzt mit den Schweiß auf dem Boden unter Chavez' Gesicht, was seinen Peiniger zu entzücken schien.

«Meinen Sie, Häftlinge kümmert es, ob Sie heulen? Häftlinge kümmert das einen Dreck.» Was das hier mit Häftlingen zu tun hatte, war mir schleierhaft. Vielleicht wollte der Ausbilder ja nur sagen, dass es ihn auch einen Dreck kümmerte. Vielleicht wollte er ja sagen, dass Vergesslichkeit und das Zeigen von Schwäche oder Gefühlen im Gefängnis nicht gut kamen. Vielleicht glaubte er ja, wie etliche seiner Kollegen, dass Schinderei die perfekte Vorbereitung auf den Gefängnisjob war.

Als klar war, dass Chavez keine weiteren Liegestütze mehr bringen würde, befahl ihm der Ausbilder aufzustehen. Dann entließ er uns.

***

«Aha, Sie haben also Wiederbelebung gelernt?», fragte der Ausbilder, als er nach der Mittagspause den Klassenraum betrat, auf die Wandtafel guckte und sah, was uns am Vormittag beigebracht worden war. «Tja, wer kann mir sagen, wie man einen Häftling wiederbelebt?» Wir wurden so oft abgefragt, dass alle die Frage für ernst gemeint hielten. «Niemand? Das hat sie Ihnen nicht erklärt? Dann werde ich es Ihnen zeigen.»

Der Ausbilder setzte den bestiefelten Fuß auf die Brust eines imaginären leblosen Häftlings, pumpte fünfmal, richtete sich dann auf, guckte hinab und pustete fünfmal geräuschvoll in Richtung Boden. Er wiederholte das Ganze – und erntete erst Kichern, dann Gelächter.

––––––

Andere Kurse hatten vor uns das Thema Chemische Reizstoffe behandelt; wir hatten die Teilnehmer beim Mittagessen gesehen, Gasmasken am Gürtel und Angst in den Augen. Oder wir hatten abends, wenn sie vom Schießstand zurück waren, mit ihnen geredet und uns erzählen lassen, wie sie dem Zeug ausgesetzt worden waren. («Wir mussten uns an den Händen halten.» «Dann stieg diese Rauchwolke vom Boden auf.» «Ich habe so geheult, dass mein Hemd patschnass war.» «Ihm hing dieser riesige Rotzklumpen aus der Nase.») Dann waren wir dran.

Chemische Reizstoffe (wenn man «Tränengas» sagte, musste man zehn Liegestütze machen) waren ein wichtiger Bestandteil der meisten Gefängnisarsenale. Es gab sie in verschiedenster Form. Wir lernten sie in einer Unterrichtseinheit kennen. Zunächst waren da die Sprühdosen, hochgezüchtete Versionen der kleinen Dinger, die Frauen in der Handtasche haben. Dieser «Reizstaub» kam vor allem bei kleineren Problemen mit einem oder zwei widerspenstigen Gefangenen zur Anwendung. Für größere Gruppen gab es eine Vielfalt von Handgranaten und in vielen Gefängniskantinen war eine spezielle Kartusche an der Decke installiert, die man bei einer Störung schnell fernzünden konnte. Ausgewachsene Unruhen verlangten Patronen aus einem Gasgewehr, das etwa so aussah wie eine abgesägte Schrotflinte. Die Ausbilder ließen gebrauchte Geschosshülsen herumgehen, die einen leichten Zitrusduft verströmten; in einer waren noch genügend Rückstände, dass mir die Nase lief, nachdem ich daran gerochen hatte, und die Haut auf meiner Stirn ein wenig brannte.

Aber der Vortrag und dieser kleine Anschauungsunterricht waren nichts im Vergleich zum Höhepunkt unserer Ausbildung in

Sachen chemische Reizstoffe – dem praktischen Teil. Wir stiegen in einen Bus, der uns zu einem «militärischen Schießübungsgelände» der Nationalgarde brachte. Wir waren schon etwas nervös, als wir einen Fußpfad an einem Bach entlangmarschierten und die Gasmasken gegen unsere Hüften schlugen. Wir wussten, dort draußen würden wir «das Zeug abkriegen», aber wir wussten nicht genau, wann und wie; die anderen Sessionen waren an andere Orte gebracht worden. Das Bachbett öffnete sich zu einem weiten, grasbewachsenen Schießgelände, mit einem Beobachtungsturm und Schutzwällen am diesseitigen Ende und kleineren Hügeln am anderen. Ein paar zivile Beobachter, wahrscheinlich Schreibstubenhengste von der Justizbehörde, sahen zu, wie mehrere von uns mit dem Gasgewehr Kartuschen über das Gelände feuerten. Beim Aufschlag gab jede eine dicke weiße Rauchwolke von sich, die dräuend in der Luft hing. Unsere Aufgabe war es unter anderem, uns die verschiedenen «Abgabekörper» zu merken. Einer der beeindruckendsten war die Federal-515-Triple-Chaser-Granate, die beim Aufschlag in drei Teile zersprang, von denen jeder Rauch spie. Dann war da die Defensive-Technologies-Langzeitemissionsgranate Nr. 2 – «das Arbeitspferd des Strafvollzugs», wie sie ein Ausbilder nannte. Er erklärte, diese Granate entwickle, wie viele andere auch, Verbrennungshitze, was mir einen ganz neuen Respekt vor den studentischen Aktivisten der sechziger Jahre einflößte, die ich in Fernsehdokumentationen rauchende Gasgranaten auf die Polizisten hatte zurückwerfen sehen.

Die Ausbilder führten uns zu einem kleinen Schuppen neben dem Schießstand, am Waldrand. Wir gingen alle hinein und der Ausbilder verlangte vier Freiwillige. Es meldeten sich nur zwei, Dimmie und Falcone. Er erkor Bella und Dobbins ebenfalls zu «Freiwilligen», und alle vier mussten sich in eine Reihe stellen, mit dem Gesicht zu uns. Durch ein Fenster hinter ihnen lugten ein paar von den Zivilisten herein. Es war so weit. Der Ausbilder zückte eine Sprühdose. «Soll ich Sie vorher warnen?», fragte er. Während die vier noch darüber nachdachten, sprühte er ihnen nacheinander ins Gesicht. Und nacheinander kniffen sie die Augen zu, wurden rot im Gesicht und begannen zu heulen, zu spucken und sich zu krümmen. «Noch Lust zu rebellieren?», fragte der Ausbilder. Alle versuchten nein zu sagen. «Werden Sie jetzt aus Ihren Zellen kommen?» Zwei brachten ein Nicken zustande. Der Ausbilder befahl anderen, die vier nach draußen zu bringen, damit sie sich erholen konnten. (Dimmie sollte später erklären, das Brennen sei, «als ob man nach Pommes frites taucht».)

Dann wurde uns allen befohlen, die Gasmasken aufzusetzen. Die halbe Klasse wurde hinausgeschickt. Der Ausbilder machte die Tür zu und erklärte uns, die wir noch drin waren, die Prozedur: Wir sollen uns unterhaken und in zwei konzentrischen Kreisen um ihn herum bewegen, der eine Kreis im Uhrzeigersinn, der andere entgegengesetzt. Wenn er die Granate fallen lasse, werde die Bewegung das Gas emporquirlen und wir würden sehen, wie effizient die Masken seien. Und dann würden wir diese abnehmen. Wir würden versuchen, «Strafvollzugsrekrut», unseren Namen und unsere Sozialversicherungsnummer zu sagen, wobei vermutlich jeder gelernt haben würde, wie effizient das Gas sei. Danach könnten wir den Raum verlassen. «Aber wenn jemand zu früh rausgeht», warnte er uns, «müssen alle nochmal ran.»

Bei geschlossener Tür und mit aufgesetzter Gasmaske erkannte man im Schuppen nicht mehr viel. Ich weiß noch, wie ich auf die Füße des Ausbilders starrte, während wir uns im Kreis bewegten, und wie ich den weißen Rauch über die Fußbodenbretter wirbeln sah. Und dann stieg der Rauch empor. Es schien ein Wunder, dass er einem die Sicht nahm, nicht aber den Atem: Die Gasmaske funktionierte. Ich weiß noch, wie ich kurz das massige Gesicht eines der Schreibtischbeamten im Fenster sah und dachte: Vielleicht solltest du mal reinkommen und es selbst ausprobieren. Wir marschierten im Kreis. Und dann, auf einen Befehl des Ausbilders, überwand ich meinen gesamten Selbsterhaltungstrieb und zog die Maske herunter. Ein paar traumartige Sekunden passierte gar nichts und in diese Leere hinein ertönte eine Kakophonie von

KAPITEL 2

Namen und ich kam bis «Strafvollzugs-», ehe meine Kehle zu-
sammengeschnürt wurde und eine Feuerwalze mein Gesicht traf.
Tränen barsten aus meinen Augen und blinzelnd sah ich, dass die
Tür jetzt offen war und andere hinauswankten. Ich stolperte in
die betreffende Richtung und wurde von meinem Klassenkameraden Anthony «Big Buck» Buckner, einem Zweieinhalb-Zentner-
Mann aus der Bronx, gepackt und ins Freie bugsiert. Dort stieß
ich zu gut zwanzig anderen, die alle, mit roten, nassen Gesichtern, nach Luft schnappten, während der Schmerz immer schlimmer wurde. Schleim lief uns aus Mund und Nase und troff in langen Fäden zu Boden. Meine Augen taten gar nicht so weh, bis
jemand sagte, ich solle sie aufmachen. Da rannen dann noch mehr
scharfe, stechende Reizstoffe hinein. Man sagte uns, wenn wir die
Augen offen hielten, ginge es schneller vorbei und alle bemühten
sich. Wasser wurde uns in die Augen gespritzt, mit einem seltsamen Gerät, das eigens dafür bestimmt war, aber es schien nicht
viel zu nützen. Schließlich stand ich einfach nur zitternd da und
Officer Popish, den andere als Arschloch einstuften, hielt meinen
Arm und ich war ihm zutiefst dankbar.

Fünfzehn Minuten später waren die Rollen vertauscht und ich
hielt den massigen Arm eines der Antonelli-Zwillinge, während
dieser spuckte und heulte. Ganz in der Nähe wies jemand den sich
allmählich erholenden Arno darauf hin, dass die Kappe an seinem Gürtel voller Kotze war. Brown gab verlegen zu, der Schuldige zu sein. Bella spuckte eine Weile Blut. Wir schlüpften aus den
Hemden und schüttelten unsere Haare aus, weil sich die chemischen Reizstoffe in beidem gefangen hatten. Der Ausbilder ver-
teilte Müllsäcke, in die wir unser Uniformen packen sollten, und
lieferte uns eine Begründung für dieses ganze Leidensritual. Es sei
nötig, sagte er, damit wir nicht in Panik gerieten, falls so etwas im
Gefängnis passierte. Er entwarf ein Szenario: Chemische Reizstoffe wurden in einer Kantine freigesetzt, in der sich rebellische Häftlinge, aber auch Vollzugsbeamte befanden. Die Häftlinge stürzten, wild wie Hornissen, in den Hof hinaus und «machten Jagd

auf den erstbesten Uniformierten», um ihn zusammenzuschlagen. Wenn wir Beamte ruhig in der Kantine blieben, wären wir sicherer.

Das war nicht sonderlich plausibel. Wer sagte, dass die Kantine einen Ausgang zum Hof hatte? Und dass dieser offen war? Mir schien dieser Nachmittag auf dem Schießstand eher ein Initiationsritus, der uns zusammenschweißen sollte, weil er uns das Gefühl gab, etwas Schreckliches gemeinsam durchgestanden zu haben. Abschließend erklärte uns der Ausbilder, dass die chemischen Reizstoffe, «wenn man ihnen erst mal entronnen ist, nur noch eine unangenehme Erinnerung sind.»

Dem Anstieg der Häftlingszahlen entsprechend, gab es zu Beginn des Jahres 1998 in den USA 239 229 Vollzugsbeamte, gegenüber 60 026 nur sechzehn Jahre zuvor. In weiten Teilen des Staates New York und anderer Bundesstaaten ist der Justizvollzug die einzige Wachstumsindustrie, die realistischste Berufsentscheidung für Tausende junger Menschen. Dennoch: wie seltsam, sich beruflich ganz der Aufgabe zu widmen, andere Menschen auf engem Raum einzusperren.

«Sie sind nichts als ein Vierzigtausend-Dollar-Babysitter», resümierte ein Ausbilder, nachdem er uns die verschiedenen Formen unbotmäßigen Häftlingsverhaltens geschildert hatte. Nur dass die meisten Babysitter nicht ungestraft Gewalt anwenden dürfen und dass die meisten Babysitter durch ihre Schützlinge nicht ernsthaft gefährdet sind.

«Wenn sie hier rauskommen, sind Sie jemand», versicherte uns ein anderer Ausbilder. «Sie haben automatisch einen Aufsichtsposten, weil es nun mal ihr Job ist, Gefangene zu beaufsichtigen.» Dieser Ausbilder, Turner, der nicht besonders gut im Erzählen von Witzen war, aber eindeutig einen landen wollte, las uns anschließend eine Passage aus dem Minuten-Manager vor: «Nehmen Sie sich eine Minute des Tages, um die Menschen um Sie herum zu betrachten – sie sind Ihre wertvollste Ressource!» Er legte das Buch hin und räusperte sich. «Was natürlich im Strafvollzug so nicht ganz gilt», sagte er. «Wenn Sie die hier loswerden, warten draußen zehntausend andere.»

In gewisser Weise, sagte Turner, sei ein Gefängnis wie eine kleine Stadt – mit der Krankenstation als Krankenhaus, dem Gefängnisladen als Kaufhaus, der Kapelle als Kirche, dem Hof als Park, der Sporthalle als Fitness-Center, der Kantine als Restaurant und uns als einer Art Kommunalpolizei. Falls unsere englische Berufsbezeichnung «correction officer» allerdings suggeriere, dass es bei dieser Arbeit irgendwie darum ginge, Menschen auf den rechten Weg zu bringen, erklärte Turner, dann sei das nicht wörtlich zu nehmen. In Wirklichkeit, sagte er: «ist Rehabilitation nicht unser Job. Tatsache ist, dass wir Lagerarbeiter in einem Menschenlager sind.» Denn das Gefängnis sei nun mal primär eine Verwahranstalt.

Das sagte Turner, nachdem er jene Warnung vorangeschickt hatte, die in zwei Dritteln aller Unterrichtsstunden an der Akademie fiel: «Was hier gesagt wird, dringt nicht aus diesem Klassenzimmer hinaus.» Das war immer das Signal aufzupassen, denn jetzt würden wir etwas wirklich Nützliches lernen. Bei der Polizei muss es durchweg so sein: Es gibt eine offizielle Linie und es gibt das, was man tatsächlich wissen muss, und die wirklich guten Ausbilder sind die, die das ganze Gerede einmal beiseite schieben und das Risiko auf sich nehmen, einem die Wahrheit zu sagen.

Auf diese Art lernten wir vieles. Unter anderem, auf die Position von Überwachungskameras zu achten. Unser Ausbilder erklärte, es stimme schon, dass in früheren Jahren Vollzugsbeamtenteams durch die Blocks patrouilliert seien und an einzelnen aufsässigen Gefangenen «Einstellungskorrekturen» vorgenommen hätten, aber heute komme das wirklich nicht mehr vor. Andererseits hatten die Antonellis gehört, dass es in Attica immer noch einen Raum gab, wo man Unruhestiftern schon mal «einen

Zahn durch die Lippe jagte», als Ermunterung, ihre Haltung zu ändern. Wir lernten, dass man wahrscheinlich keine großen Probleme bekam, wenn man angetrunken oder unrasiert zur Arbeit kam, aber sehr schnell draußen sein konnte, wenn man einmal zu oft zu spät kam oder sich einmal zu oft krankmeldete.

Gleichzeitig schien die gesamte Akademie zu leugnen, dass das, was wir hier lernten, auch einen moralischen Aspekt hatte. Die moralische Problematik des Gefängnisses wurde nie diskutiert – die Rassenungleichheit und das Machtungleichgewicht, das «Wir» und das «Sie», das permanente Neinsagen.

Darüber dachte ich während der «Schießwoche» nach, einer der angenehmsten Phasen der Ausbildung, weil wir so viel Zeit außerhalb der Akademie, in einem Schießclub, zubrachten. Wir lernten alles über die drei Standardfeuerwaffen des Vollzugsdiensts – den .38er Spezialrevolver Modell 10 von Smith & Wesson, das halbautomatische AR-15-Gewehr von Colt und die 870P-Pump-action-Schrotflinte, Kaliber 12, von Remington – nebst zugehöriger Munition, und wir übten das Laden, Entladen, Reinigen und Aufbewahren der Waffen und, was bei weitem am meisten Spaß machte, das Schießen selbst. Die konzentrischen Schießscheibenkreise befanden sich innerhalb der dunklen Silhouette eines menschlichen Körpers, aber ich war so damit beschäftigt, meinen Qualifikationsnachweis zu schaffen und außerdem den Waffennarren Dieter (Besitzer von siebzehn Pistolen) auszustechen, dass ich es kaum bemerkte. Was mich schließlich aufweckte, war die Ausbildung an der Schrotflinte. Bei Unruhen auf dem Gefängnishof, erklärte uns ein Ausbilder, reiche es oft schon, mit erhobener Schrotflinte aus dem Wachturm zu treten oder unmittelbar am Mikrophon der Lautsprecheranlage durchzuladen. Außerdem, sagte er, könne es sehr wirksam sein, vor die Füße der rebellierenden Häftlinge zu feuern, statt auf diese selbst, da so Schrot stärker streue und nicht ein Häftling die volle Ladung abkriege. Wir probierten das gerade aus, indem wir auf den Boden vor einem hohen Erdwall feuerten, als mir plötzlich aufging, dass es in dieser Unterrichtseinheit letztlich darum ging, Häftlinge töten oder verwunden zu lernen.

Nach unserem letzten Schießstandtag rief uns Sergeant Bloom in die Kapelle, um irgendeine Ankündigung zu machen. Ich weiß nicht mehr, was es war; ich weiß nur noch, dass ich dachte, wie seltsam es doch war, so viel Zeit damit zugebracht zu haben, alle möglichen Einzelheiten über Schusswaffen zu lernen (beim wöchentlichen Test wurden wir nach der Kernschussweite verschiedener, für die Remington infrage kommender Schrotsorten, nach der Richtung, in die der Sicherungsknopf beim Entsichern zu schieben war, und nach Myriaden waffentechnischer Termini gefragt), während niemand je von uns hatte wissen wollen, ob wir glaubten, einen Menschen erschießen zu können. Während kein einziges Mal darüber geredet worden war, was es auf der ethischen Ebene hieß, einen Menschen zu erschießen – ob Vollzugsbeamte dazu nicht nur juristisch, sondern auch moralisch berechtigt waren. Wahrscheinlich galt einfach in allen Polizeiinstitutionen wie auch beim Militär, dass die Ausbildung ihre eigene physische und mentale Dynamik hatte und die ethische Seite dem Auszubildenden überlassen blieb. Später meinte einmal ein Black-Muslim-Häftling mir gegenüber, diese Art Verleugnung sei ja gerade die Grundlage militärischer Disziplin; sie sei nötig, sagte er, um Menschen dazu zu bringen, etwas Widernatürliches zu tun, etwas, was sie sonst nicht tun würden. Vielleicht stimmte das ja, aber vielleicht ging es auch eher darum, die absolute Kontrolle über das Verhalten derer zu haben, die über Leben und Tod anderer entscheiden konnten.

Wie auch immer, hier standen wir, in dieser Kapelle, im Licht der Buntglasbilder von Menschen, die bestrebt gewesen waren, vor Gott recht zu tun, und unser Job als Vollzugsbeamte schien es zu sein, so wenig wie möglich über diese höheren Dinge nachzudenken.

Vier Wochen vor Lehrgangsende begann mir Dieter wirklich auf die Nerven zu gehen. (Ich bin mir sicher, dass es ihn entzücken würde, das zu lesen.) Dieter, inzwischen von vielen in unserem Kurs Sarge genannt, war bereits in der ersten Woche zu unserem Sessionssprecher gewählt worden – dem Mittelsmann zwischen der Gruppe einerseits und den Ausbildern und Sergeant Bloom andererseits. Der Hauptgrund war, dass er etwas vom Marschieren verstand und überhaupt einen militärischen Schliff hatte, der uns Ärger ersparen konnte. Selbst ich hatte für ihn gestimmt; er wirkte anfangs gewissenhaft und verlässlich. Er wurde trotz seiner eigenen Einwände gewählt: Er sei zu ungeduldig mit Leuten, gab er freimütig zu, und im Grund ein Menschenfeind. «Ich komme allein am besten klar», sagte er einmal.

Die neu gewonnene Autorität schien ihn zu ermuntern, seiner gemeinen Seite freieren Lauf zu lassen. Dieter hatte einen sechsten Sinn dafür, dass ich an der Akademie irgendwie deplaciert war, und er konnte es nicht leiden, wenn irgendetwas am falschen Platz war. Er pflegte mich auf dem Zimmer in scherzhaftem Ton zu drangsalieren, an meiner Ordnung oder an meiner Uniform herumzukritteln.

Ich kann mich nicht erinnern, je einem Menschen begegnet zu sein, der mir so unähnlich war wie Dieter. Unsere gesamten Lebensgewohnheiten waren diametral entgegengesetzt – er stand so früh wie möglich auf, ich drehte mich noch ein paar Mal um; er liebte alles Martialische, ich hatte davon keine Ahnung oder stand dem skeptisch gegenüber; er begeisterte sich für Schusswaffen und für die Jagd, ich hatte damit nichts am Hut; er rauchte und trank, ich tat weder noch; er stand auf Schwulenwitze und steckte voller wilder Phantasien über Linke und Frauen, ich habe viele Freunde, die homosexuell, links oder weiblich oder alles auf einmal sind.

Eines Abends nach dem Lichtausmachen fragte er mich ganz direkt, was ich hier an der Akademie suchte. Ich antwortete mit einer ebenso direkten Gegenfrage. «Mein Job war nicht so gut bezahlt», sagte er. «Zu unsicher.» «Dasselbe könnte ich auch sagen», erwiderte ich, nicht restlos ehrlich. Nie wieder, in meiner ganzen Zeit im Vollzugsdienst, fragte mich irgendein Beamter nach meiner Vergangenheit, weder was ich getan noch was ich gelernt hätte; diese fehlende Neugier überraschte und erleichterte mich. Zwei, drei Klassenkameraden hatte ich vage erzählt, ich hätte mit Verlags- und Druckereiwesen zu tun gehabt. Jetzt riet mir Dieter, doch einen Job anzugeben, mit dem die Leute etwas anfangen könnten. «Sag einfach, du bist Kugellagerverchromer», schlug er vor. «Klar», sagte ich. «Erklär mir, wie das geht.»

Dieter beschuldigte mich, das Stockbett zum Wackeln zu bringen, wenn ich mich umdrehte; er witzelte, wenn ich das nicht sein ließe, werde er eine seiner Pistolen mitbringen und mich erschießen. Dann bleibe mir wohl keine andere Wahl, als ihn noch vor dem Wochenende umzubringen, erwiderte ich. Daraufhin drohte er mir jedes Mal, mich zu erschießen, wenn ich ihn irgendwie ärgerte – indem ich ihm etwa nicht schnell genug aus dem Weg ging, wenn er zu seinem Spind wollte, der direkt unter meinem war, oder, später dann, weil ich Schnupfen hatte.

Ich bin mir ziemlich sicher, dass Dieter mich angesteckt hatte. Er kam eines Sonntagabends erkältet von zu Hause zurück. Ende der Woche hatte ich dann den Infekt. Als seiner sich legte, behandelte er mich, als hätte ich die Pest. Er konnte nichts anfassen, was ich berührt hatte, ob Türknauf oder Wasserhahn, und zuckte jedes Mal zusammen, wenn ich mir die Nase schnäuzte. Wir versuchten immer, in der Kantine möglichst weit auseinander zu sitzen, aber manchmal hatten wir keinen Einfluss darauf und eines Abends saßen wir uns plötzlich gegenüber. Ich hatte eine verstopfte Nase und schniefte. «Wehe, du schnäuzt das Zeug aus!», warnte er mich in einem Ton, den die Frau neben ihm offenbar für scherzhaft hielt; sie lächelte. Aber ich wusste, dass Dieter irgendwo tatsächlich daran dachte, mich zu erschießen, dass es ernst war, auch wenn er es scherzhaft sagte. Ich versuchte, um des lieben Friedens willen, mich nicht zu schnäuzen. Aber schließlich blieb mir keine andere Wahl. Ich nahm eine Papierserviette, drehte mich vom Tisch weg und schnäuzte mich.

«Verdammtes Arschloch!», knurrte Dieter, warf die Gabel hin und stand auf, um sein Tablett wegzubringen. Er stapfte davon. Die Frau sah mich an. «Das war ernst gemeint?», fragte sie.

«Er ist irgendwie anders», antwortete ich.

Als Dieter an diesem Abend Gary erzählte, wie er seinen kleinen Bruder ermordet habe, weil der sich beim Abendessen die Nase geschnäuzt habe, wusste ich, dass wir kurz vor dem Punkt waren, an dem irgendetwas passieren würde: Dieter war abends besonders gewalttätiger Stimmung. Er drohte, mich in der oberen Koje abzuknallen wie die Vögel auf dem Dach seiner Scheune und klopfte Sprüche über «die Scheißweiber» – denen man das Fell abziehen sollte wie einem erlegten Reh – und über kleine Kinder, denen man am besten die Köpfe einschlüge. Jene Sorte Ich-bin-pervers-und-stolz-drauf-Sprüche. Würden wir uns schlagen, fragte ich mich, oder würde ich zu Nigro oder dem Sergeant gehen?

Schließlich wurden wir durch ein Howard-Johnson's-Motel gerettet. Der Staat brauchte so dringend neue Vollzugsbeamte, dass schon ein neuer Lehrgang begann, ehe unserer beendet war; für die letzten drei Wochen bekamen wir Zimmer in dem Motel, damit die neuen Rekruten unsere Schlafräume übernehmen konnten. Es waren Doppelzimmer, und zu meiner großen Erleichterung war mein Zimmergenosse der umgängliche Gary.

Es war Montagmorgen, und Colton und mir fiel die Aufgabe zu, Sergeant Bloom Zählrapport zu erstatten. Zu Beginn unsere Akademiezeit hatte diese Aufgabe allen Angst gemacht, weil die Wahrscheinlichkeit hoch war, dass Bloom an den Rapportierenden irgendetwas auszusetzen finden wurde. Man musste exakt die richtigen Worte benutzen, exakt richtig aussehen, sich exakt richtig bewegen. Aber inzwischen hatten wir eine Menge Übung und wir hatten es uns beide nie gründlicher mit Bloom verdorben.

Außerdem schien Colton einer der Fähigsten in meiner Klasse. Er hatte das John-Jay-Strafrechtscollege in New York City abgeschlossen. Er erzielte gute Ergebnisse bei den wöchentlichen Tests. Und er hatte sogar dieses leicht arrogante Upperclass-Etwas: Wenn ich ihn in exklusiven Bootsschuhen bei einem Immobilienmakler in Uptown getroffen hätte, hätte ich keine Sekunde gestaunt. Hier schien er hochgradig überqualifiziert. Nigro ging die Prozedur noch einmal mit uns durch, ehe wir das Klassenzimmer verließen, aber das erschien mir überflüssig. Colton und ich waren alte Hasen: Da hatte Bloom keine Chance.

Wir inspizierten uns noch einmal gegenseitig und marschierten dann selbstbewusst durch die Flure. Als wir uns Blooms offener Bürotür näherten, verlangsamten wir unseren Schritt und blieben dann stehen, ich hinter Colton. Wir hörten Bloom telefonieren. Warten oder weitergehen? Nigro war an diesem Morgen spät gekommen, also würden wir sicher die letzte Session sein, die Bericht erstattete – und es wurde mit jedem Moment später. Wir standen ein Weilchen in Habachtstellung da und beschlossen dann, nach einer kurzen, geflüsterten Beratung, es in Angriff zu nehmen. Colton langte um den Türpfosten und klopfte an Blooms Tür. Bloom redete weiter. Schließlich hörten wir, wie der Hörer aufgeknallt wurde. «Herein!», brüllte Bloom.

Mit den vorschriftsmäßigen Drehungen auf den Zehen betraten wir Blooms Büro und standen dann nebeneinander vor seinem Schreibtisch stramm. Bloom erhob sich und kam näher, um uns genauer mustern zu können. «Vollzugsdienstrekruten Colton und Conover mit der Meldung des Zählergebnisses von sieben Uhr fünfundvierzig, Sir», sagte Colton. «Siebenundzwanzig Rekruten insgesamt, sechsundzwanzig anwesend, einer abwesend.» Ich übergab Bloom die Papiere.

Bloom sah auf seine Wanduhr. «Es ist acht Uhr fünfzehn», sagte er vorwurfsvoll. Wir starrten geradeaus, reagierten gar nicht. Er sah kurz auf den Zählzettel, die Klassenzimmerinventarliste und schließlich das Essensevaluierungsformular. (Wir hatten schon in der ersten Woche gelernt, niemals irgendwelches Essen zu kritisieren. Nachdem die ungenießbare Erbsensuppe von unserem Kurs als «unbefriedigend» eingestuft worden war, hatte Bloom die Überbringer angeherrscht, warum sie das nicht mit dem Küchenpersonal abmachten, statt sich bei ihm zu beschweren.) Das Essensevaluierungsformular, das wir ihm jetzt gaben, war für letzten Freitag. Bloom bemerkte, dass wir das Abendessen mit «gut» bewertet hatten, und blaffte, dass wir am Freitagabend gar nicht in der Akademie gegessen hätten – wir seien doch heimgefahren.

«Das ist ein falscher Bericht!», schrie er. Er schwieg kurz, während wir reglos dastanden. «Was ist? Bringen Sie mir einen neuen!»

Colton und ich marschierten ins Klassenzimmer zurück und füllten ein neues Formular aus. Nigro verdrehte die Augen, als wir ihm von dem Fehler erzählten. Binnen Minuten standen wir wieder vor Sergeant Bloom. Er musterte den neuen Bericht genau und bemerkte bissig, dass wir vergessen hätten, ihn zu unterschreiben. Da ständige Verwirrung darüber herrschte, ob unsere Kugelschreiber in der Hemdtasche oder versteckt in der Hosentasche zu tragen waren (es gab keine offizielle Anweisung, wichtig war nur, dass es die ganze Session einheitlich handhabte), mussten Colton und ich feststellen, dass im Moment keiner von uns einen dabei hatte. Wir hatten unsere Kugelschreiber herausgenommen, ehe wir zu Bloom gegangen waren, weil von den anderen Sessionen niemand das Schreibgerät in der Brusttasche trug. Bloom starrte uns an, während uns unser Dilemma aufging.

«Könnten Sie uns bitte einen Kugelschreiber leihen, Sir?», fragte Colton schließlich furchtsam. Mit einem lauten Seufzer gab Bloom ihm seinen. Colton unterschrieb und reichte mir den Bericht; ich unterschrieb und gab Colton Blatt und Kugelschreiber wieder. Er sagte: «Der gehört dem Sergeant.» Ich grinste und gab Bloom den Schreiber mit einem leisen Lachen zurück.

«Wieso lachen Sie?», donnerte Bloom und lief rot an. («Weil

doch kein Mensch auf Gottes Erdboden das hier ernst nehmen kann», wollte ich sagen.) Er war jetzt nicht nur wie sonst rötlich – er war dunkelrot. «Ich muss die Dinger kaufen!» Das war noch komischer, fand ich, aber Blooms Anblick ließ mir das Grinsen vergehen. Colton befand, dass wir unsere Aufgabe erledigt hatten. Wir schlichen zum Klassenzimmer zurück und versicherten Nigro, beim zweiten Anlauf sei alles bestens gelaufen.

Schlimme Dinge geschahen in Coxsackie, dem Gefängnis, das der Akademie am nächsten lag. Wir hatten es in der ersten Märzwoche besucht und seither immer wieder Gerüchte von irgendwelchen Vorfällen gehört. Als Colton eines Sonntagabends, Anfang April, zurückkam, erzählte er, er habe von seinem Vater gehört, dass letzte Woche in Coxsackie zwei Vollzugsbeamte niedergestochen worden seien. Später in derselben Woche sagte Chamberlain, dessen Vater Sergeant bei der Vollzugsbehörde war (und zufällig mit Bloom auf der Akademie und sogar auf einem Zimmer gewesen war), dass dort angeblich noch drei weitere Beamte verletzt worden seien. Und schließlich, an einem Montagmorgen, Mitte April, fragte uns Nigro, ob wir die Zeitungen gesehen hätten: Am Samstag seien acht Beamte aus Coxsackie ins Krankenhaus eingeliefert worden und am Sonntag zwei weitere. Und – ob es da einen Zusammenhang gebe oder nicht – in Mohawk, einem Standardsicherheitsgefängnis in Midstate, sei ebenfalls eine ganze Gruppe von Beamten verletzt worden. Der Journalist in mir wollte Einzelheiten: Wo im Gefängnis waren die Angriffe erfolgt? Was hatte sie ausgelöst? Wie ungewöhnlich war so etwas? Aber ich lernte allmählich, dass zu einem Vollzugsbeamten auch gehörte, so zu tun, als interessierten einen solche Details nicht. Neugier war vielleicht einfach nicht sonderlich macho. Ich betete, dass irgendwer Nigro weiter ausfragen würde, aber niemand tat es und damit war das Thema abgeschlossen.

Doch diese Nachrichten lasteten auf uns. Erfahrene Beamte,

keine Neulinge, wie wir es bald sein würden, wurden schlimm zugerichtet. Trotz des Schweigens wusste ich, dass alle dasselbe dachten: Würden wir die nächsten sein? So ähnlich musste die Stimmung unter Soldaten sein, die demnächst in einen Krisenherd verlegt werden sollten: Einige von uns werden etwas abkriegen. Und doch lag es im Wesen beider Jobs, dass man, da die Entscheidung den Befehlshabern überlassen war, dennoch ging. In dieser Übereinkunft, auf jeden Fall zu gehen, lag Solidarität.

Während des Schmerzes, den die chemischen Reizstoffe verursacht hatten, während der langweiligen Stunden im Klassenzimmer und – vor allem – während der Konflikte mit Dieter hatte ich mich immer damit getröstet, dass meine Laufbahn als Gefängniswärter nach den sieben Wochen Akademie problemlos beendet sein konnte. Mein eigentliches Leben wartete immer noch auf mich und dort draußen gab es jede Menge Arbeit.

Aber dann packte mich dieses Gruppengefühl. Jetzt aufzuhören wurde immer unvorstellbarer. Alles Bisherige war ja nur ein Vorspiel gewesen: Nach allem, was man hörte, konnte man an der Akademie ein As sein und dann im Gefängnis total auf die Schnauze fallen. Es gab keine echte Vorbereitung auf den Hauptteil – man musste es einfach tun. Ich wollte wissen, ob ich es konnte; ich wollte sehen, was aus uns allen werden würde. Die Gruppe hatte ihre eigene Dynamik und einen wahrscheinlichen nächsten Bestimmungsort – Sing Sing. Dieser Weg war angstbesetzt, aber der Deal war, dass wir trotzdem gingen, gemeinsam.

Später in dieser Woche hörten wir, dass noch zwei Beamte aus Coxsackie verletzt worden waren, was die Gesamtzahl auf siebzehn erhöhte. Ein Lieutenant der Akademie wurde dorthin abkommandiert. Er erklärte uns am Ende eines Unterrichtsvortrags zu einem anderen Thema, jemand müsse hingehen und «dort unten für Ordnung sorgen». Wir Rekruten sagten nichts – schluckten nur.

In den letzten zwei Wochen schien sich unsere Ausbildung zu intensivieren. Zum einen gab es jetzt mehr körperliches Training, was immer gut tat: Man unterwies uns in der Benutzung des Schlagstocks, etlichen Kampfsportarten und anderen rauen Methoden, die unter dem Sammelbegriff Selbstverteidigungstaktiken liefen. Da die Sporthalle belegt war, räumten wir die Stühle vom Marmorfußboden der Kapelle und machten das Schlagstocktraining dort. Unsere Ausbilder waren zwei ziemlich einschüchternde blonde Typen, einer, der schon während unserer Sportstunden herumpatroulliert war, einen Schlagstock am Gürtel über der Turnhose (wollte er die lahmen Enten prügeln?), und ein riesiger, primitiv aussehender Bodybuilder namens Malaver, mit kurzem Stachelhaar. Malaver kaute beim Unterrichten Kautabak. (Nigro, der nebenbei als Party-Diskjockey tätig war, stellte gerade Malavers Begleitkassette für Bodybuilding-Wettbewerbe zusammen.) Niemals einen Häftling mit dem Schlagstock auf den Kopf hauen, ermahnte uns Malaver sachlich-nüchtern – «das ist ganz, ganz pfui.» Es käme auch nicht gut, wenn wir in unserem Gewaltanwendungsbericht erklärten, wir hätten auf die Rippen des Häftlings gezielt, aber dieser habe sich plötzlich geduckt. Besser tief zielen – auf die Schienbeine oder verschiedene verletzliche Punkte am Rumpf, zum Beispiel die unterste, «fliegende» Rippe. «Ich habe diese Rippen schon krachen hören», sagte Malaver befriedigt und niemand von uns war im Zweifel, wer sie zum Krachen gebracht hatte. Malaver und sein Partner drillten uns in verschiedenen Ausfall- und Paradetechniken. Und sie zeigten uns, wie man zu zweit den Schlagstock an beiden Enden fassen konnte, um einen Tragestuhl für einen verletzten Beamten oder Häftling zu improvisieren. «Aber wenn der Häftling ganz dünn ist», witzelte Malaver, «kann man ihm den Schlagstock auch einfach in den Arsch rammen und ihn so tragen.»

Die Strafe für das Fallenlassen des Schlagstocks während der Übungen waren Liegestütz mit umklammertem Schlagstock – die Knöchel auf dem Marmorboden. Eno, der Tollpatsch, ließ seinen

Schlagstock gleich nach dieser Warnung fallen und wir mussten alle in der Kapelle auf Knie und Knöchel wie Büßer.

Der Rest des Defensivtaktikkurses forderte einem schon mehr ab. Aus so unterschiedlichen Quellen wie Aikido und Kneipenprügeleien schöpfend, lehrten uns die Ausbilder Methoden des Umgangs mit aggressiven oder widerspenstigen Gefangenen, die man in einem John-Wayne-Film nicht zu sehen bekam. Hier ging es nicht um mannhaften Faustkampf; hier ging es darum, den eigenen Arsch auf jede nur mögliche Art zu retten oder einen unbotmäßigen Gefangenen mit Mitteln in den Griff zu kriegen, die nicht zum Tod oder anderen bleibenden Schäden führen würden.

Die erste Übung, fallen lernen, fand in der Sporthalle auf einer großen Mattenfläche statt. Es war letztlich auch so ein Schikaneritual: Entgegen den Behauptungen des Ausbilders konnte ich keinen plausiblen Zusammenhang zwischen wiederholtem Der-Länge-nach-Hinschlagen und dem Überleben im Gefängnisalltag erkennen. Die Theorie war: Wenn man lernte, auf den angespannten Unterarmen und Ellbogen zu landen, würde man sich keine Verletzungen zuziehen – kein gebrochenes Handgelenk, keine kaputte Nase etc. Also wiederholten wir endlos, was wir mit etwa zwei Jahren zu vermeiden gelernt hatten: kerzengerade nach vorn kippen, ohne die Füße von der Stelle zu rühren, bis wir auf die Matte krachten.

Das war wohl das einzige Mal in meiner gesamten Zeit im Vollzugsdienst, dass es ein Vorteil war, klein und leicht zu sein; abgesehen von minderen Nackenschmerzen, tat ich mir nicht weh. Aber für die, die groß und schwer waren, war es eine Tortur. Die muskulösen Antonellis scheuerten sich die gesamte Haut an den Ellbogen ab. Unser bulliger Klassenkamerad «Big Buck» Buckner, ein Koloss mit einem kolossalen Appetit, schlug immer wieder mit dem Bauch zuerst auf – es war ihm physisch unmöglich, anders zu landen – und Kopf und Gliedmaßen folgten einen Sekundenbruchteil später. Die ganze Masse schwang vornüber, bis der Kopf den Hauptteil des Falls absorbiert zu haben schien. Am schlimmsten erging es der langen, dünnen Aisha Foster, die sich so wehtat, dass sie beim fünften oder sechsten Mal einfach weinend liegen blieb. Sergeant Bloom kam zufällig herein, starrte sie eine Weile an, fragte die Ausbilder etwas und ging wieder.

Als Nächstes kam eine ausführliche Unterweisung im «Gefügigmachen durch Schmerz.» Wenn man es schaffte, Hand oder Handgelenk des Häftlings zu packen, so lernten wir, gab es eine Reihe erfinderischer Verdrehtechniken, die diesen zu Boden schicken und einen selbst auf ihm landen lassen würden. Wir übten jeweils zu zweit. Das Schlimmste für mich war jener schmerzhafte Aikidogriff, bei dem man den eigenen Daumen zwischen Zeige- und Mittelfinger des Gegners platziert, dessen Daumen umfasst und die Hand unter die Achsel hochbiegt. Ich steuerte automatisch auf den netten Cleve Dobbins zu, einen Ex-Militärpolizisten in den Vierzigern, der genauso wenig auf Schmerz stand wie ich. Das funktionierte prima, bis uns der Ausbilder befahl, einen Partner weiter zu rücken. «Und jetzt die Rollen tauschen», erklärte er. «Wer eben Häftling war, ist jetzt Vollzugsbeamter. Jetzt ist Vergeltung angesagt!» Die, die eben misshandelt worden waren, konnten jetzt Rache üben, und einige taten es mit Genuss. Ein dicklicher, sanftmütiger Rekrut namens Emminger knallte so hart auf die Matte, dass er sich einen Bänderriss in der Schulter zuzog und in die Notaufnahme eines lokalen Krankenhauses gebracht werden musste.

Das Ganze erinnerte mich an das berühmte – inzwischen an jeder Polizeiakademie und in jedem Psychologieeinführungskurs zitierte – Experiment von Philip Zimbardo, bei dem Studenten, die als «Gefängniswärter» von Kommilitonen gemimte «Häftlinge» in Schach halten sollten, vielfach übereifrig, ja sogar brutal reagierten. Dieses Experiment schien zu belegen, dass auch scheinbar nette, anständige Menschen durch übertriebene Machtbefugnisse korrumpiert werden können. Zimbardo hat seither einige Kritik wegen seiner Methoden einstecken müssen und selbst zugegeben, dass das Experiment «eindeutig unethisch» gewesen sei. Aber angesichts dessen, was um mich herum geschah, und meines eigenen empfindlichen Handgelenks, fragte ich mich, ob diese Untersuchung nicht doch valide war.

Natürlich sei es nicht immer möglich, einen Häftling an Hand oder Arm zu packen. Und manch kampflustiger Insasse brauche noch überzeugendere Argumente. Für solche Situationen lernten wir, Schmerz durch Ausnutzen von «Druckpunkten» zu verursachen – Stellen, an denen Nervenbündel direkt unter der Haut liegen. Die meisten dieser Punkte befinden sich im Kopfbereich: unter der Nase, am Warzenfortsatz des Schläfenbeins (in der Nähe des Kiefergelenks) oder unterm Kinn, rechts und links der Kehle. («Angelt hier jemand Barsche?», fragte der Ausbilder.) Außerdem übten wir Karateschläge auf die Halsseite und einen Punkt etwa zwanzig Zentimeter überm Knie. Und bei all dem wurden wir angehalten, kreativ zu sein. «Schmerz ist etwas Großartiges», erklärte uns ein Ausbilder. «Wand und Boden können Ihre Freunde sein.»

Aber die drastischsten Mittel – die wir nicht untereinander übten – kamen zum Schluss. Einem Häftling die gestreckten Finger in die Kehle («der Luftröhrenstoß») oder auch in die Augäpfel («der Augenstoß») zu rammen, könne überaus effektiv sein. Und bei letzterem stünden sogar die Chancen gut, dass nicht einmal Blindheit zurückbleibe. Unser Ausbilder erklärte: «Sie können die Finger fünf bis sieben Zentimeter tief in die Augenhöhlen rammen und ein paar Sekunden später guckt sie der Mann an und fragt: ‹Was war denn?›»

Für unseren letzten regulären Unterrichtstag stand etwas Außergewöhnliches auf dem Stundenplan: eine Unterrichtsveranstaltung namens «Stress II», erteilt von Sergeant Bloom. Da er Meister im Verursachen von Stress war, dachte ich, dass er wohl daher auf diesem Gebiet kompetent sei, aber merkwürdig war es doch, weil es nie ein «Stress I» gegeben hatte. Und die Qualifikation des Sergeants entpuppte sich als eine gänzlich andere.

Bloom, der jetzt etwas zugänglicher und menschlicher wirkte, begann seinen Vortrag, indem er über das stressigste Szenario sprach, dem ein Vollzugsbeamter ausgesetzt sein konnte: eine Geiselnahme. Diese Situation war die völlige Verkehrung des Machtverhältnisses zwischen Beamtem und Häftling – die Vergeltungsmöglichkeit schlechthin. Das sagte Bloom zwar nicht, aber ich wusste aus Gesprächen mit Rekruten und anderen Beamten, dass eine Geiselnahmesituation, wenn sie nicht rasch tödlich endete, gewöhnlich Quälereien dieser oder jener Art bedeutete – einschließlich Vergewaltigung. Im Gefolge einer Häftlingsrevolte in der Spezialunterbringungseinheit (Special Housing Unit oder kurz SHU) von Coxsackie im Jahr 1988 hatte die Vollzugsbeamtengewerkschaft eine Geiselnahmeversicherung eingeführt – die Zahlung eines Halbjahresgehalts an jedes Gewerkschaftsmitglied, das länger als acht Stunden als Geisel festgehalten worden war. («Wenn die Jungs Sie nach siebeneinhalb Stunden freilassen wollen», hatte ein Gewerkschaftsvertreter uns gegenüber gescherzt, «schicken Sie sie noch eine Kanne Kaffee machen.») Bloom listete jetzt an der Tafel alle Geiselnahmevorfälle in Staatsgefängnissen seit 1970 auf – dem Jahr, in dem man mit der Erfassung begonnen hatte. Es waren elf, darunter die große Geiselnahme in Attica (bei der sieben Wärter und sechsunddreißig Häftlinge umkamen) und ein ebenfalls schwerwiegender Vorfall in Sing Sing, bei dem siebzehn Beamte in Block B als Geiseln festgehalten worden waren. Nicht auf der Liste waren Vorfälle, bei denen Zivilbeschäftigte – etwa eine Psychologin – als Geiseln genommen wurden.

Bloom nannte uns die Warnzeichen für Gefängnisunruhen: Häftlinge, die Lebensmittel in den Zellen horten, ungewöhnliche Ruhe im Zellenblock, Gefangene, die bei warmem Wetter dicke Kleidung tragen (oft noch mit Illustrierten oder Zeitungen ausgestopft, um Messerstiche abzuwehren), ansonsten unauffällige Gefangene, die alles tun, um unter Verschluss zu kommen, damit sie sich den anderen entziehen können.

Ein Beamter, der eine Geiselnahmesituation kommen sehe, solle sich seiner Schlüssel und seines Sprechfunkgeräts entledigen, die Fernsehapparate außer Funktion setzen (damit die Häftlinge keine Lokalnachrichten gucken könnten) und «Schneidbrenner nach Möglichkeit zerstören». Letzteres schien ein merkwürdiger Rat, aber Bloom erklärte, dass bei einem blutigen Aufstand im Staatsgefängnis von Santa Fe, New Mexico, im Jahr 1980 Häftlinge mittels eines Schneidbrenners nicht nur Zugang zu anderen Zellenblöcken erlangt und so die Rebellion verbreitet, sondern auch Mithäftlinge gefoltert und Tote verstümmelt hätten. «Es war das reinste Barbecue», sagte er.

Die Akademie habe ein Video zu diesem Thema, aber wir hätten mehr davon, jemanden zu fragen, der so etwas miterlebt habe und uns davon erzählen könne. «Also, fragen Sie», sagte Bloom.

Mehrere Sekunden herrschte verblüfftes Schweigen. Bloom konnte doch nur eins meinen.

«Sie?», fragte jemand.

Bloom nickte. Er hatte 1988 in der SHU von Coxsackie gearbeitet. Als Häftlinge vom Hofgang hereinkamen, verpasste ihm einer einen Kinnhaken – den er noch nicht mal kommen sah. Andere Beamte wurden ebenfalls überwältigt und zweiunddreißig SHU-Insassen, die schlimmsten Typen im ganzen Gefängnis, waren im Handumdrehen aus ihren Zellen befreit, terrorisierten ihre Geiseln und zerstörten das Kontrollzentrum der Box.

Ich dachte, dass ein Beamter, der eine Geiselnahme durchgemacht hatte, Kollegen wahrscheinlich nicht alles erzählte, weil einiges zu schmerzlich oder zu demütigend war. Bloom war zwar tapfer genug, um dort vor uns zu stehen, aber er antwortete lediglich auf Fragen und erzählte auch dann nicht viel. Ein Häftling habe ihm den Ringfinger abschneiden wollen, sagte er, weil er seinen Ehering nicht abgekriegt habe, aber ein anderer Häftling habe ihn davon abgehalten. Der Initiator des ganzen Aufstands habe für mindestens fünfzehn Jahre gesessen und offenbar geglaubt, nichts zu verlieren zu haben. Er heiße Raffael Torres und sitze jetzt in der SHU von Sing Sing. Der ganze Vorfall habe vierzehneinhalb Stunden gedauert. Er, Bloom, sei dreieinhalb Wochen später wieder zur Arbeit gegangen, «als die Fäden gezogen waren.» Welche Fäden?, fragte jemand. Bloom erklärte, er habe auch noch einen Schlagstock auf den Kopf gekriegt. Und was haben sie sonst noch mit Ihnen gemacht?, wollte ich fragen. Aber das ging nicht – so viel hatte ich gelernt. Ob er sich nicht wegen irgendeines Gesundheitsschadens vorzeitig hätte pensionieren lassen können, wollte jemand wissen. «Wenn einen das Pferd abwirft, muss man wieder aufsitzen», erwiderte Bloom.

Er sei dann aber bald Ausbilder geworden, «um eine andere Art von Arbeit machen zu können.» Vor zwei Jahren sei er dann Sergeant und Leiter der Akademie geworden. Er habe keine echten Alpträume mehr, sagte Bloom, aber er träume schon noch davon.

Kurz nach Beginn der Rebellion habe der Gefängnisgeistliche bei ihm zu Hause angerufen, um seine Familie zu informieren. Seine Frau sei nicht da gewesen, also habe seine zwölfjährige Tochter die Nachricht entgegengenommen. Bloom sagte, er persönlich fände es gut, wenn wir mit unseren Familien über die Möglichkeit einer Geiselnahmesituation reden würden, und zwar bald. Er fragte, wer von uns es tun wolle, und nach und nach hob die halbe Klasse die Hand. Ich nicht. Irgendwo wussten die Angehörigen das sowieso, dachte ich. In mein Tagebuch schrieb ich, im Bemühen, meine Haltung noch weiter zu rechtfertigen: «Die Wahrscheinlichkeit spricht eindeutig dagegen.»

Und noch etwas Beängstigendes hatten sich die Ausbilder für unsere letzte Lehrgangswoche aufgehoben: Gefängnisvideos. Nigro zeigte uns Aufnahmen von Krisensituationen auf dem Gefängnishof, von einem Wachturm der Eastern Correctional Facility aus gedreht. In einem Film gingen zwei Häftlinge mit Messern aufeinander los, während die überraschten und nervösen Wachen auf dem Turm ihr Bestes taten, mit dem Zoom draufzuhalten; in einem anderen jagte eine große Horde Häftlinge einen Mithäftling, um ihn zu bestrafen, weil er jemanden verpfiffen hatte. Die Aufnahmen von diesem Mob erinnerten mich an Nachrichtenbilder aus irgendeiner bürgerkriegsgebeutelten afrikanischen Hauptstadt. Man hörte es knallen, als die Wachen auf dem Turm Gasgranaten abfeuerten, und sah dann die Häftlinge auseinander weichen, als die Tränengasschwaden auf das Gefängnis zudrifteten. Obwohl in beiden Fällen Beamte in der Nähe waren, schien von ihnen erstaunlicherweise keiner besonders gefährdet. Was diese Filme jedoch zeigten, war die beängstigende Macht der Masse.

Eine weitere Filmserie, die uns ein Unterbezirksstaatsanwalt aus Upstate New York vorführte, war noch schockierender. Er wies uns – meiner Erfahrung nach völlig zu Recht – darauf hin, dass in Filmen Gefängniswärter ausnahmslos als kalt und brutal dargestellt würden.

Wir sahen Einzelbildsequenzen, die dokumentierten, wie Urin durch ein Zellengitter flog und einen ahnungslos den Korridor entlanggehenden Beamten durchnässte. Das war ein spezielles Vergehen: Wie wir bereits gelernt hatten, war die Zahl solcher Vorfälle in den letzten Jahren so enorm gestiegen, dass die Gewerkschaft kürzlich ein «Anti-Werfer»-Gesetz erwirkt hatte, das die Haftstrafen der Täter obligatorisch um drei bis fünf Jahre verlängerte. Aber wir hatten auch gelernt, dass viele Staatsanwälte Verfahren wegen Übergriffen auf Vollzugsbeamte wenig Dringlichkeit beimaßen, da die Täter ja schon im Gefängnis saßen. Natürlich, erklärte der Staatsanwalt, sei das ein starkes Argument dafür, selbst Vergeltung zu üben, aber er beschwor uns, das nicht zu tun. «Und waschen Sie Ihre Uniform nicht, wenn Sie mit Kot oder Urin beworfen werden», riet er uns. «Die brauchen wir als Beweisstück.»

Auf dem Fernsehschirm sahen wir einen anderen nichtsahnenden Beamten eine Zellentür aufschließen und prompt die Faust des Insassen ins Gesicht kriegen; der Beamte ging zu Boden. Es gab ferner Aufnahmen, wie ein halbes Dutzend weißer Beamten einen um sich schlagenden schwarzen Häftling in einem Büroraum bändigte. Als sie es gerade geschafft zu haben schienen, ihm Handschellen anzulegen und ihn an eine Wand zu stoßen, wirbelte er plötzlich herum und ging wieder auf sie los. Während des darauffolgenden Getümmels schwenkte die Kamera kurzzeitig auf Fußboden, Wände und Decke. Dann sahen wir ein Knäuel von Beamten auf dem Häftling liegen.

Aber das Fesselndste waren Dias vom Oberkörper eines Beamten, dessen Hals, Gesicht und Rücken voller Schnittwunden waren. Ein Häftling hatte ihn in einen Vorratskeller gelockt und dort überfallen.

Was sich aus diesem ganzen Material herauskristallisierte, war das Bild einer Gruppe von Menschen, die nur reaktiv, nicht aber vorbeugend handeln konnten und Tag um Tag damit zubrachten, wie es ein Beamter formulierte, «darauf zu warten, dass der andere als Erster ausholt.»

Im Raum herrschte Stille, als der Staatsanwalt den Projektor abschaltete.

———

«Jeder muss seine Zeit auf dem Boden des Fasses ableisten», hatte uns der Gewerkschaftsvertreter im Hinblick auf unseren wahrscheinlichen Einstiegsarbeitsplatz Sing Sing erklärt. Eine Liste, die wir am letzten Lehrgangstag von der Personalabteilung der Justizbehörde bekamen, zeigte, dass es einfach ein Zahlenspiel war: Von den einundsiebzig Haftanstalten des Staates hatten nur zwei gar keine Warteliste: Bedford Hills, ein Frauen-Hochsicherheitsgefängnis in Westchester, und Sing Sing.

Sing Sing, bestätigte Bloom am Donnerstag, sei der Ort, wo wir uns am Montagmorgen alle zu melden hätten. Für einige wenige Glückliche würde der Dienst dort nur Tage oder Wochen dauern. Für andere war es ein unbefristetes Urteil – Monate oder auch Jahre. An diesem Nachmittag gab man uns «Traumzettel», die Formulare für Versetzungsanträge. Die meisten meiner Klassenkameraden wollten ihres gleich am ersten Tag in Sing Sing abgeben und fingen jetzt schon an, es auszufüllen.

Als Rick Kingsley mir damals die Washington Correctional Facility gezeigt hatte, hatte er Sing Sing als die schlimmsten neun Monate seines Lebens bezeichnet, seinen Vietnameinsatz eingeschlossen. «Yeah, ist hart dort», hatte uns ein Ausbilder erklärt, der noch vor kurzem in Sing Sing gearbeitet hatte. «Aber in sechs Monaten Sing Sing lernen Sie mehr als in zwei, drei Jahren irgendwo anders.»

———

In dem Motel, das der Akademie als Ausweichquartier diente, fand auch unsere Abschlusszeremonie statt. Und am Vorabend galt es zu feiern. Unsere Session beschloss, den Abend in einem nahe gelegenen Hooters zu beginnen. Später dann, im «Achthunderter-Block», wie ein Ausbilder das Motelgebäude mit den Achthunderter-Zimmernummern scherzhaft nannte, eskalierten die Dinge beträchtlich. Einige meiner Klassenkameraden mussten, in verschiedenen Stadien des Suffs, auf ihr Zimmer getragen werden; ich sah Arno – bislang ein absoluter Musterknabe – völlig weggetreten auf dem Fußboden eines Konferenzraums im Obergeschoss liegen. Irgendwann rauschte ein Urinstrahl am Fenster des Zimmers vorbei, in dem Gary und ich gerade zu Bett gingen. Aber vermutlich war die Tatsache, dass der Motelmanager die Polizei rief, die Ursache dafür, dass wir am nächsten Morgen vor der Zeremonie in der Kapelle antreten mussten. «Wie ich höre, haben einige von Ihnen letzte Nacht beschlossen, lieber Gefängniswärter werden zu wollen als Vollzugsbeamte», putzte uns Sergeant Bloom herunter. Ein Captain, den wir noch nie gesehen hatten, kam herein und drohte uns, er werde die Rädelsführer ausfindig machen und feuern. (Meines Wissen ist ihnen nichts passiert.)

Zu meinem Erstaunen hatten fast all meine Klassenkameraden Angehörige in dem überfüllten Konferenzraum sitzen, wo wir, in blauer Repräsentationsuniform, unsere Diplome und Dienstmarken in Empfang nahmen. Es waren nur sieben Wochen gewesen, aber die Verwandten waren zum Teil Hunderte von Meilen gefahren, um beim krönenden Abschluss dabei zu sein. Ein hoher Beamter der Vollzugsbehörde sprach ein paar Worte und unser Abschlussredner (der, wie ich später erfuhr, eine Woche darauf beschloss, sich einen anderen Job zu suchen) erklärte, nachdem wir von mächtigen Adlern gelernt hätten, seien wir jetzt bereit, uns in die Lüfte zu schwingen. Meine Klassenkameraden aus dem Norden des Staats fuhren für ein letztes langes Wochenende zu ihren Frauen und Kindern, ehe wir uns alle auf dem Boden des Fasses wiedertreffen würden.

DEN FLUSS HINAUF

> Die Sicherheit der Wärter ist dort stets bedroht. Es scheint uns
> bei solchen Gefahren, welche mit solchem Geschicke, aber
> auch mit solcher Beschwernis vermieden werden, ganz unmög-
> lich, nicht für die Zukunft irgendeine Umwälzung zu fürchten.
> GUSTAVE DE BEAUMONT und ALEXIS DE TOCQUEVILLE,
> *Amerikas Besserungs-System und dessen*
> *Anwendung auf Europa*, 1833, Fußnote über das
> Besserungshaus in Sing Sing.

Früher gelangten Verbrecher nach Sing Sing, indem sie von
New York City «den Fluss hinauf» fuhren, zu dem «großen
Haus» gut dreißig Meilen weiter nördlich. So gelangten diese beiden Euphemismen für Gefängnis in unseren Sprachschatz. Der
ungewöhnliche Name der Anstalt stammt von den Sint-Sinck-In-
dianern, die einst an diesem Ort lebten. Er heißt offenbar «Stein
auf Stein» und bezieht sich auf den felsigen Hang am Hudson-
Ufer, wo das Gefängnis errichtet wurde.

Einst ein einsamer Außenposten, okkupiert Sing Sing heute
zweiundzwanzig Hektar besten Baulands im vorstädtischen Westchester, einem der teuersten Landkreise in den gesamten USA. Die
Ortschaft, die um das Gefängnis herum entstand, wurde einst
Sing Sing genannt, heißt heute aber Ossining. Bis in die sechziger
Jahre konnten es sich die Gefängnisbeschäftigten leisten, in und
um Ossining zu wohnen, und sie prägten in vielerlei Hinsicht das
Leben in der Gegend. Inzwischen sind jedoch, trotz des etwas heruntergekommenen Zustands des Ortes – Ossining ist keineswegs
die begehrteste Adresse in Westchester – praktisch alle Vollzugsbeamten durch die horrenden Immobilienpreise und Mieten von
hier vertrieben worden. 1995 kostete eine normale Dreizimmer-

wohnung in Ossining 1525 Dollar Monatsmiete und der Durchschnittskaufpreis eines Vierzimmerhauses betrug 241 000 Dollar. Weiter weg von der «City», was Westchester County für viele Rekruten ist, kostet eine vergleichbare Mietwohnung (etwa bei der Clinton Correctional Facility in Dannemora, New York) 350 Dollar und das entsprechende Vierzimmerhaus (etwa in der Nähe von Auburn) 64 000 Dollar. Das «Wohngeld», das die Vollzugsbehörde als Ausgleich für die hohen Wohnkosten zahlt, gilt allgemein als Witz – es beträgt etwa 15 Dollar die Woche.

In manchen Kleinstädten in Upstate New York ist das Gefängnis schon optisch der Mittelpunkt: Die imposante Mauer von Clinton zieht sich die Hauptstraße von Dannemora entlang. Doch obwohl Sing Sing riesig ist, muss der Besucher von Ossining erst ein Weilchen danach suchen. Und wenn man es gefunden hat, sieht man meist nur ein Stück der immensen Mauer. Die etwa sechs Meter hohe Hauptmauer ist zwar mit einundzwanzig imposanten Wachtürmen bestückt, ansonsten aber so kahl und nichtssagend wie das Gesicht eines Polizisten. Das längste Stück, ganz oben, verläuft parallel zum Flussufer; die Schenkel ziehen sich schräg den Hang hinunter. Es gibt keinen Punkt an Land, der einen guten Blick auf die ganze Anlage böte; von der Straße aus sieht man noch nicht einmal den Haupteingang.

Doch an all das dachte ich nicht, als ich an jenem Montag, Ende April, meinem ersten Tag in Sing Sing, «den Fluss hinauf» fuhr. Ich dachte nur an jene eine Sing-Sing-Story, die mir während des Lehrgangs wirklich hängen geblieben war. Man hatte sie mir dreimal erzählt und wenn die Details auch variierten, blieb doch der Grundgehalt derselbe: Ein Teilnehmer des Lehrgangs vor unserem, ein Typ, den ich noch getroffen hatte, war in seiner zweiten Sing-Sing-Woche auf einen rauchenden Häftling zugegangen. «Hier ist Rauchen verboten», sagte er. «Machen Sie die mal besser aus.» Der Häftling ignorierte ihn. Er wiederholte die Aufforderung, bis ihm der Häftling sagte, er solle sich verpissen. Der frisch gebackene Vollzugsbeamte schnappte dem Häftling die Zigarette aus dem Mund, worauf der Häftling dem Mann dessen eigenen Schlagstock über den Schädel zog bzw. ihm damit die Schulter brach bzw. ihm mit der Faust die Zähne ausschlug – die Versionen waren unterschiedlich. Der Beamte war wegen einer Zigarette ernstlich verletzt worden.

Die Geschichte war mir deshalb hängen geblieben, weil die Moral so diffus war. Offenbar war es keine gute Idee, einem Häftling die Zigarette aus dem Mund zu nehmen. Das hätte ich vermutlich auch so gewusst. Aber was sollte man in einer solchen Situation tun? Dem Häftling wegen Nichtbefolgens einer direkten Anweisung einen Strafzettel verpassen? Weitergehen und das Gesicht verlieren? Wie würde meine Autorität im Gefängnis infrage gestellt werden? Und wie würde ich darauf reagieren?

Da man mir an der Akademie falsche Anweisungen gegeben hatte, parkte ich am einen Ende der oberen Mauer, so weit wie nur irgendmöglich von der Ecke weg, wo ich mich einfinden sollte. Ich brauchte fünfzehn Minuten, um eine bröckelnde Zementtreppe mit rostigem Geländer zum Haupttor hinunterzueilen, dann noch weitere Stufen hinab und über die Bahngeleise, auf das flache Geländestück drunten am Fluss. Außerhalb der Gefängnismauer, nur wenige Meter vom Hudson, stehen drei flache weiße Gebäude, die sich vom Rest der Gefängnisanlage durch ihr neues Aussehen und die billige Bauweise abheben. Zwei sind kleine Ruhebaracken für Beamte und Sergeants. Das dritte ist das *Qualität des Arbeitslebens*-Gebäude (Quality of Working Life Building, kurz QWL), ein Konferenzraum mit Glasschiebetüren und Bohlenveranda, der für Ausbildungsveranstaltungen, Meetings und Feiern genutzt wird.

Hier begann die vierwöchige praktische Ausbildung, die uns dafür qualifizieren würde, reguläre Vollzugsbeamte zu werden (obwohl wir formal noch ein ganzes Jahr Beamte auf Probe sein würden). Ich war nervös, aber auch freudig erregt: Sing Sing, legendär und geheimnisumwittert, war genau der Ort, wo ich hinwollte. Und ich war froh, wieder zu Hause wohnen zu können.

Für die meisten meiner Klassenkameraden war Sing Sing jedoch noch weiter von zu Hause weg als Albany.

Man wies uns an, Klappstühle und Tische für die einhundertelf noch von unserem Lehrgang verbliebenen Rekruten in vier bis fünf langen Reihen aufzustellen. Ganz vorn im Raum stand ein Rednerpult, seitlich gingen Toiletten und eine Küche ab. In denselben Repräsentationsuniformen, in denen wir am Freitag unsere Diplome entgegengenommen hatten, standen wir jetzt an unseren Tischen und nahmen Haltung an, als Ausbildungslieutenant Wilkin den Raum betrat.

Wilkin, ein lockerer Typ, forderte uns auf, uns hinzusetzen, unsere «Busfahrer»-Schildkappen vor uns auf den Tisch zu legen und einfach ein Weilchen mit ihm zu reden. Er wisse, dass an der Akademie jede Menge Gerüchte über Sing Sing kursierten. «Was haben Sie gehört?»

Es dauerte eine Weile, bis die ersten Hände hochgingen.

«Dass die Beamten dort Drogen verkaufen», wagte sich schließlich jemand vor.

«Aha», sagte Wilkin. «Was noch?»

«Dass es da total verrückt und chaotisch zugeht», sagte jemand anders. «Dass die Häftlinge bestimmen, was läuft, und dass sich niemand an die Regeln hält.»

«Hm», sagte Wilkin. «Was noch?»

«Dass manche Beamten ziemlich dicke mit den Häftlingen sind», sagte einer der Antonellis kühn. «Und dass sie einem im Notfall nicht immer beispringen.» Dieses Akademiegerücht hatte sich auf schwarze Beamte bezogen, aber das ließ Antonelli weg.

Statt zu lachen, den Kopf zu schütteln und alles abzustreiten, reagierte Wilkin zu meinem Erstaunen vorsichtiger. «Meines Wissens gibt es hier keine Beamten, die Drogen verkaufen», sagte er. «Wenn welche etwas-Derartiges getan haben und wir dahinter gekommen sind, haben wir sie verhaftet.

Und nicht die Häftlinge bestimmen, was hier läuft – die Beamten tun es. Das werden Sie am Mittwoch mit eigenen Augen sehen.

Und was die Regeln angeht ... wir sind kein Upstate-Gefängnis. Wir versuchen, uns strikt daran zu halten, und erwarten das auch von Ihnen. Die neue Leitung ist sehr engagiert, was die Verbesserung der Sicherheitsmaßnahmen in diesem Gefängnis betrifft. Aber wir sind eine Ausbildungsanstalt und nicht alles ist so, wie wir es gern hätten.»

Ausbildungsanstalt war, wie uns der Gefängnisleiter später erklären würde, keine offizielle Bezeichnung, es war einfach nur die Realität, die sich ergeben hatte. Immer neue Rekruten kamen wegen des chronischen Beamtenmangels hierher und mussten unterwiesen werden. Fünftausend hatten seit 1988 in Sing Sing angefangen, davon sechzehnhundert allein im Jahr 1996. Und momentan brauchte die Vollzugsbehörde mehr neue Beamte denn je, was offenbar an ungewöhnlich vielen Pensionierungen und Frühpensionierungen lag.

Ein Ausbildungsbeamter namens Hill erklärte uns, unser Job sei besonders schwer, weil «Beamte in der praktischen Ausbildung die Häftlinge irritieren». Häftlinge bevorzugten ein konstantes Beamtenteam, sagte er; sie hätten es nicht gern, wenn die Regeln jeden Tag anders durchgesetzt würden. Wobei es allerdings auch altgediente Beamte nicht unbedingt leicht hätten; erst letztes Wochenende sei einem bei einem Gerangel im Hof das Nasenbein gebrochen worden. In Sing Sing seien 700 bis 750 «Sicherheitskräfte» beschäftigt; 34 Prozent seien noch kein Jahr im Dienst.

Wir machten Mittagspause und anschließend bekam jeder von uns einen Schlagstock ausgehändigt. Ein Stück weiter in meiner Reihe bemerkte jemand, das an seinem getrocknetes Blut klebte. Dann stellten wir uns an, um uns fotografieren zu lassen. Zuerst guckten wir frontal in die Kamera, während wir einen Zettel mit unserem Namen, unserer Sozialversicherungsnummer und dem Datum hochhielten; dann drehten wir uns ins Profil – wie Häftlinge bei der Aufnahmeprozedur. Das seien «Geiselfotos», erklärte uns ein Ausbilder, für unsere Akte, damit sie an die Presse gegeben werden könnten, falls uns etwas zustieß – zum Beispiel eine

Geiselnahme. Ich lachte, weil ich dachte, der Mann hätte einen ganz schön schwarzen Humor. Aber er verzog keine Miene, meinte es, wie mir allmählich dämmerte, völlig ernst. Genauso beunruhigend wie der Zweck der Fotos war die Tatsache, dass sie nicht irgendeine andere Bezeichnung trugen – Beschäftigten-Bedarfsporträts oder etwas ähnlich Euphemistisches. Sie Geiselfotos zu nennen, war, als ob man sagen würde, wir seien «Wärter» in einem «Gefängnis».

Am Nachmittag erfuhren wir mehr über die Häftlinge. Sing Sing ist das (nach Auburn) zweitälteste und (nach Clinton) zweitgrößte Gefängnis des Staates und hatte zu diesem Zeitpunkt 1813 Insassen im Hochsicherheitsteil und 556 in Tappan, dem Standardsicherheitsteil. Von den insgesamt 2369 Häftlingen waren 1726 Gewaltverbrecher; 672 saßen wegen Mordes oder Totschlags. Mit anderen Worten, ein Viertel bis ein Drittel der Insassen hatte jemanden getötet. Die übrigen Gewaltverbrecher saßen wegen Vergewaltigung (93), Sodomie (38) oder verschiedener anderer Delikte wie Raub, schwerer tätlicher Angriff, Entführung, schwerer Einbruch und Brandstiftung. Achtzig Prozent kamen aus New York City. Dreiundvierzig Prozent waren zwischen 25 und 34. Afroamerikaner stellten 56 Prozent der Insassen, Hispanos 32 Prozent und Weiße etwa zehn Prozent.

Sing Sing ist insofern untypisch für ein großes Hochsicherheitsgefängnis, als es hier kaum berufliche oder sonstige Ausbildungsprogramme für die Insassen gibt. Diese müssen sich zwar immer noch bemühen, einen Schulabschluss zu machen, aber fast alle College-Niveau-Programme wurden 1994/95 gestoppt, als Staat und Bund die Finanzierung einstellten. «Jetzt gibt's nicht mehr viel, was man uns nehmen kann», gestand der Leiter des Dezernats Programme bei seiner kurzen Präsentation nach der Mittagspause. «Wir sind so ziemlich beim absoluten Minimum. Wir haben Mühe, Beschäftigungsmöglichkeiten für alle Häftlinge zu finden – Programme gibt es nur noch für drei- bis vierhundert Mann.» Die Löcher wurden mit Freizeit gestopft – unstrukturierter Zeit auf dem Hof oder in der Sporthalle. Je nach Tageszeit konnten bis zu sechzehnhundert Mann gleichzeitig Freizeit haben.

Der Gefängnisleiter machte seinen Job auch noch kein Jahr. Charles Greiner, ein durchtrainierter, weißhaariger Mann mit sanfter Stimme, stand vor dem Rednerpult und erzählte uns, er habe sich von der Pike auf hochgearbeitet, als Vollzugsbeamter in einem Upstate-Gefängnis begonnen. Man hatte uns gesagt, er sei sicherheitsorientierter als sein Vorgänger (dem es, wie altgediente Beamte klagten, nur um Ordnung und äußeren Schein gegangen sei) und auf straffere Maßnahmen bedacht. Er erklärte uns, er habe die Zuweisung der Kantinenplätze wieder eingeführt, sodass die Häftlinge nicht sitzen könnten, wo sie wollten. Er habe versucht, dafür zu sorgen, dass die Häftlinge auf dem Weg von der Zelle in die Kantine und zurück strenger bewacht würden. Weitere Reformen lägen in der Schublade, würden aber nur ganz langsam realisiert, «um die Wellen gering zu halten». Hier, am Ufer eines mächtigen Flusses, suggerierte diese Metapher, dass das Gefängnis ein großes Gewässer war, in dem wir alle miteinander schwammen. Wenn jemand eine zu hohe Welle auslöste, würden wir alle untergehen.

Die Atmosphäre im Gefängnis selbst war im Moment offenbar ziemlich gespannt. In den letzten fünf Monaten hatten fünf Häftlinge Selbstmord begangen. Nach den Unruhen in Attica war ein Beschwerdesystem für die Häftlinge eingeführt worden; in Sing Sing reichten die Insassen normalerweise pro Woche etwa fünfundzwanzig Beschwerden gegen das Gefängnispersonal ein, aber in jüngster Zeit war diese Zahl bis auf fünfundsiebzig gestiegen. Vor zwei Monaten hatte es in der gesamten Anstalt Alarmstufe Grün gegeben, was bedeutete, dass ein Bereich (Block B) außer Kontrolle geraten war. Dennoch, erklärte der Sicherheitsdirektor, gehe es in Sing Sing «nicht wilder zu als anderswo». Ja, räumte er ein, es habe in letzter Zeit «eine Menge Stechereien» gegeben. Aber, meinte er, «das ist überall so».

Am Dienstag, unserem zweiten Tag, erfuhren wir Näheres über Alarmsituationen. Viele von uns würden, je nach Posten, Funkgeräte mit einem besonderen «Alarm-Pin» erhalten. Falls wir von einem Häftling angegriffen würden – oder uns mit irgendeiner anderen Gewaltsituation konfrontiert sähen, die wir nicht kontrollieren könnten –, sollten wir den Pin mittels der Zugschlaufe oben aus dem Funkgerät ziehen. Dadurch wurde ein Signal an das Gefängnisarsenal übermittelt, wo ein Beamter den Standort des jeweiligen Funkgeräts identifizierte und eine spezielle Botschaft an alle anderen Funkgeräte sandte. Die «Rotpunktbeamten», eigens als Eingreifreserve für Krisensituationen bestimmte Beamte, eilten dann herbei, um Hilfe zu leisten. Andere abkömmliche Beamte aus dem jeweiligen Bereich hatten sich ihnen anzuschließen. Diese Reaktion sei prompt, erklärte man uns, und in der Regel beeindruckend.

Falls die Dinge so weit entgleisten, dass die lokalen Rotpunktbeamten nicht dagegen ankamen, wurden weitere Rotpunktbeamte drunten in Tappan (oder droben in Sing Sing, falls die Krise in Tappan ausbrach) alarmiert. Wenn auch sie nichts ausrichten konnten, wurde Alarmstufe Grün gegeben und die Vorgesetzten mussten jeden verfügbaren Beamten zum Krisenherd schicken. Die gemäßigtere Alarmstufe Blau verlangte, dass sofort alle Häftlingsbewegungen eingestellt und alle Türen und Tore innerhalb des Gefängnisses dicht gemacht wurden. Alarmstufe Blau wurde etwa dann ausgerufen, wenn bei der Zählung ein Insasse fehlte und es oberste Priorität hatte, ihn zu finden. Dann durfte kein Beamter das Gebäude verlassen und die Wachturmposten mussten, das Gewehr in der Hand, auf ihren Laufsteg hinaustreten. Alles wurde eingefroren, bis feststand, dass niemand entflohen war.

Später an diesem Tag sahen wir einen von der Vollzugsbehörde produzierten Film mit dem Titel *Die Spielchen der Gefangenen*. Dieser Film, mit Vollzugsbeamten in den Hauptrollen, war ein Lehrstück darüber, wie einen Häftlinge für ihre Zwecke zu manipulieren suchten und man am Ende als der Dumme oder gar selbst als Krimineller dastand. Es wurden drei Fälle nachgespielt, die es, wie man uns erklärte, in den letzten zwei Jahren tatsächlich gegeben hatte. Im ersten bemerkte ein «Hausarbeiter» (Kalfaktor) beim Fegen des Fußbodens rings um den Schreibtisch des Vollzugsbeamten, dass dieser illegale Footballwetten veranstaltete. Daraufhin klaubte er Beweise aus dem Papierkorb. Als der Beamte dem Gefangenen nicht helfen wollte, ein eigenes Wettbüro aufzuziehen, drohte dieser, ihn bei seinen Vorgesetzten zu verpfeifen. Der Beamte tat das einzig Richtige und gestand seinem Sergeant und seinem Lieutenant das Vergehen. Ein anderer Beamter kriegte dagegen nicht rechtzeitig die Kurve. Nachdem er längere Zeit in der Nähe eines scheinbar freundlichen Gefangenen Dienst getan hatte, gewöhnte er sich so daran, mit diesem zu reden, dass er ihm seine Ehe- und Geldprobleme anvertraute. Der Häftling erbot sich, dem Beamten mit hundert Dollar auszuhelfen, wenn dieser ihm ein Päckchen von seinem Bruder hereinschmuggelte. Nach längerem Hin und Her (Häftlinge dürfen kein Bargeld besitzen, da dieses fast immer mit Drogengeschäften zu tun hat) willigte der Beamte schließlich ein. Die Schlusseinstellung dieses Teils zeigte, wie er am Abend in seine Einfahrt bog und vor den Augen seiner fassungslosen Frau und seiner Kinder verhaftet wurde.

Und schließlich war da noch die Geschichte von der Zivilbeschäftigten, einer Lehrerin, die einem lerneifrigen Häftling erlaubte, ihr beim Korrigieren von Tests zu helfen, und sich ihm anvertraute, als ihr Freund sie sitzen ließ. Er fragte, ob sie mit ihm ausgehen würde, wenn er in sechs Monaten auf Bewährung draußen sei, und sie signalisierte Einverständnis. Doch dann erklärte er, er könne nicht so lange warten; sie wurden von einem Beamten beim Sex in einer Vorratskammer erwischt und die Lehrerin wurde gefeuert.

Die Moral aller drei Geschichten: Erzähle niemals einem Häftling vertrauliche Dinge über dein Privatleben. Und lass dich niemals auf Bestechung oder sonstige Angebote ein. Sobald ein Häftling irgendetwas gegen dich in der Hand hat, hat er Macht über dich und wird dich früher oder später ans Messer liefern.

Es hatte mich ganz kribbelig gemacht, direkt neben dem berühmten Sing Sing zu sitzen und nicht hineinzudürfen. Das änderte sich am Mittwoch.

Als unsere Besichtigungsgruppe den Begrenzungszaun zum Haupttor entlangging, fiel mir auf, dass wir inzwischen ein wenig anders aussahen. Jetzt war nicht mehr jeder so zwanghaft mit seiner Uniform beschäftigt. Hier in Sing Sing, das machte uns der Anblick der Ausbildungsbeamten deutlich, kümmerte sich niemand groß um den Glanz unserer Schuhe, die Bügelfalten unseres Hemds oder die Länge unseres Haars. Statt der von der Akademie vorgeschriebenen langärmligen grauen Hemden trugen einige, trotz des immer noch kühlen Frühlingswetters, die kurzärmlige Version. Andere hatten ihre schwarzen Oxfords gegen bequemeres Schuhwerk eingetauscht, vor allem gegen die leichten Bates- und Hi-Tec-Boots, die bei der Polizei so beliebt waren. Und an unseren nunmehr mit Schlagstöcken behängten Gürteln tauchten plötzlich Schlüsselclips und Latexhandschuhhalter auf, obwohl uns noch niemand befohlen hatte, diese Accessoires anzulegen. Hier herrschte ein anderes Grundklima und wir passten uns automatisch an.

Wir gingen durchs Haupttor und dann, auf dem Weg bergauf, noch durch einige weitere Tore. Unsere Gruppe kam mir sehr weiß vor, im Vergleich zu den diensthabenden Beamten, die wir passierten – und vor allem im Vergleich zu den Häftlingen, die wir sahen. Aber die wichtigste Erkenntnis erwartete uns in einem engen Gang, wo wir einer etwa gleich großen Häftlingsgruppe begegneten. Als wir uns auf der einen Ganghälfte zusammenquetschten, streiften uns ihre Arme und Schultern nicht nur, sie schubberten an unseren. Das hier war kein kleines Grüppchen unterwürfiger Arbeiter, wie wir es von der Akademie her kannten.

Das hier war etwas mit Masse und Energie, etwas ... Beunruhigendes. Ich dachte, wie leicht es für jemanden mit einem Messer wäre, uns etwas anzutun – und unentdeckt davonzukommen. Vor mir drehte sich einer der Antonelli-Brüder um und versuchte, uns dezent auf einen der Häftlinge hinzuweisen – ein Transsexueller mit Brüsten: nichts, was man in Greenwich Village oder in der New Yorker U-Bahn nicht jeden Tag sehen konnte, aber für jemanden vom Land bestimmt exotisch. Bella und Chavez schien dieser Mix vertrauter. Als wir um die Ecke bogen, bemerkte Bella befriedigt: «Ist ja wie in der City!»

Vor uns verkündete ein von der Decke hängendes Plexiglasschild *Unterbringungseinheit A*. Darunter befand sich ein Gittertor mit einer massiven Metalltür dahinter. Unser Führer drückte auf einen Knopf und wir hörten es auf der anderen Seite klingeln. Schließlich öffnete ein Beamter von drinnen die Tür und wir betraten Block A – und sahen erstmals diese gewaltige Kaverne, so trist und doch so imposant. Wir standen mit offenen Mündern da und versuchten, das Ganze irgendwie zu entwirren: die Geländer, Zäune, Gitter und Zellenabteile, die so winzig waren und sich doch so endlos aneinander reihten. Der Ausbildungsbeamte sprach darüber, wie berühmt dieser Bau sei, dass Vollzugsbeamte aus aller Welt kämen, um ihn zu besichtigen. Wegen des Lärms war er schwer zu verstehen. Schwere Tore knallten; Rufe hallten durchs Gebäude. Wir traten dichter an ihn heran. Als er mit Reden fertig war, folgten wir ihm die Zentraltreppe hinauf und über ein, zwei lange Galerien, wobei uns etliche Kommentare hinterherflogen – jemand brüllte, an Dimmie adressiert, «Clarence Thomas!» (der Name eines schwarzen Richters am Obersten Gerichtshof, hier aber so viel wie «Onkel Tom») und wir hörten ein paar «Hey, Neuer!»-Rufe.

Block A hatte eine große Sporthalle, aber keinen direkt angrenzenden Hof. Auch so eine Eigentümlichkeit von Sing Sing – der Hof lag unten am Hang, jenseits der Bahngleise, bei Tappan. Ehe wir dort hinsteuerten, besichtigten wir noch Haus 7, den

«Ehrenblock», mit Raum für sechsundachtzig Häftlinge, die mehrere Jahre ohne Disziplinverstöße hinter sich gebracht hatten. Und dann gingen wir zum Gegenteil von Haus 7, der Spezialunterbringungseinheit SHU, einem zweistöckigen Bau mit sechzig Insassen. Während der Hof von Haus 7 einen Joggingpfad, Bänke, Gemüsebeete und einen herrlichen Blick auf den Hudson bot, hatte die SHU einen geteerten Hof, zweigeteilt durch einen Maschendrahtzaun. Wenn man von der SHU aus einem in sich geknickten Verbindungsgang folgte, gelangte man in den State Shop, die Kleiderkammer, wo die Aufnahme- und Entlassungsprozeduren abgewickelt wurden und die Häftlinge Kleidung und Bettzeug erhielten. Im Erdgeschoss des State-Shop-Gebäudes befanden sich ein Frisörsalon mit vierzehn Plätzen und ein Duschraum mit vorhanglosen Duschzellen und Beobachtungspodesten für die Wachen.

Auf dem Weg zu Block B passierten wir Haus 5, einen kleinen Zellenblock (272 Insassen) mit Etagen für spezielle Häftlingsgruppen: Neuankömmlinge, darunter auch Verlegungen und «Abgängige» (Ex-Häftlinge, die nach Verstößen gegen Bewährungsauflagen wieder festgenommen worden waren); Kantinenarbeiter und Häftlinge mit psychischen Problemen. Wir sahen die Wäscherei, eins der wenigen frei stehenden Gebäude im Hochsicherheitsteil, und die Kantine mit ihrem belebten Verkehrsknotenpunkt – dem «Times Square» – mitten zwischen den Speiseräumen von Block A, Block B und Haus 5. Das Kirchengebäude, gegenüber von Block B, diente hauptsächlich zum Vorführen von Filmen, besaß aber kirchenartige Gottesdiensträume für Katholiken und Protestanten und im Untergeschoss auch Bereiche für Moslems, Juden und Quäker.

Dieses ganze Labyrinth von Gängen, Toren und Treppen hatte sich im Lauf der Zeit durch eine Art organischen Wachstumsprozess entwickelt, nach den Erfordernissen der einzelnen Bereiche, ohne Gesamtplan. Aus manchen hoch gelegenen Fenstern sah man ein rundes Dutzend in verschiedenste Richtungen verlaufender

Backsteinmauern und die Dächer der vielen Verbindungsgänge. Von den schönen Schieferschindeln dieser Dächer fehlten etliche und auch im Inneren der Gänge hing zum Teil die morsche Deckenverkleidung herab. Es schien unzählige kleine Innenhöfe zu geben, die Hälfte davon unbenutzt und unkrautüberwuchert. Überall auf dem Gelände standen kleine Holzschuppen und die Gebäude selbst hatten die vielfältigsten Anbauten. So waren etwa die Sporthallen von Block A und Block B erst Jahre nach der Fertigstellung der Gebäude irgendwie angeklebt worden. Die Innenwände der meisten Verbindungsgänge bestanden aus angestrichenem Back- oder Pressstein. Kein Mensch konnte sich diese Anlage an einem Tag einprägen – ja, vielleicht reichte nicht mal eine Woche –, aber wir durften dennoch unsere Pläne nicht mit hereinbringen; sie galten als Sicherheitsrisiko. Wir brauchten allerdings auch keinen Plan, um uns zu fragen, wo denn die Häuser 6, 3 und 4 abgeblieben waren – vielleicht hatten sie ja mal existiert, waren dann aber stillgelegt oder umbenannt worden.

Der erstaunlichste Verbindungsgang – mein Lieblingskorridor – war jener lange, halb offene Schlauch, der den Hochsicherheitsteil mit dem Schulgebäude und Tappan, jenseits der Bahngleise, verband. Die Wände dieses Gangs bestanden aus einer Reihe vergitterter Bogenöffnungen, durch die bei schlechtem Wetter Regen und eisiger Wind hereindrangen. Mit seiner abblätternden, schartigen, wasserfleckigen Farbe hatte dieser Gang das Flair einer Ruine aus der Kolonialzeit. Jenseits des Tors zum Schulgebäude war der Gang ganz geschlossen und, was ich bis heute nicht begreife, teilweise unbeleuchtet. An einer Treppe war man, wenn draußen die Sonne schien, wegen des Kontrasts so geblendet, dass man die Stufen kaum sah; man musste sich hinuntertasten. An dieser Treppe saß in der Wand ein altes, rostiges Tor und später sollte mich ein Häftling fragen, ob das das ehemalige Todeshaus sei. Es sah allerdings so aus.

Doch das Todeshaus, Haus 15, war ein alter Backsteinbau drunten am Fluss. Es war, nach der Abschaffung der Todesstrafe im Staat New York, zum Berufsausbildungstrakt umgebaut worden, mit bescheidenen Druck-, Holz-, Kleingerätemechanik- und Schweißwerkstätten sowie Zeichenräumen. Old Sparky, der elektrische Stuhl, war einem Museum in Virginia vermacht worden, der Todeszellentrakt in einen Berufsorientierungsklassenraum umgewandelt. Sechshundertvierzehn Menschen (darunter auch das wegen Verrats von Atombombenbauplänen an die Russen verurteilte Ehepaar Rosenberg) waren hier hingerichtet worden, aber es gab keine Gedenktafeln; die einzige Brücke zur Vergangenheit war das Gedächtnis von Beamten wie dem, der uns zeigte, wo der Stuhl gestanden hatte, wo sich der Schalter befunden hatte und wo der berühmte «Tanzsaal», durch den die Todeskandidaten zum elektrischen Stuhl geführt worden waren – ich glaubte ihn von einem James-Cagney-Film her wiederzuerkennen.

In Tappan herrschte eine ganz andere Atmosphäre als im Hochsicherheitsteil Sing Sing. Die dreistöckigen Presssteingebäude hatten große, offene Schlafsäle für bis zu fünfundsiebzig Häftlinge. Diese Schlafsäle waren durch taillenhohe Trennwände in Einzel- oder Doppelabteile gegliedert. Innerhalb der Schlafsäle konnten sich die Gefangenen, außer während der drei täglichen Zählungen, frei bewegen. Die Häftlinge wuschen ihre Wäsche selbst und konnten selbst kochen. Es gab auch Fernsehräume. Ein einziger Beamter saß am Eingang zu jedem Saal an einem großen Schreibtisch, was ein begehrter Job war, da die Häftlinge zwar teilweise ebenso schwere Verbrechen begangen hatten wie die «droben auf dem Hügel», sich aber bereits in den letzten fünf Jahren ihrer Haftzeit befanden, zumeist schon älter waren und vielfach danach strebten, auf Bewährung entlassen zu werden. Auch in Tappan gab es Gewaltvorfälle, aber längst nicht so viele wie im Hochsicherheitsteil.

Außerhalb des dreistöckigen Schlafgebäudes befand sich eine große Sporthalle, gestiftet von Warner Brothers, als Dank dafür, dass die Produktionsfirma das Todeshaus und andere Teile des Gefängnisses für ihre Dreißiger-Jahre-Gangsterfilme hatte nutzen

dürfen. Außerhalb der Sporthalle wiederum gab es einen Krafttrainingsbereich und eine von den Häftlingen gepflegte Rasenflä-
che, auf der die Männer an warmen Tagen in der Sonne lagen.

Wir waren den Hügel ganz hinauf- und wieder hinuntergestie-
gen. Ehe wir erneut zum Haupttor emporklommen, erläuterte
man uns den Zaun, der am Flussufer und zu beiden Seiten des
Eisenbahngrabens die Mauer ersetzte. Es war eigentlich ein Dop-
pelzaun – zwei hohe Maschendrahtwände mit Spiralen von glän-
zendem Rasierklingendraht darauf und einer Art Niemandsland
von drei Metern Breite dazwischen. Dieser Streifen wurde durch
Bewegungsmelder überwacht und war noch zusätzlich durch
Stolperdrähte und elektromagnetischen Draht gesichert. Das sei
die Art Anlage, erklärte unser Führer, die Eichhörnchen und Vögel in Aufruhr versetzen könnten, was ein Grund für das System
schwenkbarer Zoomkameras sei, die oben am Zaun angebracht
und mit Monitoren im Arsenal verbunden waren. Die gesamte
Anlage habe etwa 12 Millionen Dollar gekostet. Als wir unsere
Ausweise vorzeigten, um das Gefängnis verlassen zu dürfen – die
Sicherheitsvorkehrung, damit kein Häftling einfach zum Tor hin-
ausspazierte –, befand ich, dass ich, wäre ich ein Ausbrecher, den
Zaun meiden würde.

Auf dem Rückweg zum QWL-Gebäude redeten wir untereinander darüber, wie heruntergekommen Sing Sing war. In der Abschlussbesprechung mit Lieutenant Wilkin ging es jedoch vor allem darum, wie chaotisch hier alles war, wie viele Regeln schlicht
nicht eingehalten wurden. Über die *Richtlinien für Insassen* waren wir ausgiebig abgehört worden. Es gab neunundneunzig
Richtlinien, die wir alle auswendig können mussten und die das
Leben der Häftlinge bis ins kleinste Detail regelten. Einige Bei-
spiele:

31. Sie dürfen höchstens zwei (2) Päckchen Zigaretten bei sich
tragen. In der Zelle/ im Schlafsaalabteil dürfen höchstens sechs
(6) Stangen Zigaretten gelagert werden. [Häftlinge, die mehr Zi-

garetten besaßen, waren höchstwahrscheinlich «Mulis», d. h. Schmuggelkuriere, oder aber im Begriff, eine illegale Schuld zu bezahlen bzw. einzutreiben.]

36. Die Sicht ins Zelleninnere ... darf nicht durch Möbel, Wäscheleinen, Kleidungsstücke, Bettzeug oder Handtücher ... beeinträchtigt werden.

24. Bilder, Fotos, Zeitungsausschnitte und eine kleine Nationalflagge (10 mal 12 Zoll) ... sind lediglich auf der [dafür bestimmten] Fläche von 60 mal 120 cm anzubringen und ausschließlich an der Oberkante zu befestigen. Nicht genehmigte Symbole werden konfisziert.

26. Aktbilder oder -fotos dürfen nur dort angebracht werden, wo sie von außerhalb der Zelle/des Schlafsaalabteils nicht sichtbar sind (über der Zellentür oder im Schrank).

Metallkleiderbügel waren nicht erlaubt. Musik durfte nur über Kopfhörer, nicht über Lautsprecher gehört werden. Das Bett musste gemacht sein, ehe der Häftling die Zelle verließ.

Dennoch, erklärten wir dem Lieutenant, hätten wir jede Menge Regelverstöße beobachtet: Bettlaken an den Gitterfronten, Hard-Porno-Fotos, die uns anstarrten, laute Radiomusik, ein Dutzend Stangen Zigaretten unter einem Tisch. Wie erklärte sich das?

Der Lieutenant lächelte leise. «Wie gesagt, das hier ist eine Ausbildungsanstalt. Nicht alles ist so, wie es sein sollte. Wir brauchen Ihre Unterstützung, damit es so wird. Ja, wir verlangen sie sogar: Ihr Job ist es, dafür zu sorgen, dass die Regeln eingehalten werden.» Der Lieutenant steckte in der Beamtenzwickmühle, sich einerseits zu dem bekennen zu müssen, was sein sollte, und andererseits den Ist-Zustand anzuerkennen, wenn er nicht als realitätsferner Trottel dastehen wollte. Ich fragte mich nur, ob sie wirklich vorhatten, *uns* für die Einhaltung der Regeln sorgen zu lassen, wenn es sonst niemand tat.

Dann stellte eine von uns eine überaus vernünftige Frage: «Aber sollen wir denn mit ihnen reden?»

Der Lieutenant kapierte die Frage nicht. Er wusste offenbar nicht, dass man uns an der Akademie verboten hatte, mit den Häftlingen um uns herum zu sprechen. Das schien ihm so absurd, dass er Mühe hatte, diesen Hintergrund zu erfassen.

«Natürlich sollen Sie mit ihnen reden!», sagte er schließlich. «Ich rate Ihnen dringend, mit ihnen zu reden. Wie sonst wollen Sie sie wissen lassen, was sie tun sollen, und von ihnen erfahren, was sie von Ihnen wollen? Aber natürlich! Dieser Job besteht darin, mit ihnen zu reden. Darum geht es doch gerade.»

Das klang wie das, was uns Sergeant Bloom, der Leiter der Akademie, erklärt hatte. Und doch war es für Blooms Ausbilder geradezu eine Frage des Stolzes gewesen, dass es bei der Ausbildung um *uns* ging, nicht um *sie*. Man hatte uns gelehrt, dass es so etwas wie Komplizenschaft war, sich Gedanken über die Bedürfnisse und Anliegen der Häftlinge zu machen, dass es einen Beamten fast schon entwürdigte. Sollen *sie* sich doch den Kopf zerbrechen, wie sie mit *uns* kommunizieren, war die vorherrschende Haltung gewesen.

Als wir zu unseren Autos gingen, murmelten die Antonelli-Brüder, dass andere ja vielleicht nicht auf die Einhaltung der Regeln pochen mochten (diese Weicheier!), sie es aber garantiert tun würden. Als wir an einem der Wachtürme am Fluss vorbeikamen, bemerkte jemand dort oben ein bekanntes Gesicht – einen Rekruten des Lehrgangs vor unserem.

«Hey, wie bist du an den Job gekommen?», fragte ihn jemand, während wir uns alle das Genick verrenkten.

«Ich schätze mal, weil ich der Beste auf dem Schießstand war», antwortete der Mann. (Später merkte ich, dass das sehr unwahrscheinlich war; Sergeant Holmes wusste nichts von unseren Schießresultaten.)

Wir erzählten ihm, wie chaotisch uns das Gefängnis vorgekommen war. «Hast du je Probleme, sie dazu zu kriegen, zu tun, was du sagst?», fragte ein Rekrut.

«Ich schnauze sie einfach an», erwiderte der Typ. «Ist der schnellste Weg, die Dinge getan zu kriegen.»

Am darauf folgenden Montagmorgen begann unsere praktische Ausbildung im Gefängnis. Ich steckte meinen Schlagstock in die Halterung an meinem Gürtel und versuchte mir ein Szenario auszumalen, bei dem ich ihn benutzen müsste. Ehe wir im Dienstantrittsraum zu den regulären Beamten stießen, hatten wir eine gesonderte Dienstantrittsbesprechung, bei der uns unsere Posten zugewiesen wurden. Meiner war in Block B, auf dem Stockwerk mit den Galerien R und W. Dort sollte ich dem diensthabenden Beamten helfen.

Auf dem langen Weg die Treppen hinauf, Minuten nach den regulären Beamten, hatte kaum jemand von uns etwas zu sagen. Wir Auszubildenden waren hier Fremde. Unsere Köpfe steckten voller Regeln und Anekdoten, aber in Wirklichkeit hatten wir keine Ahnung, wie man diesen Job verrichtete, der von heute an unserer war. Jetzt, da wir getrennt wurden, musste jeder sich seiner Angst allein stellen. Unser Hauptproblem schien mir zu sein, dass uns der Staat zu Löwenbändigern erklärt hatte, ohne uns jemals mit einem Löwen im Käfig allein gelassen zu haben.

Unsere Gruppe schrumpfte, je weiter wir ins Gefängnis vordrangen, da am Eingang zum Krankenhausgebäude und an jedem Quergang ein Grüppchen abblätterte. Ein besonders großes Kontingent verschwand in Block A. Wir, die wir das letzte Dutzend bildeten, marschierten durch den dunklen Korridor zu Block B und lauschten unseren Schritten auf dem Betonboden.

Wie Block A war auch sein Zwillingsbruder, Block B, ein mächtiger Bau. Wir drängten uns hintern Tor zusammen wie eine kleine Herde Schlachtschafe und schauten zu den Galerien hinauf.

Häftlinge, die sich außerhalb ihrer Zellen befanden, starrten zurück. Azubis, hörten wir sie uns immer wieder nennen und *Neue*. Um uns herum rauchten Beamte, obwohl das für alle verboten war. Wir hörten das Scheppern von Gittertoren, Musik, laute Männerstimmen und das Rauschen von Duschen, als sei Block B ein einziger, riesiger Sportumkleideraum.

Wir standen auf den *Flats*, ebenerdigen Korridoren, die sich um den inneren Zellenblock herumziehen. Die Zellen selbst liegen auf jedem Stockwerk in zwei Reihen, Rückwand an Rückwand, und vor jeder Reihe befindet sich eine Galerie. Diese Galerien sind in Block B folgendermaßen bezeichnet:

U und Z
T und Y
S und X
R und W
Q und V

Die Galerien Q und V liegen an den Flats. Die Galerien Q, R, S, T, U befinden sich auf der Frontseite oder Flussseite von Block B, die Galerien V, W, X, Y, Z auf der Rückseite. Die Kennbuchstaben in Block B sind die, die nach der Benennung der Galerien in Haus 5 (A, B, C, D), Haus 7 (E, F, G) und Block A (H, J, K, L, M, N, O, P) noch übrig waren. Die Anonymität des Ganzen schien mir bezeichnend. Jedes andere öffentliche Gebäude im Land verband man nur zu gern mit dem ruhmreichen Namen eines Politikers oder, in jüngerer Zeit, eines Konzerns: das John F. Kennedy Center in Washington, D. C., das Alfred Murrah Federal Building in Oklahoma City, den Hobby Airport in Houston, den 3Com Park, das Coors Field. Aber es gab weder eine Microsoft-Justizvollzugsanstalt für Männer noch eine Reagan-Jugendhaftanstalt. Gefängnisse hießen gewöhnlich nach den Orten, wo sie standen, ihre einzelnen Gebäude nach den Buchstaben des Alphabets.

Der Aufsicht habende Beamte erschien, vergatterte uns, keine

Verschlusshäftlinge herauszulassen, und schickte uns dann die Zentraltreppe hinauf, auf unsere Posten. Um nach oben zu kommen, musste man auf jedem Stockwerk ein verschlossenes Treppenhaustor passieren. Die Galerien R und W lagen nur ein Stockwerk höher, aber es dauerte lange hinzukommen. «R und W, Zentraltor!», riefen wir immer wieder. Durch das Gitter sahen wir eine Menge Gefangene herumlaufen, die offenbar auf irgendeinem anderen Weg auf die Galerie gelangten. Schließlich tauchte eine graue Uniform zwischen ihnen auf und ein Beamter von Anfang dreißig spazierte herbei, steckte einen Schlüssel ins Schloss und zog das Tor auf. Wir durchquerten es und meine Rekrutenkollegen entschwanden rasch das nächste Treppenstück hinauf. Ich streckte die Hand aus. «Conover», sagte ich. «Ich soll Ihnen heute helfen.»

«Okay, hier sind Ihre Schlüssel», sagte der Beamte und reichte mir zwei der vier schweren Schlüsselringe an seinem Gürtel. Laut Namensschild hieß er Fay. «Und hier sind die Verschlusshäftlinge.» Aus seiner Hemdtasche fischte er einen Zettel mit einem Dutzend Zellennummern an Galerie R und ebenso vielen an W. Als ich mich daran machte, die Zahlen abzuschreiben, sagte er, die normalen Häftlinge meinend: «Sie kommen gerade vom Essen zurück.»

Um uns herum war die Hölle los. Häftlinge spazierten durch den zentralen Verbindungsgang von der R-Seite auf die W-Seite und umgekehrt, was sie meiner Meinung nach nicht durften. Statt einzuschreiten, schien Fay ganz mit den verschiedenen Häftlingen beschäftigt, die etwas Spezielles von ihm wollten. Einer bat Fay, für ihn zu telefonieren; einer verlangte ein Formular, ein anderer ein neues Bett. Fay war groß, krummschultrig und kahlköpfig und trug eine Baseballkappe mit dem New Yorker Justizvollzugsemblem. Er hätte Geistlicher irgendeiner konservativen schwarzen Kirche sein können. Er hatte, wie er mir später erklären sollte, selbst erst vor ein paar Wochen die praktische Ausbildung abgeschlossen und wenig Erfahrung auf den Galerien. Er war, wie ich feststellen sollte, nicht besonders helle und mit seiner langsamen und sanftmütigen Art dem Chaos rings herum nicht gewachsen. Ich stand hilflos da, wartete auf weitere Anweisungen.

«Was machen wir jetzt?», fragte ich schließlich.

«Gucken, dass sie in ihre Zellen zurückgehen», sagte Fay.

«Und wie machen wir das?»

«Wir sagen's ihnen einfach», sagte Fay. «Gehen Sie doch da rüber» – er gestikulierte in Richtung W – «und ich nehme diese Seite.» Ich ging etwa fünf Schritte und schaute Galerie W in beide Richtungen entlang. Sie war etwa 140 Meter lang und einen guten Meter breit. Genau in der Mitte war die Treppe, wo ich jetzt stand. Nach jeder Seite sah man eine Art Tunnel, dessen eine Wand die Zellen bildeten, während die andere aus einem Maschendrahtzaun bestand, durch den man auf die Flats hinuntergucken konnte. Von den gut sechzig Häftlingen an dieser Galerie befanden sich bestimmt fünfzig außerhalb ihrer Zellen. Der schmale Raum vor den Zellen war voller Männer. Viele unterhielten sich lautstark mit Häftlingen drunten an den Flats. Etwa sieben von zehn Mann waren schwarz, zwei weitere Latinos und der letzte weiß. Die überwiegende Mehrzahl schien jung, muskulös und in den Zwanzigern.

Während der Führung und in der knappen halben Stunde, die ich jetzt in Block B war, hatte ich Beamte einen Satz rufen hören, der mir dieser Art von Situation angemessen schien, also übernahm ich ihn: «Gentlemen, reingehen, bitte! Gehen Sie in Ihre Zellen.»

Die meisten schienen mich zu ignorieren. Aber ich blieb hartnäckig und nach fünf Minuten war etwa die Hälfte der Häftlinge von der Galerie verschwunden, vermutlich in den jeweiligen Zellen. Ich ging von einem Ende zum anderen, sagte «Entschuldigung» zu den Häftlingen, die mir im Weg standen, und wiederholte mein Mantra. «Reingehen, Leute – Zeit zum Reingehen.» Einer äffte mich nach, lächelte dann aber, als ich ihn anstarrte. Ich wurde langsam ärgerlich auf die Handvoll Männer, die immer noch nicht reagierten; ich wusste, in einem Gefängnis weiter droben im Norden würde das nicht geduldet. Ich beschloss, einen Mann, der mich demonstrativ zu ignorieren schien, persönlich anzusprechen.

«Zeit zum Reingehen, Kumpel. Schon vor fünf Minuten.»

«Kumpel? Sie sind nicht mein Kumpel.»

«Gehen Sie trotzdem rein. Es ist Zeit.»

«Für Sie vielleicht, aber nicht für mich.»

«Ach, nein?», sagte ich, an der Schwelle des Zorns.

Plötzlich grinste er. «Kirchenarbeiter, Schließer. Wollte gerade gehen.»

«Kirchenarbeiter?»

«Yeah, geh jeden Morgen hin. Der reguläre Schließer weiß das. Oder Sie können Officer Martin anrufen, drüben in der Kirche.»

«Mag sein, dass ich das tue», sagte ich und notierte mir den Namen.

Er beschwindelte mich entweder oder amüsierte sich jetzt, was beides nicht das war, was ich beabsichtigt hatte. Ich hatte gerade beschlossen, den nächsten Typen anzugehen, der noch draußen war, als mir ein Häftling aus seiner Zelle etwas hinterherrief.

«Schließer! Schließer! Sie haben mich nicht runtergerufen, wegen meiner Medizin.»

«Ach? Was sollen Sie denn kriegen?»

Ich wartete eine halbe Minute, während sich der Mann unter einem Anfall tief sitzenden Hustens krümmte. Er hob wieder an zu sprechen, hustete mir aber stattdessen ins Gesicht.

«TB-Pillen, Mann, muss jeden Tag meine TB-Pillen nehmen.»

Ich wischte mir das Gesicht ab. Er schien mich nicht absichtlich angehustet zu haben, war einfach nur achtlos. «Ihr Name und Ihre Zellennummer?»

Er nannte seinen Namen und zeigte dann auf die Zellennummer, die neben dem Schloss aufgemalt war. «Sie sind neu hier, was, Schließer?»

«Wie kommen Sie darauf?», sagte ich zerknirscht.

«Wissen Sie, wem Sie ähnlich sehen? Sie sehen aus wie der Typ aus *Herzbube mit zwei Damen*, Schließer. Wissen Sie, wen ich meine?»

Ich nickte.

«Hat Ihnen das noch niemand gesagt?»

«Nein», sagte ich. «Ich komme gleich wieder zu Ihnen.»

Ich war auf dem Weg, Fay wegen des Kirchenarbeiters und der Medizin zu fragen, als plötzlich durch den ganzen Lärm in mein Bewusstsein drang, dass da jemand schon seit einiger Zeit «R und W, Zentraltor!» rief und ich vermutlich den Schlüssel hatte. Ich fummelte an meinen Schlüsselringen herum, probierte einen einigermaßen überzeugenden Kandidaten aus und zog gerade das Tor auf, als mir klar wurde, dass dort auf der anderen Seite Häftlinge standen – vier Mann – und kein Beamter. Ich zögerte und hielt inne, das Tor einen Spalt geöffnet.

«Weshalb wollen Sie runter?», fragte ich.

«Arbeiter beim Aufsichthabenden, Schließer, machen Sie auf!»

«Von Arbeitern beim aufsichthabenden Beamten habe ich noch nie was gehört», sagte ich – ein Fehler, wie ich noch lernen sollte. Man durfte Häftlingen niemals zeigen, dass man etwas nicht wusste.

«Ach, kommen Sie, Mann, Sie sind neu hier. Wir machen das jeden Morgen.»

Ohne das Tor zu schließen, wies ich sie an zu warten. Ich würde es überprüfen. Ich arbeitete mich Galerie R entlang, wo noch mehr Häftlinge zu sein schienen als auf W, und fand schließlich Fay, der sagte, ich solle die Männer durchlassen und wegen der TB-Pillen im Krankenhaus anrufen. Doch als ich zurückkam, stand das Tor weit offen und sie hatten sich offensichtlich selbst durchgelassen – eine schwerwiegende Übertretung, dachte ich. Das war doch eine der neunundneunzig Regeln – Häftlinge hatten kein Tor zu berühren, außer ihren eigenen Zellentüren. Oder war es mein Fehler gewesen, das Tor offen zu lassen? Ich debattierte innerlich mit mir, ob ich die Sache weiterverfolgen sollte, als ich plötzlich das Telefon in der Zelle klingeln hörte, die die Beamten auf R und W als Büroraum benutzten. Ich machte Fay über die Köpfe mehrerer Häftlinge hinweg Zeichen und er signalisierte, ich solle drangehen. Den richtigen Schlüssel zu finden, dauerte etwa zwanzig Klingeltöne lang und zuerst war am anderen Ende niemand. Dann wollte eine weibliche Stimme wissen, warum wir nicht auf die Lautsprecherdurchsage reagiert hätten. Der Häftling in W-21 habe Besuch. Ich hätte die Durchsage gar nicht gehört, gestand ich. Die Aufsicht habende Beamtin klang ärgerlich. «Sind Ihre Galerien geräumt?», fragte sie. «Noch nicht ganz», sagte ich. «Dann räumen Sie sie unverzüglich!», befahl sie und knallte den Hörer auf.

Ich ging Fay fragen, was wegen des Besuchs zu tun sei, und er sagte, ich solle den Mann rauslassen. Da es mir sowieso noch nicht gelungen war, alle Häftlinge einzuschließen, konnte das nicht so schwer sein, dachte ich. Ich ging zu dem Häftling und sagte ihm, er könne gehen. «Weiß ich», sagte er. «Aber was ist mit meiner Dusche?»

«Was soll damit sein?»

«Lassen Sie mich jetzt in die Dusche?»

«Kommt drauf an. Wieso sollten Sie jetzt duschen?»

Die ungeduldige Art des Häftlings erinnerte mich an die der Aufsicht habenden Beamtin. Er seufzte, als bemühe er sich, seinen Blutdruck unter Kontrolle zu halten. «Wenn man Besuch hat, darf man automatisch duschen», sagte er lehrerhaft. Scheißanfänger.

Ich schloss ihm die Dusche auf, ließ zwei Beamte und einen Häftling durchs Zentraltor und wandte mich dann wieder der Aufgabe zu, Galerie W zu räumen. Alle Häftlinge, die noch draußen waren, behaupteten, Hausarbeiter zu sein – Insassen, die zu einer bestimmten Zeit die Gemeinschaftsbereiche fegten, wischten oder aufräumten. Es waren vielleicht sieben Mann. Ich konnte mir nicht vorstellen, dass wir mehr als zwei brauchten. Ich ging Fay fragen, der sagte, irgendwo müsse eine Liste hängen.

«Wo könnte das sein?»

«Irgendwo im Büro vielleicht.»

Ich ging wieder ins Büro. Dort läutete das Telefon. Ein Lieutenant wollte, dass ich im Wachbuch einen Eintrag von vor drei Wochen nachsah, es gehe darum, wann ein bestimmter Häftling mit Verschluss belegt worden war. Das Wachbuch war ein rotbraunes Buch, in dem der Erste Beamte – Fay – während seines Dienstes alle relevanten Geschehnisse festzuhalten hatte: wer die Verschlusshäftlinge waren, wann zum Essen gerufen wurde, wann die Häftlinge vom Essen wiederkamen usw. Fay hatte keine Zeile geschrieben, seit er vor eineinhalb Stunden seinen Dienstantritt vermerkt hatte. Ich blätterte zurück, um dem Lieutenant Auskunft zu geben, aber die Handschrift am fraglichen Tag war unleserlich. Ich sagte, es täte mir Leid, aber das half dem Lieutenant auch nicht weiter und er knallte den Hörer auf. Ich machte mich wieder auf die Suche nach der Hausarbeiterliste. Was ich fand, schien uralt, aber ich notierte mir dennoch die Zellennummern der Vormittagsarbeiter und begab mich wieder hinüber nach W.

Ein Häftling stand vor der Duschzelle, die ich für den Mann mit dem Besuch aufgeschlossen hatte. Er war lediglich mit einem Handtuch bekleidet. «Was machen Sie hier?», fragte ich.

«Sporthallenarbeiter, Schließer. Ich kann nachmittags nicht duschen, also darf ich's jetzt tun.»

«Sagt wer?»

«Der Reguläre – der lässt mich immer.»

«Aber Sie haben doch noch gar nicht gearbeitet.»

«Und ich werd auch nicht arbeiten, wenn ich nicht in die Dusche darf. Rufen Sie doch drüben an, Schließer. Fragen Sie nach Officer Ebron.»

Ich beschloss, genau das zu tun, aber dann fiel mir das dringlichere Problem der Häftlinge ein, die noch immer vor ihren Zellen standen und behaupteten, Hausarbeiter zu sein. In den nächsten zehn Minuten schaffte ich es, sie alle zu verärgern oder zu belustigen, indem ich an meiner hoffnungslos veralteten Hausarbeiterliste festzuhalten versuchte. Dann hörte ich wieder jemanden am Zentraltor rufen. «Hygienearbeiter», sagten drei Latinos mit Plastikmüllsäcken in der Hand. Ich ließ sie durch.

«Wer darf denn alles das Zentraltor passieren?», fragte ich Fay bei der nächsten Gelegenheit hörbar gestresst.

«Nur die, die dazu befugt sind», antwortete er.

«Und wer ist dazu befugt?»

«Na ja, Beamte, bestimmte Hausarbeiter, Häftlinge, die Besuch haben ...» Seine Stimme verlor sich, als er an die Grenzen seines Wissens kam.

Ich war kaum zwei Stunden im Dienst und schon ziemlich am Ende. Fay und ich schafften es nicht im Entferntesten, die Häftlinge dazu zu bringen, zu tun, was sie tun sollten, und ich war mir unsicher, ob ich die mir zur Verfügung stehenden Zwangsmittel nutzen sollte. Die Verweigerung des «Einschlusses» war ein minder schwerer Verstoß. Der Strafzettel, offiziell Fehlverhaltensmeldung genannt, war das Mittel, einen Häftling mit Verschluss belegen zu lassen: Nachdem man ihn eingesperrt hatte, füllte man ein Formular aus, brachte einen Sergeant dazu, es zu unterschreiben, und schickte es zum Disziplinarkomitee. Hatte man ihn erst einmal «aufgeschrieben», blühten dem Häftling auf jeden Fall drei bis vier Tage Verschluss bis zu seiner Anhörung und dann womöglich weitere Wochen oder gar Monate, wenn ihn das Komitee für schuldig befand. Offenbar gab es einen Weg, den Papierkrieg bei minder schweren Verstößen zu umgehen. Wenn ich die Gespräche richtig gedeutet hatte, konnte der Beamte den Häftling so lange «versehentlich» einschließen, dass dieser die Vormittags- oder Nachmittagsfreizeit verpasste. Aber dem fühlte ich mich an meinem ersten Tag nicht gewachsen.

Ehe sich meine Verzweiflung weiter steigern konnte, begann die Aufsicht habende Beamtin die verschiedenen Programmaktivitäten über die Lautsprecheranlage auszurufen – Kirche, Unterricht, Verkaufsstelle, State Shop. Da meine Häftlinge gleich aufbrechen würden, hatte es keinen Sinn mehr, die Räumung der

Galerien zu betreiben, was demütigend und erleichternd zugleich war. In diesem Moment erschien Konoval, einer der Ausbildungsbeamten, und fragte, wie es laufe. «Könnte besser laufen», gestand ich.

Konoval, der keine Ahnung hatte, wie mies es tatsächlich lief, führte mich fröhlich die Galerie hinunter und fragte: «Wie steht's mit der Zellenordnung?» Damit meinte er die Vorschriften, wie die Häftlinge mit ihrer Zelle zu verfahren hatten – Betten machen, nichts an die Gitter, keine Pornofotos an die Wände, keine Kleidungsstücke über die Lampen hängen etc. Das war das Letzte, was mich beschäftigte, aber Konoval schritt zielstrebig vorneweg und monierte mit tadelndem Kopfschütteln die vielen aufgehängten Laken, die laute Musik, die Knoblauchschwaden, die aus einer Zelle kamen. (Die Häftlinge durften nicht kochen.)

«118.21, Missachtung der Brandschutzregeln», sagte er ernst und zeigte auf einen Stapel Zeitungen. Wir gingen weiter. «118.30, Ordnung und Sauberkeit. Notieren Sie die Zellennummern.»

Wir gingen auf Fays Seite hinüber. Ein paar Zellen weiter stand, zu meiner Verblüffung, ein junger Latino auf der Galerie und schnitt einem älteren Häftling mit einem elektrischen Haarschneideapparat die Haare. Der alte Mann saß auf einem umgestülpten Karton; auf der einen Kopfseite war das Haar ziemlich kurz, auf der anderen noch lang und struppig.

«Tss, tss, tss», sagte Konoval. «Haareschneiden auf der Galerie? Stellen Sie das sofort ein.»

«Mann, Schließer!», protestierte der junge Friseur. «Ich brauche nur noch zwei Minuten!»

«Tut mir Leid. Jetzt sofort.»

«Er soll mittendrin aufhören?», fragte der alte Mann Konoval.

«Ganz recht.»

Die Männer gehorchten knurrend. Ich war erleichtert, dass ein Beamter sich wenigstens etwas Respekt verschaffte, und wünsch-

105

te mir, Konoval würde dableiben, trotz seiner Mäkelei wegen der Zellenordnung. Aber er hatte noch mehr Galerien zu kontrollieren. Ich ließ ihn ins Büro, um das Wachbuch abzuzeichnen – wobei er sich wegen der fehlenden Einträge schockiert zeigte –, und anschließend durchs Zentraltor. Als ich mich umdrehte, um mich durch den Strom von Häftlingen zu arbeiten, die den Aufrufen zur Sporthallen- und Hoffreizeit folgten – ich hatte gar nichts gehört –, rief ein langer, schlaksiger Schwarzer im Muscle-Shirt «Hey, Schließer!» Als ich mich zu ihm hindrehte, vollführte ein kleiner, bulliger Mann an seiner Seite neun Zehntel eines Uppercuts, um dann zwei Fingerbreit unter meinem Kinn innezuhalten, und als ich im Reflex zurückzuckte, brachen sie beide in schallendes Gelächter aus und marschierten weiter. 102.10 dachte ich, Bedrohung eines Vollzugsbeamten. Aber war es eine Bedrohung, wenn sie mich nur veräppelten? Ich versuchte, mein rasendes Herz zu beruhigen, und fragte mich, ob ich meinen Schlagstock hätte ziehen sollen. Ich fragte mich, wie ich noch fünf Stunden durchhalten sollte.

———

Die nächsten drei Wochen wurden wir wechselnden Schichten zugewiesen und ich kam jeden Tag auf einen anderen Posten – Gott sei Dank. Die Theorie war, dass uns der reguläre Beamte auf dem jeweiligen Posten beibringen sollte, was er wusste. Aber selbst wenn der reguläre Beamte oder die Beamtin da war (und nicht gerade dienstfrei hatte), war er oder sie es häufig leid, permanent Auszubildenden irgendwelche Dinge zu erklären, und ignorierte einen weitgehend.

So auch an jenem Tag später in der ersten Woche, als ich, zusammen mit Di Paola, Davis und Colton, dem State Shop zugeteilt war. Offenbar war an manchen Tagen im State Shop viel los – hier wurden Blue Jeans und Button-down-Hemden an Häftlinge ausgegeben, die Gerichtstermine hatten, und die Habseligkeiten von Verlegungszugängen inventarisiert – aber heute war kein solcher

Tag. Da mir von meinen Erfahrungen auf der Galerie immer noch der Kopf schwirrte, war ich in erster Linie froh, ein bisschen Ruhe zu haben, aber die anderen waren kribbelig und fanden das Nichtstun quälend. Wir standen wartend herum, während die regulären Beamten alle verfügbaren Stühle in dem winzigen Aufenthaltsraum besetzten und Kaffee tranken. Schließlich unterwies uns ein altgedienter Beamter im Erstellen eines Brandschutz- und Sicherheitsberichts – ein Formular, das täglich ausgefüllt wurde, indem man sämtliche Feuerlöscher, Feuermelder, Notbeleuchtungsvorrichtungen etc. des jeweiligen Bereichs zählte und auf ihre Funktionsfähigkeit kontrollierte. Wir entdeckten, dass der Hahn eines Löschschlauchs fehlte – man konnte diesen im Brandfall nicht benutzen –, und vermerkten das pflichtschuldig auf dem Formular. «Ach, den habe ich da drüben irgendwo in der Schublade», sagte der Beamte, als er es las. «Damit die Häftlinge das Ding nicht aufdrehen. Haben sie schon mal gemacht. Hey, beachten Sie das gar nicht. Füllen Sie ein neues Formular aus.»

«Ohne es zu erwähnen?»

«Genau.»

Ich sah Sergeant Bloom vor mir, wie er mit zornrotem Gesicht sagte: «Ein falscher Bericht!» Man konnte uns haftbar machen, wenn der State Shop niederbrannte! Aber wir schrieben den Bericht um, weil wir nicht wollten, dass der Beamte sauer auf uns war. Die Realität hatte uns eingeholt.

Drei weitere Stunden vergingen, ohne dass wir etwas zu tun hatten. Schließlich sagte Di Paola: «So hab ich mir die Vollzugsarbeit wirklich nicht vorgestellt. Ich will doch nicht den ganzen Tag nur rumstehen und mit meinem verflixten Schwanz spielen.» Eine weitere Stunde verging. Es war jetzt Freitagnachmittag. Drei frisch eingetroffene Häftlinge wurden neben uns in eine Wartezelle gesperrt, um der Kleidungsausgabe zu harren, und einer von ihnen beschäftigte sich damit, Davis zu beobachten.

«Fährst wohl heute Nachmittag heim in den Norden zu deiner Frau, was, Davis? Zählst schon die Minuten?»

Davis ignorierte ihn. Aber es war nervig. Häftlinge hätten wenig anderes zu tun, als die Beamten zu beobachten, hatte man uns an der Akademie erklärt; «Sie sind für die wie Fernsehen.» Durch genaues Hingucken hatten sie seinen Namen dem Namensschild entnommen, an seinem Ehering abgelesen, dass er verheiratet war. Unser Verhalten und die Art, wie die anderen Beamten mit uns sprachen, sagten ihnen, dass wir in der Ausbildung waren (und daher am Wochenende frei hatten). Die statistische Wahrscheinlichkeit sprach dafür, dass Davis von irgendwo weiter nördlich kam, und vielleicht merkte man es ja auch an seiner Art.

Schließlich trafen vier Häftlinge ein, die, ehe sie in die Wartezelle kamen, einer Leibesvisitation unterzogen werden mussten – eine Prozedur, die streng nach Vorschrift zu erfolgen hatte. (In den Waschräumen hingen verschwommene Fotokopien eines Gerichtsurteils; anscheinend hatten Häftlinge Schmerzensgeld zugesprochen bekommen, weil Beamte die Durchsuchung auf entwürdigende Art und Weise durchgeführt hatten.) Man hatte uns den Ablauf auf der Akademie kurz beigebracht, aber Davis hatte den ganzen vorangegangenen Tag Leibesvisitationen beim Besuchsraum durchgeführt: Jeder Häftling, der Besuch gehabt hatte, musste «strippen», für den Fall, dass ihm der Besucher irgendwelche verbotenen Dinge (vor allem Bargeld oder Drogen) zugesteckt hatte. Also ging Davis das Verfahren noch einmal mit uns durch.

Mein Häftling, Ortiz, war glatt rasiert, hängeschultrig, bebrillt und sichtlich unsportlich; er wirkte wie ein Collegestudent. Er nahm Zigaretten und Streichhölzer aus seinen Taschen und gab mir beides, ehe er eine kleine Kabine mit einem Vorhang betrat. Dann reichte er mir seine Brille heraus und anschließend seine Kleidungsstücke, in der Reihenfolge, wie er sie auszog: T-Shirt, Hose, Schuhe, Socken. Ich tastete alles ab, hängte es an Haken und betrat die Kabine.

Er stand nackt auf einem kleinen Teppichkarree, mir zugewandt, die Unterhose in der Hand. Er hielt sie mir hin und ich kontrollierte sie rasch. Im Hosenboden war etwas Blut. «Alles okay mit Ihnen?», fragte ich. Er nickte und ich begann, ihm die obligatorischen Anweisungen zu geben. Aber er kannte die Prozedur besser als ich und war mir immer einen Schritt voraus. «Haar mit den Fingern durchkämmen. Ohren abklappen. Mund aufmachen. Zunge rausstrecken, Lippen abziehen und Wangen auseinanderspreizen.» Ich guckte rasch unter seine Zunge. «Arme hoch.» Ich kontrollierte die Achselhöhlen. «Umdrehen.» Er tat es, beugte sich sofort vornüber und spreizte die Gesäßbacken, damit ich seinen After sehen konnte. «Gut, danke.»

Ich verließ die Kabine, damit er sich wieder anziehen konnte. Das war meine erste Leibesvisitation gewesen und ich fand es grässlich. Ich fand Ortiz' Gefügigkeit grässlich. Ich wünschte schon fast, er hätte sich etwas mehr gesträubt, es mir etwas schwerer gemacht – seine servile Art gefiel mir gar nicht. Und auch nicht die bildhafte Erinnerung an seinen After und seinen Schwanz und das Blut in seiner Unterhose. («Hämorrhoiden», sollte Di Paola später vermuten.)

Eine halbe Stunde ehe wir gehen konnten kam ein Häftling, dessen persönliche Habe inventarisiert werden musste, weil er unmittelbar vor der Verlegung («Schub» im Knastjargon) stand. Seine Gefängniskleidung war sauber und sorgfältig zusammengelegt: sechs T-Shirts, drei Paar grüne Hosen, drei grüne, kurzärmlige Arbeitshemden, ein weißes «gutes» Hemd, ein grünes Sweatshirt, eine Winterreißverschlussjacke, sechs Garnituren Unterwäsche, «Felony Flyer»-Turnschuhe und halbhohe Lederstiefel. Er besaß einen Koran und zwei Ersatzkufis (moslemische Käppchen). Das Ganze dauerte fünf Minuten.

«Macht's Spaß?», fragte uns ein schwarzer Beamter, den ich für einen alten Hasen hielt. Er war, wie sich herausstellte, erst vor ein paar Wochen von der Akademie gekommen, hatte aber schon mehrmals im State Shop Dienst gehabt. Er fand die Langeweile «allemal besser als eine Galerie». Doch jeder Tag konnte das eine oder das andere bringen – hoffnungslose Überlastung auf einer Galerie oder absolute Untätigkeit an einem Ort wie dem State

Shop. Ich hielt mich ja für einen leidlich flexiblen Menschen, aber nie zu wissen, was einem bevorstand, war eine Nervenstrapaze. Was sollte man tun – das Hirn herunterfahren, wenn man das Gefängnis betrat, oder noch ein paar Becher Kaffee trinken, um sich auf Hochtouren zu bringen?

«Ich versuche einfach, völlig stumpf zu werden», sagte er.

———

Zehn Tage später, nachdem ich einige Praxis in Block A gesammelt hatte, waren Davis, Di Paola und ich wieder gemeinsam eingeteilt, diesmal für Block B. Di Paola war auf den Galerien U und Z, ganz oben, und Davis auf S und X, in der Mitte. Mein Job war vergleichsweise langweilig: Ich stand am Vordertor, dem Haupt-ein- und -ausgang von Block B. Mehrmals pro Stunde, wenn ich die Klingel hörte, hatte ich einen Schlüssel ins Schloss der schweren Metalltür zu stecken, ihn herumzudrehen und die Tür mit einiger Kraft aufzudrücken, um einen Beamten oder einen Häftling mit Passierschein herein- oder hinauszulassen. Die Tür ging nicht leicht zu; man musste sie ganz aufstoßen und dann den Rückschwung nutzen, um sie zuzuziehen. Im Fall eines Alarms musste ich aus dem Block hinaustreten, in den Verbindungsgang, und die Tür von dort aus abschließen. Auf diese Weise wäre jede Unruhe, die außer Kontrolle geriet, wenigstens eingedämmt.

Aber der Job war so stumpfsinnig, dass ich beinahe wegdöste und Mühe hatte zu reagieren, als aus dem Funkgerät eines Beamten in meiner Nähe der laute Alarmton ertönte. Der Alarm komme von den Galerien S und X, erklärte eine Stimme. Alle Rotpunktbeamten sollten sich sofort dorthin begeben.

Ein halbes Dutzend Beamte rannten durchs Zentraltor nach oben. Ich riss mich am Riemen und ließ ein weiteres halbes Dutzend Rotpunktbeamte durchs Vordertor herein, ehe ich hinaustrat, abschloss und Block B seinem Schicksal überließ.

Nach zehn Minuten war der Alarm vorbei und ich ging wieder hinein. Die Rotpunktbeamten kamen die Treppe wieder herunter, mit zwei Gefangenen in Handschellen. Der eine hatte eine tiefe Schnittwunde im Gesicht und blutete in Strömen. Er wurde in die Notaufnahme von Sing Sing gebracht. Der andere, der ihn angegriffen hatte, wurde in eine leere Duschzelle gesperrt. Offenbar hatte ein Beamter auf U und Z versehentlich die Zelle eines Verschlusshäftlings aufgeschlossen. Dieser hatte den Irrtum genutzt, um eine Rechnung zu begleichen. Er war, als die Zuhaltung gelöst wurde, damit die Häftlinge zu ihren Programmaktivitäten gehen konnten, aus seiner Zelle getreten, die zwei Stockwerke nach S und X hinuntermarschiert und in die Zelle seines nichtsahnenden Feindes gestürmt, um ihm das Gesicht zu zerschlitzen.

Etwa eine Viertelstunde später wurden Di Paola und Davis – die ja auf ebendiesen Galerien Dienst getan hatten – und andere beteiligte Beamte von Sergeants befragt. Binnen einer Stunde ging das Gerücht um, Di Paola sei der derjenige gewesen, der den Verschlusshäftling herausgelassen habe. Er stritt es ab und eindeutig würde man es natürlich nie herausbekommen. Die Schlüssel wanderten ständig zwischen den Beamten hin und her. Dennoch schoben die regulären Beamten automatisch jeden Fehler auf die Auszubildenden und oft hatten sie Recht. Vor unserem Dienstantritt am nächsten Tag unterstrich der Ausbildungsbeamte noch einmal den Ernst des Vorfalls und erklärte, der Gefangene werde höchstwahrscheinlich die Vollzugsbehörde verklagen. Just in diesem Moment betrat ein Lieutenant den Raum.

«Der Gefangene kümmert mich einen Dreck», sagte er zu unserer Überraschung. «Es hätte einen Beamten treffen können. Wer von Ihnen könnte *damit* leben?» Wir waren still. Ich glaube, niemand hatte damit gerechnet, dass sich diese Sache zu einer Lektion in Sachen Kollegenschutz entwickeln könnte.

———

Schlüssel bedeuteten Macht. Und sie bedeuteten Verantwortung – da sich viele, viele Zwischenfälle zu einem bestimmten Satz Schlüssel zurückverfolgen ließen und damit zu der Person, der diese Schlüssel anvertraut worden waren. Wann ab- und wann aufschließen – das zu lernen, war in gewisser Weise der Sinn unseres Hierseins. «Im Gefängnis ist es nie falsch, ein Tor abzuschließen», hatte uns ein Sergeant bei einer Dienstantrittsbesprechung versichert. Aber es war komplizierter. Damit der Gefängnisbetrieb reibungslos ablaufen konnte, mussten Tore aufgeschlossen und dann im richtigen Augenblick wieder zugeschlossen werden. In Sing Sing gab es bestimmt über zweitausend Schlösser, und viele ließen sich mit ein und demselben Schlüssel betätigen. Die Todsünde, der eine Fehler, den man niemals machen durfte, war es, die eigenen Schlüssel zu verlieren. Ein verlorener Schlüssel konnte Häftlingen in die Hände fallen. Ein verlorener Schlüssel war eine Katastrophe.

Ein paar Tage später war ich wieder in Block B, verantwortlich für die halbe Galerie Q, drunten an den Flats, und das Zentraltor – den Hauptzugang von den Flats zu den oberen Galerien. Um diesen Job verrichten zu lernen, musste ich mit den betreffenden Schlüsseln hantieren. Doch während mir der reguläre Beamte, ein dicker, stark aussehender Zigarrenmümmler namens Orrico, die Aufgaben lang und breit erklärte, händigte er mir den Schlüsselbund nicht aus. Er spielte vielmehr damit herum, ließ ihn um seinen mächtigen Zeigefinger kreisen, fing ihn mit der fleischigen Hand. Es waren mehrere Schlüssel, das sah ich: der Zellenschlüssel, der Schlüssel für die Zuhaltung, ein, zwei Sporthallenschlüssel, ein Endtorschlüssel, ein Zentraltorschlüssel, ein Feuermelderschlüssel und mindestens noch ein weiterer Schlüssel, alle verschieden. Der zinnfarbene Zellenschlüssel war der größte, der Schaft so dick wie ein Montblanc-Füller, mit einem silberdollargroßen Kopf am einen und einem gekerbten Bart am anderen Ende.

Im Fall eines Rotpunktalarms, sagte Orrico, hätte ich mich so schnell wie möglich zum Zentraltor zu begeben. Dieses war der Hauptdurchgang zu den oberen Stockwerken, deshalb, erklärte er, müsse ich es im Alarmfall aufschließen, alle Rotpunktbeamten durchlassen und es dann wieder abschließen. Auf gar keinen Fall dürfe ich den Rotpunktbeamten nach oben folgen – nicht einmal, wenn mein bester Freund dort arbeitete oder wenn ich Kollegen vor Schmerz schreien hörte. Die Kontrolle über das Tor sei zentral für die Sicherheit des Blocks.

Als er seinen Vortrag beendet hatte, ging Orrico auf die Suche nach einem Kaffee und übergab mir die Schlüssel. Er war kaum verschwunden, als plötzlich ein Alarm ertönte. Beamte rannten zum Zentraltor, waren vor mir dort. Ich zwängte mich zwischen ihnen hindurch, um aufzuschließen, und merkte erst dann, dass ich keine Ahnung hatte, mit welchem Schlüssel. Meine Herzfrequenz stieg rasant, während ich dastand und an dem Schlüsselbund herumfingerte und immer mehr Beamte riefen, ich solle mich beeilen. «Nimm ihm doch jemand die Schlüssel ab!», hörte ich eine Stimme sagen.

Ich hatte gerade den richtigen Schlüssel ins Schloss gesteckt, als die Beamten hinter mir plötzlich verschwanden. Der Alarm kam nicht von oben, war ihnen aufgegangen, sondern von jenseits des kurzen Durchgangs zu Galerie V. Ich spähte um die Ecke und sah die Beamten in zwei Knäueln am Boden liegen, offenbar auf irgendwelchen Häftlingen. Dann ein lautes *Bumm, Bumm, Bumm* – wieder am Zentraltor. Diesmal standen Beamte auf der anderen Seite, Rotpunktbeamte von oben, darunter auch mein Klassenkamerad Don Allen. «Mach schon, Conover, lass uns rein!», brüllte er aufgeregt. Ich fand den Schlüssel wieder. Drehte ihn im Schloss. Eine neue Welle von Beamten brach über mich herein.

Ein paar Minuten später waren alle wieder auf den Beinen, auch drei ramponiert aussehende Häftlinge, deren Arme hinter dem Körper in Handschellen lagen. Die Häftlinge wurden von jeweils einem Beamten an der Handschellenkette gehalten und auf meine Galerie zurückbugsiert. Der erste war ein junger Schwarzer mit beuligen Schwellungen auf der Stirn und blutüberströmter linker Gesichtshälfte. Dann kam ein langhaariger Latino ohne

Hemd. Und schließlich folgte ein weiterer junger Schwarzer, der aus Platzwunden in der Schläfengegend blutete. Sie sollten alle drei in leere Duschzellen auf Galerie Q gesperrt werden und dazu brauchte man Schlüssel.

Orrico tauchte auf. «Wo sind sie?», fragte er und hielt die Hand auf. Ich tastete meinen Gürtel ab. Sie waren nicht da! Ich schaute zum Schlüsselloch des Zentraltors – dort waren sie auch nicht. Mir rutschte das Herz in die Hose. Orrico fragte laut: «Sie haben sie nicht?» Das war die Todsünde. Orrico rief den herumstehenden Beamten zu: «Hat jemand den Zentraltorschlüssel?» Fragende Blicke. Schließlich erschien Don Allen, in der Hand – Gott segne ihn – meine Schlüssel. Orrico schnappte sie sich angewidert.

«Du hast sie fallen lassen», sagte Allen leise. Ich hatte nicht die leiseste Ahnung, wie das passiert sein konnte. Allen war so nett, rasch das Thema zu wechseln. Er habe den Vorfall teilweise von oben mitbekommen, sagte er. Der Angreifer war offenbar ein Hausarbeiter von Galerie V, der drunten die Flats kehrte. Als ein anderer Häftling auftauchte, war der Hausarbeiter über ihn hergefallen, hatte zuerst den Besenstiel auf seinem Kopf zerschlagen und ihn dann mit den zersplitterten Enden ins Gesicht zu stechen versucht. Was der dritte Häftling damit zu tun hatte, wusste Allen nicht.

Allen hatte schon ganz schön viel Action mitgekriegt. «Hast du von dem Typen gehört, der sich gestern aufgehängt hat?», fragte er mich. Die Sache war bei der Dienstantrittsbesprechung nebenbei erwähnt worden, für altgediente Beamte war das nichts Besonderes. «Ich war dabei, als sie ihn abgeschnitten haben», erzählte mir Allen. «Er hatte seine Schnürsenkel ziemlich weit oben ans Gitter gebunden, aber offenbar nicht hoch genug, also hing er da, kreidebleich, und machte Gaagaagaagaah.» Allen, ein geborener Komiker, sah so albern aus, als er mit hervorquellenden Augen röchelte, dass ich wider Willen lachen musste. «Wir haben ihn losgeschnitten und auf die Krankenstation gebracht. Mein

Gott, ist das hier ein verrückter Laden.» Und Allen, der vorher im Jugendstrafvollzug gearbeitet hatte, war allerlei gewöhnt.

Er überließ mich meinen Gedanken, die sich hauptsächlich um mein eigenes Versagen drehten. Es würde keine offiziellen Folgen haben – kein Sergeant hatte etwas mitgekriegt und Orrico hatte mich nicht verpfiffen. Aber der Vorfall bedrückte mich. War ich diesem Job gewachsen, diesen ständigen Krisensituationen? Zwei Tage vorher war ich, als ich eine Treppe hinaufhastete, um einem Beamten in einem hitzigen Streit mit einem Häftling beizustehen, so ungeschickt ausgerutscht, dass mein Schlagstock aus der Halterung geflutscht und die Metallstufen hinuntergepoltert war, direkt in die Hände nachfolgender Beamter – hochgradig peinlich. Und jetzt das. In diversen Krisensituationen in meinem bisherigen Leben hatte ich gut reagiert, war cool geblieben, als ein Freund sich beim Skifahren das Bein brach, eine Freundin sich bei einem Motorradsturz verletzte, plötzlich Flammen aus dem Backofen schlugen. Ich war der Typ, der die Lampe fing, wenn jemand über die Schnur stolperte.

Aber irgendwie schien das auf die Gefängnisarbeit nicht übertragbar. Ich begann mich zu fragen, warum. Bei diesen anderen Vorfällen war mein Ausgangszustand ein ruhiger gewesen, der dann plötzlich durchbrochen wurde. Hier im Gefängnis war der Ausgangszustand jedoch Stress, der zum großen Teil aus der feindseligen Atmosphäre resultierte. Es sprach vieles dafür, dass ich damit nicht allzu gut klarkam.

Einmal hatte ich in Tappan Dienst, zusammen mit Officer St. George, der darauf wartete, weiter in den Norden versetzt zu werden. Er war langsam und schlaff und von jenem weltmüden Negativismus, den man am ehesten beim Tresenpersonal einer Highway-Schnellgaststätte findet. Obwohl Tappan in vielerlei Hinsicht ein guter Posten war – vergleichsweise stressarm und ungefährlich –, hasste St. George Sing Sing so sehr, dass er sich nachmittags um drei ins Auto setzte, um seinen freien Tag in seinem Heimatort oben an der kanadischen Grenze zu verbringen – sechs Autostunden entfernt. Am nächsten Tag machte er einen Mittagsschlaf und fuhr dann um Mitternacht los, um bei Dienstantritt um 6 Uhr 45 zurück zu sein.

«Wo genau dort oben?», fragte ich und er zischte mich an – zu Recht: Die Häftlinge sollten nichts über ihn erfahren. Das war auch der Grund, weshalb auf unseren Namensschildern kein Vorname stand – nur ein Anfangsbuchstabe – und wir auch sonst keine persönlichen Daten preisgeben durften. Die Gründe verdeutlicht wohl am besten eine – möglicherweise apokryphe – Geschichte, die ich schon auf der Akademie gehört hatte, aber von St. George noch einmal erzählt bekam: Ein Vollzugsbeamter ärgert einen einflussreichen Häftling in seinem Block. Drei Tage später überreicht ihm der Häftling einen Umschlag. Darin stecken Fotos von der kleinen Tochter des Beamten, daheim auf der Schaukel.

Den größten Teil des Tages saß St. George an einem Schreibtisch, mit Blick auf die Tür zum Treppenhaus, und diskutierte mit Häftlingen. Er diskutierte darüber, wer mit Fegen und Aufwischen dran war. (Es gab einen Plan, sodass diese Frage nicht sonderlich strittig schien, aber die Häftlinge hatten gemerkt, dass St. Georges Diskussionsbereitschaft unerschöpflich war, und meinten das wohl ausnutzen zu müssen.) Er diskutierte darüber, wann der Fernseher laufen durfte, wann die Häftlinge die Küche benutzen konnten und ob es okay war, einen Karton mit persönlichen Habseligkeiten im Gemeinschaftsbereich stehen zu lassen. Und als Höhepunkt des Tages diskutierte er mit einem Häftling, der von der Arbeit in der Kantine zurückkam, das Hemd vollgestopft mit gestohlenen Lebensmitteln.

Wenn der Häftling nicht so gierig gewesen wäre, dachte ich, hätte es vielleicht geklappt. Aber seine Hemdknöpfe vermochten kaum das ganze Zeug zu halten, das er hatte mitgehen lassen: zwei Laibe Brot, vierundzwanzig Tiefkühlwaffeln und ein Zehnpfundsack Äpfel. St. George ließ ihn alles auspacken und auf den Schreibtisch legen. Nahrungsmittel aus der Kantine mitzunehmen, war Diebstahl von Staatseigentum, ein klares Vergehen. Aber St. George konnte sich nicht entscheiden, was er tun sollte. Statt den Mann aufzuschreiben, diskutierte er endlos mit ihm und einem Dutzend weiterer Häftlinge, die sich um den Schreibtisch geschart hatten, über den weiteren Verbleib des Diebesguts. Mit der Inbrunst von Strafverteidigern versuchten die Häftlinge, St. George zu überzeugen, dass Kantinenarbeiter bei dem bisschen Lohn, das sie kriegten, ein paar Extras *verdient* hatten. («Kein schlechtes Argument», erklärte er mir.) Einer schlug vor, der Beamte solle doch die Nahrungsmittel einfach gerecht unter den fünfundsiebzig Mann auf dem Stockwerk aufteilen. «Das sagt doch keiner weiter», versicherte er mit treuherziger Miene. Aber ein anderer, der die Diskutiererei einfach leid war, versuchte St. George schlichtweg einzuschüchtern: «Halten Sie's für eine gute Idee, so viele Leute zu verärgern, wenn Sie ganz allein sind, Schließer?» St. George schrieb den Mann wegen dieser Drohung nicht nur nicht auf, er gab ihm sogar nachträglich Recht, indem er mir erklärte: «Man kann hier wirklich jederzeit ein Messer in den Rücken kriegen.» Sicher, hätte ich ihm gerne gesagt, aber darum geht es hier doch gar nicht.

Noch immer unentschlossen, rief St. George den Kantinenbeamten an, um ihm die Geschichte mitzuteilen. Der Mann schien den Diebstahl etwa so ernst zu nehmen wie St. George. Jedenfalls dachte er gar nicht daran, die Lebensmittel zurückzufordern. «Schreiben Sie ihn einfach wegen 116.10 auf», schlug ich vor. «Das hat uns der Ausbildungsbeamte gesagt.» St. George schien plötzlich beunruhigt. Vermutlich war ihm gerade wieder eingefallen, dass die Ausbildungsbeamten ja jeden Tag eine Abschlussbesprechung mit den Auszubildenden abhielten und das Verhalten der regulären Beamten evaluierten. Plötzlich schien er Angst zu haben, ich könnte Vorgesetzten von dem Vorfall berichten. Er deponierte die Lebensmittel in einem verschließbaren Schrank und erklärte den Häftlingen, er werde später darüber entscheiden. Als ich einige Zeit darauf meinen Vesperbeutel aus dem Schrank holte, sah ich, dass die Hälfte der Waffeln weg war, und sprach es an. «Ach, die hab ich ihm gegeben», sagte St. George. «Aber verstehen Sie mich nicht falsch», setzte er hinzu. «Ich würde nicht mal auf diese Kerle pissen, wenn sie in Flammen stünden.»

Um elf Uhr erschien ein polteriger Neandertaler namens Melman auf dem Stockwerk, um beim Zählen zu helfen. Er sei ziemlich reizbar, gab er zu und erzählte, wie er letzte Woche im Tunnel von Tappan nach oben den Schlagstock gezückt habe, als ihm ein Häftling dumm gekommen sei. Er könne es nicht erwarten, versetzt zu werden, sagte er, denn «Ich will nicht an einem Ort arbeiten, wo man ihnen sagt, sie sollen reingehen, und sie einem antworten: ‹*Leck mich am Arsch*, Schließer!›» Ich konnte das Gefühl verstehen, dass Vollzugsbeamte etwas Besseres verdient hatten als das, was ihnen hier zuteil wurde.

Wie unser Ausbildungsbeamter liebte es auch dieser Mann, Häftlinge in deren Abwesenheit als «Gangster» oder «Schwachköpfe» zu bezeichnen. Nach diesem Gespräch dachte ich über die vielen Gründe nach, die einen Beamten dazu bringen konnten, Häftlinge als eine Art Untermenschen zu betrachten. Wenn einen ein Untermensch missachtete und beleidigte – na und? Und wenn diesem Untermenschen etwas passierte (insbesondere etwas, was man durch einen eigenen Fehler herbeigeführt hatte) – wen juckte das?

Die praktische Ausbildung dauerte vier Wochen, und ich hatte mehrere schwierige Tage auf irgendwelchen Galerien hinter mir, als ich an meinem vorletzten Tag mit Officer Smith auf Galerie V in Block B Dienst tat. (V. SMITH stand auf seinem Namensschild – seinen Vornamen erfuhr ich erst Wochen später, als ich ihn auf seiner Stechkarte las, und noch Monate darauf, als wir uns längst angefreundet hatten und Dienste tauschten, redete ich ihn nie damit an. So war das eben im Gefängnis.) Die Tage auf den Galerien waren durchweg entmutigend gewesen. Es war ein unmöglicher Job, das war das Problem – es würde vermutlich jeden Beamten Monate kosten, ein gewisses Maß an echter Kontrolle zu erlangen. Manche Beamte waren zu lax, manche unflexibel, manche zu sorglos, andere zu streng, wieder andere inkonsequent. Eine Galerie war eine so gewaltige Herausforderung, dass man nicht lange brauchte, um zu merken, auf welche Art der jeweilige Beamte dieser Herausforderung nicht gerecht wurde. Ich war mir nicht mal sicher, ob es überhaupt möglich war, ein wirklich kompetenter Galeriebeamter zu sein.

Smith hatte den anderen gegenüber mindestens drei Vorteile. Seine Galerie war halb so groß wie die meisten anderen – nur die eine Hälfte des Zellenblocks, drunten an den Flats. Er war für etwa sechzig Häftlinge zuständig. Außerdem hatte er sich die Galerie ausgesucht. Er hatte zwar erst zehn Dienstmonate hinter sich, aber kein dienstälterer Beamter hatte diese Galerie gewollt, also war sie jetzt sein regulärer Posten. Er kannte die Häftlinge und die Häftlinge kannten ihn. Und zu guter Letzt schien mir Smith deshalb erfolgreich zu sein, weil er die Häftlinge als menschliche Wesen betrachtete und sich auch im Stress der Gefängnisarbeit einen gewissen Humor zu bewahren vermochte – zwei Seiten derselben Medaille.

Mit seinem kahl rasierten Schädel, seiner muskulösen Statur und seiner Gewohnheit, die Arme vor der breiten Brust zu verschränken, sah Smith aus wie ein schwarzer Meister Proper. Er war verheiratet und wohnte in Harlem. Er unterhielt nebenbei noch einen Reinigungsbetrieb: Er sammelte bei Feierabend auf dem Parkplatz dreckige Uniformen ein und brachte sie frisch gebügelt zurück, wofür er je 3 Dollar 50 berechnete. Er hatte eine öffentliche High School in der City absolviert und im Sommer als Rettungsschwimmer gearbeitet.

Smith war gesprächig und versuchte, all meine Fragen zu beantworten. Er gab mir die Schlüssel für den Südteil der Galerie und übernahm selbst den Nordteil. Unser erster Tagesordnungspunkt war es, die Schlösser der einzelnen Zellen aufzuschließen, damit die Gefangenen zum Frühstück gehen konnten. (Bis dahin würden die Zellen immer noch durch die Zuhaltung verriegelt sein.) Ich drehte den großen Zellenschlüssel in über dreißig Schlössern und war vor Smith fertig; er blieb, wie mir auffiel, an etlichen Zellen stehen, um guten Morgen zu sagen. Während der nächsten Stunde horchten wir auf die unverständlich quäkende Lautsprecheranlage, über die die einzelnen Galerien zum Frühstück gerufen wurden. Smith erklärte mir, an Wochentagen sei die Reihenfolge in etwa von oben nach unten; Q und V kamen zuletzt dran.

Schließlich wurde V aufgerufen und Smith und ich betätigten je einen Hebel, der die Zuhaltung auf der jeweiligen Galeriehälfte löste. Hungrige Häftlinge tauchten auf der gesamten Galerie auf und schlossen die Zellentüren mit einem metallenen Scheppern hinter sich. Viele Häftlinge grüßten Smith im Vorübergehen. Das war für mich etwas so Ungewohntes, dass ich mich fragte, ob er zu lasch war, die Zügel schleifen ließ. Der eigentliche Test, das wusste ich, würde kommen, wenn die Häftlinge aus der Kantine zurückkehrten und etwas tun mussten, worauf sie nie besonders scharf waren: sich wieder einschließen lassen.

Während wir warteten, redete Smith. Er habe, sagte er, am zweiten Tag seiner praktischen Ausbildung einen Gewaltanwendungsfall gehabt, drunten in Tappan. Ein Häftling hatte beim Abtasten eine Hand von der Wand genommen, war von Smith verwarnt worden, hatte es trotzdem wieder getan. Smith hatte ihn unsanft an die Wand gedrückt und dabei war ein Bord mit den Büchern des Häftlings heruntergekracht. Smith' Sergeant hatte nicht viel Verständnis gezeigt. «Er hat geschrieben, ich sei übermäßig aggressiv», erklärte Smith leicht gekränkt.

Er erzählte mir von einigen Gefangenen. Zwei hatten Polizisten getötet und ein anderer hatte angeblich einen Teil des World Trade Center erben sollen, dann aber seinen Bruder ermordet («Er hat Zeitungsausschnitte»). Einige saßen wegen Drogenkriminalität, ein Mann wegen irgendeiner Art von Computer-Betrug. Ich genoss es, diese Geschichten zu hören, da Beamte so etwas eigentlich nicht wissen durften. Dahinter steckte der Gedanke, die Privatsphäre des einzelnen Häftlings zu schützen und sicherzustellen, dass die Beamten alle Häftlinge gleich behandelten – nicht über Gebühr grob mit Polizistenmördern umsprangen oder mit Kinderschändern oder sonstigen Tätern, deren Taten an einen speziellen Nerv rührten. Natürlich gab es inoffizielle Mittel und Wege, diese Dinge herauszufinden, und manchmal erzählten einem auch die Häftlinge selbst, weshalb sie hier waren (obwohl man ihnen nicht unbedingt glauben konnte – die Kinderschänder etwa behaupteten immer, etwas anderes getan zu haben). Aber zu meinem Erstaunen schienen sich die meisten Beamten nicht sonderlich für die Geschichte der Häftlinge zu interessieren. Smith war da anders. Galerie V war für den größten Teil der Woche sein «Kiez» und er wollte wissen, wer hier lebte.

Ein Tor am Ende der Galerie ging auf und die ersten Häftlinge kamen vom Frühstück zurück. Wir postierten uns zwischen ihnen, hielten die Augen offen. Manche gingen gleich freiwillig in ihre Zellen, aber viele unterhielten sich, machten Zigarettentauschgeschäfte oder trabten sogar zum anderen Ende der Galerie, um einem Mithäftling etwas zu geben. Smith wartete zwei, drei Minuten, schlug dann mit seinem Schlagstock an ein Tor und brüllte: «Einschluss!» Eine halbe Minute verging, dann wiederholte er diesen Ruf. Jetzt waren nur noch wenige Häftlinge draußen. Schließlich hob Smith den Arm und rief noch ein letztes Mal «Einschluss!», ehe er mir bedeutete, die Zuhaltung zu betätigen. Die restlichen Häftlinge verschwanden in ihren Zellen und die Galerie war leer.

Das hatte ich in den ganzen vier Wochen nie gesehen und ich sagte es Smith.

«Hab ich mir eines Tages auf der Heimfahrt ausgedacht», sagte er. «Ich nenne die Methode Presto. Ich sage ihnen, ‹ich warne euch dreimal, dann ist es euer Bier›. Wenn dann noch jemand draußen ist, schreibe ich mir seine Zellennummer auf und» – Smith machte ein Drehbewegung mit der Hand – «schließe ihn ein.» Da das der erste Schritt zum Verschluss war, beeindruckte es die Häftlinge immer. Die meisten wussten, dass kaum ein Beamter eine Fehlverhaltensmeldung ausfüllen würde, nur weil jemand beim Einschluss getrödelt hatte, aber sicher konnten sie sich nicht sein. Smith tat etwas, was ihm, wie ich später begreifen sollte, Ansehen bei den Häftlinge eintrug und doch den disziplinierenden Zweck erfüllte: Er ließ den Betreffenden zur Freizeit wieder heraus, wenn er das Gefühl hatte, dass seine Botschaft angekommen war.

Nach dem Mittagessen schloss Smith, getreu seiner Devise, die Zelle eines Häftlings ab, der nicht rechtzeitig hineingegangen war – aber der Häftling bummelte so exzessiv, dass Smith schon abschloss, ehe der Mann auch nur an der Tür anlangte. Der Mann war ganz allein auf der Galerie gestrandet. Er kam, um auf Smith einzuargumentieren. Dieser hörte ihn an, die Arme verschränkt, ein leises Lächeln um den Mund. «Überzeugt mich nicht», verkündete er schließlich. Aber ein Häftling ein Stück weiter wedelte mit dem Arm durchs Gitter. Er wollte seinen Freund verteidigen, erklären, was ihn aufgehalten hatte. «Manchmal gewähre ich ihnen einen ‹Anwalt›», erklärte mir Smith, als wir hingingen, «aber wenn's der Anwalt auch nicht schafft, mich umzustimmen, kann es sein, dass ich sie beide einsperre.» Ein interessanter Reformvorschlag für das amerikanische Justizwesen, dachte ich. Während Smith den Erklärungen des Anwalts lauschte, hörte ich ihn brummen: «Wenn Sie mir schon Schoten erzählen, dann wenigstens gute Schoten.» Im Fall des Einsamen Bummlers vermochte ihn auch der Anwalt nicht zu überzeugen. Aber diesmal wurde er nicht selbst eingeschlossen.

Es sei nicht immer so glatt gelaufen, erzählte Smith. Anfangs seien die Häftlinge schwierig gewesen und ein paar Sergeants hätten ihn «ganz schön gedeckelt». Aber am schlimmsten seien erstaunlicherweise manche Kollegen gewesen. Einer, ein gewisser L'Esperance, sein Vorgänger auf Galerie V, sei mit seiner Art, diesen Job zu machen, nicht einverstanden gewesen und habe, nachdem er Torbeamter am Nordende von Q und V geworden war, jedem von Smith' angeblichen Disziplinproblemen erzählt – ja, er habe sogar Auszubildende beiseite genommen und darüber aufgeklärt. Er, Smith, sei nach Feierabend immer mit Gesichts- und Nackenschmerzen heimgegangen und habe erst später gemerkt, dass das vom Stress gekommen sei.

Das Ideal des Beamten, der alles absolut unter Kontrolle habe, sei eine glatte Lüge, erklärte Smith. «Haben sie Ihnen an der Akademie auch die Story von dem Beamten erzählt, der seine Galerie so total im Griff hat, dass man ihn meistens auf seinem Stuhl findet, die Beine auf dem Schreibtisch?», fragte er. «Tja, das ist ein Märchen.» Auch der beste Beamte müsse ständig herumflitzen, um Brandherde auszutreten; da gebe es nur graduelle Unterschiede.

Die Beamten kritisierten die vermeintliche Permissivität von Kollegen heftiger als alles andere. Das war zwar in einem Beruf, in dem Kontrolle einen so hohen Stellenwert hatte, verständlich, aber in einem Fall wie diesem leuchtete mir ein, dass der Permissivitätsvorwurf auch die Waffe eines dumpfen, unflexiblen Beamten gegen einen im positiven Sinn flexiblen Kollegen sein konnte. Mir erschien Smith nicht übertrieben permissiv. Aber manchmal erreichte er sein Ziel, indem er sich auf einen Dialog einließ, statt einfach nein zu sagen. Später an diesem Tag beispielsweise, als die Verschlusshäftlinge aus der «Verschlussfreizeit» kamen – der einen Stunde am Tag, die sie in einem abgezäunten Teil des Hofs verbringen durften – und kurz das Südende von Galerie V passierten, kamen zwei zu uns heraufmarschiert. Sie hatten hier nichts zu suchen. Gemeinsam traten wir einem entgegen. Er bettelte, durchgelassen zu werden, damit er mit einem Freund reden könne, aber Smith lehnte das ab. «Ach, bitte, Mann!», flehte der Häftling. Eine Diskussion entspann sich. Am Ende sagte Smith:

«Ich weiß, Sie haben hier vierundzwanzig Stunden abzureißen, aber lassen Sie mich meine acht machen.» Der Mann gab nach und ging.

Der andere Verschlusshäftling stand am Zellengitter eines Freundes an Galerie V und schwatzte mit ihm, als Smith auf ihn zuging. Ohne ein Wort zu sagen, trat Smith immer näher heran, benahm sich, als sei er auch ins Gespräch einbezogen, drang in den persönlichen Raum des Häftlings ein, bis dieser frustriert zurücktrat. «Das können sie gar nicht leiden», sagte Smith augenzwinkernd, als der Häftling das Feld räumte.

Smith war bis zum Ende unseres Dienstes bemüht, mir Dinge zu erklären. In der letzten Stunde – oft eine «Freistunde», in der die meisten Häftlinge in der Freizeit oder bei ihren Programmen waren und wir ihre Zellen abgeschlossen hatten – suchten sich die meisten Galeriebeamten einen Stuhl und einen Kollegen zum Plaudern. Aber Smith winkte mir, mich an einem Gespräch zu beteiligen, das er mit einem der wenigen in der Zelle verbliebenen Häftlinge begonnen hatte. Es war Big D – Dominick Dwight, der Computerbetrüger. Smith hatte ihm erklärt, ich hätte einige Fragen, und er, Big D, könne sie vielleicht beantworten. Ich zog eine Augenbraue hoch: An der Akademie hätte das als glatte Häresie gegolten – sich von einem Häftling sagen lassen, wie man seinen Job machen sollte? Aber Smith ermunterte mich zu fragen.

Das hier sei nicht sein erster Knast, erklärte Big D. Er habe auch schon in Attica, Clinton und Wende gesessen. Klar, es mache die Häftlinge nervös, wenn draußen ein Transportbus stünde, um sie in einen dieser Knäste zu verlegen, aber dennoch, er und die meisten anderen fänden es dort besser, weil es geordneter zugehe. Sing Sing finde er chaotisch, und das liege vor allem an der Nähe zu New York City und an den vielen Leuten, die in letzter Zeit von Rikers Island hierher verlegt würden. «Sie kommen aus HDM [einer Unterbringungseinheit von Rikers] und sind total geladen», sagte er. Mit der Zeit und der Entfernung, meinte er, kühlten die Gemüter ab.

Wenn es den Häftlingen lieber sei, weitgehend nach den Regeln zu leben, warum, fragte ich, machten sie es dann neuen Beamten wie mir, die diese Regeln durchsetzen wollten, so schwer? Warum seien sie nicht froh über strengere Beamte?

«Die harte Nummer durchzuziehen», sagte Big D, «passt einfach nicht in das System hier. Einer allein kann nicht alles ändern.» Und wenn jemand versuche, Häftlinge zu etwas zu zwingen, was sie nicht gewohnt waren, dann fühlten sie sich unfair aufs Korn genommen.

«Dann kriegt derjenige eine Ladung Scheiße ab», sagte Big D. «Und der Geruch dieser Scheiße hängt ihm lange an.»

Andererseits, meinte er, dürften wir uns aber auch nicht von ihnen einmachen lassen. «Geben Sie einem Häftling einen Zentimeter, und schon hat er eine Meile.» Smith sagte, der Trick bestehe darin, entschieden zu sein, aber nicht gemein oder egoistisch. Sonst hätte man einen schwelenden Aufstand.

An diesem Tag ging ich so zufrieden nach Hause wie noch nie seit Lehrgangsbeginn. Nachdem ich wochenlang mit altgedienten Beamten herumgehangen hatte, die nicht viel mehr in diesen Job einzubringen schienen als Machismo und Schludrigkeit, die Dinge sagten wie «Wenn sie zufrieden sind, macht man seinen Job nicht richtig», war da jetzt ein Mann – Smith –, der den Galeriedienst als eine Kunst betrachtete, etwas, was man kreativ gestalten konnte. Ein gut Teil dieser Kunst waren Fähigkeiten im Umgang mit Menschen, aber nicht jene IPC-Techniken, die man uns an der Akademie präsentiert hatte. Smith verband Härte mit einer respektvollen Grundhaltung seinen Häftlingen gegenüber. Dafür wurde er ebenfalls respektiert. Er schien zu verstehen, dass im Kern dieser Arbeit die Unvermeidlichkeit einer Beziehung zwischen ihnen und uns stand – und dass der Vollzugsbeamte weitgehend mitbestimmte, welcher Art diese Beziehung war.

Das war an der Akademie nie erwähnt worden. Der Job, so hatten wir immer wieder zu hören bekommen, bestand in Aufsicht, Verwahrung und Kontrolle: Wir gaben Anweisungen, die den Regeln entsprachen, und die Häftlinge hatten sie zu befolgen. Ganz simpel.

In Wirklichkeit war das Verhältnis Wärter–Häftling natürlich alles andere als simpel. Und die traditionellen Vorgaben waren, wenn es sie denn gab, allenfalls vage. Das galt schon für eine so simple Frage wie die, ob man zu einem Häftling «guten Morgen» sagte. Ein Ausbildungsbeamter, ein Schwarzer, hatte erklärt, es spräche nichts gegen eine solche Begrüßung und wir sollten sie uns im Umgang mit den Gefangenen angewöhnen. Ich war im Geist sofort wieder an der Akademie, wo Officer McCorkle uns bei der Schilderung seines Galeriediensts erzählte, er vermeide ganz gezielt jedes «bitte» oder «guten Morgen» und erkläre seinen Häftlingen, wenn die ihn grüßten: «Dieser ‹Guten Morgen›-Quatsch hört mir auf!»

«Sie sind nur nett zu einem, weil man die Schlüssel hat», hatte McCorkle erklärt. Na ja, und sie sind nur fies zu einem, weil man die Schlüssel hat, hatte ich gedacht. Sie sind, wie sie sind, und du bist, wie du bist, weil du nun mal die Schlüssel hast. Okay, und wie weiter?

In vielen Rap- und Hip-Hop-Songs war die Rede von den «Aufsehern», was sich auf jede Art von Polizei bezog. Der Ausdruck ging zurück auf die Sklavenzeit, als Plantagenaufseher dafür gesorgt hatten, dass die Arbeit getan und die Disziplin gewahrt wurde. Viele Vollzugsbeamte, dachte ich, sahen sich immer noch gern als Aufseher, als Ordnungshüter. Ein Ausbildungsbeamter hatte erwähnt, dass einige von uns bereits Gegenstand von Häftlingsbeschwerden gewesen seien und einer sogar schon zweimal. Di Carlo grinste – ich wusste, er war derjenige und er war stolz darauf.

Es war nicht mein Ziel, dass sich die Häftlinge über mich beschwerten. Aber es war auch nicht mein Ziel, dass sie mich mochten. Ein anderer Ausbildungsbeamter, Luther, erzählte uns, dass er einmal einen Kollegen zur Ordnung gerufen habe, der einen Häftling mit Handschlag begrüßt habe und dann in brüderlicher Umarmung mit ihm den Korridor entlanggegangen sei.

«Ey, Mann, das ist ein Schwarzending», habe der Beamte Luther erklärt.

«Quatsch», habe er, Luther, geantwortet. Und in Anspielung auf die vom Staat gestellte Kleidung erklärte er uns: «Es ist ein Grauen- und ein Grünending und weiter gar nichts.»

Irgendwo zwischen diesen beiden Polen lag das, was ich sein wollte.

———

Zwei Tage nach meinem Dienst mit Smith war der Übernahmetag, an dem wir reguläre Beamte wurden. Aus diesem Anlass mussten wir wieder unsere blauen Repräsentationsuniformen anziehen. Vor dem QWL-Gebäude sprach ich mit Arno. Er hatte schließlich den Versuch aufgegeben, das Haar lang zu tragen, und es stattdessen abrasiert – sein Schädel war jetzt kahl. Er sah gut aus, aber müde: Er hatte am Vortag die Schicht von fünfzehn bis dreiundzwanzig Uhr gemacht und nur wenige Stunden geschlafen. Aber es sei, sagte er, ein interessanter Dienst gewesen. Er hatte im Erdgeschoss des Krankenhausgebäudes gearbeitet, als ein Häftling in Block B einem Beamten einen Besenstiel über den Schädel gezogen hatte. Die Beamten hatten den Gefangenen ins Krankenhausgebäude gebracht, wo sich auch die Disziplinarbüros und das Büro des Dienstleiters befanden und wo daher die meisten Weißhemden herumhingen. Von einem Raum neben der Notaufnahme aus, sagte Arno, hätten er und viele andere, darunter auch Hausarbeiter, gehört, wie einer der Weißhemden brüllte: «Halten Sie es für komisch, einen Beamten zu verletzen?», und der Häftling darauf mit lang gezogenen Schmerzensschreien antwortete. Arno sagte, das sei etwa zwanzig Minuten so gegangen. Noch vor einem Monat hätte ich auf so eine Geschichte empört reagiert. Aber jetzt, da ich wusste, wie das Zahlenverhältnis zwischen uns und den Häftlingen aussah, und mich selbst eher wie ein Beute- denn wie ein Raubtier fühlte, fand ich in dieser Geschichte eine Spur von Trost.

127

Der Direktor sollte herunterkommen und zu uns sprechen, aber zuerst zeigte man uns noch ein Video, das die Vollzugsbehörde von unserem Lehrgang in Albany gemacht hatte. Das schien alles so lange her und, jetzt betrachtet, so durchsichtig, diese Bilder, wie wir auf den Akademiefluren und dem Sporthallenboden angebrüllt wurden – man brach uns, um uns neu wieder aufzubauen. Und obwohl sich das Ganze an der militärischen Grundausbildung orientierte, war es doch interessant, im Nachhinein zu sehen, wie sehr es tatsächlich dem Gefängnisalltag ähnelte.

Da waren wir und taten, auf einer nur unwesentlich gehobeneren Ebene, all das, was Häftlinge tun mussten: unsere Uniformen entgegennehmen, in endlosen Schlangen auf das Essen warten, uns zählen lassen, in der Freizeit Nummern auf dem T-Shirt tragen, uns chemische Reizstoffe ins Gesicht sprühen lassen, in einer nahezu eingeschlechtlichen Umgebung und unter ständiger Überwachung leben und uns an Myriaden sinnloser Regeln halten. Da marschierte DiPaola in dem komischen Trippelschritt, den wir eigens für die Abschlusszeremonie gelernt hatten – ich musste an den Tag denken, als wir den Zettel von Sergeant Bloom gefunden hatten, dass er unser Zimmer bestrafte, weil noch ein Papierfetzchen auf dem Boden des Papierkorbs gelegen hatte. «Wenn er jetzt herkommt», schlug Deep vor, «verpassen wir ihm eine Ladung Scheiße.»

Jetzt hingegen waren wir am Übergangspunkt von der Infantilisierung zur Ausstattung mit Macht über Leben und Tod. Bald würden wir die Schlüssel haben. Lieutenant Wilkin führte mit uns ein Brainstorming durch, bei dem er unsere Vorschläge zur Verbesserung der Vollzugsausbildung auf einen großen Zeichenblock schrieb. Zu meiner Überraschung fand etwa ein Drittel meiner Lehrgangskameraden, die Ausbildung solle länger sein (die für die Staatspolizei, so erfuhren wir, dauerte rund fünf Monate). Zweifellos führte das Gefühl, dass die richtige Arbeit jetzt um die Ecke wartete – viele, so auch ich, mussten am Sonntagmorgen um 6 Uhr 45 wieder antreten – zu einer gewissen sentimentalen Verklärung unserer Akademiezeit. Andere meinten, eine längere Akademiezeit wäre nicht notwendig, wenn nicht kurze Lehrveranstaltungen auf Doppelstunden gelegt würden, sodass man jeden Tag ein paar Stunden im Aufenthaltsraum seine Pool-Billard-Technik verfeinern konnte.

Unsere Ausbilder hatten das letzte Wort. Sie erklärten den älteren Teilnehmerinnen unseres Lehrgangs, sie sollten sich besser drauf einstellen, Grandma genannt zu werden, und den schwarzen Beamten, sie müssten sich dran gewöhnen, von den Häftlingen zu hören: «Du arbeitest im Haus der Weißen, Mann – du bist ein Hausnigger.»

«Viel Glück» oder «Alles Gute auf Ihrem weiteren Weg» wäre wohl das Schlusswort gewesen, das man am Ende einer Berufsausbildung hätte erwarten können. Unser Geleitwort hatte einen unverkennbaren Vollzugstouch:

«Sie sind jetzt die Zoowärter», sagte Officer Luther. «Also legen Sie los und schmeißen Sie den Zoo.»

VORHOF DER HÖLLE

Schaut nur, der arme Wärter! Im Geist sieht er uns so, wie wir
in der Freiheit waren, mit Geld, hinreißenden Frauen, all den
sinnlichen Freuden, die für ihn ewig unerreichbar sein müssen.
Wir haben das gehabt. Er hat es nie gehabt, wird es nie haben.
Deshalb rächt er sich, voller Neid, voller Häme, an uns für die
unabänderlichen Mängel seines eigenen Lebens.

VICTOR F. NELSON, *Prison Days and Nights*, 1932

Sing Sing war für uns frisch gebackene Beamte eine Welt aus
Adrenalin und Aggression. Es war die Erfahrung, mit der
Angst zu leben – Angst vor den Häftlingen als Individuen und als
Mob, aber auch Angst vor unserer eigenen Anfälligkeit dafür,
Fehler zu machen. Wir saßen zwischen Baum und Borke: Mach
den Weißhemden gegenüber etwas falsch und du kriegst Ärger;
mach den Häftlingen gegenüber etwas falsch und du riskierst,
dass sie dir etwas antun.

An der Akademie war das Gefängnis mit einer kleinen Stadt
verglichen worden – eine autarke kleine Welt mit einer eigenen
Schule, eigenen Werkstätten, einem eigenen Krankenhaus usw.
Was sie uns nicht gesagt hatten, war, dass das Gefängnis auch die
Mikroausgabe einer totalitären Gesellschaft war, ein beinahe per-
fektes Beispiel für einen Polizeistaat. Das Militär war das Vorbild
für die Befehlskette; jeden Tag schickten die Offiziere die gemeinen Soldaten und Soldatinnen in eine Willensschlacht mit der
Masse wütender, hasserfüllter Häftlinge. Wir, die wir Uniform
trugen, kontrollierten nahezu jeden Aspekt ihres Lebens. Und im
Gefängnis ging es, mehr als an irgendeinem anderen Ort, an dem
ich je gewesen war, um Regeln.

An der Akademie hatte man uns die Regeln so vermittelt, wie

ein fundamentalistischer Prediger in der Kirche die Bibel vermittelt – als etwas wörtlich zu Nehmendes, einschließlich der Aussagen über Geldwechsler, den Weltuntergang und Frauen, die dazu da sind, ihren Männern zu dienen. Und dann gingen die Gemeindemitglieder hinaus in die Welt, wo die meisten Christen diese Dinge flexibler sahen, sich aber dennoch und mit Recht für gute Christen hielten. Ein guter Cop war schließlich nicht der, der einem einen Strafzettel verpasste, weil man in einer Dreißig-Meilen-Zone dreiunddreißig gefahren war. Ein guter Cop setzte die Regeln selektiv durch und verließ sich dabei auf seinen gesunden Menschenverstand.

Mich beschäftigte ein Latino-Beamter, den ich im Dienstantrittsraum gesehen hatte. Er hatte eine Galerie in Block A. Wie wir Übrigen auch, hatte er sein gelbes *Verhaltensnormen für Insassen*-Büchlein in der Brusttasche seines Hemds stecken, aber im Gegensatz zu uns hatte er quer über den oberen Rand – das Stück, das aus der Tasche hervorguckte – in Blockbuchstaben NEIN VERDAMMT geschrieben. Das war seine persönliche Botschaft an die Häftlinge und in der Tat eine ziemlich gute Zusammenfassung des Büchleins. Ich dachte, dass er vermutlich ein guter Vollzugsbeamter war, humorvoll, aber strikt, einer, der für die Einhaltung der Regeln sorgte. Später erzählte mir ein Klassenkamerad, der eine Woche mit diesem Beamten Dienst getan hatte, der Mann bekomme jeden Morgen von einem Häftling einen Kaffee gemacht und durchs Zellengitter herausgereicht. Das machte mich nachdenklich. Es gab zwar keine Regel, die das untersagte, aber welche Gefälligkeiten erwies der Beamte dafür dem Häftling? Wie konnte man einem Häftling je genügend vertrauen, um einen von ihm gemachten Kaffee zu trinken?

Die Verschwommenheit in allem, was die Regeln anging, stand in einem seltsamen Gegensatz zur Solidität der Mauern von Sing Sing, der Aura von Unverrückbarkeit, die von der ganzen Anlage ausging. Den ganzen langen Sommer, von Mitte Mai bis Ende September, dachte ich darüber nach, wenn ich durch die

Tunnel und Gänge vom Dienstantrittsraum zu den verschiedenen Gebäuden oben auf dem Hügel ging. Meine Lehrgangskameraden und ich waren dem Springerpool zugeteilt worden und taten im ganzen Gefängnis Dienst. Den Blick gesenkt, verfolgte ich die gelben Mittellinien auf den Korridorböden, die den Verkehr auf der jeweiligen Seite halten sollten. An den Toren waren dicke Querstriche, vor denen die Häftlinge stehen bleiben und auf die Erlaubnis zum Weitergehen warten sollten. Was sie natürlich kaum je taten. Hatten sie's je getan? Die Linien erschienen mir als nostalgische Beschwörung vergangener, strengerer Zeiten, festgelegter Regeln, die zu brechen längst die Norm war, einer Erinnerung, die zunehmend verblasste, so wie die strengen Lehren der Akademie.

Block A

In diesen ersten Monaten wurde ich oft nach Block A geschickt. Der Mammut-Zellenblock erforderte mehr Personal als jedes andere Gebäude – etwa fünfunddreißig Beamte pro Tagschicht –, aber die alten Hasen dort schienen Neulingen gegenüber besonders unfreundlich, hatten kaum je ein aufmunterndes Wort für uns übrig, dafür aber jede Menge Kritik. Die beste Art, mir ihre Kommentare vom Hals zu halten, wäre es wohl, die Regeln so strikt wie möglich durchzusetzen, dachte ich.

Doch als ich zum ersten Mal auf einer der riesigen Achtundachtzig-Zellen-Galerien stand, wusste ich nicht, womit anfangen. Mit den Laken, die wie Vorhänge an den Gitterfronten hingen? Den Kleidern, die auf dem Geländer trockneten? Der Musik, die aus mehreren Zellen dröhnte? Ich beschloss, mit dem nächstliegenden Problem anzufangen: der unerlaubten Radioantenne eines Häftlings.

Die Häftlinge durften Musik hören. Jede Zelle hatte zwei Wandbuchsen für die Kopfhörer, die der Insasse bei seiner An-

kunft ausgehändigt bekommen hatte. Über die eine Buchse kam
ein spanischsprachiger Sender, über die andere ein Rhythm-'n'-
Blues-Sender, es sei denn, ein wichtiges Sportereignis wurde stattdessen übertragen. Die Häftlinge durften auch eigene Radios haben, aber in dem riesigen, stählernen Zellenblock war der
Empfang sehr schlecht. Teleskopantennen waren verboten, weil
man sie in Luftdruckwaffen umwandeln konnte. Indem man eine
Kugel ins offene Ende steckte und dann die Antenne schnell zu-
sammenschob, konnte man einen zwar unpräzisen, aber dennoch
potenziell tödlichen Schuss abgeben. Die zugelassenen Dipol-
Kabelantennen sollten innerhalb einer 60 mal 120 cm großen
Wandfläche befestigt werden – wo sie offenbar überhaupt nichts
nützten.

Um die Chance, einen guten Sender zu kriegen, zu erhöhen,
drapierten die Häftlinge Drähte über ihren Zellengittern und quer
über dem Galeriefußboden. Manche banden sogar Gegenstände
ans Ende eines blanken Kupferkabels und warfen dieses in Richtung Außenwand, in der Hoffnung, dass es an einem Fenster hängen bliebe und sie das große Los in Sachen Radioempfang ziehen
würden. (Wenn man an einem sonnigen Tag von den Flats aus
hochguckte, sah man manchmal zwanzig, dreißig dünne Drähte,
die sich durch den Raum zwischen Galerie und Außenwand
spannten wie die Fäden von Riesenspinnen.)

Auf dem Galerieboden liegende Drähte konnten Stolperfallen
sein und wenn mir einer gefährlich erschien, veranlasste ich den
Häftling, ihn einzuholen. Doch der Häftling, um den es an meinem ersten Tag als regulärer Beamter in Block A ging – ein kleiner, weißhaariger Mann in den Sechzigern – hatte seinen Draht
nicht einfach auf dem Fußboden verlegt, sondern durch eine
Pappröhre gefädelt, wie man sie im Inneren von Geschenkpapier-
rollen findet. Das eine Ende der Röhre klemmte in Bauchhöhe
zwischen seinen Gitterstäben, das andere ragte bis in die Mitte
des schmalen Raums zwischen Zellengitter und Zaun wie eine
Mini-Bazooka.

«Das da müssen Sie wohl wegnehmen», sagte ich, als ich das erste Mal dagegen stieß.

«Und wieso?»

«Weil es mir im Weg ist.»

«Aber ich kann nicht Radio hören, wenn's in meiner Zelle ist.»

«Tut mir Leid. Versuchen Sie, es weiter oben am Gitter festzubinden.»

«Tut mir Leid? Tut ihnen gar nicht Leid. Wieso sagen Sie, es tut Ihnen Leid, wenn's Ihnen gar nicht Leid tut? Und wie kommt's, dass Sie so ein Experte für Radioantennen sind? Lernt man so was auf der Akademie?»

«Hören Sie, Sie kennen die Regeln. Keine Antenne außerhalb der Zelle. Ich könnte sie einfach mitnehmen, wenn ich wollte. Ich nehme sie aber nicht mit. Ich sage Ihnen nur, Sie sollen sie reinnehmen.»

«Aber dem Typen da vorn haben Sie nicht gesagt, er soll seine reinholen, was? Dem weißen Typen?»

Ich schaute in die Richtung, in die er zeigte. Da waren keine weiteren Antennen in Röhren und ich sagte es ihm.

«Sie hacken nur auf mir rum, weil ich schwarz bin, stimmt's? Na ja, dann viel Spaß bei Ihrem Klan-Treffen heute Abend», fauchte er. «Schönen Nachmittag. Meinen kann ich jetzt vergessen.»

Das alles wegen einer Antenne. Oder besser, das alles, aufgehängt an einer Antenne. Im Gefängnis ging es, anders als draußen, bei nahezu jeder Interaktion um Macht und Autorität.

Was alles beim kleinsten Konflikt auf dem Spiel stand, wurde mir an jenem Abend in meinem ersten Monat klar, als Colton und ich die M-Freizeit übernehmen sollten, eine jener Freizeitaktivitäten, die den Hauptteil des Beschäftigungsprogramms von Sing Sing darstellen. Nach dem Abendessen konnten sich die Häftlinge, statt in die Sporthalle oder in den Hof zu gehen, an den fest vernieteten grauen Metalltischen drunten an Galerie M treffen, um Karten, Schach oder Domino zu spielen oder auf die hoch an den Wänden montierten Fernseher zu gucken.

«Die Regel lautet, dass sie sich nicht gegen die Zellengitter lehnen dürfen», erklärte uns der reguläre Beamte, «und die Zellentüren sollten zu sein.» Diesem «sollten» war zu entnehmen, dass diese Regel nicht strikt eingehalten wurde. Aber Colton, Sohn eines Lieutenants, war seltsam eifrig. Ich glaube, er konnte die ganze Laxheit einfach nicht ertragen. Während wir die schummrig beleuchtete Galerie entlanggingen, rief er einen Häftling nach dem anderen zur Ordnung. Ich befand, dass ich es, um mir seinen Respekt zu erhalten, wohl genauso machen musste. Die Häftlinge protestierten unterschiedlich laut. «Was soll das hier sein, eine Anfängerparty?», fragte ein älterer Mann mit einer Kufi, der direkt vor seiner offenen Zellentür saß. Ich zeigte auf die Tür. Er erklärte, er dürfe seine Zellentür während der M-Freizeit *immer* offen lassen. Tja, heute Abend nicht, sagte ich. Er schrie und zeterte. Ich schloss die Zellentür. Er stapfte auf mich zu, pflanzte sich direkt vor mir auf und sagte, vor Wut kochend: «Sie müssen noch lernen, dass manche Sachen, die Sie auf der Akademie gelernt haben, tödlich sein können.»

In den nächsten Monaten sollte ich exakt die gleichen Worte noch öfters von Häftlingen hören: eine Drohung, getarnt als guter Rat. (Die Formulierung hatte den Vorteil, so uneindeutig zu sein, dass sie nicht unbedingt gegen Regel 102.10 verstieß: «Häftlinge dürfen unter keinen Umständen Drohungen aussprechen.») Aber ich hatte diese Worte noch nie gehört; deshalb und weil der Mann so dicht vor mir stand, begann mein Herz zu rasen. Ich versuchte ihn ebenso grimmig anzustarren wie er mich und rührte mich nicht von der Stelle, bis er zuerst zurückwich.

Zum Teil jedoch waren die Konflikte, die wir mitbekamen, nicht einfach nur ein fixer Bestandteil des Gefängnislebens, sondern eine Folge der ständigen Personalfluktuation. Neue Beamte irritierten, wie wir bereits gelernt hatten, die Häftlinge in ähnlicher Weise, wie Vertretungslehrer Schulkinder irritieren. Um die Folgen abzumildern, trug das Dienstplanbüro oft einen Springer «fest» für den Posten eines kranken oder beurlaubten Beamten

135

ein. Auf diese Weise erschien wenigstens nicht jeden Tag eine andere Vertretung.

Einmal bekam ich jedoch in Block A die Galerie, wo eigentlich einer meiner Lehrgangskameraden Vertretungsdienst machte – Michaels, der, wie ich wusste, besonders lax war. Michaels hatte seinen freien Tag, also war ich der Vertreter des Vertreters. Ich wusste, noch ehe ich dort ankam, dass es chaotisch werden würde.

Mein erstes Problem kam bei der Zählung um elf Uhr. Die Häftlinge kehrten normalerweise etwa um Viertel vor elf von ihren Programmen oder aus der Freizeit zurück. Die Beamten hielten sie dann an, direkt in ihre Zellen zu gehen. Wer um elf nicht in der Zelle war, machte sich theoretisch der Verzögerung der Zählung schuldig und konnte dafür einen Fehlverhaltensbericht ernten. Daher waren im Allgemeinen nach elf kaum noch Häftlinge auf den Galerien.

Aber auf Michaels Galerie waren an diesem Tag noch etwa ein Dutzend Mann. Für Michaels waren die Häftlinge im Grund ganz anständige Jungs; er betrachtete sie als «Kumpels». An Michaels gefiel mir, dass er die Häftlinge als Menschen sah. Er hatte mir erzählt, wie sehr er den Mann hasste, der in der Regel als Aufsicht habender Beamter in Block B fungierte, ein massiger, streitlustiger, schlampiger Typ – nennen wir ihn Rufino –, der gern Witze wie diesen riss: «Woran erkennt man, dass ein Häftling lügt? Daran, dass er den Mund aufmacht.» Aber Michaels Hinterlassenschaft an Chaos gefiel mir an diesem Morgen gar nicht.

Zu meiner Erleichterung näherte sich eine Gruppe von drei, vier erfahrenen Beamten – ich war mir sicher, dass sie geschickt worden waren, um mir die Bummelanten hineinbugsieren zu helfen. Aber sie hatten nichts dergleichen im Sinn. Zwei von ihnen sahen tadelnd auf die Uhr und guckten dann mich an. Sie mussten mir nicht helfen, also dachten sie auch nicht daran, es zu tun. Vielen Dank, Jungs, knurrte ich innerlich.

Etwa eine Stunde später kamen zwei Verschlusshäftlinge von

einer Disziplinaranhörung zurück. Der eine ging ohne weiteres in seine Zelle, aber der zweite hatte andere Pläne. Heute sei Dienstag, erklärte er mir, und Michaels lasse ihn dienstags immer duschen.

«Duschen für Verschlusshäftlinge ist montags, mittwochs und freitags», sagte ich. «Und Michaels ist heute nicht hier.»

«Ach, kommen Sie, Schließer, spielen Sie nicht den harten Mann. Bin ja in einer Sekunde wieder draußen.»

«Nein», sagte ich. Er tat, als hätte er nichts gehört, schnappte sich ein Handtuch aus seiner Zelle und marschierte eilends in Richtung Dusche. Ich war nicht weiter beunruhigt: Ich hielt die Duschen immer verschlossen, genau für solche Fälle, und war zuversichtlich, dass er nachgeben würde, sobald ich ihn daran erinnerte, dass er die Verschlussfreizeit heute verpassen würde, wenn er nicht in seine Zelle zurückging. Aber dann fiel es mir plötzlich ein. Auf dieser Galerie fehlte der Schließmechanismus an der Duschentür. Die Dusche war immer offen. Sing Sing. Der Häftling war einen guten Kopf größer als ich und ziemlich kräftig. Ich brüllte durchs Gitter in die Dusche, dass er seine Freizeit abschreiben konnte. Er sagte: «Scheiß auf die Freizeit.» Ich trug den Vorfall ins Logbuch ein, füllte dann eine Fehlverhaltensmeldung aus und hatte seine Kopie bereits in seiner Zelle deponiert, als er wiederkam. Er zuckte die Achseln.

«Ist mir scheißegal, Schließer», erklärte er. «Ich habe dreißig Jahre mindestens, klar? Und ich hab zwei Jahre Verschluss. Und ab heute noch drei Monate dazu. Wenn die diesen lahmen Strafzettel hier sehen, sagen sie Ihnen, Sie sollen ihn sich in den Arsch stecken.»

Das Frustrierende war, dass er vermutlich Recht hatte. Von allen Häftlingen auf einer Galerie waren die Verschlusshäftlinge immer die schwierigsten. Es gab kein Zuckerbrot mehr, um sie zu motivieren, und kaum noch eine Peitsche – schon gar nicht für die Langzeiteingeschlossenen. Und jetzt war es Zeit für den Hofgang der Verschlusshäftlinge. Ich war gerade dabei, sie herauszu-

137

lassen, als der Verschlusshäftlingsbeamte wiederkam. Er deutete in die Richtung, in die ich mich voranarbeitete.

«Zelle dreiundvierzig?», sagte er. «Hawkins? Heute kein Hofgang.»

«Kein Hofgang für dreiundvierzig? Wieso?»

«Der hat heute keinen», sagte er und verschwand.

Ich wusste, es konnte verschiedene Gründe haben, dass dem Häftling der Hofgang verweigert wurde. Vielleicht hatte er in den letzten vierundzwanzig Stunden eine Übertretung begangen. Oder die Freizeitentzugsanordnung war gerade auf dem Dienstweg; in Fällen von krassem Fehlverhalten konnte ein Sergeant einem Verschlusshäftling unter Berufung auf die «Gefährdung der Sicherheit» für einen Tag den Hofgang streichen. Oder – was ich in diesem Fall befürchtete – der Beamte war sauer auf ihn, aber es gab keine Freizeitentzugsanordnung. Wenn es so war, dann verlangte ein anderer Beamter von mir, dass ich dem Häftling den Hofgang aus Solidarität strich. Ich hoffte, dass das nicht der Fall war, und machte weiter, überging aber Zelle dreiundvierzig.

Der Häftling rief mir hinterher.

«Hey, Schließer! Machen Sie meine Zelle nicht auf?» Ich ignorierte ihn, bis ich auf dem Rückweg wieder vorbeikam. Er stand von seinem Bett auf, als ich näher kam.

«Machen Sie meine Zelle auf, Schließer! Ich hab Hofgang.»

«Heute nicht», sagte ich.

«Was? Wieso heute nicht?»

«Heute gibt's keinen Hofgang.»

«Warum?»

«Es wurde mir gesagt.»

«Wer hat Ihnen das gesagt?»

Ich antwortete nicht, hatte aber sofort das Gefühl, etwas falsch gemacht zu haben. Ich ging ins Büro zurück und versuchte, den Verschlusshäftlingsbeamten telefonisch zu erreichen. Ich würde darauf bestehen, den Grund zu erfahren. Was war mit diesem Mann? Das Telefon tutete und tutete. Ich rief beim Dienstleiter an und fragte nach dem Beamten. Er sei gerade draußen, nicht zu erreichen, sagte Rufino. Aber Rufino war ja nie hilfsbereit. Ich rief im Hof an. Der Mann habe irgendwo hin gemusst, sei momentan nicht da. Mist, dachte ich. Als ich das nächste Mal an der Zelle des Häftlings vorbeikam, fragte er mich nach meinem Namen, um eine Beschwerde zu schreiben.

Statt den klassischen Anfängerfehler zu machen, auf der Einhaltung einer Regel zu bestehen, die faktisch niemanden kümmerte, hatte ich für meinen «Bruder in Grau» eine Regel durchgesetzt, die es gar nicht gab. Ich wusste, dass bei der Polizei viele Beamte diese Art von Solidarität hochhielten. Aber ich kam mir schäbig vor. Und angesichts der Beschwerde würde ich mich dafür verantworten müssen. Ich notierte die Zeit im Wachbuch und schrieb: «Kein Hofgang für VH Hawkins, auf Anweisung von Officer X» – dem Verschlusshäftlingsbeamten. Dann wartete ich.

Das dicke Ende kam etwa einen Monat später nach. Ich wusste es schon, als ich zum Dienst kam und auf die Stechuhr zuging. Statt mich wie sonst zu ignorieren, bedachte mich Officer X mit einem eisigen Blick. Sein Partner, Officer Y, hielt mich auf und fragte mich, ob ich Conover sei. Ich bejahte; er sah mich auf dieselbe Art an und ging dann weg. Später sollte ich erfahren, dass Officer X an jenem Tag Häftling Hawkins in Zelle 43 eine Botschaft hatte zukommen lassen wollen, weil dieser am Vortag Officer Y einen Fausthieb verpasst hatte.

Am selben Tag kam mittags in der Kantine ein Sergeant, der von all dem nichts wusste, mit einer Kopie der Beschwerde des Häftlings zu mir. «Erinnern Sie sich an diesen Vorfall?», fragte er. Ich bejahte. «Schreiben Sie einfach ein An/Von, das genügt», sagte er unter Benutzung des Vollzugsjargons für Memo. «Wissen Sie noch, warum Sie ihn nicht rausgelassen haben? Sicher vergessen, oder?»

«Äh, nein, der Verschlusshäftlingsbeamte hat mir gesagt, ich soll's nicht tun.»

Der Sergeant runzelte die Stirn. «Na ja, ist wohl am besten,

Sie sagen, sie hätten's vergessen», sagte er munter und wandte sich zum Gehen.

«Sarge», sagte ich. «Es steht im Wachbuch. Ich habe im Wachbuch vermerkt, dass er mir's gesagt hat.»

«Das kann nicht wahr sein», sagte er. «Wieso machen Sie so was?»

Ich zuckte die Achseln. «Ich war neu.»

«Sie hören von mir», sagte er.

Ich schrieb das Memo, das der Sergeant verlangt hatte, sagte die Wahrheit und fühlte mich in der Zwickmühle. Tage vergingen. Ein anderer Sergeant bestellte mich zu sich und schickte mich zu einem Lieutenant im Verwaltungsgebäude. Der Lieutenant hatte mein Memo vor sich auf dem Schreibtisch liegen und studierte es. «Sie sagen also, Sie haben das mit Officer X im Wachbuch vermerkt, richtig?», fragte er. Ich nickte und erwartete einen ernsten, gedämpften Vortrag darüber, dass man seine Kollegen nicht in die Pfanne haute. Aber der Lieutenant nickte nur, dachte kurz nach und griff dann zum Telefon.

Ich hörte ihn einen Sergeant in Block B begrüßen. «Officer X erinnert sich jetzt wieder, das zu Conover gesagt zu haben? Er wird also ein neues An/Von verfassen? Und Sie kümmern sich um die Hofgangsentzugsanordnung? Okay, prima.» Und er legte auf.

Er reichte mir das Memo über den Schreibtisch. «Schreiben Sie das einfach nochmal, aber lassen Sie den Namen von Officer X weg», erklärte er.

«Und damit ist die Sache erledigt?»

«Alles geregelt.»

Ich war erleichtert. Officer X war aus der Patsche, was vielleicht hieß, dass er mich nicht noch mehr hassen würde als ohnehin schon. Ich hatte eine wichtige Lektion gelernt: Wenn man im Gefängnis überleben wollte, musste man den Gutmenschen draußen lassen.

Der interessanteste Begriff in Zusammenhang mit dem Beugen und Ignorieren von Regeln war *Konterbande*. Angesichts der langen Liste dessen, was verboten war, schien dieser Begriff eindeutig zu sein. In der Praxis war er das aber ganz und gar nicht.

Zum einen war es seltsam, dass die Dinge, deren Illegalität auf der Hand lag – Waffen, Drogen, Alkohol – allesamt im Gefängnis relativ leicht zu bekommen waren. Ein Teil der Drogen schlüpfte natürlich via Besuchsraum herein, aber das meiste wurde, wie es schien, von bestochenen Beamten hereingeschmuggelt. In Sing Sing wurde, wie ich feststellen sollte, mehrmals pro Jahr ein Beamter von der Staatspolizei in Handschellen abgeführt.

Aber auch die unscheinbareren Arten von Konterbande waren ein interessantes Feld. Zu den Dingen, die wir Beamte nicht durchs Eingangstor hereinbringen durften, gehörten Glasgefäße, Kaugummi, Taschenmesser mit Klingen von mehr als fünf Zentimeter Länge, Zeitungen, Zeitschriften, Piepser, Handys und natürlich eigene Pistolen oder sonstige Waffen. Ein Glasgefäß konnte von einem Häftling aus dem Mülleimer gefischt, zerschlagen und als Waffe benutzt werden. Kaugummi konnte in ein Türschloss gestopft werden, um den Schließmechanismus zu blockieren.

Dennoch rauchten jede Menge Beamte im Gefängnis. Viele kauten Kaugummi und die Mülleimer der Wachtürme waren mit Zeitungen und Illustrierten voll gestopft.

Für die Häftlinge galt eine wesentlich längere Liste verbotener Dinge. Untersagt war der Besitz von Kleidungsstücken in den für Beamte reservierten Farben: Grau, Schwarz, Blau und Orange. Verboten war ferner der Besitz von Bargeld, Kassettengeräten mit Aufnahmefunktion, alkoholhaltigen Toilettenartikeln, Turnschuhen im Wert von über fünfzig Dollar, mehr als vierzehn Zeitungen. Die Liste war so lang, dass es den Verfassern der *Verhaltensnormen für Insassen* leichter erschienen war, zu definieren, was erlaubt war. Verboten war schlichtweg «jeder Artikel, der nicht von der Gefängnisleitung oder einem ihrer Beauftragten genehmigt worden ist».

Bei einer Zellendurchsuchung in Block B fand ich einen Tauch-
sieder. Die Gefangenen benutzten diese Geräte, um in den Zellen
zu kochen, was verboten war. Sergeant Murphy sah das Ding in
meinen Händen und bestand darauf, dass ich es abgab. Der Papierkram, den Murphy mir damit aufhalste, war noch aufwendi-
ger, als ich gedacht hatte. Insbesondere, sagte er, müsse ich einen
Vermerk im Durchsuchungs-Wachbuch von Block B machen, dem
Häftling eine Beschlagnahmungsquittung ausstellen, eine Kopie
derselben an die Fehlverhaltensmeldung heften und zur Abzeich-
nung im Büro des Dienstleiters vorlegen, wo ich sämtliche Papiere abzugeben hätte und dann den Schlüssel zum Asservaten-
schrank im Krankenhauskeller bekäme, wo ich ebenfalls eine
Wachbucheintragung vornehmen müsse. Ach ja, und auf dem
Weg zum Büro des Dienstleiters solle ich mir doch im Disziplinarbüro einen Beweissicherungsbeutel geben lassen und den Tauch-
sieder hineinpacken.

Mein Dienst war gerade zu Ende. Ich wusste, dass viele Beamte, statt nach Dienstschluss diese ganze Prozedur auf sich zu nehmen, ihren Fund einfach in eine Mülltonne beim Ausgang schmeißen und den Fall damit als erledigt betrachten würden. Sergeant
Murphy würde dem niemals nachgehen. Aber irgendein gegen-
läufiger Impuls trieb mich, die Sache durchzuziehen. Ich gelangte
schließlich ins Büro des Dienstleiters und wartete zwanzig Minuten, bis der Lieutenant Zeit für mich hatte. Er sah auf den Tauch-
sieder, dann auf meinen Papierstapel.

«Halten Sie es für sinnvoll, dass das Disziplinarkomitee seine
Zeit damit zubringt?», fragte er.

Ich zuckte die Achseln und sagte, es sei mir korrekt erschienen. Der Lieutenant dozierte weiter, über den Unterschied zwischen erheblichen und unerheblichen Verstößen und die Vernunft,
die es walten zu lassen gelte.

«Okay», sagte er schließlich. «Lassen Sie's hier.» Ich erhob
mich, wandte mich zum Gehen und fragte mich, wie ich das verstehen sollte. Der Lieutenant hatte überhaupt nichts unterschrie-

ben. Ein Vollzugsbeamter an einem Schreibtisch in der Nähe des Lieutenants übersetzte es mir, als ich hinausging. «Im Zweifel in den Müll damit!», sagte er grinsend. Und das war's.

———

Doch sobald ein Beamter einen gewissen Sinn dafür entwickelt zu haben glaubte, welche Regeln allgemein ignoriert wurden, konnte er damit rechnen, dass jemand in einem weißen Hemd auftauchte und sein Bild von der gängigen Praxis umwarf. Für mich und für viele Neulinge war dieser Jemand Sergeant Wickersham, der immer Dienst zu haben schien, wenn ich in Block A geschickt wurde.

Wickersham, mit seinem vollen Silberhaar, seinem Schnauzer und seinem markanten Gesicht, wirkte wie ein deplacierter Marlboro-Mann und war, selbst für Sing Sing, ein seltener Vogel. Zum einen war er der Einzige von einem runden Dutzend weißer Sergeants, der nicht auf seine Versetzung wartete. Wickersham hätte genügend Dienstjahre gehabt, aber Sing Sing war sein Zuhause. Und er nutzte, im Unterschied zu den meisten altgedienten Sergeants in Sing Sing, die überwiegend schwarz waren, sein Dienstalter nicht, um einen Schreibtischjob zu kriegen. Sergeant Wickersham arbeitete in Block A, auf einem extrem stressträchtigen Posten, weil er es so wollte, weil er sich hier offensichtlich heimisch fühlte.

Wickershams Mission war es, wie jeder von uns wusste, Vollzugsneulingen das Leben schwer zu machen – sie zu schikanieren, zusammenzustauchen, herunterzuputzen. Meine erste Begegnung mit Wickersham fand an meinem ersten Tag als regulärer Beamter statt. Ich hatte auf Galerie J Dienst, ein Stockwerk über den Flats von Block A. Jemand hatte mich gebeten, einen Verschlusshäftling aus der Zelle zu lassen, da der Mann einen Termin außerhalb des Blocks hatte. Ich war natürlich gerade mit zehn anderen Dingen beschäftigt und als ich die Zelle aufschloss, war der Gefangene noch in Boxershorts und es war klar, dass er noch ein

143

paar Minuten brauchte, um sich fertig zu machen. Als ich fünf Minuten später wiederkam, war er immer noch nicht bereit. Während ich vor der Zelle wartete, hörte ich mein Telefon klingeln. Der Gefangene schlurfte heraus. Aber dann trödelte er, trotz meines Drängens, herum; er hatte noch etwas mit seinem Zellennachbarn zu bereden und auch mit dessen Nachbarn. Offiziell hatte man einen Verschlusshäftling eine Galerie entlang zu eskortieren, indem man hinter ihm herging, aber bei diesem Mann würde mich das eine Stunde kosten. Unterdes klingelte mein Telefon. Ich wusste, dass ich den Häftling im Blick haben würde, wenn er am Zentraltor ankam, also rannte ich vor, um das Telefon abzunehmen.

Plötzlich versperrte mir Sergeant Wickersham den Weg. Vor ein paar Sekunden war er noch nicht da gewesen. Ich nickte grüßend, aber er nickte nicht zurück. «Warum ist der Gefangene draußen?», fragte er, als ob ihn das Sprechen Mühe kostete.

«Der Verschlusshäftlingsbeamte hat ihn angefordert», sagte ich.

«Und warum», sagte Wickersham, indem er die Worte sarkastisch in die Länge zog, «gehen Sie vor ihm her?»

«Da hab ich wohl was verbockt», sagte ich. «Sorry. Soll nicht wieder vorkommen.»

«Sorry?», sagte er, und seine Miene verzog sich, als hätte er gerade eine Portion Salz mit einem ohnehin schon bitteren Schluck Kaffee geschluckt. Sein Zorn schlug in Ekel um. Er hatte den Kampf gesucht und ich hatte mich einfach unterworfen. Wickersham sah mich jetzt an, als sei ich nicht einmal seine Verachtung wert. «Ha», sagte er. Und marschierte davon.

Ein andermal war ich auf Galerie M gerade bei der Zählung, als Wickersham wieder aus dem Nichts auftauchte.

«Haben Sie Angst, Ihre Schlüssel zu verlieren?», fragte er.

Ich hatte keine Ahnung, wovon er sprach. «Wieso?»

«Sie halten beim Gehen die *Hand* drauf», bemerkte er spitz. «Angst, jemand könnte sie Ihnen abnehmen?»

Ich sah auf das runde Dutzend Schlüssel, das an meiner Hüfte hing. Manchmal kam ich mir vor wie ein Schlittenpferd mit Glöckchen, wenn ich mit den Dingern herumlief, und wenn ich Zeit hatte, daran zu denken, und Häftlingen, die womöglich irgendetwas Verbotenes in ihren Zellen taten, mein Kommen nicht schon von fern ankündigen wollte, legte ich die Hand auf die Schlüssel, um das Klimpern zu dämpfen.

«Was ist da dabei?», fragte ich. Ich war mir sicher, dass es objektiv gegen gar nichts verstieß.

«Lassen Sie's bleiben.»

«Bleiben lassen? Warum?»

Wickersham marschierte davon.

Eines Tages musste ein Auszubildender namens Swiatowy einen Häftling abklopfen. Er forderte ihn auf, sich an die Wand zu stellen, und befahl ihm vorschriftsmäßig, alles aus den Taschen zu nehmen und ihm, Swiatowy, zu übergeben. Beim Transfer der Gegenstände fiel der Kamm des Häftlings auf den Boden. In unverschämtem Ton erklärte der Häftling Swiatowy, er solle ihn gefälligst aufheben. Swiatowy wies dies gerade von sich, als Wickersham auftauchte.

«Haben Sie ein Problem damit, den Kamm dieses Mannes aufzuheben?», fragte er. Swiatowy starrte ihn nur an. («Ich glaube, ich habe immer noch die Narbe auf der Zunge», erklärte er später.) Swiatowy sagte, er werde den Kamm aufheben, aber faktisch tat es dann doch der Häftling. Wickersham mochte ja formal Recht haben, aber sein Hauptanliegen schien es gewesen zu sein, den Beamten zu demütigen.

«Man darf ihm nicht zeigen, dass man Angst vor ihm hat», riet mir Miller eines Tages im Dienstantrittsraum. Miller war ein Kamerad aus meinem Lehrgang, der eine Menge Zeit in Block A zugebracht hatte. Er erklärte mir, das sei alles nur ein Test, Wickersham lasse schließlich die Leute in Ruhe, die ihm Paroli böten. So gewinne man seinen Respekt. Beim nächsten Zusammenstoß, beschloss ich, würde ich es ausprobieren.

Ich brauchte nicht lange zu warten. Ich hatte – diesmal in Block B – einen schwierigen Tag gehabt, unter anderem wegen einiger widersetzlicher Hausarbeiter. Ich war wieder auf R und W, Galerien, die, wie ich inzwischen gelernt hatte, als Hausarbeitergalerien bezeichnet wurden, weil so viele Insassen irgendwo im Gefängnis arbeiteten. Das Problem für den Galeriebeamten war, dass Hausarbeiter in Anerkennung ihrer Arbeit (die oft kaum der Rede wert war) normalerweise nachmittags duschen durften, sobald die anderen Häftlinge in der Freizeit waren. Manche Beamte ließen die Hausarbeiter jedoch schon vorher duschen und es war, wenn man sich an die Regeln halten wollte, ein ständiger Kampf, die duschgierigen Hausarbeiter in ihren Zellen zu halten, bis man befand, dass sie duschen gehen konnten.

An diesem Tag war es ein Sporthallenarbeiter, der, nur in Bademantel und -latschen, eine halbe Stunde zu früh vor den verschlossenen Duschzellen erschien.

«Keine Dusche, ehe die Freizeit angefangen hat», beschied ich ihn. «Warten Sie in Ihrer Zelle.»

«Ich darf immer jetzt duschen, Schließer.»

«Heute nicht», sagte ich. «Gehen Sie wieder in Ihre Zelle. Hausarbeiterdusche erst während der Freizeit.»

Mama Cradle hatte schon begonnen, «die Programme abzufahren» – einzelne Ziele wie Bibliothek oder Verkaufsstelle aufzurufen, zu warten, dass sich die jeweiligen Häftlinge am Haupttor sammelten, und sie dann mit einer Eskorte ausrücken zu lassen –, deshalb hatte ich alle Hände voll zu tun, die Zuhaltung zu lösen. Der Häftling wollte nicht in seine Zelle zurückgehen. Ich hielt ihn noch einmal dazu an. Als ich das nächste Mal vorbeikam, stand er immer noch da, also gab ich ihm eine «direkte Anweisung», die letzte Stufe vor einer Fehlverhaltensmeldung, und als ich ihn kurz darauf immer noch draußen stehen sah, schloss ich seine Zelle ab. Ich sagte mir, dass er so nicht von der Galerie verschwinden konnte, weil er ja nicht an seine Kleider kam, und dass ich mich mit ihm befassen würde, wenn ich Zeit hätte.

Dann wurde ein Häftling an meiner Galerie in den Besuchsraum gerufen, was hieß, dass er das Recht hatte zu duschen. Ich schloss ihm eine Dusche auf. Mein widerspenstiger Hausarbeiter lungerte vor der Duschzelle herum. «Sie gehen da nicht rein, wenn er fertig ist», warnte ich ihn. Aber als ich das nächste Mal vorbeikam, stand er unter der Dusche und seifte sich ein. (Die meisten Duschzellen haben keinen Vorhang.) Ich kann's kaum erwarten, diesen Kerl aufzuschreiben, dachte ich.

Als die Freizeit schließlich begonnen hatte, die meisten Häftlinge weg waren und einigermaßen Ruhe herrschte, ging ich meinen ungehorsamen Hausarbeiter holen, um ihn einzuschließen. Aber er war nicht da. Ich suchte drüben auf der anderen Hälfte der Galerie. Verschwunden. Mist. Er musste sich Klamotten von einem Kumpel geborgt haben und mit den anderen in den Hof gegangen sein. Aber ich wusste ja, wer er war, und konnte ihn trotzdem aufschreiben. Dann würde ihn der nächste Beamte einschließen.

Als ich die Fehlverhaltensmeldung fertig gestellt hatte, war der Sergeant meiner Schicht weg. Stattdessen war jetzt ein weniger hilfsbereiter Sergeant da. Er könne meinen Bericht nicht unterschreiben, sagte er. Ich müsse ihn zum Dienstleiter bringen.

Der Dienst habende Lieutenant war ein halber Analphabet. Ich half ihm, sich durch meinen Bericht zu buchstabieren, gab mir alle Mühe, geduldig zu sein, mich in eine gewisse Dumpfheit zu hüllen. Es waren nur zwei Absätze. Schließlich war er durch.

«Da sind zu viele Schlupflöcher drin», erklärte er zweimal hintereinander. Der Verstoß war so klar und eindeutig und meine Darstellung so schlicht und geradlinig, dass mir der Kragen zu platzen drohte. «Das verstehe ich nicht», sagte er schließlich und ließ das Blatt auf seinen Schreibtisch fallen.

«Was verstehen Sie nicht?», fragte ich, bemüht, den Sarkasmus zu unterdrücken, der meine einzige Waffe gegen so viel Inkompetenz war. Hinter mir war, ohne dass ich es mitgekriegt hatte, Sergeant Wickersham eingetreten. Jetzt gab er dem Lieutenant ein Zeichen.

«Holen Sie ein neues Formular, dann sprechen wir uns nebenan», sagte er, als täte er mir einen Gefallen. Ich war vor ihm in dem Büroraum und ein Beamter, der am anderen Ende saß, riet mir, mich abzuregen.

Wickersham nahm nicht den Klappstuhl, den ich neben meinem aufgestellt hatte. Er setzte sich auf einen anderen, weiter weg. Er befahl mir, ja nichts auf das neue Formular zu schreiben, in einem Ton, der suggerierte, dass ich doch nur Pfusch machen würde. Dann las er meinen Bericht durch und korrigierte darin herum. Mein «seine Zelle» wurde zu «die Zelle». «Was glauben Sie, wem die Zelle gehört?», knurrte Wickersham. «Dem Häftling? Oder dem Steuerzahler, der hunderttausend Dollar für jede dieser Zellen hingelegt hat?» Er forderte mich auf, ihm die ganze Geschichte zu erzählen, und ich musste mich tatsächlich ziemlich anstrengen, um mich genau zu erinnern, weil ich auf der Galerie so überfordert gewesen war. Als er hörte, dass ich keinen Sergeant gerufen und den Kerl nicht gleich in der Dusche eingeschlossen hatte – auf die Idee war ich gar nicht gekommen –, schäumte Wickersham. «Das ist der Gipfel der Peinlichkeit!», erklärte er, meinen Bericht schwenkend. «Er lacht Sie jetzt aus, erzählt herum, wie er Sie verarscht hat! Sie dachten, Sie könnten es vermeiden, sich mit ihm auseinander zu setzen, und stattdessen hierher rennen – zu Daddy!»

«Sarge, ich habe keine Angst vor den Häftlingen. Ich habe heute zweien den Hofgang gestrichen und –», begann ich. Mir war ja irgendwie klar, dass ich die Situation falsch gehandhabt hatte, aber so, wie Wickersham mit mir umging, konnte ich unmöglich einen Fehler eingestehen.

«Peinlich! Demütigend!», wiederholte er mehrfach. Als er aufstand und sich abwandte, bedeutete mir der Beamte, der mir vorher schon gesagt hatte, ich solle mich abregen, noch einmal, es locker zu nehmen.

«Kann ich mal was fragen?», unterbrach ich Wickersham.

«Was?»

«Selbst wenn ich Mist gebaut habe – was ich ja jetzt einsehe –, ändert das was dran, dass er getan hat, was er getan hat?»

Der Sergeant antwortete nicht, erging sich nur weiter brummelnd über meine Sünden und Verfehlungen. «Der Gipfel der Peinlichkeit!»

Wickersham trat an den Schreibtisch und warf theatralisch meine gesamten Schriftstücke in den Papierkorb. Ich versuchte, seinen grimmigen Blick zu erwidern, aber er guckte weg. So viel zum Respekt, den es einem eintrug, ihm Paroli zu bieten. Jetzt war dieser Tag für mich endgültig ein Debakel gewesen. Wickersham begann im Raum herumzustapfen.

«Sind wir fertig?», fragte ich.

«*Ich* bin fertig», sagte er. Und marschierte davon.

Ein bärbeißiger alter Akademieausbilder mit Militärhaarschnitt und einem anscheinend an seiner Hand festgewachsenen Kaffeebecher hatte gesagt, wir sollten aus seinen Fehlern lernen: Er habe neben seinem Job in einem Gefängnis im Norden des Staates noch bei der lokalen Polizei gearbeitet und daran sei seine Ehe zerbrochen.

«Acht Stunden Cop sein ist genug», erklärte er. «Wenn Sie noch was nebenbei machen müssen, dann bloß keine Polizeiarbeit. Und wenn Sie einen wirklich guten Rat wollen: Machen Sie gar keinen Nebenjob. Treiben Sie Sport, gehen Sie einem Hobby nach, basteln Sie an Ihrem Auto herum – tun Sie irgendwas, um das Gefängnis hinter sich zu lassen. Nehmen Sie's nicht mit nach Hause zu Ihrer Frau und Ihren Kindern.»

Ich war an jenem Juniabend, nach der Konfrontation mit Wickersham, noch neu genug in diesem Job, um zu glauben, dass ich abends das Gefängnis hinter mir lassen könnte. Als ich nach Hause kam, ging ich laufen, trank ein Bier zum Abendessen und half dann meinem zweieinhalbjährigen Sohn in den Schlafanzug. Es gelang mir ganz gut, nicht an die Arbeit zu denken, bis ich

149

bemerkte, wie seine kleine Schwester in ihrem Bettchen stand, die Hände um die Gitterstäbe, und uns zuguckte. Das erinnerte mich fatal an das, was ich den ganzen Tag über sah. Diese beiden Jobs waren zu ähnlich, dachte ich angewidert. Mein Sohn, überdreht vor Müdigkeit, wollte sich nicht die Zähne putzen und traf mich, als er sich sträubte, versehentlich mit der Hand ins Auge. Ich packte ihn wütend und brüllte ihn so heftig an, dass er zu weinen begann. Na ja, einen Unterschied gab es doch zwischen ihm und den Häftlingen, dachte ich verbittert, während ich uns beide zu beruhigen versuchte. Er war am Boden zerstört, wenn ich wütend wurde; sie dagegen schienen Energie daraus zu ziehen.

Ein, zwei Monate später machten Margot und ich allein einen Kurzurlaub auf Jamaica. Mein Freund und Kollege Miller hatte mich, halb scherzend, davor gewarnt, Urlaub zu machen, da seiner Erfahrung nach der kurze Ausstieg den Widerwillen beim Zurückkommen nicht lohne. Doch als ich Badehose, Sonnenbrille und Walkman einpackte, wusste ich, dass es die richtige Entscheidung war. Dort draußen gab es ein anderes Leben, ein lebenswertes Leben.

Während der ersten drei Tage in den Tropen hatte ich, wenn ich dick eingeölt in der Sonne lag oder, einen Rum-Drink in der Hand, aufs Meer guckte, das Gefühl, Sing Sing weit hinter mir gelassen zu haben. Dann, in der vierten Nacht, träumte ich lebhaft von Sergeant Wickersham. Wir waren zusammen irgendwo in den Bergen auf der Jagd, zu Pferd. Er war immer noch mein Vorgesetzter, aber im Traum mir gegenüber sehr tolerant. Plötzlich zeigte er nach links: Auf einem Felsgrat stand, in gelbes Licht getaucht, ein Tiger. Kein gewöhnlicher Tiger, sondern doppelt so groß. Er wirkte ganz zahm, aber ich wusste, er konnte sehr, sehr gefährlich sein. Psst, sagte der Sergeant, sagen Sie keinem, dass hier oben ein Tiger ist, sonst kommen alle Jäger und wollen ihn schießen. Alle anderen denken, es gibt hier keine Tiger mehr. Er verriet mir ein Vollzugsbeamtengeheimnis.

Der Tiger hatte uns gerochen oder gesehen und ich beobachtete, wie er unsere Spur aufnahm und immer näher herankam. Ich hatte das Gefühl, dass er nicht *uns* folgte, sondern *mir*. Wickersham und ich ritten durch eine gläserne Schwingtür in einen Raum, dann waren nur wir beide und der Tiger dort drinnen. Es gibt da einen Trick, sagte Wickersham: Der Tiger ist hier, weil wir Shrimps in den Satteltaschen haben. Zerkauen Sie ein paar davon und bespucken sie ihn damit. Ich tat es und der Tiger zögerte, flüchtete – was offenbar etwas mit den Gewürzen zu tun hatte. Dann kam der Tiger wieder zurück und auf mein Pferd und mich zu. Ich wiederholte den Trick, spielte aber diesmal den Vorgang nur. Und schlug ihn in die Flucht, indem ich lediglich so tat, als wollte ich ihn bespucken! Das verblüffte mich so sehr, dass ich aufwachte. Ich zitterte vor Glück. Oder war es Angst?

Ich zerbrach mir mehrfach den Kopf über diesen Traum und schrieb ein paar Wochen später sogar einem Freund davon. «Mir scheint, es geht da um Macht, Angst, Raubtierverhalten», schrieb Jay zurück. «Du stehst mitten zwischen zwei Tigern, Wickersham und der Masse der Häftlinge; du benutzt eine Häftlingstaktik – Bespritzen mit Körperflüssigkeit – um dich zu verteidigen. Dass es klappt, ist bedeutsam: Es zeigt, dass du weißt, du kannst von Wickersham, bei all seiner Boshaftigkeit, doch etwas Wichtiges lernen. Aber gleichzeitig ist er für dich ein mächtiger Tiger.» Dass der Tiger in den Raum komme, meinte Jay, stehe für das Gefängnis, unterdrückte Wildheit zwischen Wänden.

Das erschien mir plausibel, aber dort auf Jamaica war es mir längst nicht so klar. Da wusste ich nur, dass mein Körper zwar zweitausend Meilen weit weg sein mochte, meine Psyche aber immer noch in Sing Sing gefangen saß.

Viele Beamte waren sauer auf Wickersham und es freute mich, als einer meiner Lieblingskollegen, Goldman aus Block B, zu unserem Club stieß. Goldman war aus Queens, ein mit allen Wassern gewaschener, kräftiger Ex-Air-Force-Soldat in den Vierzigern und in meinen Augen nicht unterzukriegen. Eines Tages hatte ich gerade die Zuhaltung auf R und W gelöst, als ein aufgekratzter Häftling die Galerie entlangrannte (was gegen die Regeln verstieß) und mich so heftig von hinten rammte, dass ich beinahe hinflog. Es war offensichtlich ein Versehen, auch wenn ich mir im ersten Moment nicht ganz sicher war. In diesen ersten Sekunden tauchte Goldman aus dem Treppenhaus auf. Während sich der Häftling bei mir entschuldigte, taxierte Goldman die Situation und wartete auf mein Urteil: Er war bereit, sich auf den Mann zu stürzen, wenn ich befand, dass es ein Angriff gewesen war. Ich kannte Goldman kaum, aber damit hatte er sofort mein Herz gewonnen.

Goldman hatte eines Tages am Tor zu Block B Dienst, als drinnen ein Rotpunktalarm losging. Vorschriftsgemäß ging er hinaus und schloss das Tor von außen ab. Wenige Minuten später traf Wickersham mit ein paar Rotpunktbeamten aus Block A ein.

«Was haben Sie gesehen?», fragte der Sergeant, während Goldman das Tor aufschloss.

Goldman erklärte Wickersham, wo seiner Einschätzung nach der Alarm gegeben worden war, welche Beamten vermutlich involviert waren und wer bereits reagiert hatte.

«Nichts haben Sie gesehen», erwiderte der Sergeant mit einer wegwerfenden Handbewegung.

«Hey», rief Goldman, als der Sergeant an ihm vorbeistürmte. «Ich bin ein erwachsener Mensch – Sie können mich ruhig auch so behandeln.»

Wickersham drehte sich um und sagte, wie Goldman später erzählte: «Ist nicht mein Job, Sie zu betütteln.»

Gekränkt beschwerte sich Goldman offiziell über den Sergeant. Er sei zu oft von Wickersham respektlos behandelt worden, erklärte er ein, zwei Tage später einigen Beamten aus Block B, und zu alt, um sich so etwas gefallen zu lassen.

«Ach, nehmen Sie's ein bisschen lockerer», riet ihm Chilmark,

der Dienstleiter. «Wick nimmt doch keiner ernst. Der ist doch ein
verflixter *Spinner*.»

Spinner wurden in Sing Sing alle irgendwie auffälligen, «verrückten» Insassen genannt. Ich hatte dieses Wort noch nie in Zusammenhang mit einem Beamten gehört, immer nur bezogen auf
Häftlinge. Aber es klang plausibel, wenn man hinzunahm, was
sonst noch über den Sergeant kursierte. Eines konnte jeder sehen:
dass er mehrere kreisrunde Narben auf dem rechten Unterarm
hatte. Es hieß, er sei in Vietcong-Gefangenschaft gewesen. Nach
seiner Rückkehr habe er als Vollzugsbeamter in Sing Sing angefangen und gerade mal zweieinhalb Wochen hinter sich gehabt,
als er und sechzehn andere Beamten bei der Revolte in Block B im
Jahr 1983 als Geiseln genommen und über fünfzig Stunden lang
festgehalten worden seien. Diese Narben, hieß es allgemein, kämen von brennenden Zigaretten, mit denen er bei einem dieser
Gefangenschaftserlebnisse traktiert worden sei.

Auf diese Geschichten hin sah ich ein paar Zeitungsberichte
von damals durch. Ein großes Foto, unmittelbar nach Beendigung
des Aufstands gemacht, zeigte einen bärtigen, jungen Wickersham
als Sprecher der soeben freigelassenen Geiseln. Statt der dominan-
ten Vaterfigur, die uns zu unserem Besten drangsalierte, war da
ein kettenrauchender Dienstanfänger, der die Reporter anflehte:
«Seien Sie nachsichtig mit mir – ich bin ein bisschen nervös.»
Opfer einer Geiselnahme zu werden – sich plötzlich in einem Todestrakt zu finden, in der Hand unberechenbarer Häftlinge –
konnte einem Menschen tiefen Schaden zufügen. Ich dachte an
Sergeant Bloom. Welche Spuren hatten jene entsetzlichen Tage in
Wickershams Psyche hinterlassen?

Irgendwo, dachte ich, hasste Wickersham unsere Naivität,
wollte er uns durch seine Schikanen davon kurieren. Aber auf einer anderen Ebene versicherte er sich vielleicht auch – indem er
die Beamten auf Trab hielt und dafür sorgte, dass alles nach den
Regeln lief – dagegen, so etwas noch einmal erleben zu müssen.
Im Gefängnis war diese Mission niemals beendet. Immer wieder

brauchten neue Beamte Anleitung, mussten Gefangene gehört und gleichzeitig in Schach gehalten werden. Wickersham, dachte ich, zog vermutlich eine Art Lebenssinn daraus, uns zwanghaft im Nacken zu sitzen. Zum Teil mochte das sogar einem großmütigen Impuls entspringen. Aber heraus kam es in Form von Gemeinheit.

Im Juli wurde ich für zwei Wochen fest als Aufsicht habender Beamter für die Sporthalle von Block A eingeteilt. Dieser riesige Raum füllte sich vormittags, nachmittags und abends mit Häftlingen, und meine Tagschicht umfasste zwei dieser Perioden. Die Sporthalle galt als relativ angenehmer Posten, weil man im Allgemeinen nicht viel Zeit damit zubringen musste, den Leuten zu sagen, was sie tun sollten. Der reguläre Beamte, der jetzt im Urlaub war, machte seit Jahren hier Dienst. Der Hauptnachteil war das Risiko. An einem kalten oder regnerischen Tag konnten bis zu vierhundert Gefangene in die Turnhalle strömen und es gab Momente, in denen ich der einzige Beamte dort war.

Je nach Tageszeit waren acht bis zwölf Hausarbeiter für die Sporthalle eingeteilt. Ich müsse, erklärte man mir, ihre Arbeitsstunden an die Verwaltung durchgeben und daher eine Anwesenheitsliste führen. (Die zwölf bis fünfzehn Cents Stundenlohn wurden ihrem Einkaufskonto gutgeschrieben.) Da ich wusste, was für ein wiederborstiger, eng zusammenhaltender Haufen die Hausarbeiter aus Block B waren, sagte ich mir, dass es besser sei, der Crew gleich klar zu machen, wer hier das Sagen hatte.

Sie kamen, noch ehe die Freizeit ausgerufen war, angeblich, um mit der Putzerei durchzukommen. Es gab eine Menge zu tun, weil für den nächsten Tag eine Blockinspektion angesagt war. Die Sporthalle hatte ein reguläres Basketballfeld mit Zuschauerplätzen ringsherum, einen Krafttrainingsbereich, der noch einmal etwa halb so groß war, einen Sitzbereich mit Tischen und Bänken zum Karten-, Schach-, Dominospielen etc. und zwei Fernsehbe-

reiche. Außerdem gab es noch einen abgeschlossenen Geräte-
raum, vor dem sich mein Platz befand, ein erhöhter Schreibtisch
mit Mikrophon. Statt sich flugs an die Arbeit zu machen, stellten
die Sporthallenarbeiter die Fernseher an und ließen sich davor
nieder. Ich stellte den Apparat ab, auf den die meisten von ihnen
guckten.

«Gentlemen, ich werde die nächsten zwei Wochen hier sein
und möchte mit Ihnen drüber reden, wann was geputzt wird und
von wem.»

Sie saßen schweigend da.

«Zum Beispiel: Wer putzt normalerweise heute hier?»

Zunächst sagte keiner etwas. Sie starrten mich gleichgültig bis
trotzig an. Schließlich sprach ein dicklicher Häftling, der, wie ich
später erfahren sollte, mit Spitznamen Rerun hieß. «Normalerweise putzt heute hier gar keiner», sagte er. «Dienstags ist frei.»

«Frei, aha. Und wann putzen Sie dann?»

«Montags, mittwochs und freitags. Wir wissen, was wir zu tun
haben.»

Ich versuchte ihnen weitere Einzelheiten abzuringen, aber es
kam nichts mehr. Hausarbeiter zu feuern war, das wusste ich, eine
bürokratische Prozedur von Wochen; ich würde schon längst wo-
anders Dienst haben, ehe sich das Räderwerk auch nur in Bewegung gesetzt hätte. Und offenbar war der reguläre Beamte ja mit
diesen Männern zufrieden. Ich bereute, diesen Weg überhaupt
eingeschlagen zu haben, und musste mich schließlich mit einer als
Befehl verkleideten Bitte begnügen. «Diese Simse da oben? Die
sind voller Staub und die Inspektoren werden genau hingucken.
Also sorgen Sie dafür, dass sich morgen jemand darum kümmert.»

«Die Simse kontrollieren sie nie», kam es prompt zurück,
während ich zu meinem Tisch zurückkehrte. Und wieder gingen
die Fernseher an.

Am nächsten Tag machten sich, zu meiner Überraschung,
sechs oder sieben Hausarbeiter gleich nach ihrer Ankunft ernst-

haft an die Arbeit. Eine halbe Stunde fegten und wischten sie und beseitigten den Müll. Wie angekündigt, ließen sie die Simse aus. Die Halle sah ziemlich sauber aus und die Inspektoren kamen nicht.

Ich wurde etwas entspannter und begann allmählich, die komplexe Sporthallenkultur zu durchschauen. Da war natürlich eine große Basketballszene – tatsächlich eine ganze Liga, mit offiziell bezahlten Häftlingsschiedsrichtern, einem Punktestandsanzeiger und Spielen alle zwei Tage. Die Spiele waren oft spannend – manchmal guckten sogar ein paar Beamte zu –, aber auch strapaziös für die Nerven, da die Zuschauermassen, die von populären Teams angelockt wurden, parteiisch waren und die Spieler zuweilen Schlägereien anfingen.

Krafttraining war ebenfalls sehr beliebt und als ich noch neu in Sing Sing war, fand ich es einschüchternd, mit den mächtigen, muskelbepackten Häftlingen konfrontiert zu sein, die es ernsthaft betrieben. Aber bald merkte ich, dass diese zielstrebigen, disziplinierten Häftlinge fast nie diejenigen waren, die Probleme machten, und ich kam immer mehr zu der unter Vollzugsbeamten vorherrschenden Meinung, dass die Hanteln und Kraftmaschinen wichtig und nützlich waren. Die einzige Klage, die ich je von Beamten hörte, war, dass die Trainingsgeräte der Häftlinge sehr viel besser waren als die, die dem Vollzugspersonal in dem kleinen Trainingsraum des Verwaltungsgebäudes zur Verfügung standen.

Außer diesen Aktivitäten bot die Sporthalle mancherlei Überraschungen. An einem geschäftigen Tag wirkte sie fast wie ein Bazar. Täglich versammelten sich ein Dutzend Fans von *Zeit der Sehnsucht* treu und brav vor der neuesten Folge ihrer Lieblingssoap. Hinter ihnen wurde mit großem Ernst Scrabble, Schach, Dame und Bridge gespielt. (Einer der Bridgespieler, bekannt unter dem Namen Drywall – ein weißbärtiger Mann mit Dreadlocks –, kam aus Haus 5; mehr als einmal baten mich seine Partner, wenn er nicht pünktlich da war, dort anzurufen und zu fragen, ob er unterwegs sei, damit sie schon mal anfangen konnten.) Am Tisch neben den Spieltischen verkaufte ein älterer Mann selbst gemalte Grußkarten zu allen Anlässen, um Geld für die Jaycees zu sammeln, eine der «offiziell gebilligten Häftlingsorganisationen» von Sing Sing. In einer entfernten Ecke, am Fuß einer kleinen Treppe, trainierte regelmäßig eine Gruppe Häftlinge irgendeine Kampfsportart. Kampfsport war zwar offiziell verboten, aber diese Männer waren so betont unauffällig und die Regel erschien mir so verfehlt, dass ich nicht einschritt. Auf dem Männerklo rauchten Häftlinge – ebenfalls gegen die Regeln, aber, soweit ich es beurteilen konnte, stillschweigend akzeptiert.

Ein raumhohes Netz trennte diese Bereiche vom Basketballfeld. Am Rand des Spielfelds flocht ein Transvestit, der unter dem Namen Miss Jackson lief, Zuschauern Zöpfchenfrisuren oder bügelte ihnen mit einem der elektrischen Bügeleisen, die die Häftlinge in der Sporthalle benutzen durften, ihre Kleidung. Als Bezahlung erhielt Miss Jackson Newport-Zigarettenpäckchen – die gefragteste Marke in der Verkaufsstelle. Miss Jackson schien eine sanftmütige Person, die alles daransetzte, bemerkt zu werden: Sie weitete den Halsausschnitt ihres Sweatshirts, bis er eine Schulter freigab, und schnitt muschelförmige Löcher in Vorder- und Rückenteil, was einen gewissen ästhetischen Reiz ergab. Sie trug oft Walkman-Kopfhörer ohne Walkman, einfach nur der Optik wegen. Sie musste ein Vermögen in Zigaretten machen und ich fragte mich, wofür sie es ausgab.

Auf dem Basketballfeld, nur ein paar Meter von Miss Jacksons Unternehmen, standen einmal vier Mitglieder der Nation of Islam, mit kurzem Haar, langen Ärmeln und Fliege, in einem engen Kreis und rügten aufs strengste ein weiteres Mitglied der Gruppe, das offenbar auf irgendeine Art und Weise gefehlt hatte. Einer der Männer war Sporthallenarbeiter, einer der freundlicheren. Das unmittelbare Nebeneinander solcher Gegensätze – die Ideologen der *Nation* und die Möchtegern-Sexbombe – erinnerten mich an das Straßenleben in New York City.

Ich patrouillierte alle fünfzehn, zwanzig Minuten durch die

Halle, stellte sicher, dass niemand zu offensichtlich rauchte, wies Häftlinge mit *Do-rags* an, dieselben abzunehmen (Verstoß gegen das Verbot von Kopfbedeckungen innerhalb des Gefängnisses), und machte eine Lautsprecherdurchsage, wenn in der Reihe von Häftlingstelefonen an den Flats, in der Nähe des Haupttors, eins frei geworden war. (Häftlinge, die sich in eine Liste eingetragen hatten, konnten die Erlaubnis bekommen, telefonieren zu gehen.) Es war im Ganzen kein übler Job und ich hätte wohl traurig sein sollen, als es vorbei war. Aber ich war wie gewöhnlich nur froh, dass unter meiner Aufsicht nichts Schreckliches passiert war.

Ich war eine Weile nicht mehr in Block A gewesen – Sergeant Holmes hatte mich immer nach Block B geschickt, wo ich lieber arbeitete – aber eines Tages war da ein anderer Dienstplansergeant und ich musste wieder hin. Es war betrüblich, feststellen zu müssen, dass Rufino immer noch der Aufsicht Habende war. Wochenlang, wie mir schien, hatte er ein mächtiges blaues Auge spazieren getragen, das Geschenk eines Häftlings, den er geärgert hatte und der eines Tages in Rufinos winziges Büro marschiert war und ihm eins aufs Auge gegeben hatte. Hätte keinen Würdigeren treffen können, dachte ich. Wickershams sadistische Art schien Rufino in der seinen zu bestärken, sie waren ein schikanöses Zwillingsgestirn. Kurz nachdem Rufino die Faust aufs Auge gekriegt hatte, hatte er mich am Eingangstor mit Allen schwatzen sehen, während ein Verschlusshäftling, den ich zum Krankenhaus zu eskortieren hatte, ein Stück neben uns wartete. Rufino beorderte mich in sein Büro. «Man dreht *niemals* einem Häftling den Rücken zu», tadelte er mich grimmig.

Leider war es in der Praxis unmöglich, sich nicht gelegentlich von einem Häftling abzuwenden – wie Rufinos blaues Auge belegte. Aber darauf wies ich ihn nicht hin.

«Ja, klar, richtig», sagte ich.

Als ich das erste Mal wieder in Block A ankam, nannte ich

Rufino meine Postennummer und erfuhr, dass ich Eskortenbeamter war, was mich entzückte. Ich würde zwar kurzzeitig auf dieser oder jener Galerie sein, aber auch über längere Strecken nicht, weil ich Häftlinge in die Kantine und später dann zur Verkaufsstelle, zum Paketraum oder zum Schulgebäude begleiten musste. Ich entspannte mich, weil ich wusste, dass ich nicht für eine mir unvertraute Galerie verantwortlich sein würde.

Doch bevor ich verschwinden konnte, kam Wickersham aus seinem Büro und überflog den Tagesdienstplan. Die Galerien L und P, ganz oben, waren einem absoluten Neuling zugewiesen worden. Der Bursche war so neu, dass es ihn noch nicht mal zu beunruhigen schien. Wickersham musterte uns, die wir im Büro des Dienstleiters herumstanden. «Tauschen Sie ihn mit Conover», wies er Rufino an.

Arschloch! Hatte er's auf mich abgesehen? Ich war mir dessen sicher, bis dann jemand meinte, Wickersham halte mich vielleicht einfach für einen kompetenten Galeriebeamten und habe sich gesagt, dass vermutlich weniger schief laufen würde, wenn ich dort oben sei. Ich hegte Zweifel an dieser Theorie und außerdem war es auch kein großer Trost. Ich würde den ganzen Tag auf L und P sein.

Dort oben gab es eine Menge Verschlusshäftlinge, was nie gut war. Auf P-Nord war die Konzentration besonders hoch: zehn Verschlusshäftlinge, jeder Vierte. Einige von ihnen saßen in nebeneinander liegenden Zellen, was das ungute Klima noch verdichtete. Die meisten gingen etwa eine Stunde nach Beginn meines Diensts in die Verschlussfreizeit. Meine Probleme begannen, als sie eine Stunde später wiederkamen. Als der Aufsicht habende Beamte ihre Rückkehr über Lautsprecher ankündigte, bestand meine erste Aufgabe darin, die Galerie von anderen Häftlingen zu räumen. Das sollte die Gefahr von Zwischenfällen minimieren – es war schon Chaos genug, einen Haufen Verschlusshäftlinge auf der Galerie herumlaufen zu haben. Momentan waren auf der Galerie nur drei, vier Hausarbeiter. Zwei von ihnen ließen sich Zeit, zu ihren Zellen zurückzukehren. Als ich die Verschlusshäftlinge kommen – und Wickersham beim Endtor lauern – sah, befahl ich den beiden Bummlern, in eine leere Duschzelle neben meinem Büro zu treten.

«Ey, Schließer, das ist doch Blödsinn!», protestierte der eine laut.

«Yeah, Schließer, der Reguläre will das nie», sprang ihm der andere bei. Ich bugsierte sie trotzdem in die Dusche, aber ihr Gezeter steckte die zwei, drei Verschlusshäftlinge an, deren Zellen jenseits der Dusche lagen.

«Lassen Sie sie draußen bleiben, Schließer!»

«Sie sind zu hart, Mann!»

«Wollen Sie eine Sklavenrevolte lostreten, Schließer? Ist es das, was Sie wollen?»

Für so etwas war es noch zu früh am Tag, befand ich. Ich marschierte zu dem lautesten Verschlusshäftling hinüber – P-49, ein ziemlich beängstigend aussehender Typ mit wilden Dreadlocks, schmutziger Kleidung und einem grauen, trüben Auge.

«Was ich tue, ist absolut angemessen, und das wissen Sie auch», sagte ich, bemüht, meine Stimme leise zu halten, aber unfähig, Gelassenheit zu bewahren. «Tun Sie mir einen Gefallen. Halten Sie den Mund und lassen Sie mich meinen Job machen.»

«Hoho, ‹halten Sie den Mund!› Der Schließer sagt mir, ich soll den Mund halten!», krähte er aufgedreht, als ich davonging. Andere griffen Ton und Wortlaut auf. «Der Schließer hat ihm gesagt, er soll den Mund halten!» Ich ging zum Zentraltor zurück, um die ankommenden Verschlusshäftlinge in ihre Zellen zu schließen.

Keine Sekunde zu früh. Die Verschlusshäftlingsbeamten, die stets darauf bedacht waren, zusätzliche Arbeit zu vermeiden, verschwanden bereits die Zentraltreppe hinunter.

«Hey!», rief ich ihnen nach, während sie unten darauf warteten, durchs Zentraltor geschlossen zu werden. «Wie wär's, wenn Sie noch zwei, drei Minuten bleiben würden, um mir zu helfen, diese Verschlusshäftlinge wieder einzuschließen? Ich habe hier dreißig Mann rumlaufen und weiß von keinem einzigen, wo er hingehört. Wollen Sie mich damit allein lassen?» Brummelnd kamen sie wieder herauf.

Um elf, als die Zählung anstand, kam eine Beamtin, die neuer war als ich, auf die Galerie: Officer Reid, eine große Rothaarige, mit der ich während ihrer praktischen Ausbildung einen Tag zusammen Dienst gehabt hatte. Der Aufsicht habende Beamte hatte sie losgeschickt, «die Runde» zu machen – eine Liste zu erstellen, wo jeder einzelne Häftling nach dem Mittagessen zu sein gedachte, damit man ihn finden konnte, falls er Besuch bekam, einen Arzttermin vergessen hatte oder dergleichen. Diese Liste wurde gleichzeitig mit der Zählung gemacht. Dafür blieb man an jeder einzelnen Zelle stehen und fragte etwa: «L-3, wo wollen Sie heute Nachmittag hin?»

Um die Häftlinge zu warnen, damit sie sich angezogen präsentierten und anständig benahmen, riefen Beamtinnen immer «Frau auf der Galerie!», ehe sie losgingen. Auf diesen Ruf hin wurden normalerweise ein Dutzend Spiegel durch die Gitter gestreckt, auf dass die Besitzer die Beamtin ausgiebig mustern konnten. Manchmal flogen obszöne Bemerkungen durch die Luft, heute besonders von P-Nord.

«Hey, Rotschopf! Zeig mir deine rote Pussi!», rief ein Häftling. «Kriegst es nicht ordentlich besorgt, was, Rotschopf?», schrie ein anderer. «Ich besorg's dir!» Ich hatte ein ungutes Gefühl, als Officer Reid tapfer P-Nord entlangmarschierte. Sie war nicht von der harten Sorte, einfach nur ein Mädel vom Land, das einen Job brauchte. Und mit ihrem Aussehen erregte sie Aufmerksamkeit. Manchmal versuchten Häftlinge, auf Beamtinnen zu ejakulieren; zwei Lehrgangskameradinnen von mir war das bereits passiert. Ich hielt ein Auge auf Officer Reid, bis mein Telefon klingelte.

Zwei Minuten später stand Reid wieder in meinem Büro.

«Haben Sie ein Meldungsformular?», fragte sie aufgewühlt.

«Was war denn?», fragte ich und reichte ihr eins.

«Masturbierer», sagte sie.

«Zelle?»

Sie sagte es mir. Sie wirkte sehr müde.

«Hat schon Verschluss – schade», sagte ich, als ich meine Liste konsultiert hatte. «Sonst noch was?» Reid schüttelte den Kopf. Ich rief im Sergeant-Büro an – wo sich Wickersham meldete – und gab Bescheid. Wickersham sagte, ich solle sie runterschicken.

Ich marschierte P-Nord hinunter.

«Was soll das, verdammt nochmal?», fragte ich den Häftling. Er lag auf seiner Pritsche, Hosenladen zu, sichtlich selbstzufrieden. Er antwortete nicht. Weiter oben im Norden, hatte ich gehört, kam so etwas nicht oft vor. Wenn ein Häftling dort ein falsches Wort zu einer Beamtin sagte, bereute er es rasch.

«Haben Sie den Sergeant schon gerufen, Schließer?» Das war die Stimme von P-49, dem Verschlusshäftling, dem ich am Morgen gesagt hatte, er solle den Mund halten. Seither nervte er mich die ganze Zeit, er wolle einen Sergeant sprechen. Ich hatte den Sergeant, einen Mitarbeiter von Wickersham, bereits angerufen; er wusste, dass P-49 ihn sprechen wollte, und hatte gesagt, er werde kommen. Das wiederum hatte ich P-49 bereits mitgeteilt. Ich sagte es jetzt noch einmal, ziemlich unwirsch, und setzte hinzu, mehr könne ich nicht für ihn tun.

«O doch, können Sie wohl, Schließer. Sie können mir den Schwanz lutschen!», verkündete P-49 laut. Von den anderen Verschlusshäftlingen auf P-Nord kam beifälliges Gejohle, während ich davonging.

P-49 nervte mich weiter. Unseligerweise lag seine Zelle neben meinem Büro. «Weg von meiner Zelle, Schließer», rief er, wenn ich vorbeikam. «Geh zurück in die Pampa, du Landei.» Seine Nachbarn bildeten den johlenden Chor.

«Er sieht aus wie eine Marionette, stimmt's?», spottete er, während ich mich bemühte, meinen Zorn im Griff zu behalten. Ich wusste, ich hatte eine schlenkernde Art zu laufen, aber über meinen Gang hatte das noch niemand gesagt.

Meine Nerven lagen blank. Ich hatte bemerkt, dass er seinen Spiegel herausstreckte, um mitzukriegen, wann ich mich näherte, und dass er ihn manchmal verbotenerweise auf dem Gitter stehen ließ. Einmal hatte ich versucht, mir den Spiegel zu greifen, aber er hatte es geahnt und ihn mir gerade noch weggeschnappt. Eine halbe Stunde später lehnte der Spiegel wieder da. Diesmal schlich ich mich leise heran und nahm ihn mir. Der Häftling war stinkwütend. «Passen Sie bloß auf, wenn sie wieder vorbeigehen, Schließer», drohte er und sagte noch etwas, was ich nicht verstand, was aber vermutlich besagte, dass er mich mit Scheiße bewerfen würde. Das war die Trumpfkarte eines wütenden Verschlusshäftlings.

In meinem Eifer, den Spiegel zu erwischen, war ich auf der falschen Seite seiner Zelle gelandet. Um wieder in meinen Dienstraum zu kommen, musste ich an ihm vorbei.

Auf der Galerie war noch ein anderer Beamter, als Eskorte eines Handwerkers von draußen, der den Maschendrahtzaun reparierte. «Cespedes, passen Sie auf, wenn ich an P-49 vorbeigehe», erklärte ich ihm. Irgendetwas sagte mir, dass es nützlich sein könnte, einen Zeugen zu haben.

Ich sammelte mich und ging ganz normal die Galerie entlang. Ich hätte wohl an der Zelle vorbeisprinten sollen, aber ich wollte keine Angst zeigen. Als ich auf Höhe von P-49 war, ging alles sehr schnell: eine Ladung Spucke flog an meiner Nase vorbei, wobei ein paar Tröpfchen meine Wange trafen; dann schoss der ganze Arm des Mannes durchs Gitter und seine Faust erwischte mich direkt hinterm Ohr. Ich taumelte vorwärts, sah mich dann um. Cespedes und der Handwerker hatten den Vorfall beide gesehen. Der Mund des Handwerkers stand offen.

Mein Herz raste. Ich verwandte eine Minute darauf, mich zu beruhigen, und rief dann im Sergeantbüro an. Wickersham nahm ab. Ich erklärte ihm, was passiert war.

«Wer war das?»

«P-neunundvierzig. Folk.»

«Bringen Sie Ihre Meldung runter», sagte er kurz angebunden. Und legte auf.

Und die Galerie unbewacht lassen?, fragte ich mich. Das war gegen die Vorschriften. Aber in etwa einer halben Stunde würde ich abgelöst werden und ich brauchte ohnehin eine Weile, um die Meldung zu verfassen.

Cespedes kam mit einem anderen Beamten in mein Dienstzimmer. Er fragte, ob ich okay sei (ich hatte nur eine kleine Beule) und was zu dem Vorfall geführt habe. Er drehte den Spiegel um. Auf der Rückseite stand in graffitiartiger Schrift: *Der Don der Welt. Der Silbarückn-Guerrilla. Der Killer.* Ich erzählte ihm die Vorgeschichte, sagte, dass Wickersham mich sehen wolle.

«Hey, Wick ist ein feiner Kerl», sagte der andere Beamte. «Er wird sich drum kümmern.»

«Wickersham ist ein Arsch», erwiderte ich.

Der Mann guckte schockiert. Er war offensichtlich ein Wickersham-Fan. «Tja, Kumpel, dann müssen Sie allein gucken, wie Sie klarkommen», sagte er und ging.

Obwohl Wickersham nichts davon gesagt hatte, schickte er eine Ablösung für mich. Die Beamtin sagte Sachen wie: «Schade, dass wir nicht da reingehen können und ihm zeigen, was Sache ist.» Ich fühlte mich schon etwas besser.

Als ich in Wickershams Dienstzimmer kam, sah er auf und zeigte auf einen Stuhl neben seinem Schreibtisch. Ich setzte mich. Er las meine Meldung und wiederholte dann das Fakten-nichts-als-Fakten-Verhör, das er schon am Nachmittag im Büro des Dienstleiters veranstaltet hatte. Es regte mich nicht mal mehr auf. Er schrieb eine neue Fehlverhaltensvermeldung mit roter Tinte. Ich beobachtete dabei seinen rechten Arm mit den sechs glänzenden, haarlosen, runden, zigarettenglutgroßen Stellen. Andere Beamte und ein Sergeant kamen herein, bekundeten ihr Mitgefühl und lasen den Strafzettel, etliche in der Meinung, er hätte mich mit Scheiße beworfen. Der neue Strafzettel hatte den Vorteil, dass alles schlimmer klang, als es gewesen war, mit Wörtern wie *tätli-*

cher Angriff, unhygienischer Akt, Drohungen etc. Ich empfand allerdings in meiner Opferrolle eine gewisse Scham und hörte mich erklären, dass mir so etwas noch nie passiert sei. Wickersham wollte wissen, warum ich so dicht am Zellengitter entlanggegangen sei, dass er mich habe erwischen können. Ich sagte, ich hätte keine Angst zeigen wollen, und das akzeptierte er, wenn er mir auch erklärte, ein Beamter solle sich immer möglichst weit von den Zellengittern weghalten. «Dann hätten Sie mehr Zeit gehabt, seinen Arm zu packen und zu brechen», sagte er ohne den leisesten Anflug von Grinsen.

Ich empfand es auch nicht wirklich als Witz. Diese Phantasie war mir tatsächlich schon gekommen.

Es gab noch mehr Papierkram zu erledigen. Wickersham musste mich in die Ambulanz der Krankenstation schicken, damit ich auf Verletzungen untersucht würde. Auf Geheiß einer Schwester wusch ich mich mit antibakterieller Seife. Die Schwester hielt mit ihrem Grimm gegen den Übeltäter nicht hinterm Berg und mich erfüllte warme Dankbarkeit, jedenfalls so lange, bis sie flüsterte: «Ich wette, er war schwarz, stimmt's?» Wickersham kam mit einer Polaroidkamera und knipste mich von vorn und im Profil – Vorschrift, dachte ich, für den Fall, dass ich Entschädigung fordere. Während wir zum Dienstleiter gingen, betrachtete ich die Fotos. Es war das erste Mal, dass ich mich quasi mit Wickershams Augen sah. Der Beamte auf den Fotos wirkte dünn und schwächlich.

Der Lieutenant, der während meiner Schicht Dienstleiter gewesen war, fragte, ob ich okay sei. Wickersham hatte schon in der Box angerufen und eine Zelle für P-49 reserviert. Das mochte für seine Durchsetzungsfähigkeit sprechen, da dort oft nicht genügend Platz war. Er sprach mit einem Beamten-Team, das Überstunden machte, wegen Folks Umzug in die Box. «Könnte sein, dass er nicht freiwillig geht», sagte er, was mit befriedigtem Nicken aufgenommen wurde. Ich hätte diesem «Umzug» gern beigewohnt, aber das würden sie nie zulassen. Und eigentlich wollte ich auch nur nach Hause.

Als ich durchs Haupttor hinausging, rief ein Sergeant, den ich mochte, Murray, «Hey, Conover!» und machte ein Geräusch, als schicke er sich an zu spucken. Ich grinste matt.

«Schon gehört, demnach?», fragte ich.

«Schon eine Minute drauf», antwortete Murray. Das Gefängnis war eine kleine Welt. Ich fragte mich, ob es der Vorfall bis in die Dienstantrittsbesprechung schaffen würde.

Ich hatte pochende Kopfschmerzen – die im Lauf des Nachmittags immer stärker geworden waren – und als ich auf den Highway auffuhr, hatte ich die lebhafte Phantasie, dass Block A in Flammen aufging und der ganze Abschaum darin verbrannte. Und dann kamen einzelne Momentaufnahmen vom selben Tag: der Häftling, der mir einen Witz hatte erzählen wollen, als ich seine Zelle abgeschlossen hatte; der Häftling, der mich vor Wickershams Auftauchen zu warnen versucht hatte, der Häftling, dessen Klassikgitarrenspiel, das in dieser Umgebung noch wunderbarer wirkte, um die Mittagszeit in mein Dienstzimmer gedriftet war. Sie waren nicht alle üble Typen, dachte ich. Nur die meisten.

Die Box

... Wenn man einen Menschen ins Gefängnis steckt, reißt man ihn los von seiner Erfahrung der Gesellschaft, von der Erfahrung eines lebenden Planeten lebender Dinge.

Wenn man ihn in Einzelhaft steckt, ins Loch, reißt man ihn los von den anderen Häftlingen, von seiner Erfahrung anderer Menschen.

Jeder Schritt des Weges entfernt ihn weiter von der Erfahrung und verengt sie zunehmend, bis sie nur noch die Erfahrung seiner selbst ist ...

... Das *Konzept* des Todes ist einfach: wenn lebendes Wesen nicht mehr erfahren oder erleben kann.

Je mehr man einen Menschen dem Erleben entzieht, desto näher bringt man ihn dem Tod.

JACK HENRY ABBOTT, *Nachrichten aus dem Bauch der Hölle*

Offiziell war das dunkle, kastenförmige Gebäude die Spezialunterbringungseinheit, abgekürzt SHU, was sich wie «*Schuh*» aussprach. Aber die Beamten nannten es die Box. Es war der Trakt für Isolationshaft, eine Strafeinrichtung innerhalb einer Strafeinrichtung.

Die Box hatte eine Türklingel und eine schwere Metalltür mit einem Spion sowie außerdem noch ein Gittertor. Der Bau war kompakt – zweistöckig, aus rotem Backstein. Auf jedem Stockwerk waren zwei Galerien von je fünfzehn Zellen, Rückwand an Rückwand. Was die Box grundlegend von den anderen Unterbringungseinheiten von Sing Sing unterschied, war die Tatsache, dass die Insassen grundsätzlich nicht aus dem Gebäude, ja, sogar kaum je aus ihrer jeweiligen Zelle herauskamen. Das Essen befand sich in Styroporbehältern, wie man sie für Mitnahmegerichte benutzt; Bibliotheksbücher wurden, sofern die Häftlinge welche ausleihen durften, auf einem Wägelchen herumgekarrt; Häftlinge, die als Frisöre fungierten, wurden in die Box gebracht, um den dortigen Insassen nacheinander am Ende der kurzen Galerien die Haare zu schneiden; selbst Disziplinaranhörungen wurden in den jeweiligen Zellen durchgeführt.

Die Hälfte der Box-Insassen – alle dreißig im Obergeschoss – waren, wie sich herausstellte, keine Disziplinarfälle, sondern Häftlinge in Schutzgewahrsam. Von diesen gab es zwei Sorten. Die, die selbst um Schutz gebeten hatten, waren «Verräter» oder Vergewaltigungs- bzw. Messerangriffsopfer, die ihre Angreifer identifiziert hatten – Männer, die Feinde hatten und im Regelvollzug damit rechen mussten, verletzt oder getötet zu werden. Unter denen, die nicht freiwillig in der Box saßen, waren Opfer, die ihre Angreifer nicht verpfiffen hatten und daher mit einiger Wahrscheinlichkeit entweder lebende Zeitbomben waren, weil sie nur auf Rache sannen, oder aber lebende Zielscheiben, die bald wieder Opfer von Übergriffen werden würden. Einer dieser Häftlinge war ein mutmaßliches Gangmitglied, dessen Bett in Block A durch einen Molotow-Cocktail in Brand gesteckt worden war.

Ein anderer war ein Borderline-Fall und fest davon überzeugt, dass ein bestimmter Beamter ihn umbringen wollte.

Im unteren Stockwerk hingegen saßen die Schlimmsten der Schlimmen – fast ausschließlich Häftlinge, die Wärter angegriffen hatten. Hier unten fühlte man sich wie in einem Verlies, einerseits, weil der Eingang im Obergeschoss lag, aber auch, weil es hier dunkler war, mit kleineren Fenstern und niedrigeren Decken.

In der Box war der Testosteronpegel höher als irgendwo sonst in Sing Sing und irgendwie roch es auch so – stickig, dumpfig, mit einer scharfen Beimengung von Schweiß. Unter Vollzugsbeamten galt die Arbeit in einem Hochsicherheitsgefängnis als besonders «männlicher» Job. Die Arbeit in der Box eines Hochsicherheitsgefängnisses war die absolute Krönung. Die Beamten, die sich dafür entschieden, waren zumeist ziemlich bullig. Sie hatten die Angewohnheit, die Hosen in die nicht zugeschnürten Stiefelschäfte zu stecken und auch die kurzen Hemdsärmel noch über die Muskeln hochzukrempeln, der lässige Sondereinsatzkommando-Look.

Einer war ein kahl rasiertes Monster namens Perlstein. An dem Tag meiner praktischen Ausbildung, an dem ich im unteren Stockwerk Dienst tat, half er einem Kollegen, das Hemd zu wechseln; der Mann war so muskelbepackt, dass er den Arm nicht weit genug nach hinten bekam, um in das zweite Armloch zu fahren. Dann präparierte uns Perlstein noch einmal für die Abtastprozedur, der sich jeder Häftling vor und nach dem Hofgang im kleinen Hof der Box zu unterziehen hatte. «Sie da, an die Wand stellen», knurrte er mich an.

«Also, wenn der Häftling eine Hand von der Wand nimmt – wenn er nur zu Ihnen herumguckt – dann packen Sie ihn *so*», sagte er, wobei er hinter mich trat und mein eines Bein am Schienbein fasste und hochriss, «und stoßen ihn *so* nach vorn!» Er knallte mich im Stil eines Linebackers an die Wand, mein Bein im Klammergriff. Es tat weh und Perlstein wusste es.

Er zeigte uns auch noch einmal die Stellen, auf die man am

besten mit dem Schlagstock zielte: die exponierten Knochen der unteren Körperhälfte. Während ich mit dem Gesicht zur Wand dastand, klopfte er mit dem Schlagstock mein Schienbein ab.

«Au!»

«Stellen Sie sich vor, es wäre mehr als nur ein kleiner Titscher», sagte Perlstein voller Genugtuung.

Perlstein gab mir ein Feuerzeug und schickte mich allein auf die nördliche Galerie, mit der Anweisung, den Häftlingen Feuer für ihre Zigaretten zu geben. (Wie andere Häftlinge auch, durften sie in den Zellen rauchen, aber keine Streichhölzer besitzen.) Das war überraschend beängstigend. Ich wusste über die Box-Insassen nur, dass sie sehr, sehr gefährlich waren. Ich musste an FBI-Schülerin Clarice Starling denken, wie sie sich im *Schweigen der Lämmer* Hannibal Lecters Zelle nähert. Das untere Stockwerk der Box war der tiefste Grund der Hölle. Der Mann, der Sergeant Bloom in Coxsackie attackiert hatte, war bis vor kurzem hier inhaftiert gewesen. David Berkowitz, der Son-of-Sam-Killer, hatte neun Jahre in der Box von Sullivan gesessen. In der Box von Elmira saß Lemuel Smith, der 1982 ein unbewachtes Telefon benutzt hatte, um eine junge Dienstanfängerin, Officer Donna Payant, in das leere Dienstzimmer eines Gefängnisgeistlichen von Green Haven zu locken, wo er sie dann vergewaltigte und erwürgte (und ihr, laut Akademieausbilder Nigro, die Brustwarzen abbiss) – zu diesem Zeitpunkt der jüngste Fall von Tötung eines Vollzugsbeamten im Staat New York. Smith war wahnsinnig, ein Satan in Menschengestalt, das Schlimmste, was man sich vorstellen kann. Aber andere hier waren zweifellos beinahe genauso schlimm.

Ich versuchte, mich selbstsicher zu geben, als ich durchs Galerietor trat und es hinter mir schloss. Einige Häftlinge hatten an ihren Zellengittern gelehnt und sich unterhalten; sie verstummten, als ich näher kam. Ich hielt zweien, die sich Zigaretten gedreht hatten, mit gestrecktem Arm das Feuerzeug hin, bereit, jederzeit zurückzuspringen. Beide schienen mich genau zu mustern.

169

Ich versuchte, ihnen nicht in die Augen zu sehen. Ich machte ein granitenes Gesicht.

An einem anderen Tag, als ich im oberen Stockwerk der Box Dienst hatte, führte mich Gotham, einer der Beamten, herum. Auf beiden Stockwerken gab es Gitterkäfige, die so genannten Blasen, in denen jeweils ein Beamter saß und, mittels eines antiquierten Systems von Wandhebeln mit Messinggriffen, die Tore und Zellentüren bediente. Dieser Beamte durfte die Gitterblase nicht verlassen, ehe die Ablösung drinnen war. (Das machte das Pinkeln zum Problem. Ein Freund erklärte mir, dass die Beamten im unteren Stockwerk es manchmal lösten, indem sie eine Tür nutzten, die von der Gitterblase in einen Leitungsschacht zwischen den Zellen führte – dort stand Wasser auf dem Boden und man konnte es unauffällig mehren.) Auch die meisten anderen Verfahrensvorschriften mussten wortwörtlich befolgt werden, wobei es hauptsächlich darum ging, nie mehr als eine Zelle auf einmal zu öffnen, um die strengstmögliche Kontrolle über die Häftlingsbewegungen zu haben.

Gotham war kleiner als die anderen SHU-Beamten und außerdem Brillenträger, aber er erklärte mir prompt, dass er nicht zögern würde, einen widersetzlichen Häftling niederzuknüppeln, und dass ihn die Häftlinge hassten. «In drei Jahren habe ich hundertfünfzig Gewaltanwendungsfälle gehabt», sagte er. Das war im Mittel einer pro Woche. Ich fragte mich, ob er aufschnitt oder ob es hier in der Box wirklich so hart zuging. Er habe auch schon Fausthiebe abgekriegt, sagte er. Im Vorjahr habe ihm ein Häftling einen Gesichtsknochen gebrochen und er sei mit sechs Stichen genäht worden.

Gotham erklärte mir, im Krisenfall den Alarmpin des Funkgeräts zu ziehen, sei die falsche Reaktion, denn «wir hier regeln so was selbst». Aber er hatte offenbar versäumt, das den Jungs im unteren Stockwerk zu sagen. An diesem Mittag, kurz nach dreizehn Uhr, ging ein Rotpunktalarm vom Hof aus. Ein Kampf zwischen drei Häftlingen, hieß es, mindestens einer habe eine Waffe.

Die schwere Eingangstür wurde geöffnet; ich zog das Tor zum unteren Stockwerk weit auf und trat zur Seite, als fünfundzwanzig bis dreißig Beamte hereinstürmten. Das war ein ganz schönes Aufgebot, sicher ein Vielfaches dessen, was nötig war, um zwei oder drei Häftlinge ruhig zu stellen (was denn auch prompt erfolgte). Aber ein Alarm in der Box mobilisierte alle.

Die Box brachte die unglaublichsten Akte des Wahnsinns und der Barbarei hervor. Während unserer praktischen Ausbildung hatte uns Officer Luther von einem Häftling mit dem Spitznamen Slurpee erzählt, der Beamte mit einem Mix aus Urin und Kot zu bespritzen pflegte – aus dem *Mund*. Einmal hielt ein Sergeant bei der Dienstantrittsbesprechung eine interessant aussehende, etwa einen Meter lange Seilschlinge hoch. «Wir glauben, wir nehmen ihnen alles weg, womit sie sich etwas antun könnten», sagte er. «Und dann finden wir das hier – aus Klopapier.» Er ließ die Schlinge liegen, damit wir sie nach der Dienstantrittsbesprechung genauer besichtigen konnten. Ein Häftling hatte endlose Meter Klopapier zu festen Würsten gedreht und diese dann zu dem Strick verflochten. Das Ding war schmuddlig von den Fingern, die es so lange bearbeitet hatten, aber, soweit ich durch Ziehen feststellen konnte, so haltbar wie ein echtes Seil. Beeindruckend, dachte ich. Aber andererseits: So viel Kreativität, und das Ergebnis – eine *Schlinge*?

Einmal, als ich bei Dienstschluss auf dem Weg nach draußen war, fragte Chavez, ob ich gehört hätte, was heute während der Inspektion der Box durch die Anstaltsleitung passiert sei. Nein, hatte ich nicht.

«Der Direktor hat einen Mann gefunden, der sich aufgehängt hatte. Er hat ihn sogar selbst abgeschnitten.»

«Der Direktor hat ihn gefunden? War der Mann tot?»

«Ich glaube nicht. Nicht ganz.»

Die Klopapierschlinge hatte nichts mit laxer Bewachung zu tun. Viele Vorfälle in der SHU hingegen wohl. Eines Augustmorgens erklärte uns ein Lieutenant bei der Dienstantrittsbesprechung, ein Häftling sei, dank einer nicht richtig geschlossenen Tür, aus der Dusche entwischt, habe sich einen Mopp geschnappt, den Stiel abgebrochen und damit achtundfünfzig Fensterscheiben eingeschlagen. (Da das Gebäude alt war, bestanden die großen Fenster aus vielen kleinen Scheiben.) Als er schließlich überwältigt wurde, fand man in seinem Hosenbund einen langen Glassplitter mit stoffumwickeltem Griff. Ich lauschte fasziniert, verblüfft darüber, was das über den Geisteszustand des Häftlings aussagte. Aber den Lieutenant interessierte die Geistesverfassung des Häftlings nicht. Er erzählte uns von dem Vorfall, um noch einmal zu unterstreichen, wie wichtig die strikte Einhaltung der Verfahrensvorschriften war.

Bei der nächsten Dienstantrittsbesprechung ging es weiter: Am Tag nach dem Vorfall mit den zerschmetterten Fensterscheiben hatte der Beamte in der Gitterblase im Untergeschoss eine Ladung Urin abbekommen, nachdem ein Kollege versäumt hatte, das Galerietor zu schließen. Daraufhin – langsam wurde es wirklich peinlich – hatte ein herbeieilender Sergeant seinerseits ein Tor zu schließen vergessen und eine nicht näher bekannte Flüssigkeit ins Gesicht gekriegt. Es klang, als sei die Box außer Kontrolle.

«Kommen Sie anschließend zu mir», hatte Sergeant Holmes mir und fünf anderen, darunter mein Freund Feliciano, kurz vor dieser Dienstantrittsbesprechung befohlen. Wir warteten, und die dienstälteren Beamten spekulierten, worum es wohl gehen könnte. Ein anderer Sergeant dirigierte uns in einen separaten Raum. Die Gefängnisleitung, erklärte er, habe auf die jüngsten Vorfälle hin eine zweite gründliche Durchsuchung des unteren Box-Stockwerks auf Konterbande und insbesondere Glasscherben angeordnet. Diese Durchsuchung sei Zelle für Zelle und Häftling für Häftling vorzunehmen. Einige Häftlinge würden sich vermutlich sträuben – vor allem, weil es eine zweite Leibesvisitation bedeute. Wir sollten sie also ein weiteres Mal «strippen» lassen und benötigten dafür sicherheitshalber «die volle Montur».

Wir erhielten ein Paar Handschellen und eine Stablampe pro

Mann, einen Stapel Zelldurchsuchungs- und Konterbande- sowie
Fehlverhaltensmeldungsformulare und drei große Säcke mit «Zellenräumungsausrüstung» – Helme mit Plexiglasvisier, Stichwaf-
fenschutzwesten, Knie- und Ellbogenschützer und dicke Hand-
schuhe. Box-Beamte gesellten sich zu uns, dann noch zwei
Sergeants. Insgesamt etwa ein Dutzend Mann, marschierten wir
zielstrebig in Richtung Box. Es würde Action geben und plötzlich
war ich freudig erregt, weil ich dabei sein durfte. Trotz des omi-
nösen Tons der Anweisung und wider meine besseren Instinkte
gewann das aufputschende Gefühl die Oberhand, genügend Verstöße und Respektlosigkeiten der Häftlinge hingenommen zu haben, um dem jetzt ein für allemal ein Ende zu setzen. *Jetzt war
Schluss.* Wir würden den Regeln Geltung verschaffen und wir
würden uns durchsetzen.

Als wir ins untere Stockwerk der Box gelangten, waren die Insassen mucksmäuschenstill. Sie konnten uns zweifellos hören,
aber nicht sehen. Einer meiner praktischen Ausbilder, Konoval,
der als erster in ihr Blickfeld trat, postierte eine Videokamera auf
einem Stativ, um die Prozedur zu filmen; ich hatte schon mitgekriegt, dass diese Vorsichtsmaßnahme im Vollzugswesen häufig
dann getroffen wurde, wenn man mit dem Einsatz von Gewalt
rechnete – vermutlich, um potenziellen Klagen begegnen zu können. Wir zogen alle Latexhandschuhe an und strömten dann en
masse auf die Galerie.

Feliciano und ich waren ein Team und es gab noch drei weitere Zweiergespanne. Jedem Team war eine Zelle zugewiesen worden. Ich übernahm es, mit unserem Häftling, einem Latino in den
Zwanzigern, zu reden. «Guten Morgen», sagte ich durchs Zellengitter. «Wir werden jetzt bei Ihnen eine Leibesvisitation vornehmen. Dann werden Sie herauskommen und wir werden Ihre Zelle
durchsuchen.»

Der Mann hatte das Ganze erst vor zwei oder drei Tagen mit-
gemacht und fügte sich. Er wirkte weder wütend noch geistesge-
stört, sondern einfach nur leicht verwirrt. Er reichte uns Hemd,

Hosen, Socken und Unterwäsche, drehte sich dann um, bückte sich und spreizte die Gesäßbacken auseinander.

«Sehr gut», sagte ich, während er sich wieder anzog. «Und jetzt umdrehen, damit wir Ihnen Handschellen anlegen können.» Als der Häftling die Hände hinter sich durch eine Öffnung in der Tür streckte, legte ihm Feliciano die Handschellen an.

«Hundertfünf öffnen!», rief ich zu dem Beamten in der Blase hinüber. Die Zellentür öffnete sich und der Häftling trat rückwärts heraus, in Socken, aber ohne Schuhe. Feliciano packte ihn an der Handschellenkette und dirigierte ihn an die gegenüberliegende Wand, wo die Fenster von dem Mann mit dem Moppstiel eingeschlagen worden waren. Feliciano vergatterte den Häftling, sich nicht umzudrehen, zog dann den Schlagstock und hielt ihn vor der Brust in Bereitschaft – die so genannte *Port-arms*-Haltung.

Ich durchsuchte die Zelle. Sie war ein Saustall, mit Kakerlaken, die über das zerknüllte Bettzeug krabbelten, und Müll auf dem Fußboden. Ich blätterte die Notizbücher des Insassen durch; die Handschrift war überraschend gefällig. Der Häftling schrieb auf Spanisch. Er hatte sich auch ein Schachspiel gebastelt, mit Figuren aus Zahnpastatubendeckeln und Papierquadraten. (Ich hatte diese Schachspiele schon in Aktion gesehen. Ein anderer Häftling musste auch ein solches Spiel besitzen und man sagte sich gegenseitig die Züge an, da keiner das Brett des anderen sehen konnte.) An den Wänden waren jede Menge Bleistift-Ganggraffiti, aber von Konterbande keine Spur.

Die Durchsuchung unserer zweiten Zelle, die einem dünnen, mittelalten Mann gehörte, verlief ebenfalls ziemlich ereignislos. Feliciano fand lediglich ein zweites staatseigenes Kopfkissen, das wir konfiszierten. Bevor wir jedoch mit dieser Durchsuchung fertig waren, wurden wir durch einen Tumult am Galerieeingang abgelenkt. Die Box-Beamten, Perlstein, Proctor und McDonough, hatten die volle Zellenräumungsausrüstung angelegt. Ich hatte auf der Akademie Videoaufnahmen von dieser Ausrüstung gesehen, aber in natura wirkte sie wesentlich einschüchternder. Das

Team bereitete sich darauf vor, einen Häftling namens Duncan, der nicht kooperieren wollte, aus seiner Zelle zu holen.

Ich kannte Duncan aus Block B – ein kleiner Schwarzer mit Dreadlocks, der offenbar kürzlich in einen Vorfall im Hof von Block B verwickelt gewesen war, bei dem Beamte Verletzungen davongetragen hatten. Kameraaufnahmen hatten gezeigt, wie er Beamte mit Gegenständen bewarf und andere Häftlinge anfeuerte. Er schien Vollzugsbeamte zu hassen. Das Zellenräumungsteam stand in einer Schlange da, wobei sich der zweite und dritte Mann am Vordermann festhielten und der erste einen durchsichtigen Plastikschild hielt. Auf ein Signal hin bewegten sie sich im Gleichschritt vorwärts wie eine anfahrende Lokomotive. «Hunderteins aufmachen!», rief jemand. Ein anderer Beamter zog die Zellentür auf und sie stampften hinein, drängten Duncan mit dem Schild in die hinterste Ecke der Zelle. Er hatte keine Chance, das wusste ich – es war wie ein Kampf mit einem Rhinozeros. Drei Minuten und etliche dumpfe Schläge später, tauchte das Team wieder auf, samt dem mit Hand- und Fußschellen gefesselten Gefangenen. Dieser schaffte es dennoch irgendwie, trotzig die Faust zu recken, während sie ihn zur Zwangsleibesvisitation nach oben schleppten.

Jetzt wurde es plötzlich laut. An der gesamten Galerie schrien und brüllten die Häftlinge los. Wir seien «schwule Scheißmotherfucker». Wir würden uns daran aufgeilen, sie nackt zu sehen. Diese ganze Durchsuchung sei nur ein Racheakt. Sie würden klagen, weil wir uns nicht an Weisung 4910 hielten (die besagte, dass Leibesvisitationen unter der ständigen Aufsicht eines Sergeants zu erfolgen hatten). Ein Häftling drang zunächst argumentativ darauf, einen Sergeant zu sprechen, aber als die Beamtin sich weigerte, mit ihm zu reden, beschimpfte er sie und die beiden schwarzen Captains von Sing Sing als «Hausnigger».

«Tod allen Hausniggern, Tod allen Hausniggern», skandierte er über eine Viertelstunde.

Bei diesem Höllenspektakel war ich mir schon nicht mehr

ganz so sicher, dass alles unter Kontrolle war. Irgendwie fühlte sich das wie die erste Welle eines Angriffs an. Feliciano und ich bekamen eine dritte Zelle zugewiesen, die eines jungen, dünnen Schwarzen namens Lincoln George. Ich wiederholte mein Sprüchlein von der Leibesvisitation und bat ihn, uns seine Kleider zu reichen.

«Ich zeige euch mein Arschloch nicht», erklärte er emotionslos, während er Anstalten machte, sein Hemd auszuziehen.

«Sie müssen», sagte ich.

Er hielt im Hemdausziehen inne.

«Ich tu's nicht», erklärte er noch einmal.

Ich versuchte, ruhig und vernünftig mit ihm zu reden. «Hören Sie, Sie sehen doch, was die da machen. Das werden sie mit Ihnen auch machen. Lohnt sich doch nicht. In fünf Sekunden sind wir fertig. Bringen wir's doch einfach hinter uns.»

Er schüttelte den Kopf und sagte: «Laut Weisung 4910 können Sie auch einen Handscanner benutzen, statt die Körperöffnungen zu untersuchen.»

«Hier geht es nicht um Körperöffnungen», sagte ich. «Niemand fasst irgendwo rein. Wir gucken nur von außen.»

Er schüttelte den Kopf. Warum in aller Welt, fragte ich mich, lässt sich jemand lieber mit Gewalt aus der Zelle holen?

«Sie weigern sich also?»

«Ich will einen Sergeant sprechen.»

Das war das Recht eines jeden Häftlings. Ich rief den männlichen Sergeant, der, angesichts des Lärms und der Beschimpfungen, nicht in der Stimmung zum Verhandeln war. «Ich gebe Ihnen hiermit die direkte Anweisung, sich der Leibesvisitation zu unterziehen», sagte er lediglich. Die Antwort des Häftlings konnte ich nicht verstehen.

«Sie weigern sich also, sich der Leibesvisitation zu unterziehen?», sagte der Sergeant. Lincoln George nickte. Der Sergeant verließ die Galerie und sprach mit dem Räumungsteam.

Sie waren schnell und effizient. George versuchte gar nicht erst groß, sich irgendwo festzuhalten oder auf andere Art zu wehren, also dauerte es nicht lange. Er wurde niedergeworfen, auf den Boden gepresst und dann zur Zwangsleibesvisitation nach oben verfrachtet. Wir durchsuchten seine Zelle und fanden nichts.

In der Zwischenzeit hatte das Zellenräumungsteam Duncan wieder heruntergebracht. Die Beamten deponierten ihn in seiner Zelle, nahmen ihm die Fesseln ab und waren gerade wieder auf dem Weg nach draußen, als er plötzlich einem Beamten die Fußkette aus der Hand riss, das Ding schwang und den Mann mit Wucht am Visier traf. Das überraschte Team marschierte vollends hinaus und schloss die Zellentür. Dann machten die drei kehrt, formierten sich neu und stapften wieder hinein, um die Kette zu holen. Kurz danach erschien Duncan an seiner Zellentür, eine große Schramme auf der Wange. Zweifellos hatte er noch andere, weniger sichtbare Spuren davongetragen. Aber er wirkte keineswegs geschlagen und gebrochen, sondern im Gegenteil äußerst aufgekratzt und schrie wieder seinen Zorn heraus.

Das Räumungsteam verschnaufte kurz und stampfte dann in eine dritte Zelle. Was hier passierte, konnte ich nicht sehen, aber es dauerte länger als die beiden anderen Male und ich hörte die Beamten zwischendurch rufen: «Geben Sie den Widerstand auf! Geben Sie den Widerstand auf!» An der Akademie hatten wir gelernt, dass dieser Satz in erster Linie eine juristische Absicherung war, für den Fall, dass man, aus welchen Gründen auch immer, ein wenig mehr Gewalt anwandte. Konoval folgte dem Team mit der Kamera, aber wie die Beamten wussten, hatte er nur ihre Kehrseiten im Bild. Der Häftling wehrte sich immer noch, als er die Treppe hinaufgetragen wurde. Als sie an mir vorbeimarschiert waren, hob ich die Hälfte eines zerbrochenen Gesichtsschilds auf.

Dann war alles erledigt, bis auf den Papierkram. Das Räumungsteam kam wieder herunter. Die Beamten befreiten sich aus ihrer Rüstung und feierten sich gegenseitig mit kernigen Umarmungen und Schulterklopfen. Sie waren verschwitzt und aufgedreht wie Footballspieler nach einem gewonnenen Spiel. Auch ich fühlte die Katharsis: Die Gefängnisarbeit erfüllte einen mit aufgestauter Aggression und das hier war eine Abfuhrgelegenheit gewesen, bei der unser Team gesiegt hatte.

Doch als der Rausch des Augenblicks verflog und ich mein Zubehör einsammelte, blieb ich stehen und guckte die Galerie entlang. Es war jetzt wieder still – die Stille der Niederlage. Eine Waffe war nirgends gefunden worden. Vielleicht, beschlich mich der Verdacht, hatte damit ja auch gar niemand gerechnet. Es sprach einiges dafür, dass man uns losgeschickt hatte, um klarzustellen, wer hier das Sagen hatte. Und ich konnte nicht umhin, mich zu fragen: Wenn das Ergebnis von vornherein festgestanden hatte, was hatten wir dann erreicht? Was machte es mit einem Menschen, wenn sein Job darin bestand, die innere Kraft anderer Menschen zu brechen? Und wer hatte dieses Spiel, bei dem es nur Verlierer gab, überhaupt erfunden?

Was mir lebhaft vor Augen stand und zunächst Rätsel aufgab, war die Weigerung meines Häftlings, die Leibesvisitation über sich ergehen zu lassen. Indem er sich gegen diesen kleinen Übergriff wehrte, hatte er sich einen großen Übergriff eingehandelt. Was trieb ihn zu einem Verhalten, das so krass gegen sein eigenes Interesse gerichtet schien? Später ging mir auf, dass meine Vorstellung von seinem Interesse davon geprägt war, auf welcher Seite ich stand. Mir ging auf, dass seine Selbstachtung diese Weigerung erfordert hatte. Seine Dummheit bekam jetzt etwas von Charakterstärke. Er erkannte das alles einfach nicht an: seine Gefangenschaft, unsere Autorität, das ganze System, das ihn hierher gebracht hatte. Wenn genügend Menschen das gemeinschaftlich täten, würde unser ganzes Vollzugssystem zusammenbrechen.

Vor fast neunzig Jahren ließ sich Thomas Mott Osborne, ein Gefängnisreformer mit politischen Verbindungen, eine Woche freiwillig in das andere berühmte Gefängnis des Staates New York, Auburn, sperren. Das Buch, das er anschließend schrieb, *Within Prison Walls*, war eine Darstellung der Haftbedingungen in Auburn und insbesondere in der dortigen Version der Box, einem Teil der Anstalt, der schlicht «The Jail» hieß. Weil er sich weigerte, in der Korbflechterei zu arbeiten, landete Osborne selbst für eine Nacht im «Jail» – einem nahezu lichtlosen, mit acht Gitterzellen ausgestatteten Raum zwischen dem Todestrakt von Auburn und dem Generator. Dort bekamen die Häftlinge nur einen knappen halben Liter Wasser am Tag; sie hatten weder Hofgang noch Gelegenheit zu baden, bekamen weder Matratzen noch saubere Kleidung. Osborne unterhielt sich mit seinen Mitgefangenen und entwickelte bald Mitgefühl mit ihnen und moralische Empörung über die Gegenseite. Als der Gefängnisdirektor, in der Annahme, dass Osborne nach einigen Stunden genug hätte, den «Oberaufseher» schickte, um ihn herauszuholen, reagierte Osborne so:

> Beim Anblick seiner Uniform loht plötzlich Zorn in mir auf und dann erkalte ich innerlich … Mich überkommt ein leichter Anfall jenes verrückten Starrsinns, den ich ein, zwei Mal in den Augen von Männern habe glimmen sehen, mit denen der Direktor hier unten gesprochen hat – jenes Starrsinns, der so oft in der Geschichte Männer dazu getrieben hat, lieber in ihren Käfigen aus Stein oder Eisen zu verhungern und zu verdursten, als durch die Unterwerfung unter Ungerechtigkeit oder Tyrannei die Freiheit zu erlangen.

Sing Sing hat keinen «Schwitzkasten», wie man ihn in *Die Brücke am Kwai* oder *Der Unbeugsame* sieht, keine jener dunkeln Zellen, die vor der Mitte des zwanzigsten Jahrhunderts die «Einzelhaft» noch verschärften. Inzwischen haben die Gerichte befunden, dass solche Praktiken eine unzulässig grausame Form der Strafe darstellen. Jetzt sind die Zellen größer und etwas heller und Duschen und Hofgang, Essen und Trinken sind garantiert. Doch vielleicht auch gerade deshalb, weil man die Häftlinge heute nicht mehr so schnell «brechen» kann wie früher, zieht sich die Unterbringung in diesen Isoliertrakten immer länger hin, manchmal über Jahre. Der Prozess des «Brechens» ist einfach nur langwieriger und teurer. Ist das «Ungerechtigkeit oder Tyrannei»? Es kommt auf den Standpunkt an: Wenn man sie nicht tötet, muss man die Monster – die Lemuel Smith' – verwahren. Aber der Versuch, den Lebensfunken der übrigen – derjenigen, die lediglich nicht besserbar sind, aber noch mit einem letzten Faden am zivilisierten Menschsein hängen – zu ersticken, hat selbst etwas Monströses.

Der Dienstantrittsraum

Für Vollzugsbeamte bedeutet der Dienstantrittsraum den Übergang von draußen nach drinnen. Hier kann man sich noch einen Moment bei einem Becher Kaffee ausruhen, mit den Kollegen über die Arbeit reden, sich innerlich auf den Job einstellen, ehe man losgeht, um ihn zu tun. Am Tag nach den Zellenräumungen in der SHU zeigte Konoval vor der Dienstantrittsbesprechung sein Video. Alles brannte darauf zu sehen, was dort unten im Verlies passiert war. Ich, der ich dem eher ängstlich entgegensah, fand dann das Videomaterial einfach nur langweilig: Konovals Aufnahmen, mit schlechtem Licht und miesem Ton, gaben nichts von der verrückten Atmosphäre, dem endlosen Skandieren und Brüllen, der extremen Anspannung wieder. Es wirkte einfach nur wie ein paar raue Typen, die einen klamottig überzeichneten Job machen, ein Stück aus einer Billig-Fernsehserie.

Im Allgemeinen läuft die Dienstantrittsbesprechung nach einem bestimmten Muster ab. Nachdem wir um 6 Uhr 45 angetreten sind, folgen die Bekanntmachungen – alles Mögliche, von neuen Parkplatzregelungen über den Terminplan der bevorstehenden Sergeantprüfung bis zu Hinweisen auf Blutspendeaktionen und Pensionierungspartys. Danach tritt dann manchmal der

Dienstleiter, ein Lieutenant, vor und sagt ein paar Worte, wobei es sich meistens um ein Resümee der wichtigsten Vorfälle während der letzten Schicht handelt.

Im Justizvollzug besteht ein starker Hang zum Redenhalten. Und es besteht auch ein starker Hang zu nachträglicher Besserwisserei. Nach jedem Zwischenfall findet sich garantiert jemand, der dem Opfer erklärt, was es hätte tun sollen.

Mein Lieblingsdienstleiter war Lieutenant Goewey. Der untersetzte Lieutenant, der irgendwie handfester wirkte als viele einfache Vollzugsbeamte – vom Äußeren her hätte er der Boss einer LKW-Transportfirma sein können –, nutzte die Redegelegenheit fast immer und tat es in köstlich verschlüsselter Form. Er sagte nicht, dass die Staatspolizei am Vortag da gewesen war, um den altgedienten Beamten zu verhaften, der im Verdacht stand, Häftlinge via Paketraum mit Drogen beliefert zu haben; er sagte einfach nur: «Falls Sie's noch nicht gehört haben, im Paketraum ist eine Stelle frei.» Er sagte nicht, dass der letzte Direktor ein Idiot gewesen war, der die Sicherheit zugunsten von Programmaktivitäten und Ordnung vernachlässigt hatte; er sagte einfach nur mehrmals pro Woche: «Sicherheit genießt ja unter dieser Administration wieder oberste Priorität.» Ich genoss es, bei seinen Ansprachen zwischen den Zeilen zu lesen.

Gleich hinter dem Haupttor hing eine Tafel an der Wand und eines Morgens stand dort: «Officer Diaz erlitt am 19. 8. 97 durch Verschulden eines Häftlings einen Armbruch und muss operiert werden.» Goewey erklärte uns, Diaz, ein allseits beliebter Beamter, der beim Disziplinarkomitee Dienst tat, habe einen Häftling aus dem Block geholt und bis zur Anhörung in die Disziplinarwartezelle gesteckt, wo ein bereits dort befindlicher Häftling auf den Mann losgegangen sei. Bei dem Gerangel sei die Zellentür auf Diaz Arm gekracht.

Auf seine typisch verschlüsselte Art sagte Goewey: «Der Vorfall ereignete sich etwa um zwei Uhr und ich erfuhr erst zwanzig Minuten später davon. Als ich hinkam, saß der Typ da und grinste wie ein Honigkuchenpferd.» Lange Pause. «Na ja, man kann ja auch heutzutage Gewalt anwenden. Was auch immer in der jeweiligen Situation nötig ist – man kann es tun. Aber zwanzig Minuten später ... Ich will nicht sagen, dass das früher nicht vorkam, aber heutzutage kann man einem Kerl nicht einfach sämtliche Zähne einschlagen und den Rachen runterstopfen. Zwanzig Minuten nach dem betreffenden Vorfall.»

Er fuhr fort: «Ich weiß, es wird in dieser Sache jede Menge nachträgliche Tipps geben – er hätte einen zweiten Beamten mitnehmen sollen, hätte abschließen müssen, all so was –, aber das ist geschenkt.»

Auf seine Weise hatte uns Goewey soeben erklärt: Ich hoffe, Sie verzeihen mir, dass ich dem Schwein, das das getan hat, nicht die Scheiße aus dem Leib geprügelt habe. Und: Diaz hätte seine Verletzung vermutlich vermeiden können.

Die psychiatrische Station

Man brauchte nicht lange auf den Galerien Dienst zu machen, um zu merken, dass ein großer Teil der Häftlinge psychisch krank war. Die Äußerungsformen reichten von relativ leichten Symptomen – Selbstgespräche, körperliche Verwahrlosung – bis hin zu schweren: Männer, die nicht mehr wussten, wo sie waren, Männer, die ihre eigene Zelle in Brand steckten, Männer, die so depressiv waren, dass sie sich die Pulsadern aufschlitzten oder sich zu erhängen versuchten.

Das Gefängnis, erklärte uns ein leitender Beamter der Vollzugsbehördenabteilung Psychiatrische Versorgung während unserer Akademiezeit, sei «ein ungünstiger Ort, um verrückt zu sein.» Er sagte, die «letzte ordentliche Studie» vor mehr als zehn Jahren habe ergeben, dass von den 70 000 Häftlingen des Staates fünf Prozent oder 3 500 Personen «ernstlich und chronisch» psychisch krank seien – so krank, dass sie in einer psychiatrischen Klinik wären, wenn sie nicht im Gefängnis säßen. Aber im Strafvollzug gebe es nur Betten für 1000 von ihnen. Weitere zehn Prozent oder 7000 Personen stünden unter psychiatrischer Überwachung und nähmen «irgendwelche Medikamente».

Stress, erklärte er, verschlimmere nahezu jede psychische Erkrankung und Gefängnis sei nun mal per se Stress. «Viele Leute erleiden im Gefängnis den ersten Zusammenbruch», sagte der Beamte. Mit anderen Worten, das Gefängnis machte nicht nur Verrückte noch verrückter, es machte auch Leute überhaupt erst verrückt.

Als Vollzugsbeamte, sagte er, hätten wir Gelegenheit «die menschliche Natur zu studieren». Er lieferte uns Grobskizzen von Menschen mit schizophrenen Erkrankungen (und Symptomen wie psychotischen Schüben, Halluzinationen, Wahnvorstellungen und Paranoia) und solchen mit Persönlichkeits- oder Affektivitätsstörungen wie etwa manisch-depressiven Erkrankungen. Als wir aber erst einmal in Sing Sing waren, wurden solche Unterscheidungen nicht mehr vorgenommen, jedenfalls nicht von Vollzugsbeamten. Ein psychisch Kranker war einfach ein *Spinner* – für Wärter wie für Häftlinge. Auf einer Galerie Dienst zu tun war etwa so, wie auf einer belebten Großstadtstraße mit einem ungewöhnlich hohen Anteil psychisch gestörter Straßenexistenzen zurechtkommen zu müssen. In den meisten Fällen lernte man einfach, mit den *Spinnern* zu leben. Ab und zu jedoch stürzte ein *Spinner* ganz ab und wurde dann – vor allem, wenn Selbstmordgefahr bestand – auf die psychiatrische Station verlegt.

In Sing Sing lag die Psychiatric Satellite Unit, kurz PSU, im ersten Stock des Krankenhausgebäudes. Geführt wurde sie von therapeutischem Personal und einer Hand voll Vollzugsbeamter, die die Sicherheit gewährleisten sollten.

Die Tür vom Treppenhaus zur PSU-Etage war immer abgeschlossen. Die eine Hälfte des Stockwerks beherbergte die Dienstzimmer des therapeutischen Personals – Psychiater, Schwestern,

Sozialarbeiter. Die andere Hälfte, die durch ein Eisentor abgetrennt war, belegten die kranken Häftlinge.

Die gestörtesten und gefährlichsten von ihnen saßen in sechs speziellen Hochsicherheitszellen. Diese Zellen waren vorn und hinten vergittert und hatten zusätzlich noch ein feines Drahtgitternetz von der Decke bis auf Kniehöhe, damit die Insassen nichts hinauswerfen konnten. Die hier einquartierten Häftlinge mussten ihre Kleidung abgeben und bekamen dafür – in schweren Fällen – nur Papiernachthemden und Krankenhauspantoffeln. Klo und Waschbecken waren eine einzige Edelstahleinheit, wie sie inzwischen in den meisten neueren Gefängnissen die Norm ist, nicht aber in Sing Sing. Die restlichen Bewohner des Stockwerks – bis zu sechzehn als weniger gefährlich geltende Häftlinge – waren in einem Schlafsaal am Ende des Flurs untergebracht. Sie hatten einen Fernsehraum mit Spielen und Zeitungen gleich gegenüber und daneben noch einen kleinen Raum, wo sie ihre Mahlzeiten einnahmen.

Einige wenige Häftlinge wurden von der PSU in die staatliche psychiatrische Klinik von Marcy verlegt. Aber dorthin zu kommen war schwer, da es in Marcy nur begrenzt Platz gab: Man musste schon *sehr* nah am Suizid gewesen sein – sich mehr als nur die Haut der Handgelenke aufgeschlitzt oder sich tatsächlich fast erfolgreich aufgehängt haben. Ich habe nur einmal erlebt, dass ein Häftling auf andere Art nach Marcy kam: durch eine glaubhafte Drohung. «Ich werde noch viele Jahre hier drinnen sitzen, aber ich werde Sie nicht vergessen und wenn ich rauskomme, finde ich Sie», erklärte er einer Psychiaterin. Sie muss ihm wohl geglaubt haben, denn am nächsten Morgen wurde er abtransportiert.

Die Vollzugsbeamten waren ziemlich einhellig der Meinung, dass viele Häftlinge das *Spinner*-Spiel spielten – die Hebel der Institution bedienten – um in die PSU oder nach Marcy zu kommen. Sie taten es, weil das Leben dort, auch wenn man von *Spinnern* umgeben war, doch erträglicher war als im allgemeinen Vollzug eines Hochsicherheitsgefängnisses. Auf der psychiatrischen Station hatte man keine Gangs oder Waffen zu fürchten. Man hatte mehr persönlichen Freiraum und es gab mehr Personal, das sich um einen kümmerte.

Aus denselben Gründen war ich jedes Mal froh, wenn mich Sergeant Holmes nach einer längeren Phase auf den Galerien in die PSU schickte. Hier war es ruhig und sauber, die Insassen wurden sorgsam überwacht und für einen Vollzugsbeamten gab es nicht viel zu tun. Die meiste Zeit war die PSU eine Erholung. Das eindeutigste Zeichen dafür, dass man es hier besser hatte, war die Anwesenheit von altgedienten Beamten. Aufgrund ihrer Dienstjahre konnten sie sich die bequemsten Job aussuchen, und in der PSU schien fast immer ein alter Hase Dienst zu tun.

Der, den ich bei meinem ersten Dienst – und auch danach noch oft – in der PSU vorfand, war ein großer, grauhaariger Mann namens Birch. Er brachte seine Tage damit zu, Treppenhaustür und Zentraltor zu hüten, sich zu vergewissern, dass auf dem Stockwerk alles so lief, wie es sollte, religiöse Traktätchen zu lesen oder sich mit Kreuzworträtseln die Zeit zu vertreiben. Als ich ankam, sprach er gerade durch das Drahtgitter einer Hochsicherheitszelle mit einem winzigen Dominicano namens Colon, der den Zellenboden mit einem Teppich aus Illustriertenfetzchen dekoriert hatte. An jedem Gitterstab prangten Klopapiertroddeln, und gut dreißig Klopapierbäusche waren mit Zahnpasta an die Wände geklebt. Ich kannte Colon aus Block B – er hatte einmal, als ich dort Dienst tat, in seiner Zelle Feuer gelegt und die Beleuchtungskörper zerschlagen. Als Birch wegging, schöpfte Colon wütend mit den Händen Wasser aus der Kloschüssel und schleuderte es auf den Gang hinaus.

«Ach, den Mann kenne ich», erklärte ich Birch. «Ich habe ihn mal aufgeschrieben, weil er sich einer direkten Anweisung widersetzt hat. Aber als ich ihm den Strafzettel geben wollte, hat er mir erklärt, das sei nur Zeitvergeudung. Er hat prompt einen ganzen Stapel Strafzettel ausgegraben. Er sagte, die Dinger würden immer gleich weggeworfen, weil er verrückt sei.»

«Von der Sorte haben wir hier viele», sagte Birch. «Und es stimmt, man kann sie nicht aufschreiben. Verschluss macht sie nur noch verrückter. Ist nichts mit Aufschreiben.» Er schüttelte den Kopf.

«Gestern war hier so einer wie Sie, der hat mir erzählt, er hat in seinen ersten fünf Wochen hier schon fünf Strafzettel geschrieben. Fünf Stück! So viele habe ich wohl in meiner ganzen Dienstzeit nicht zusammengebracht. Ich bin da noch alte Schule – wir haben so was ohne Papierkram geregelt. Die Häftlinge wussten, wenn sie nicht spuren, machen wir sie fertig.» So lief das, wie mir in dem Moment schon hätte aufgehen müssen, in der PSU.

Am mittleren Vormittag erklärte mir Officer Birch, es sei jetzt Zeit für die Gespräche der Insassen mit dem therapeutischen Personal. Er gab mir einen Schlüsselbund. Ich hatte jeweils einen Häftling in einen Besprechungsraum zu bringen, wo das therapeutische Personal versammelt war, dafür zu sorgen, dass er sich hinsetzte, und mich dann hinter ihm zu postieren, um im Fall irgendeines Ausbruchs einzugreifen. Letztere Aufgabe war eine ziemliche Nervenstrapaze, weil ich mit keinem der Häftlinge Erfahrung hatte. Und es wurde noch dadurch erschwert, dass die Gespräche – mit einem Psychiater, einem Sozialarbeiter, einer Schwester und zwei weiteren Kräften – höchst interessant waren.

Zuerst versuchte ich es bei Colon – vorsichtig, um nicht nass zu werden. «Möchten Sie jetzt mit dem Komitee reden?», fragte ich.

«Scheiße nochmal, nein! Scheiß auf die Typen!», schrie er. Birch hatte mir gesagt, er habe schon die ganzen letzten Tage so reagiert und ich solle ihn einfach übergehen, falls er's wieder täte. Er werde sich später beruhigen.

Der nächste Häftling, ein langer, fahriger Typ, ging ohne Probleme mit. Er schilderte dem Psychiater, wie zwei dämonische Vollzugsbeamte durch Geheimzeichen mit Außerirdischen kommunizierten, die auf dem Dach von Block A landeten. Die Beamten wollten ihn per Voodoo verhexen. Der Psychiater sah mich leise lächelnd an und schlug dem Häftling vor, sich zu überlegen, ob er nicht Haldol (ein Antipsychotikum) nehmen wollte. Der Mann schüttelte den Kopf. «Wenn man mal anfängt, den Scheiß zu nehmen ...», brummelte er.

Der Psychiater schlug ein milderes Medikament vor und die anderen am großen Tisch nickten. Der Mann sträubte sich immer noch. Doch dann griff der Psychiater in die Trickkiste: «Würden Sie Antibiotika nehmen, wenn Sie eine Erkältung oder eine Infektion hätten?», fragte er.

Der Häftling bejahte.

«Tja, sehen Sie, das hier ist so eine Art Infektion in Ihrem Kopf», sagte der Psychiater. Schließlich willigte der Häftling ein, täglich das Medikament zu nehmen.

Den nächsten Häftling hatte ich am Morgen schon bewacht, bei einem Einzelgespräch mit einer Sozialarbeiterin in deren Büro. Er war ein kräftig gebauter Schwarzer, der während des Gesprächs ruhig gewirkt hatte. Kaum wieder draußen, hatte er jedoch angefangen, laut irgendwelches Zeug über Mike Tyson zu brabbeln. Jetzt, während des Gesprächs mit dem Komitee, war er ebenfalls ruhig.

Der Psychiater, der aus einer vor ihm liegenden Akte ablas, erklärte, er werde jetzt so tun wie bei einem Kreuzverhör. Ob das okay sei? Klar, sagte der Häftling.

«Hier steht, dass Sie manchmal schreien, wenn Sie ganz allein sind. Stimmt das?»

«Ja.»

«Dass sich Ihre Persönlichkeit in letzter Zeit völlig verändert hat?»

«Ja.»

«Dass Sie oft sehr zornig sind und herumlaufen und alle anschreien?»

«Ja.»

«Dass Sie glauben, Sie seien der fünfte Beatle?»

«Nein! Das stimmt nicht!»

Der Psychiater lächelte. «Kann sein, dass ich das erfunden habe», sagte er. Das restliche Komitee schmunzelte.

«Dass Sie Dinge in Ihrer Zelle kaputtmachen?»

«Stimmt.»

Der Häftling erklärte sich, sehr zur Befriedigung des Komitees, mit einer neuen Medikation einverstanden. Das schien das Hauptziel zu sein: ein Verfahren zu finden, die Häftlinge so weit in den Griff zu kriegen, dass sie, mit einer täglichen Medikamentenration, wieder in den allgemeinen Vollzug zurückkehren konnten. Im Wärterslang hießen diese Medikamente *Spinner-Saft* oder *Allheilmittel*, aber jeder wusste, dass es keine Heilmittel waren. (Viele Häftlinge glaubten, dass sie davon einen bleibenden Dachschaden bekommen würden.) Die PSU war ein Zwischenlager, kein Ort, wo eine Besserung oder Heilung erzielt wurde. Soweit ich mitbekam, kam es im Gefängnis überhaupt nie zu einer psychischen Besserung. Es dauerte Wochen, bis ein Häftling im regulären Vollzug einen Termin bei einem Therapeuten bekam, und wenn es gelungen war, eine therapeutische Beziehung aufzubauen, schienen zwischen den einzelnen Terminen wiederum Wochen zu liegen.

Nach Beendigung des Gesprächs ging der Häftling hinaus. Kaum dass ich die Tür des Besprechungszimmers geschlossen hatte, begann er wieder mit seinen Tiraden: «Mike Tyson hat sie fertig gemacht und jetzt kaufen sie ihn, jetzt drehen sie's rum!», brüllte er. Ich war froh, als ich ihn wieder in seiner Zelle hatte.

Die nächsten beiden Trips ins Besprechungszimmer verliefen ohne Zwischenfälle, aber auch diese Gespräche waren sehr erhellend. Der eine Häftling, ein Latino, wirkte ganz aufrichtig, als er erzählte, was er im Gefängnis alles an Drogen genommen hatte: Marihuana, Crack, Heroin, Valium. Mich verblüffte diese Vielfalt, das Komitee hingegen nicht. Und er wusste, was er sagen musste, um die Versammlung zu beeindrucken. («Aber ich weiß, es ist wichtig, dass ich von den Drogen runterkomme, damit ich mein Leben in den Griff kriege und, wenn ich Glück habe und auf Bewährung rauskomme, ordentlich für meine Kinder sorgen

kann.») Der nächste Häftling, ein Weißer, wirkte da schon ver-
wirrter. Er schwadronierte drauflos, von den Leuten, die es auf
ihn abgesehen hätten, und einem Drohbrief, den er bekommen
habe. Dem Komitee schien das alles bekannt. Eine Psychologin
sagte, abrupt das Thema wechselnd: «Und Sie wissen, wovon Sie
sich fern halten müssen?»

«Homosexuelle, Drogen, Würfel ...», begann er.

«Gangs, Glücksspiel, Schwule und Drogen», sagte sie.

«Genau.»

Schwule?, wunderte ich mich. Das klang eher nach Ideologie
als nach einer therapeutischen Strategie. Aber ich konnte nicht
fragen. Mein Funkgerät krächzte wie so häufig los und der Häftling drehte sich nervös zu mir um.

«Können Sie ihm sagen, er soll rausgehen?», fragte er das Komitee. Der Psychiater nickte und bedeutete mir hinauszugehen.

Und so wanderte Häftling um Häftling ins Besprechungszimmer und wieder zurück, mit jenem seltsam schlurfenden Gang,
der eine Nebenwirkung der Medikamente sein mochte oder vielleicht auch daher kam, dass wir die Schnürsenkel der Männer
konfisziert hatten, damit sie sich nicht erhängen konnten. Mir
jedenfalls schienen sie allesamt wirklich krank.

Den schlimmsten Fall hatten sie sich bis zuletzt aufgehoben.
Massey war ein mittelgroßer Schwarzer in den Zwanzigern und
so weggetreten wie ein Zombie. An seinem Stuhl angekommen,
wollte er sich nicht hinsetzen. «Setzen Sie sich jetzt hin!», kommandierte der Psychiater streng und ganz langsam gehorchte der
Mann. «Stellen Sie sich direkt hinter ihn», flüsterte mir eine The-
rapeutin zu. «Kann sein, dass er aufsteht.» Von dem Gespräch
weiß ich nicht mehr viel, da ich ganz damit beschäftigt war, mich
zu fragen, was ich tun sollte, falls Massey wirklich aufstand. Ich
postierte mich mit der Hand am Schlagstockgriff. Sie stellten ein
paar allgemeine Fragen nach den Stimmen, die Massey hörte, und
den Gründen, warum er seine Medizin nicht nahm. «Das ist momentan alles», sagte der Psychiater.

Massey rührte sich nicht.

«Ich sagte, wir sind jetzt fertig. Sie müssen jetzt rausgehen», sagte der Psychiater energisch. Ich zog den Schlagstock aus dem Halter und trat in Masseys Blickfeld. Langsam erhob er sich. Ich hielt die Tür auf. Langsam ging er hinaus. Er schien auf normale Stimuli überhaupt nicht zu reagieren, hermetisch in seiner eigenen Welt abgeschottet zu sein. Seine Zelle lag geradeaus, aber er schwenkte nach rechts, in Richtung des Zentraltors, das zu den Dienstzimmern des Zivilpersonals führte. Hinter dem Tor saß Birch. «Hey!», rief ich.

Massey bückte sich, um von einem Trinkbrunnen zu trinken, richtete sich dann wieder auf und marschierte weiter. Das Zentraltor war nicht, wie vorgesehen, geschlossen.

«Sofort stehen bleiben!», brüllte ich, aber Massey schlurfte weiter. Birch sprang auf und versperrte mit ausgebreiteten Armen die Toröffnung. *«Gehen Sie in ihre Zelle zurück!»*, kommandierte er. Massey ging in Zeitlupe weiter, genau auf Birch zu, versuchte ihn wegzuschieben.

Im Bruchteil einer Sekunde hatte Birch die Hände um Masseys Kehle und ich fand mich dabei wieder, wie ich ihm half, den Häftling an die Wand zu drängen. Birch boxte ihn in die Magengrube, brülle zornig, schlug wieder zu. Ich verdrehte eine von Masseys Händen mit einem normalerweise sehr schmerzhaften Aikidogriff. Aber Massey schien nichts zu spüren. Er starrte ins Leere und versuchte sich loszuwinden. Mit Mühe begannen wir, ihn in Richtung Zelle zurückzumanövrieren. Da erschien ein hünenhafter Verschlussbeamter aus Block B namens Phelan – gerade rechtzeitig, was mich anbelangte, denn Massey war verblüffend stark. Mit Phelans Hilfe bugsierten wir ihn zu seiner Zellentür, aber dann ging es nicht mehr weiter, da Massey die Gitterstäbe packte und sich festklammerte wie ein Krebs. Wir brauchten zu dritt zehn, fünfzehn Sekunden, um ihn loszueisen, und dabei scheppere Birchs goldene Uhr zu Boden. Als wir Massey endlich auf seiner Pritsche deponiert hatten, stand er wieder auf und marschierte schlafwandlerisch auf die Zellentür zu.

Phelan hob ihn hoch und schleuderte ihn gegen die Metallwand der Zelle.

«Schluss mit der Scheißverrücktspielerei!», rief er.

Der Häftling schien nichts wahrzunehmen. Sein Gesicht zeigte keine Regung, kein Zeichen von Angst oder Schmerz. *Wumm!* Phelan knallte ihn wieder an die Wand. Diesmal wirkte Massey schon etwas entmutigter und versuchte nicht wieder aufzustehen. Wir schlossen ihn ein und klopften uns den Staub ab.

«Spielt verrückt, der Kerl», sagte Birch. Er sei schon die ganzen letzten beiden Monate immer wieder durchgedreht, aber so schlimm sei es normalerweise nicht.

Das war mein erster Gewaltanwendungsfall und ich war ziemlich erregt. Ich hielt inne, um mich zu sammeln. In diesen Dingen war die Vollzugsbürokratie ziemlich penibel. Ich war für das PSU-Wachbuch zuständig und ging hin, um die Sache einzutragen.

«Was haben Sie vor?», fragte Birch.

«Einen Eintrag machen.»

«Tun Sie's nicht. Ist nur Zeitverschwendung. Für ihn kommt ja doch keine Strafe dabei raus, weil er ein *Spinner* ist. Wäre nur ein Haufen Papierkram für uns drei. Und Phelan ist schon weg. Vergessen Sie's.»

Ich ließ den Kugelschreiber einen Moment über dem Papier schweben, legte ihn dann wieder hin. Ich wollte es mir mit Birch nicht verderben. Was er sagte, war wie so vieles hier im Gefängnis: brutal, aber unter den Umständen ganz einleuchtend.

———

An den meisten Tagen gab es einen Dienst, der darin bestand, rund um die Uhr auf einem Stuhl bei den sechs Hochsicherheitszellen zu sitzen und eine besondere Art von Wache zu halten – Drogenwache oder Suizidwache. Suizidwache war ziemlich klar.

Wenn ein Häftling als akut selbstmordgefährdet galt, musste er sorgfältig überwacht werden, bis man ihn außer Gefahr glaubte. Drogenwache war ähnlich, aber weniger nobel. Wenn ein Häftling im Verdacht stand, ein Drogenpäckchen geschluckt zu haben – um nicht damit erwischt zu werden –, kam er zweiundsiebzig Stunden in eine Zelle, wo Wasserhahn und Klospülung abgestellt waren. Er durfte keine Unterwäsche tragen, nur ein Papiernachthemd. Der Wachbeamte war mit Latexhandschuhen und einem Zungenspatel ausgerüstet. Falls der Stuhlgang des Häftlings etwas «erbrachte», war ein Sergeant zu rufen.

Ich verbrachte zwei Schichten und einige Überstunden damit, einen Häftling aus Tappan zu bewachen, den ein Beamter bei einer Routinedurchsuchung etwas Weißes hatte schlucken sehen. Bei dem Versuch, ihn davon abzuhalten, habe der Beamte seine Zahnprothese zerbrochen, beschwerte sich der Häftling, und er habe sowieso nur einen beschriebenen Zettel verschluckt. Er war schon fast zwei Tage in der Zelle, als ich die Wache übernahm, und fast drei, als mein Dienst endete, aber nichts geschah. Dass es ihm gelang, das System über zweiundsiebzig Stunden auszutricksen, hatte damit zu tun, dass er das Essen, das ihm dreimal täglich gebracht wurde, nicht anrührte. Er trank jedoch Wasser und die ganze Umgegend roch nach dem Urin, der in der Kloschüssel stand. Der Job war todlangweilig und ich wäre wahrscheinlich eingenickt, hätte mich nicht ein Kollege gewarnt gehabt – während einer seiner Wachen hatte der Häftling zwar schließlich Stuhlgang gehabt, dann aber das Konterbandepäckchen schnell wieder verschluckt, ehe er selbst die Zellentür hatte aufkriegen können.

Weit öfter hatte ich Suizidwache, im Vollzug euphemistisch Sonderwache genannt. Wenn man ankam, erhielt man keine konkreten Informationen über den zu beobachtenden Häftling – nur das Sonderwachbuch, die einzige Lektüre, die dem jeweiligen Beamten gestattet war. An einem Sommertag ließ ich mich, ausgepowert von den Blocks, aufatmend auf dem Sonderwachstuhl nieder und spähte in die Zelle. Mein Häftling, Morales, schlief tief und fest. Meine einzige Aufgabe bestand darin, alle fünfzehn Minuten einzutragen, was Morales gerade tat. «Morales schläft», schrieb ich mehrfach.

Das Wachbuch reichte zwei Jahre zurück. Ich beschloss, es ganz zu lesen. Meistens stand da, dass der Häftling schnarchte oder sich von einer Seite auf die andere drehte. Aber es gab auch verblüffende Einträge. Ein Beamter hatte einen suizidalen Häftling ins nahe St.-Agnes-Krankenhaus begleitet:

Insasse versucht, sich IV-Schlauch von der Hand zu reißen. Arzt befestigt diesen wieder.

Insasse Ray versucht, sich Schlauch aus dem Penis zu reißen. Schwester Campbell zieht die Fixierung nach.

Insasse jetzt in Zwangsjacke.

Insasse fragte: «Was passiert, wenn ich meine Kanüle verschlucke?» Zog dann die Kanüle heraus. Ich antwortete: «Dann haben wir beide nichts als Scherereien.» Daraufhin gab er mir die Kanüle.

Insasse hat ZDZ Aufreißdeckel von Nährstoffpulver und Badlampenschnur verschluckt. [ZDZ war das Wachbuchkürzel für «zu diesem Zeitpunkt».]

Eine weitere Eintragsserie bezog sich auf die Zelle neben der, die ich bewachte.

7.00 Off. J. Carmody übernimmt Sonderwache PSU-Zelle 20, Insasse Rivera, Richard, 94A5932. Insasse schläft offenbar. So weit alles in Ordnung ZDZ.
7.30 Insasse schläft offenbar ZDZ.
8.00 Insasse schläft offenbar ZDZ.

9.00 Insasse Rivera wach ZDZ. Insasse erklärt, dass er nichts essen will. Dass er keinen Hunger hat.

9.30 Insasse erklärt, dass er nichts essen und mit niemandem reden wird. Er sagt, er springt jetzt vom Waschbecken und bricht sich das Genick an der Pritsche. Insasse steigt aufs Waschbecken. Befolgt Anweisung herunterzukommen.

9.40 Schwester drinnen, um mit Rivera zu reden.

9.55 Rivera draußen, um mit therapeutischem Personal zu reden.

10.15 Rivera wieder in Zelle.

10.30 So weit alles in Ordnung ZDZ.

11.00 So weit alles Ordnung ZDZ.

11.05 Mittagessen verteilt. Insasse Rivera weigert sich zu essen.

11.30 So weit alles in Ordnung ZDZ.

12.00 So weit alles in Ordnung ZDZ.

12.30 So weit alles in Ordnung ZDZ.

12.45 Insasse isst offenbar Kot. Therap. Personal benachrichtigt.

13.15 Insasse hat Kothaufen auf dem Boden liegen und isst ab und zu davon. Therap. Personal benachrichtigt.

13.30 So weit alles in Ordnung ZDZ.

14.00 Insasse springt vom Waschbecken gegen die Wand. Therap. Personal benachrichtigt.

14.05 Insasse behauptet, sich rechten Arm verletzt zu haben. Therap. Personal benachrichtigt.

14.30 So weit alles in Ordnung ZDZ.

15.00 So weit alles in Ordnung ZDZ.

15.20 Insasse erklärt, er will Zoff. Sagt, er will «was losbrechen».

15.45 Schwester redet mit Rivera.

15.50 Insasse Rivera isst jetzt sein Essen.

16.00 So weit alles in Ordnung ZDZ.

16.20 Insasse springt von Waschbecken auf Pritsche. Widersetzt sich Anweisung aufzuhören. Therap. Personal benachrichtigt.

16.30 Insasse bei Sprung von Waschbecken auf Pritsche von nördlicher Zellenwand abgeprallt, erst auf Pritsche, dann auf Fußboden gefallen. Behauptet, sich nicht bewegen zu können. Therap. Personal benachrichtigt. Schwester Dennis und Offs. Smith und Copper eingetroffen.

16.40 Insasse beim Bewegen von Beinen und Körper beobachtet.

17.00 Insasse liegt immer noch auf Fußboden.

17.15 Insasse ist aufgestanden, hat sich dann wieder auf Fußboden gelegt.

17.20 Insasse geht in Medizingeschichte ein. Ist wieder geheilt.
Insasse läuft herum. Insasse wirft Tablett auf Gang hinaus.

18.00 So weit alles in Ordnung ZDZ.

18.15 Sgt. Carrigan spricht mit Rivera.

18.30 So weit alles in Ordnung ZDZ.

19.00 So weit alles in Ordnung ZDZ.

19.15 Insasse steht auf Waschbecken. Sagt, er wird auf Prit-
schenrand springen und sich Genick brechen. Gebe Anweisung herunterzukommen. Insasse gehorcht.

19.20 Insasse steht auf Waschbecken. Erklärt, dass er sich umbringen wird.

19.45 Schwester redet mit Rivera.

20.00 So weit alles in Ordnung ZDZ.

20.55 Insasse hat von Schwester White Laken, Socken und
T-Shirt erhalten.

21.30 So weit alles in Ordnung ZDZ.

22.00 So weit alles in Ordnung ZDZ.

22.30 So weit alles in Ordnung ZDZ.

Morales schlief fast die gesamte Schicht hindurch und erhob sich
am Ende nur, um mich um eine Zigarette zu bitten. Er verschlief
sogar den einzig aufregenden Moment des Tages, als es ein Häftling weiter gangabwärts schaffte, sich mit der Klinge eines Ein-
malrasierers, den er irgendwie hereingeschmuggelt hatte, beide
Handgelenke aufzuschlitzen. Der Beamte, der ihn bewachte, rief
eine Schwester und den Sergeant. Die Schwester stellte fest, dass
die Schnitte nur oberflächlich waren, und ließ den Häftling lediglich die Arme durchs Gitter herausstrecken, damit sie die Wunden säubern, desinfizieren und verbinden konnte. Der Sergeant,
sauer, weil er wegen nichts und wieder nichts gerufen worden war,
riet dem Häftling: «Schneiden Sie nächstes Mal längs. Das funktioniert wesentlich besser.»

Am nächsten Tag hatte ich schon mehr über Morales erfahren. Einige seiner früheren PSU-Aufenthalte waren in ebenjenem Wachbuch protokolliert. Er hatte öfters mit Selbstmord gedroht und neigte zur Selbstverstümmlung. Eine Beamtin hatte vermerkt, dass er offen masturbierte. Dann schrieb sie, ein anderer Beamter müsse ihn wohl darauf angesprochen haben, denn am nächsten Tag sei er «zornig» gewesen, weil sie es aufgeschrieben hatte. Armer Kerl. Er war dabei beobachtet worden, wie er «White Christmas» sang, einen Plastikbecher an einer Schnur durch seine Zelle zog und ihn sein «Auto» nannte. Bei einer weniger harmlosen Episode hatte er drei Fliesenstücke vom Fußboden losgestemmt und eins davon benutzt, um sich Schnitte an Bein und Handgelenk sowie «ein blutiges Loch in der Brust» beizubringen.

Ich betrachtete die undeutliche Gestalt des etwa fünfundvierzigjährigen Puertoricaners durch das Drahtgitter, während er sich auf der Pritsche umdrehte und aufsetzte. Ich vermochte zu erkennen, dass er einen Kinn- und Schnauzbart und einen Bauchansatz hatte, aber ungehindert sehen konnte ich nur seine Füße und blasse, dünne Unterschenkel. Ich wusste nicht, was dazu geführt hatte, dass er aus dem vierten Stock von Haus 5 (der Etage für Häftlinge mit psychischen Problemen) hierher verlegt worden war, aber normalerweise war der Grund ein Selbstmordversuch. Das bestätigte sich dann auch nach dem Mittagessen, als ihm die Streichhölzer ausgingen und ich ihm Feuer gab. Er beugte sich ans Gitter, um mir die Schnitte an seinem rechten Unterarm zu zeigen, die er sich mit einem Blechdosendeckel beigebracht hatte. Sie schienen tiefer als in den meisten Fällen. Später legte er sich sogar auf den Fußboden, damit ich, unter dem Drahtgitter hindurch, die immer noch roten Narben vorangegangener Selbstverletzungen sehen konnte – einen Schnitt in der Nähe der Halsschlagader, ebenfalls mit einer Fliesenscherbe ausgeführt, und das inzwischen verheilte Loch in seiner Brust.

Es sei der Druck hier im Gefängnis, sagte Morales, der ihn dazu treibe, sich selbst zu verletzen. Die Gangs setzten ihm besonders zu

– sie benutzten die psychisch Kranken für besonders riskante Aufträge. Wenn diese Männer von Vollzugsbeamten erwischt wurden, verlieh ihnen ihr Geisteszustand eine Art Immunität. Morales sagte, er würde alles tun, um aus Sing Sing herauszukommen.

«Auch verrückt spielen?», fragte ich.

«Ist nicht schwer, verrückt zu spielen, wenn man verrückt ist, Schließer», sagte er.

«Hmm.»

«Hey, ich hab's mir nicht ausgesucht, hier zu landen. Der Kerl, den ich umgebracht hab, den hätten Sie wahrscheinlich auch umbringen wollen. Er hat Frauen verprügelt. Klar, ich war damals schon ziemlich daneben.»

«Was heißt das – auf Drogen?»

«Drogen und Alkohol. Aber ich hab die Drogentherapie gemacht, was mir, glaub ich, schon helfen wird, die Finger davon zu lassen. Wissen Sie, was ich echt gern hätte? Chinesisches Essen. Chinesisch oder thailändisch. Ich will gebratenen Reis. Was würd ich nicht tun für gebratenen Reis.»

Zwei Tage zuvor hatte Morales, laut Wachbuch, seinem Bewacher erklärt, der einzige Weg, hier herauszukommen, sei es, sich umzubringen. Er könne nicht nach Hause oder auch nur seine Familie sehen. Die wollten alle, dass er sich umbrächte, und sagten es sogar, jetzt, wo seine Mutter tot sei. Er hatte «ohne ersichtlichen Grund» laut gelacht und sich mit der flachen Hand an den Kopf geschlagen.

Doch irgendwann zwischen vorgestern und jetzt hatte er etwas Wunderbares erfahren: Er würde in zwei Tagen nach Marcy verfrachtet werden. Das hatte ihn erheblich beruhigt. Während seiner Haftstrafe für Mord zweiten Grades, die er 1984 angetreten und die ihn auch schon nach Attica und Wende geführt hatte, war er, wie er sagte, schon viermal in Marcy gewesen. Dort sei es gut: keine Gangs, jeden Tag ein Film, Viererzimmer mit tagsüber unverschlossenen Türen und keine Vollzugsbeamten. Klar, es gebe dort auch Strafen – man werde am Bett festgegurtet oder bekomme eine Beruhigungsspritze «in den Hintern gejagt» – aber es sei dort doch freier.

«Aber hat man da nicht nur *Spinner* zum Reden?», fragte ich.

Nein, sagte er, und er kenne dort eine Menge Leute.

Er zeigte mir seinen «Insassenkonto»-Auszug – der besagt, wie viel der betreffende Häftling in der Verkaufsstelle ausgeben kann – und erklärte, so etwas hätte ich bestimmt noch nicht gesehen. Was stimmte. Er war mit über hundert Dollar im Minus.

«Wie kann man dort im Minus sein?», fragte ich. «Haben sie Ihnen Kredit gegeben?»

«Nein, Mann. Das sind die Strafzettel. Ich hatte im letzten Jahr dreiundzwanzig Strafzettel, alle Stufe zwei und Stufe drei.» Für jede dieser schwerwiegenden Übertretungen wurden, unabhängig vom Guthaben, fünf Dollar vom Häftlingskonto abgebucht.

«Wofür?»

«Ach, weil ich Farbe getrunken hab, mein Waschbecken aus der Wand gerissen hab, mich verletzt hab. Das ist nicht fair, Mann. Man sollte nicht zahlen müssen, wenn man nicht richtig im Kopf ist.»

Farbe getrunken? Selbst wenn man es in der bewussten Absicht tat, aus dem allgemeinen Vollzug herauszukommen, musste man doch krank sein, um Farbe zu trinken oder Fliesenscherben zu schlucken.

Ich erzählte Morales von Prinzessin Dianas Unfalltod letzte Nacht und von den neuen MetroCards, die jetzt die Marken in der New Yorker U-Bahn ablösten. Er bat mich um Feuer für seine Zigaretten und als meine Streichhölzer knapp wurden, zeigte er mir, wie man sie säuberlich in der Mitte durchreißen konnte, um aus einem zwei zu machen. Schließlich schlug er vor, wir sollten doch Schach spielen. Ich fand das bemalte Stück Faserplatte und eine Schachtel mit Plastikschachfiguren im Aufenthaltsraum; wir balancierten das Brett sorgsam im Essensschlitz der Zelle aus, kurz überm Fußboden.

Morales war ein ganz ordentlicher Schachspieler. Wir gewannen jeder ein Spiel und dann stieß ich, vor lauter Aufregung, weil ich im dritten Spiel führte, gegen das Brett und kippte es um. Wutsch. Birch kam vorbei und erklärte mir, dass viele Sergeants etwas dagegen hätten, dass Beamte mit Häftlingen Spiele spielten. Aber dann erbot er sich, mich, sobald jemand käme, zu warnen, indem er ans Fenster klopfte. Morales versicherte mir, sobald er es klopfen hörte, würde er das Brett vom Gitter nehmen und unter seiner Pritsche verschwinden lassen. Nach dem Mittagessen hörte ich ein Klopfen und sagte zu Morales, jetzt sei es so weit. Es dauerte aber einen Moment, bis er kapierte, und als er dann reagierte, kippte *er* sämtliche Figuren auf den Zellenfußboden – eine Sekunde, ehe Sergeant Holmes um die Ecke kam. Zum Glück sah Holmes durch das Drahtgitter die Bescherung nicht. Er zeichnete das Wachbuch ab und verschwand wieder.

Unsere nachfolgenden Spiele wurden immer wieder durch den Häftling Auguste in der Nachbarzelle gestört. Auguste war ein dürrer Schwarzer, der jeden vorbeikommenden Beamten, egal zu welcher Tageszeit, mit «Einen wunderschönen guten Morgen, Sir!» begrüßte. In einem der makabereren Tableaus, die sich mir im Gefängnis boten, stand er mitten in seiner Zelle, die Arme ausgebreitet, den Kopf zurückgelegt, und sang die beliebten Takte aus «New York, New York»: «If I can make it there, I'll make it anywhere.» Ein andermal erklärte er mir, im Ton der Obdachlosen, die in Manhattan spätabends vor den Nobelrestaurants warten und herauskommenden Gästen schmeicheln, ehe sie sie um Geld angehen: «Sie sehen aus wie Robert Redford!» Zur Krankenschwester hörte ich ihn einmal sagen: «Sie sind eine Mischung aus Grace Kelly und Prinzessin Diana!»

Wieder ein andermal sah ich Auguste jedoch mitten im Singen innehalten, als sei plötzlich etwas in ihn gefahren, und dann so tun, als hiebe er mit einem Hammer oder einem Beil auf eine am Boden liegende Person ein. So viel zum liebenswerten Spinner.

Heute sang er immer und immer wieder «O beautiful for spacious skies», bis Morales brüllte: «Aufhören! Hörst du verdammt nochmal auf!» Es folgte längere Schweigepause, während Augustes Gehirn rebootete. Als es wieder online war, sang er den Sechziger-Jahre-Hit «Sugar, Sugar». Dann bemerkte ich, dass er aus seiner Zelle gekommen war. Insassen, die nach Meinung der Psychiater Fortschritte machten, durften jeden Tag ein paar Stunden heraus; das nannte sich Freizeit. Auguste kam, um uns beim Spielen zuzugucken.

«Die Archies, stimmt's?», fragte ich, als er neben mir vor sich hin summte.

«Ja, Sir. Ich war ihr Bassist.»

Morales versuchte, Tabak von Auguste zu schnorren, was ihm auch gelang, aber im Gegenzug hielt Auguste Morales einen Vortrag über Ägypten und die Pharaonen und darüber, dass die Weißen zwar die Herrschenden seien, eigentlich aber die Schwarzen das Sagen hätten, weil nämlich Jesus schwarz gewesen sei und –

«Hör auf mit dem Scheiß!», schrie Morales.

«Ja, Master, klar», sagte Auguste und verschwand eilends.

Ich wünschte Morales viel Glück und wir stießen die Fingerknöchel gegeneinander, wie es die Häftlinge unter sich taten. Ich konnte mir das leisten, weil er schon so gut wie weg war, nach Marcy, und ich ihn nie wiedersehen würde.

Der Besuchsraum

Wenn man in Sing Sing arbeitete, konnte man leicht vergessen, dass die Männer, die hier drinnen saßen, letztlich alle irgendwo anders fehlten. Draußen waren sie jedoch nach wie vor Väter, Söhne, Brüder und Ehemänner – meist von ärmeren Leuten aus New York City. Indem sie im Gefängnis gelandet waren, hatten sie natürlich andere enttäuscht; manche Angehörige wollten sie nicht mehr sehen. Aber viele andere vermissten sie und fanden

den Weg zum Gefängnis, per Bus, Auto, Zug oder Taxi. Sie ließen sich und ihre Sachen durchsuchen und nahmen lange Wartezeiten auf sich, um eine kurze Zeit im Besuchsraum von Sing Sing zu verbringen.

Der Besuchsraum war eine Art Bresche in der Mauer zwischen der hermetischen Welt des Gefängnisses und dem Universum draußen. Hier konnte der Häftling versuchen, wieder einen Bezug zur Außenwelt und zu seinem früheren Leben zu finden, die Wunden der Isolation zu salben. Der Besucher oder die Besucherin konnte sich, mit mehr Abstand als jeder Vollzugsbeamte, damit befassen, was Gefängnishaft bedeutete und wie das Leben danach aussehen könnte. Im Besuchsraum ging es darum, Informationsrückstände aufzuholen, Beziehungen wiederzubeleben, nach vorn zu blicken. Hier ging es um die Berührung einer Frau, das Plappern eines Kindes.

Ich machte mit Colton Besuchsraumdienst, in der blauen Repräsentationsuniform, die wir auf jedwedem Posten zu tragen hatten, wo wir mit der Öffentlichkeit in Berührung kamen. Wir saßen hinter einem breiten Tisch auf einem Podest und überwachten den großen, cafeteriaartigen Raum. An der Rückwand standen Imbiss- und Getränkeautomaten und zwischen diesen und uns erstreckten sich säuberlich ausgerichtete Reihen von Tischen und Stühlen, die mit von der Decke hängenden Lettern gekennzeichnet waren. Zu unserer Linken befand sich ein abgegrenzter Kinderspielbereich. Dahinter lagen die kleinen Räume eines als Fotograf amtierenden Häftlings, der Polaroid-Erinnerungsfotos schoss, und eines Sozialarbeiters, der beispielsweise in Heiratsangelegenheiten weiterhalf. (Häftlinge konnten, mit Erlaubnis der Gefängnisleitung, in der Haftanstalt heiraten und danach Ehegattenbesuche beantragen.) Die Wand zu unserer Rechten hatte große Panoramafenster – die ursprünglich wohl eine phantastische Aussicht auf den Hudson hatten bieten sollen, was jedoch durch die blaue, Hitze reflektierende Beschichtung vereitelt wurde, die verhindern sollte, dass die Nachmittagssonne den Raum in einen

Backofen verwandelte. Die Stacheldrahtrollen auf dem Maschendrahtzaun dahinter blockierten die Sicht zusätzlich.

Unmittelbar rechts von uns war die Tür, durch die die Besucher hereinkamen, nachdem sie sich ausgewiesen, alle mitgeführten Gegenstände vorgezeigt und einen Metalldetektor passiert hatten. Wir deuteten auf die zur Wahl stehenden Plätze – entweder an den Tischen mit je vier Stühlen oder auf Sitzreihen an den Fenstern, wo sie neben dem jeweiligen Häftling sitzen konnten. Die Häftlinge kamen durch eine andere Tür, direkt links von uns. Sobald sie sich bei uns angemeldet hatten, wiesen wir sie zu ihren Besuchern. Wenn ein Besucher oder eine Besucherin nach einer Stunde immer noch wartete – was häufig vorkam – riefen wir im betreffenden Block an, um den Grund zu erforschen. Manchmal war das Vollzugspersonal schuld: Der Galeriebeamte hatte den Häftling vielleicht nicht gleich gefunden und die Sache dann vergessen, oder jemand hatte es versäumt, dem Galeriebeamten überhaupt Bescheid zu sagen. Oft aber lag das Problem bei den Häftlingen selbst – manche brauchten ewig, um zu duschen, sich zu rasieren und zu frisieren, weil sie sich möglichst perfekt präsentieren wollten.

Colton war mieser Laune, sagte kaum ein Wort, laborierte offensichtlich an Heimweh und am Hass auf Sing Sing. «Wie läuft's?», fragte ich dennoch. «Könnte gut ohne das alles hier leben», brummte er. Ihn schienen die Dramen, die sich vor uns entfalteten, kalt zu lassen, ja, sogar abzustoßen, aber ich war fasziniert. Wenn man sich je gefragt hatte, wie wohl das Leben bestimmter Häftlinge draußen ausgesehen haben mochte, bekam man hier das eine oder andere Puzzlestückchen geliefert.

Ich beobachtete eine junge Frau, die hereinkam, sich einen Tisch suchte, den Kopf auf die Platte legte und einschlief, während sie auf ihren Liebsten wartete. Der weckte sie mit einem Kuss – ganz der galante Prinz – und ich fragte mich, ob sie das immer so machten. Dann war da ein anderes Paar, dessen Begegnung eisig begann. Sie wehrte ihn praktisch mit dem Arm ab, als er sie umarmen wollte; er begnügte sich mit einem Händedruck, dann zogen sich beide auf die Sitzreihe an der hinteren Wand zurück. Drei Stunden später bemerkte ich, dass sie sich leidenschaftlich küssten – das Eis war getaut.

Auf der anderen Raumseite saß ein älteres Paar und wartete auf ... einen inhaftierten Sohn? Nahezu jede Begegnung begann mit einer Umarmung, aber manchmal waren auch beide Seiten zunächst befangen oder zaghaft. Sohn und Eltern berührten sich lediglich an den Armen, nicht mit dem Oberkörper; vielleicht hauchte er der Mutter die Andeutung eines Kusses auf die Wange. Oder war es seine Pflegemutter? War der Mann der Stiefvater?

Ein Häftling war, kaum dass er sich von unserem Tisch abgewandt hatte, von drei kleinen Kindern umlagert. Sie hüpften um ihn herum und klammerten sich an seine Beine, während er auf die Mutter zuging – seine Frau? seine Schwester? –, die zwischen den ganzen Buntstiften und Malbüchern ein Fleckchen Tisch für ihn freizuräumen suchte. Dieser Anblick war erheiternd, aber auch sehr, sehr traurig.

Mit Eveillard, einem anderen Kollegen, blieb ich an einem Tisch stehen, wo eine junge Frau in einem roten Kleid von ihrem Stuhl auf den Schoß des Häftlings umgestiegen war. «Nicht erlaubt», sagte Eveillard mit einem entrüsteten Tss-tss. Langsam und widerstrebend stieg sie herunter. Solange jeder auf seinem Stuhl blieb, die Füße am Boden, und die Intimitäten sich auf Küsse beschränkten, ließen wir sie in Ruhe. Aber der Kampf gegen die Wollust erforderte permanente Wachsamkeit: Eine Stunde später musste ich dieselbe Frau wieder vom Schoß des Häftlings holen. Eveillard erzählte mir, er habe vor ein paar Monaten sogar einen Geschlechtsakt im Stehen unterbrechen müssen. Der Besuchsraum hatte eine Art Hof für warme Tage und das Paar hatte sich hinter Spielgeräten versteckt – nicht gerade der Inbegriff von Familienunterhaltung.

Es gab auch einen gesonderten Bereich für Non-Kontakt-Besuche. Das war die Sorte Besuchsraum, die Film und Fernsehen als die Norm hinstellen, mit Trennwand, Trennscheiben, Telefonhörern und Qual auf beiden Seiten, weil keine Berührung möglich war. Die Wirklichkeit sah, zumindest in Sing Sing, anders aus. Häftling und Besuch wurden nur dann getrennt, wenn einer von beiden darum bat. Erst in der Vorwoche, erzählte Eveillard, sei eine Ehefrau gekommen und habe um einen Non-Kontakt-Besuch gebeten – sie wollte ihrem Mann mitteilen, dass sie die Scheidung beantragt hatte, und fürchtete seine Reaktion. Er war auch prompt explodiert und hatte von Vollzugsbeamten gebändigt werden müssen.

Ein weiterer Grund zu permanenter Wachsamkeit war die Möglichkeit, dass ein Häftling, statt eine Frau zu verlieren, im Gegenteil eine zu viel hatte. Jeder altgediente Beamte schien schon einmal erlebt zu haben, wie eine Ehefrau auftauchte, während die Freundin des Gefangenen da war, oder umgekehrt. In diesem Fall war Zoff garantiert.

Eveillard tat schon lange im Besuchsraum Dienst und war gern hier. Ich auch, weil ich mich hier nicht ganz so sehr im Gefängnis fühlte und weil ich zur Abwechslung einmal positive Interaktionen miterleben konnte. Doch wie so viele Beamte, die im Besuchraum Dienst taten, fand Eveillard einen Aspekt dieses Jobs wirklich ätzend: die vielen attraktiven jungen Frauen, die Gefangene besuchen kamen.

«Sie haben doch eben die im roten Kleid gesehen. Und gucken Sie sich die da an!», fauchte Eveillard leise. «Was sieht die bloß in dem Kerl? Was kann er für sie tun? Nichts!»

Ich fand die Anwesenheit attraktiver junger Frauen an diesem Ort erstaunlich, aber nicht ärgerlich. Für Eveillard war sie jedoch empörend, ein Beweis für die Verblendung der Frauen und die Ungerechtigkeit Gottes. «Sehen Sie die da?», fragte er und meinte eine Frau, die an einem der Tische mit einem Häftling Händchen hielt. Ich kannte den Häftling aus Block B. Er wurde häufig in den Besuchsraum gerufen. «Sie kommt nach der Nachtschicht her, fast jeden Tag. Um ihre Zeit hier zu verbringen! Sie brummt seine Zeit für ihn ab!» Ich wusste, was Eveillard meinte. Die Zahl der Besuche, die ein Häftling haben konnte, war praktisch unbegrenzt, selbst wenn er unter Verschluss oder in der Box saß. Solange der Besuch da war, konnte der Häftling – montags bis freitags und an jedem zweiten Wochenende von ca. 8 Uhr 30 bis ca. 14 Uhr 45 – seine Zelle verlassen und diese vergleichsweise angenehme Umgebung genießen.

Eveillard zeigte auf eine andere Frau, die schwanger war, ein Kleinkind dabei hatte und sich ganz offensichtlich freute, ihren Häftling zu sehen. «Sehen Sie die? Das ist seine Frau! Hat ihn vor sieben Jahren kennengelernt, als sie mit einer Freundin hier war, um einen anderen Häftling zu besuchen. Erst haben sie geheiratet. Dann waren sie im Familienzusammenführungsprogramm [ein Programm, das gelegentliche Ehegattenbesuche erlaubte]. Und jetzt ist sie wieder schwanger. Unglaublich!»

«Das ist wirklich merkwürdig», musste ich zugeben. «Vielleicht gefällt's ihr einfach, einen Mann zu haben, der nie da ist.»

Da viele Frauen im Besuchsraum aus dem Ghetto oder jedenfalls aus den ärmeren Teilen der Stadt kamen, war die haftbedingte Abwesenheit geliebter Menschen für sie eine selbstverständliche Lebenstatsache, auf die man sich eben einstellen musste. Eine Replik aus dem Film *Der Gefangene von Alcatraz* schien mir diese Situation sehr gut zusammenzufassen. Der «Birdman» genannte Mörder Robert Stroud ist nach Alcatraz verlegt worden, weit weg von der Frau, die er während seiner Haftzeit in Leavenworth brieflich kennen gelernt und dann geheiratet hat. Die Frau erscheint eines Tages in Alcatraz, um ihn zu besuchen, und Stroud fragt, stellvertretend für alle, die sich je über dieses Phänomen gewundert haben, warum in aller Welt sie den ganzen weiten Weg auf sich genommen hat.

«Weil», sagt sie, «ich außer dir kein Leben habe.»

Auf dem Heimweg fuhr ich bei meiner Autowerkstatt vorbei, um den Wagen zur Inspektion zu bringen. Es war eine kleine Klitsche in Yonkers, nahe der Bahn. Der emsige Inhaber, Marty, schien an diesem Abend erregt. Vom Warteraum aus hörte ich ihn einem anderen Kunden erzählen, was einem älteren Freund von ihm zugestoßen war.

«Harry ist jetzt in Rente und gestern Abend geht er heim, mit einem Werkzeugkasten, nachdem er in seiner Kirche ehrenamtlich ein paar Sachen repariert hat. Da kommen diese Typen und rempeln ihn um, schlagen ihn zusammen, dass er ins Krankenhaus muss. Und das alles nur wegen des bisschen Werkzeugs.» Er schüttelte entrüstet den Kopf.

Das brachte mich auf den Teppich zurück, lenkte einen Teil meines Mitgefühls in andere Kanäle. Ich kenne diese Typen, wollte ich Marty erklären – ich bin Tag für Tag mit ihnen zusammen.

Es ging doch überall um Absenz, oder? Um das Fehlen der Inhaftierten im Leben derer, die sie liebten; das Fehlen von Liebe im Gefängnis. Und – was man nie vergessen durfte – die leeren Stellen im Herzen anständiger Leute, die Löcher, die Kriminelle in ihr Leben stanzten, das Fehlen dessen, was sie ihnen geraubt hatten – Geld, Seelenfrieden, Gesundheit, ja, sogar geliebte Menschen – weil sie egoistisch oder krank waren, Angst gehabt hatten oder schlicht nicht hatten warten können.

Wachturmdienst

Der alte Stuhl war bequem, die Aussicht phantastisch, das Gefühl, meine Ruhe zu haben, köstlich.

Ich war ganz allein – nur ich, meine Waffen, meine Zeitung und die Toilette – hier oben auf Wachturm 18.

Sicher der ideale Job für einen Möchtegernkiller, denn ein solcher könnte Stunden damit zubringen, Szenarien zu entwerfen, auf wen er womit und unter welchen Bedingungen zu schießen haben könnte. Mir gefiel dieser Job, weil er ebenfalls Erholung vom Lärm und Stress der Blocks bot. Die alte Gefängnismauer war mit neun Türmen dieses Typs bestückt; insgesamt gab es achtzehn Wachtürme, einschließlich der neuen quadratischen an den Mauern um Tappan. Ich liebte diese Bauwerke: Die alten achteckigen Türme waren das Hauptemblem von Sing Sing, zierten die Souvenirbroschüre, die Gewerkschaftsschlüsselketten und die Kaffeebecher und T-Shirts, die geschäfstüchtige Vollzugsbeamte am Zahltag auf dem Parkplatz verkauften. Jeder Turm hatte einen umlaufenden Metallsteg mit Scheinwerfern auf der Brüstung und drinnen fühlte man sich wie in einem lauschigen Ferienbungalow. Ich liebte die Brise, die durch den Raum wehte, und die privilegierte Position mitten auf der Gefängnismauer, mit freiem Blick nach beiden Seiten.

Jeder in Betrieb befindliche Wachturm enthielt ein kleines Waffenarsenal. Im Gewehrständer zwischen zweien der acht Fenster lagerten eine Remington-Schrotflinte, ein Colt AR-15-Sturmgewehr, ein Tränengasgewehr und ein ordentlicher Munitionsvorrat. Um die Taille hatte ich ein Gürtelholster mit einem .38er Smith&Wesson Spezial-Revolver. Auf der anderen Seite des Raums hingen eine Spezialweste mit mehreren Tränengaspatronen, ein Einsatzhelm und ein Megaphon.

Es gab nicht viel zu tun, außer permanent wachsam zu sein: Das war das Angenehme und zugleich Problematische an einem Tag auf dem Wachturm. Aber überwiegend war es toll – ich wäre Sergeant Holmes am liebsten um den Hals gefallen, als er mir diesen Dienst zugeteilt hatte. Neue Beamte kamen nicht oft hier herauf. Der reguläre Posten war, wie ich herausgefunden hatte, für zwei Wochen im Urlaub.

In den Wachturm gelangte man durch ein uraltes Tor auf der Außenseite der Gefängnismauer. Die Türme galten als die letzte Bastion von Recht und Ordnung, daher mussten sie von innen unzugänglich sein. Um aufschließen zu können, meldete man sich am Tor und wartete, dass einem der Beamte, den man ablöste, den Schlüssel in einem Eimer herunterließ. Der Schlüssel selbst war ein Prachtstück – der älteste, den ich je in Sing Sing gesehen hatte, kurz und dünn, mit zwei runden Löchern im von Myriaden Händen abgewetzten Kopf. *Sargent & Greenleaf Co.* stand auf dem Schlüsselkopf, *Rochester, N. Y. No. 101.* Später sollte ich einen ähnlichen Schlüssel in einer Schauvitrine im stillgelegten Bundesgefängnis von Alcatraz, in der Bucht von San Francisco, sehen, datiert mit 1909.

Im Turminneren befand sich eine rostige Eisenwendeltreppe. Eine vollständige Windung führte gut acht Meter empor, zu der Metallluke in der Mitte des Turmraumbodens. Bis man oben ankam, hatte der abzulösende Beamte die Luke bereits aufgeklappt, sodass man hindurchklettern konnte. Man wechselte ein paar nette Worte mit dem Kollegen und gab den Schlüssel zurück, damit der Abgelöste sich unten durchs Tor schließen und ihn wieder in den Eimer legen konnte. Nachdem man den Schlüssel hochgezogen hatte, war man sicher eingeschlossen und konnte seinen Dienst beginnen.

Sing Sing hatte drei «Durchfahrtschleusen» und Wachturm achtzehn lag über einer davon. Die Schleuse hatte zwei riesige Metallgleittore, die aus Sicherheitsgründen nicht am Boden bedient wurden, sondern von meinem Wachturm aus. Wenn ein Fahrzeug ins Gefängnis hinein- oder aus dem Gefängnis hinauswollte, passierte es das erste Tor, hielt dann über einer Kontrollgrube, wartete auf die Kontrolle und Freigabe durch Beamte am Boden, die mir ein Signal gaben, wenn alles in Ordnung war. Dann betätigte ich einen der großen schwarzen Schalter auf meinem Kontrollpult. Das andere Tor öffnete sich und das Fahrzeug konnte passieren. Ich musste nur die eine simple Regel beherzigen, immer ein Tor zu schließen, ehe ich das andere öffnete.

Zum Glück wurde diese Durchfahrtschleuse hauptsächlich von offiziellen Fahrzeugen – Gefängnistransportern, Polizei- und Krankenwagen – genutzt und es war Wochenende, also nur wenig Verkehr. Ich konnte ein bisschen relaxen. Durchs Fernglas verfolgte ich eine Segelregatta drunten bei der Tappan Zee Bridge und konnte auch den langsam dahinrollenden Fahrzeugverkehr auf der Brücke selbst erkennen. Ich schwenkte mit dem Glas über das Gefängnisareal, eine Landschaft aus Myriaden roter Backsteine. Und um meinen Augen ein wenig Erholung zu gönnen, beobachtete ich eine Schar Gänse, die den vor mir liegenden Rasen der Gefängniskirche erkundeten. Dieses Rasenstück war auch auf einem Foto, das mit Klebestreifen an der Wand neben den Fenster befestigt war. Ein Ein-Meter-Quadrat war mit dickem Filzstift markiert. Dorthin hatte ich bei eventuellen Warnschüssen zu zielen.

Ich überprüfte die Waffen, zählte die Munition, rief vorschriftsgemäß beim Dienstleiter an, um zu sagen, dass alles okay war. Ich betätigte die Toilettenspülung: Der Turm hatte eine Klo-Waschbecken-Kombination aus Edelstahl, wie sie auf der psychiatrischen Station üblich war. Der improvisierte Kocher nebst Topf schien ebenfalls von den Gerätschaften der Häftlinge inspiriert, wenn nicht gar bei einer Zellendurchsuchung konfisziert. Ich warf einen Blick in das Wachbuch, in dem die Krankenwagenpassagen verzeichnet waren. Offenbar befuhr im Schnitt alle drei bis vier Tage einer das Gefängnisgelände. In einem Klemmbrett klemmte ein Stapel Memos. Eines trug die Überschrift *Vorgehen gegen Hubschrauber*. Zuerst, hieß es da, habe man auf den Heckrotor zu feuern. Dann erst, wegen der Explosionsgefahr, auf die Motorabdeckung. Und als Drittes konnte man dann, nach mehreren Warnschüssen, «jedweden sich nähernden Häftling durch Schüsse aufhalten». Aber nur, wenn der explodierende Hubschrauber uns bis dahin nicht alle ausgelöscht hatte, dachte ich.

Ein zweites Memo, von einem Captain, zielte offenbar darauf ab, das Personal auf den Wachtürmen, die zweifellos ein Hort stiller Zufriedenheit waren, wachzurütteln. «Alle Posten müssen sich der Tatsache klar sein [sic!], dass die Außenumgrenzung die erste und letzte Verteidigungslinie [sic!] zur Aufrechterhaltung jenes

Maßes an Sicherheit ist, welches für den ordnungsgemäßen Betrieb einer Hochsicherheitshaftanstalt unabdingbar ist», stand da. «Wir alle müssen uns dessen bewusst sein, wie nahe diese Vollzugsanstalt bei New York City liegt, der Heimat eines Großteils unserer Bevölkerung ...» Blablabla.

Ein weiteres Memo von vor vier Jahren erläuterte das – wohl erst kurz zuvor eingeführte – Familienzusammenführungsprogramm. Der Zugang zu den Familienbesuchstrailern war die Durchfahrtschleuse in Wachturm 15, wo ich später noch Dienst tun sollte. Jede Unterbringungseinheit hatte einen Grill und einen Picknicktisch im Freien und für alle zusammen gab es ein Schaukelgerüst. Im Inneren der Trailer, so erfuhr ich, befanden sich ein Fernseher, eine Küche und separate Schlafbereiche für Eltern und Kinder. Verheiratete Insassen mit guter Führung konnten beantragen, dort alle paar Monate übernachten zu dürfen. Das Schwerverbrecherreproduktionsprogramm, nannten es manche Beamten.

Drunten, außerhalb der Mauer, hupte jetzt der Imbisswagen. Ich trat auf den Steg hinaus und rief zu dem Fahrer hinunter: «Pizza und Kaffee?» Ich zeigte auf den Eimer am Seil und der Fahrer nickte. Ich ließ einen Fünf-Dollar-Schein hinab und zog wenig später mein Mittagessen und das Wechselgeld herauf.

Beim Essen las ich *CPO Family*, die Zeitschrift der Correctional Peace Officers Foundation, einer Organisation, die den Angehörigen im Dienst getöteter Vollzugsbeamter finanzielle und sonstige Unterstützung gewährt (und der auch ich beigetreten war). Der beste Artikel stammte von einem Vollzugsbeamten des Staates New York.

«Was würde der Normalbürger sagen, wenn der Vorschlag aufkäme, Polizeibeamte in einem nur von Kriminellen bewohnten Viertel zu stationieren und dort zu Fuß, unbewaffnet und in hoffnungsloser Unterzahl auf Streife zu schicken?», fragte Donald E. Premo jr. «In meinem Revier leben ausschließlich verurteilte Schwerverbrecher, also per definitionem Menschen, die dazu neigen, gegen Gesetze, Regeln und Vorschriften zu verstoßen. Ich habe es, je nach Tageszeit, mit einer zwanzig-, dreißig-, ja manchmal sogar vierzigfachen Übermacht von ihnen zu tun und arbeite, entgegen weitverbreiteten Annahmen, ohne Dienstpistole. Kurzum, ich riskiere jeden Tag und jede Minute mein Leben.»

Premos Argument war nicht schlecht, dachte ich, aber mit dem galoppierenden Zynismus, den schon wenige Wochen in den Blocks von Sing Sing provozierten, befand ich, dass er untertrieb. Zwanzig-, dreißig-, ja, sogar vierzigfach? Komm mich doch mal in Block A oder B besuchen! Wie wär's mit hundertfünfzigfach?

Wenn ich hangabwärts schaute, konnte ich eine Ecke des Hofs von Block A sehen. Posten auf Wachtürmen an einem Hof hatten eine Menge Verantwortung. Die Beamten am Boden verließen sich auf ihre Hilfe bei Zwischenfällen und in den Höfen gab es häufig Probleme. Manchmal, so hatten wir auf der Akademie gelernt, konnte ein Wachturmposten Unruhe auf dem Hof schon dadurch abstellen, dass er die Lautsprecheranlage aufdrehte und vernehmlich eine Patrone in die Kammer der Schrotflinte pumpte. Manche Beamte waren nicht zimperlich, was das Schießen anging. Ein Beamter in der praktischen Ausbildung, der für kurze Zeit in Clinton gewesen war, hatte mir erzählt, dass dort kürzlich ein Turmposten einem Häftling einen Finger abgeschossen hatte, obwohl er angeblich auf fleischigere Körperteile gezielt hatte.

Mein Turm war nicht für den Hof von Block A zuständig, worüber ich froh war, denn schon der Blick auf das eine kleine Eckchen erinnerte mich an den Tod von George Jackson, Black Panther und Autor von *Soledad Brother*, einer Sammlung von Briefen aus dem Gefängnis. Jackson und zwei weitere «Soledad Brothers» waren beschuldigt worden, am 16. Januar 1970 in dem kalifornischen Gefängnis einen weißen Vollzugsbeamten zu Tode geprügelt zu haben. (Drei Tage zuvor hatte ein weißer Wachturmposten in Soledad drei schwarze Häftlinge erschossen.) Kurz vor Beginn des Mordprozesses war Jackson in San Quentin, wohin man ihn verlegt hatte, von einem Wachturmposten erschossen worden. Offiziell hieß es, er sei bewaffnet gewesen und habe einen Fluchtversuch unternommen. «Kein Schwarzer», schrieb der Schriftsteller James Baldwin, «wird je glauben, dass George Jackson so gestorben ist, wie man es uns hinstellt.»

Instandhaltungstrupp 1

Vom Wachturm aus sah man gelegentlich einen klapprigen Sing-Sing-Kleinbus irgendwo auf der Straße rings um das Gefängnisareal halten und einen Beamten mit einem Stuhl sowie fünf oder sechs Häftlinge mit Rasenmähern und Motorsensen aus dem Gefährt quellen. Das war Instandhaltungstrupp 1, eine Crew von Häftlingen aus dem Standardsicherheitsvollzug, deren Job es war, das Gelände unmittelbar außerhalb der Mauern zu mähen und in Ordnung zu halten.

Eines Tages hatte ich die Aufgabe, Instandshaltungstrupp 1 zu bewachen, und obwohl das als bequemer Job galt, fand ich es eine absolute Nervenstrapaze: Ich hatte schreckliche Angst, dass einer dieser vertrauenswürdigen Häftlinge türmen und ich als der Schuldige dastehen könnte.

Genau das war vor kurzem dem Ausbildungsbeamten Konoval passiert, als er einen anderen Arbeitstrupp zum Mähen an einem Highway in der Bronx eskortiert hatte. Ein Häftling verschwand, als Konoval gerade nicht hinguckte, wurde dann aber wenige Stunden darauf in der Wohnung seiner Mutter in Queens wieder festgenommen – ein Glück für Konoval. Diese Häftlinge waren angeblich noch verlässlicher gewesen als meine jetzt und Konoval war ein äußerst erfahrener Beamter. Wenn ich daran dachte, schien es geradezu *wahrscheinlich*, dass mir so etwas passieren würde.

Meine Angst führte zu einem Streit zwischen den Häftlingen und mir. Offenbar hatte der reguläre Bewacher, wenn der Trupp das vergleichsweise kurze Stück entlang der Südmauer mähte, nichts dagegen, dass die vordersten Arbeiter schon mal um die Ecke verschwanden und dort weitermähten. Aber hinter der Ecke konnte ich sie nicht sehen und das versetzte mich in Panik. Zwei von ihnen erklärten, sie würden nicht weiterarbeiten, wenn ich sie zurückhielt. «Was ist los, Schließer? Angst? Wir hauen nicht ab – die Turmposten haben uns permanent im Blick.»

«Bleiben Sie in Sichtweite», sagte ich. «Wenn Sie sich weigern, schreibe ich Sie auf. Oder liegt Ihnen vielleicht nichts an Ihrem Job?» Das war im Dunkeln gepfiffen – ich bezweifelte, dass ich irgendetwas hätte tun können, um sie um ihren Job zu bringen – aber es schien ihnen immerhin, wenn schon keine Angst, so doch einen gewissen Hass auf mich einzuflößen.

Wir mussten zu einem Schuppen zurückfahren, um untaugliches Arbeitsgerät gegen nahezu untaugliches auszutauschen. Um den Häftlingen zu zeigen, dass ich kein übler Kerl war, gab ich ihrer Bitte statt, nicht die steile, kurvige Strecke um die Nordseite des Gefängnisgeländes zu nehmen, sondern eine andere, fast ebenso lange, durchs Zentrum von Ossining. Die Häftlinge jieperten danach, Frauen zu sehen – irgendwelche Frauen – und auf dieser Route war das wahrscheinlicher.

Wie etliche alte Ortszentren am Hudson, von Peekskill bis Poughkeepsie, hatte auch diese Gegend bessere Zeiten erlebt. Jetzt ist sie teilweise Ghetto, mit baufälligen Eingangsveranden, nächtlicher Prostitution und jungen Burschen, die auf dem Bordstein Würfel spielen. Es gab da eine Ecke, die mir schon öfter im Vorbeifahren aufgefallen war. Dort hingen etliche ziemlich gut gekleidete junge Männer herum, die weder tranken noch spielten und, soweit man sehen konnte, überhaupt nicht mehr taten, als die vorbeifahrenden Autos genau zu mustern. Die Häftlinge winkten ihnen zu und die Typen winkten zurück.

«Sieht aus wie ein Crackhaus», bemerkte ich.

«Klar ist das ein Crackhaus», sagte der Häftling auf dem Beifahrersitz. «Ist schon seit Monaten da.» Er schien etwas Tadelndes aus meiner Bemerkung herausgehört zu haben. «Nur ein paar Typen, die ihren Lebensunterhalt verdienen, weiter nichts.»

Ich nickte. (Siebzig Meter weiter, um die Ecke, stand ein heruntergekommenes Holzhaus, direkt gegenüber von Wachturm 15. Es war eine Vollzugsbeamtenunterkunft, bewohnt von wechselnden Kollegen aus dem Norden, mit denen ich schon gearbeitet hatte; ohne irgendeinen mir bekannten Bezug auf dieses Eckhaus trug jenes andere Haus den Spitznamen Crackhaus.) Ich fand es merkwürdig, dass etwa hundert Meter von einem der berüchtigtsten Hochsicherheitsgefängnisse der Welt der Crackhandel so offen florierte.

Das hatte wohl mit der polizeilichen Zuständigkeit zu tun. Die Polizei von Ossining hatte vermutlich etliche Crackhäuser am Hals und dass dieses hier in unmittelbarer Nähe von Sing Sing lag, war kein Grund, ihm besondere Aufmerksamkeit zu widmen. Tatsächlich war die Existenz dieses Crackhauses gar nicht so erstaunlich, wenn man bedachte, was ich kürzlich im Dienst auf einem weiteren Erholungsposten – als Handwerkereskorte – mitbekommen hatte.

Beamte, die als Handwerkereskorte eingeteilt waren – so wie der Kollege, der damals in Block A mit angesehen hatte, wie ich die Häftlingsfaust an den Kopf bekam – begleiteten Handwerker von draußen bei Bau- oder Reparaturarbeiten innerhalb des Gefängnisses. Einmal verbrachte ich einen ganzen Tag auf dem Dach des Krankenhausgebäudes, wo ich ein Auge auf einen Trupp Dachdecker zu halten hatte, die eine asbesthaltige Isolierschicht entfernten und durch eine andere ersetzten. Mein Job bestand im Wesentlichen darin aufzupassen, dass sie nichts Sicherheitsgefährdendes taten, also nicht etwa Werkzeug zu den Häftlingen hinunterfallen oder gefährliches Arbeitsgerät unbewacht stehen ließen.

In der Mittagspause unterhielt ich mich mit einigen von ihnen. Genau wie die Häftlinge waren sie verblüfft, dass ich Spanisch konnte. Einer schien besonders froh, ein bisschen schwatzen zu können. Er habe, erklärte er, außer mit Bossen mit keinem Weißen mehr gesprochen, seit er vor einem Jahr aus Ecuador gekommen sei. Hierher zu gelangen, sei schwierig gewesen und habe ihn über siebentausend Dollar gekostet: Er sei von Quito nach Guatemala geflogen, dann per Schiff nach Acapulco gefahren. Von da aus sei er über Land zur US-Grenze gelangt und mit Hilfe eines *Coyote* hinüber nach Houston. Schließlich habe er einen Linienflug nach New York City genommen.

«Dann sind Sie immer noch illegal hier?», fragte ich.

«Klar», sagte er achselzuckend und guckte zu den anderen hinüber, die an der Wand lehnten, ihre Thermosflaschen und Vesperbeutel neben sich, *«como todos nosotros.»* Wie wir alle.

Da war ein Mann, der gegen Bundesgesetze verstoßen hatte – formal ein Gesuchter war – und mitten in Sing Sing arbeitete. An dessen Mauern lehnte. Und keine Angst hatte, einem Vollzugsbeamten seine Geschichte auf die Nase zu binden.

Transportbegleitung

Vier Tage meiner ersten Dienstmonate verbrachte ich mit einem weiteren Job, den normalerweise altgediente Beamte eifersüchtig als ihr Privileg hüteten: als Transporteskorte. Dafür, dass sie hinter Gittern sitzen, kommen Gefangene ganz schön herum: zu Gerichtsterminen (viele haben, obwohl sie bereits in Haft sind, noch weitere Verfahren laufen), zu Begräbnissen von Angehörigen, ins Krankenhaus oder auch, im Verlegungsfall, in ein anderes Gefängnis. Beamte im Transportbegleitdienst kommen aus dem Gefängnis heraus und kassieren, da solche Unternehmungen oft über das Schichtende hinaus dauern, eine ganze Menge Überstundengeld.

Eines Tages wurde ich bei der Dienstantrittsbesprechung einem Transportbeamten namens Billings zugewiesen. Jeder Transport musste von mindestens zwei Beamten begleitet werden. Wenn es ein großes Kontingent Gefangene zu transportieren galt, waren mehr Eskortenbeamte dabei. An diesem Tag hatten Billings und ich jedoch nur einen Gefangenen zu transportieren, einen Mexikaner, der eine Deportationsanhörung bei einem Einwanderungsgericht in der etwa eine Autostunde entfernten Downstate-Vollzugsanstalt hatte.

Wir wurden mit Dienstpistolen ausgerüstet und es war sehr lehrreich zu erleben, welche Umstände der Justizvollzug auf sich nahm, um Waffen – selbst Dienstwaffen von Vollzugsbeamten – vom Gefängnisgelände fern zu halten. Zuerst gingen wir durchs Haupttor hinaus und nahmen die Waffen durchs Außenfenster des Arsenals entgegen. Dann fuhren wir mit einem Gefängnisbus um die Mauer zu Wachturm 18, wo ich ausstieg, beide Arme beladen mit den Pistolen, Gürteln und Holstern. Ich ging zum Fuß des Turms. Dort rief ich «Rapunzel, Rapunzel», und wartete, dass der Posten erschien und den Eimer herunterließ. Er grinste nicht, als er schließlich übers Geländer spähte; Vollzugsbeamte konnten ja so bitterernst sein. Dann gelangten wir, bar aller Waffen und Zubehörteile, durch die Schleuse wieder ins Gefängnis hinein. Wir versahen unseren Häftling mit Hand- und Fußschellen, halfen ihm in den Bus und fuhren durch die Schleuse wieder nach draußen. Dann erst, nachdem wir unsere Waffen am Wachturm wieder eingesammelt hatten, waren wir, die Pistolen und der Häftling im Bus vereint.

Ich begleitete den Häftling zu seiner Anhörung in Downstate. Den ganzen Morgen – von der Leibesvisitation beim Verlassen des Sicherheitshafttrakts bis zum Anlegen der Handschellen – war er die Höflichkeit in Person gewesen und daran änderte sich auch während der Anhörung nichts. Nein, erklärte er dem Richter, Englisch sei nicht seine Muttersprache, das sei Nahuatl, die Sprache der mexikanischen Indios. Aber er verstehe Spanisch ganz gut. Per Dolmetscher erklärte ihm der Richter, bei dieser Anhörung gehe es darum, ob er gegen das Vorhaben der Regierung, ihn unmittelbar nach Ablauf seiner Haftzeit nach Mexiko zu deportieren, Widerspruch einlegen wolle. Nein, sagte der Gefangene, er wolle gern so schnell wie möglich nach Hause. Aber ob er um einen Gefallen bitten dürfe? Er habe acht bis fünfzehn Jahre wegen Totschlags und die letzten drei Monate sei er in unfreiwilligem Schutzgewahrsam gewesen, und zwar deshalb, weil der Mann, den er getötet habe, der jüngere Bruder einer der Anführer der Latin-Kings-Gang von Sing Sing gewesen sei und die Gefängnisleitung befürchte, dass ihn inhaftierte Gang-Mitglieder umbringen könnten. Ob der Richter nicht bitte veranlassen könne, dass er verlegt würde?

Dem Richter diese ganzen Informationen via Dolmetscher zu vermitteln, dauerte etwa zehn Minuten, die Antwort des Richters etwa zehn Sekunden. «Nein», sagte er. «Tut mir Leid, aber da kann ich nichts machen.» Und das war's.

Bestimmt, dachte ich, lag die Sache nicht in der Zuständigkeit des Richters. Die Vollzugsbehörde verlegte Häftlinge nach höchst eigenen, obskuren Kriterien. Ich versuchte (wie wohl auch die meisten Häftlinge) schon die ganze Zeit, diese zu enträtseln – und sollte noch an diesem Abend ein Stück weiterkommen.

Als Billings und ich wieder in Sing Sing angelangten, war meine Schicht bereits zu Ende. Als wir uns zurückmeldeten, grübelte ein schwarzer Sergeant namens Brereton gerade darüber, wie er die Spätschichteskorte für einen Fünf-Stunden-Transport hinauf zur Great Meadow Correctional Facility, dem Hochsicherheitsgefängnis bei Comstock, New York, zusammensetzen sollte. Er wollte nicht nur «Brothers» nach Comstock schicken – das entspräche zu sehr dem Klischee, das die dort oben von Sing Sing hatten. Aber seine regulären weißen und Latino-Beamten waren alle unterwegs. Ich meldete mich freiwillig und wurde auserkoren. Das bedeute Überstunden, erklärte er mir; ich würde wohl kaum vor vier Uhr morgens zurück sein. «Kein Problem», sagte ich. Das war leicht verdientes Überstundengeld.

Sergeant Brereton ging mit mir und einem anderen Beamten zu Haus 5, um den Häftling zu holen. Das war ungewöhnlich. Normalerweise holten die Transportbeamten die Häftlinge allein ab. Als wir bei der Zelle ankamen, herrschte Brereton den Häft-

217

ling an: «Tasche nehmen! Schuhe anziehen! Abfahrt!» Der Häftling war ein junger Schwarzer namens Hans Toussaint. Er wirkte nicht feindselig, aber vielleicht wusste Brereton ja etwas, was ich nicht wusste.

«Nicht reden!», blaffte der Sergeant, als Toussaint vor einer anderen Zelle stehen blieb, um sich zu verabschieden. «Direkte Anweisung! Vor uns hergehen! Wenn Sie nochmal stehen bleiben, wenden wir Gewalt an!»

Die Insassen der Nachbarzellen lachten höhnisch und äfften Brereton nach. Ich straffte mich, da ich wusste, Brereton würde das Gewaltanwenden mir überlassen, falls Toussaint noch einmal stehen blieb. Er tat es aber zum Glück nicht und Brereton lieferte uns im State Shop ab, wo Toussaints Habseligkeiten vor dem Transport aufgelistet werden mussten.

Sechs, sieben Beamte versammelten sich, um die Routineprozedur zu verfolgen, und nach und nach erfuhr ich den Grund dieses ganzen ungewöhnlichen Interesses: Toussaint gehörte zu den Gang-Mitgliedern, die in die Auseinandersetzung am Vortag im Hof von Block B verwickelt gewesen waren. Wir hatten bei Dienstantritt Videoaufnahmen davon gesehen: dreißig, vierzig Sekunden Bildmaterial, Häftlinge, die sich zu einem Knäuel zusammenballten, rannten, zustachen, angriffen, flüchteten. Dahinter steckte, dass die Latin Kings mit den Bloods eine Rechnung zu begleichen hatten. Ihre Kämpfer waren, mit Stechern bewaffnet, zuerst im Hof angelangt und hatten sich am Zaun postiert. Die Bloods hatten gewusst, dass es Zoff geben würde und dass sie zahlenmäßig unterlegen waren, aber sie waren dennoch hinausgegangen. Sie standen dicht beisammen in der Nähe des Hofeingangs, als die Kings angriffen, auf etliche Bloods einstachen und dabei selbst geringfügigere Verletzungen davontrugen. Während die Bloods durch einen eingezäunten Verbindungsgang in Richtung Haus 5 flohen, zeigte das Video Sergeant Murray, der schlagstockschwingend die Kombattanten zu trennen versuchte.

Ich war durch die Tür gekommen, wo der Verbindungsgang

ins Hauptgefängnis mündete, und hatte unmittelbar dahinter eine große getrocknete Blutlache gesehen. Inzwischen sprach vieles dafür, dass es sich dabei, zumindest teilweise, um Toussaints Blut gehandelt hatte. Er war erst am Tag vorher nach Sing Sing verlegt worden; es war sein erster Hofgang in Block B gewesen. Die Beamten staunten über diese Geschichte, während sie Toussaints spärliche Habseligkeiten durchsahen.

«Dann wussten Sie also, dass da draußen etwas passieren würde?»

«Jeder wusste, dass das passiert», sagte Toussaint.

«Aber warum sind Sie dann rausgegangen?»

«Ich musste.»

«Wo hat es Sie erwischt?»

Toussaint zog das T-Shirt hoch und zeigte die Stichwunde auf seinem Rücken. Er hätte auch noch «ein fieses Ding» in die Seite gekriegt, erklärte er, wenn er nicht seinen Schutzpanzer aus Zeitschriften gehabt hätte.

«Welche Zeitschriften haben Sie genommen?», fragte Anderson, die Beamtin, die den Frisörsalon im Erdgeschoss überwachte.

«*Ebony* und *Life*», sagte Toussaint grinsend. Er hatte etwas Charismatisches, merkte ich. Die Beamten bombardierten ihn weiter mit Fragen, aber er sprach hauptsächlich mit Anderson. Sie zeigte auf die drei parallelen Narben, die seine eine Augenbraue durchzogen. «Woher sind die?»

Er zuckte die Achseln, antwortete nicht.

Sie blieb am Ball. «Wieso der ganze Wind um Ihre Gang?» Die Bloods, ursprünglich in Los Angeles beheimatet, wurden zu dieser Zeit auch in New York immer stärker und gefürchteter. Es hieß, dass die Mitgliedschaft streng nach dem Prinzip «Rein für Blut, raus für Blut» geregelt werde: Man müsse jemanden – nicht unbedingt ein Mitglied einer Konkurrenzgang, vielleicht auch einfach nur ein Raubopfer – schlitzen, um aufgenommen zu werden, und käme nicht wieder heraus, ohne selbst ein Messer abzukriegen.

«Okay, einmal erklär ich's Ihnen», sagte Toussaint. Er borgte sich Andersons Kugelschreiber und malte auf einen Zettel die Blockbuchstaben B-L-O-O-D. Dann ergänzte er die Worte, für die diese Buchstaben, wie er sagte, stünden: «*Brotherly Love Overrides Oppression and Distraction* – Brüderliche Liebe ist stärker als Unterdrückung und Verzweiflung.» Ich hatte noch nie gehört, dass *Blood* ein Akronym war. Anderson faltete den Zettel zusammen und sagte, sie werde ihn aufheben.

Toussaint besaß nicht mehr als einen unvollständigen Satz staatseigener Kleidungsstücke und einen dicken Umschlag mit Briefen von seiner Freundin in Brooklyn. («Mein Süßer», begann einer, den ein Beamter geöffnet hatte. «*So* lang ist deine Knaststrafe gar nicht.») Und hier standen wir wie eine Schar blutloser, pedantischer Wissenschaftler und inspizierten das Zeug, drehten brav unser Hamsterrad, um das System aufrecht – und die Tanks unserer Geländewagen gefüllt – zu halten. Verglichen damit, war er der Rebell mit den ungebrochenen Idealen. Seine Freundin würde ihm jetzt nach Great Meadow schreiben müssen. Statt wie der Mexikaner in Schutzgewahrsam zu kommen, wurde Toussaint verlegt. Das hatte einiges für sich: Toussaint schien ein leicht erregbarer Typ zu sein und ihn aus Sing Sing zu entfernen, würde dazu beitragen, die Spannungen zwischen den Gangs zu verringern. Plötzlich tat er mir Leid. Diese Gangs von Ghetto-Kids drangsalierten die Schwachen, aber man musste zugeben, dass bei manchen auch ein politisches Moment im Spiel war, die Idee der Selbsthilfe und der Wahrung von Selbstbewusstsein und Identität. Toussaint kam mir vor wie der Botschafter eines kleinen, stolzen und rückständigen Landes.

Alles, was ich zu unseren Gunsten sagen kann, ist, dass, als die Sache schon so gut wie erledigt war, ein Beamter ein winziges Plastikbeutelchen mit ein paar nach Marihuana aussehenden Blättern fand, gerade genug für einen anständigen Zug. Der Beamte hielt seinen Fund anklagend in die Höhe.

«Irgendwas braucht man doch da oben», sagte Toussaint achselzuckend.

Statt ihn aufzuschreiben, warf der Beamte das Beutelchen kommentarlos weg.

Wir erreichten Great Meadow etwa um Mitternacht. Die Beamten, die wir trafen, waren allesamt weiß und wussten schon von dem Vorfall im Hof von Block B. Auch sie schienen neugierig auf Toussaint. Ein Sergeant hielt ihm einen strengen Vortrag, befahl ihm, beim Abtasten stur auf die Wand zu gucken, den Mund zu halten, ruhig zu stehen, Hände flach an der Wand ... und schickte dann, als er mit der Durchsuchung fertig war, ein sarkastisches «Willkommen in Great Meadow» hinterher. Toussaint hatte uns unterwegs erzählt, dass er schon einmal hier gesessen hatte.

Im Tausch gegen Toussaint bekamen wir einen Häftling zum Mitnehmen. Diese Reise nach Jerusalem, dieser pervertierte Spielertransfer, war das Prinzip der Vollzugsbehörde. Die Gefangenen wurden ständig umgeschichtet, in der Hoffnung, so explosive Situationen vermeiden zu können. Man konnte sehen, dass es in Great Meadow strenger zuging als in Sing Sing; sooft mich dieser nervöse Häftling ansprach, sogar während der Leibesvisitation, nannte er mich Sir. Der Häftling war schwarz. In der Annahme, dass er in New York City aufgewachsen sei, sagte der bereits erwähnte Sergeant: «Fühlt sich an, wie endlich wieder heimzukommen, was?»

«Nein, Sir», sagte der Häftling. «Eigentlich fühlt es sich gar nicht so an.»

Wir legten am New York State Thruway einen Tankstopp ein. In unserer Nähe standen mehrere riesige Lastzüge. Der Häftling hatte mir erklärt, je weiter im Norden ein Gefängnis liege, desto weniger werde zwischen Beamten und Gefangenen geredet. Während wir aufs Kassieren warteten, fuhr vor uns ein mächtiger Lastzug an und donnerte die Auffahrt hinauf.

«Das will ich machen, wenn ich wieder draußen bin», murmelte er, «so ein Ding fahren.»

Das schien mir absolut verständlich. Er wollte hinterm Steuer sitzen und den weiten Raum fressen, ihn in sich hineintrinken, seine eigenen Entscheidungen treffen, in dieser Unendlichkeit ohne Mauern. Er sah aus, als ob er alles dafür geben würde, es jetzt, sofort, tun zu können.

———

Einer nach dem anderen verschwanden meine Lehrgangskameraden. Die Vollzugsbehörde kündigte Versetzungen in der Regel nur zwei, drei Tage vorher an, sodass da oft gar kein Abschied war, nur die plötzliche Abwesenheit von Dieter, DiCarlo, Colton, Davis, DiPaola, Dimmie, Arno, Charlebois und den anderen, die fast alle in einem der «Hüpfknäste» eine kurze Fahrstrecke weiter nördlich landeten. Manchmal grinste mich jemand auf dem Parkplatz an und zeigte mir seinen Bescheid. Bella und Bruckner bekamen Stellen in Bedford Hills und Taconic, den Frauengefängnissen am anderen Ende von Westchester County. Miller brauchte ein paar Monate, schaffte es aber schließlich an die staatliche Polizeiakademie. Bei Feliciano war es die Polizeiakademie von New York City. Einige wenige Kollegen aus der City – Ellerbe, Foster und Chavez – blieben und ich war froh über die vertrauten Gesichter. Ich freundete mich mit nachrückenden Anfängern an, aber nur zurückhaltend, weil sie fast immer nach wenigen Wochen wieder verschwanden. Und ich lernte auch einige dienstältere Beamten besser kennen, vor allem in Block B, wo ich bald ziemlich viel Zeit verbrachte.

Der dramatischste Abgang war der von Mendez, mit dem ich auf der Akademie eines Abends an der Wand gesessen und auf ein freies Münztelefon gewartet hatte. Mendez kam aus der Nähe von Buffalo und war ein kräftiger, redegewandter, ziemlich fähig wirkender Typ, der, wie er mir erzählte, immer noch auf die Aufnahme beim Secret Service hoffte und zu Hause anrufen wollte, um zu fragen, ob ein Brief aus Washington gekommen sei.

Sergeant Holmes hatte Mendez offenbar als feste Vertretung

für die Galerien J und N eingetragen, das Block-A-Gegenstück zu R und W – ein chaotisches, unstetes Stockwerk, das niemand wollte. Eines Tages war es wohl zu viel. Von unkooperativen Häftlingen drangsaliert, marschierte Mendez schließlich zu den Sergeants hinunter und schrie: «Ich kann's nicht! Ich kann's nicht!» Er wirkte ziemlich aufgelöst, und bei dem Gebrüll wurde es, wie es später hieß, im ganzen Block mucksmäuschenstill. Ein Sergeant brachte aus Mendez heraus, dass ihm ein Häftling gedroht hatte, ihm eine reinzuhauen, und wollte wissen, wer. Er schleppte Mendez wieder nach oben, aber dieser vermochte niemanden zu identifizieren. «Sie haben mich alle bedroht!», jammerte er.

Ich traf Mendez am nächsten Nachmittag auf dem Parkplatz, nachdem er seine Marke abgegeben hatte. Er erzählte mir und ein paar anderen, er sei am Morgen völlig zusammengebrochen, als er es seiner Mutter am Telefon gesagt habe, und sie habe ebenfalls geweint. Er war jetzt auf dem Weg nach Hause.

«Hey, ist doch keine Schande», sagte ein anderer Rekrut und wir übrigen nickten. Aber Mendez – der wahrscheinlich einen großartigen Secret Service-Agenten abgegeben hätte – fühlte sich offenbar als totaler Versager. Ich sah ihm mitleidig, neidisch und – da jeder von uns der Nächste sein konnte, den Holmes für diese Vertretung eintrug – ängstlich nach.

Kapitel 5

DER ABFALLHAUFEN

Das Fortschreiten der Menschheit von physischer Gewalt zu
deren Substitution durch sittliche Gewalt in der Kunst und
Wissenschaft des Regierens ist allgemein nur ein sehr langsa-
mes, aber auf keinem Gebiet ist dieser Fortschritt, der allein
den Maßstab zur Beurteilung der Zivilität einer Gesellschaft
liefert, so verzögert wie auf dem Gebiet der Einrichtung von
Gefängnissen und der Zucht dortselbst ...
Vorrede des Übersetzers Francis Lieber zur englisch-
sprachigen Ausgabe von: ALEXIS DE TOCQUEVILLE und
GUSTAVE DE BEAUMONT, *Amerikas Besserungs-System
und dessen Anwendung auf Europa*, 1833

M an fühlt es entlang der Innenwände, so hart wie Knüppel-
schläge. Man sieht es entlang der Außenmauern, so massiv,
kahl, geschlossen. Man riecht es, wenn einem die Luft bestimmter Verbindungsgänge entgegenschlägt, das muffig-scharfe Aroma
von Männerzorn, -hass und -langeweile. Man spürt es am osten-
tativen Nichtvorhandensein von Dekor, Pflanzen, allem, was
Hoffnung wecken könnte – Mauern, die nicht als Schutz errichtet
wurden, sondern als Mittel des Freiheitsentzugs. So wie ein Mord
ein Haus für immer prägt, hat auch Sing Sing seine eigene, unver-
änderliche Aura, etwas Gespenstisches, das so wohl kein anderes
Gefängnis hat, weil es im Boden und in der Geschichte gründet:
in den Tausenden und Abertausenden von Peitschenhieben, die
meine Vorgänger im neunzehnten Jahrhundert austeilten; in den
Hunderten von Hinrichtungen, vollzogen an Häftlingen, die auf
einen elektrischen Stuhl geschnallt waren, den andere Häftlinge
gebaut hatten; in der gewaltigen Zahl von Gefangenen, die hier
eingesperrt waren, dazu verdammt, die Zeit mit der Langsamkeit
eines Gletschers dahinkriechen zu fühlen. Der berühmteste Direk-

tor des Gefängnisses, Lewis Lawes, betitelte seine Memoiren *Twenty Thousand Years in Sing Sing* (Zwanzigtausend Jahre in Sing Sing) – wobei sich diese Zahl auf die Summe der Haftzeiten aller Gefangenen unter seiner Ägide bezog. «Das sind Zyklen, innerhalb deren Welten entstehen, vergehen und wieder erstehen ... Zwanzigtausend Jahre in meiner Hand. Werden sie irgendjemandem von den zweitausendfünfhundert Männern, auf die sich diese immense Bürde verteilt, Leben und Lebenssinn bringen?»

Kurz nach meiner Ankunft fand ich heraus, dass der Beamte, der auf eine Narbe im Hügelkamm jenseits des Flusses gezeigt und erklärt hatte, dort seien die Steine für den ersten Zellenblock gebrochen worden, im Irrtum war. Der Bauplatz von Sing Sing war deshalb ausgewählt worden, weil hier bereits Marmor und anderes Baugestein vorhanden war, direkt an Ort und Stelle. Dieses Gestein, sagte sich der Staat, konnte man nicht nur zum Bau eines Gefängnisses verwenden, sondern auch weiterhin brechen, auf Flussschiffe verladen und verkaufen, was dazu beitragen würde, dass das Gefängnis Profit abwarf.

Es war im Jahr 1825. Die Häftlinge und ihre Wärter fuhren vom Staatsgefängnis von Auburn per Schiff den Erie-Kanal entlang und dann mit dem Frachtdampfer den Hudson hinunter. Sie gingen am Ostufer an Land, «ohne Gebäude zu ihrer Aufnahme, ohne Mauern zur Einsperrung». Die Oberaufsicht über sie alle hatte der Mann, den das Staatsparlament mit dem Bau eines neuen Gefängnisses beauftragt hatte: ein grausamer, aber innovativer Gefängnisexperte namens Elam Lynds. Lynds war Hauptmann der Armee und dann Direktor (oder, wie man es damals nannte, *Agent*) von Auburn gewesen und hatte mit seinen neuen Methoden weithin Beachtung gefunden.

Das junge Land, noch keine fünfzig Jahre alt, war damals auf der Suche nach besseren Mitteln, seine Verbrecher zu bestrafen. Von England und Kontinentaleuropa hatten die Vereinigten Staaten ein System vorwiegend physischer – so genannter peinlicher –

Strafen geerbt: Schlagen, Brandmarken, Verstümmeln, wenn nicht gar Hängen. In dieser Zeit jedoch erfuhr das Strafwesen in der gesamten westlichen Welt tief greifende Veränderungen. Zwischen dem Ende des achtzehnten und der Mitte des neunzehnten Jahrhunderts kam es, nach Foucault, zum «Verschwinden der Marter» als «Schauspiel» und zum allmählichen Rückgang physischer Bestrafungsformen. Die Strafimpulse der Gesellschaft richteten sich immer weniger gegen den Körper des Verbrechers; was jetzt bestraft werden sollte, war die Seele.

Führend bei der amerikanischen Suche nach neuen Gefängniskonzeptionen waren die Quäker in Pennsylvania, die neue «Besserungshäuser» entwarfen, in denen die Gefangenen rund um die Uhr allein waren, mit Arbeit auf der Zelle und der Bibel als einziger Lektüre. Dieses Arrangement wurde als Pennsylvania-System oder «System der ununterbrochenen Absonderung» (Tocqueville) bekannt und fand im In- wie Ausland viel Beachtung.

Das Gefängnis von Auburn war im selben Stil erbaut worden wie das Newgate-Gefängnis in New York City, mit «Stuben» für jeweils zwei bis zwanzig Gefangene. In der Annahme, dass eine Spielart des Absonderungssystems genau das Richtige für seine «verhärtetsten» Verbrecher sein könnte, begann der Staat New York, in Auburn einen neuen Nordflügel zu bauen, der ausschließlich aus Einzelzellen bestand. Elam Lynds wurde während dieser Bauphase, im Jahr 1821, Direktor von Auburn. Um die Weihnachtzeit desselben Jahres verlegte er dreiundachtzig seiner schlimmsten Häftlinge in den neuen Nordflügel. Doch das System, das er für sie ersonnen hatte, erwies sich als zu hart.

Dieser Versuch, von dem man sich den besten Erfolg versprach, wurde aber für die meisten Häftlinge verderblich ... Fünf von ihnen waren in einem einzigen Jahre an Schwindsucht mit Wasserergießungen gestorben ... Einer von ihnen hatte seinen Verstand verloren ..., während ein anderer in einem Anfalle von Verzweiflung den Augenblick benutzte, wo der Wärter ihm etwas brachte, um sich aus der Zelle im vierten Stockwerke herabzustürzen ... Die Unglücklichen ... verfielen in einen so augenscheinlichen Zustand des Hinwelkens, dass ihre Aufseher davon betroffen wurden. Ihr Leben schien in Gefahr, wenn sie länger unter gleicher Behandlung im Gefängnisse blieben.

Der Gouverneur begnadigte sechsundzwanzig dieser Häftlinge und das Experiment wurde abgebrochen.

Doch Lynds ließ sich nicht entmutigen. Er modifizierte das System und erfand etwas, was damals in den Vereinigten Staaten einmalig war: Die Häftlinge kamen über Nacht in Einzelzellen, durften aber tagsüber gemeinsam in Gefängniswerkstätten arbeiten, wobei sie die ganze Zeit zu schweigen hatten. Dieses «Auburn-System» oder «System der Absonderung bei Nacht mit schweigender gemeinschaftlicher Arbeit bei Tage» (Tocqueville) wurde bald das Hauptgefängnismodell in den Vereinigten Staaten.

New York benötigte mehr Unterbringungsraum für Häftlinge und bat Lynds, diesen zu schaffen. Newgate, das Entlastung dringend nötig hatte, lag nur dreiunddreißig Meilen von Sing Sing entfernt, aber Lynds wollte keine Häftlinge von dort, um sein neues Gefängnis zu errichten. Er wollte einen Trupp aus Auburn – Männer, die seine spezielle Zucht bereits gewohnt waren.

Die Kunde von Lynds Unterfangen – Häftlinge ihr eigenes Gefängnis bauen zu lassen, und das ohne Fesseln oder Mauern, die sie festhielten – verbreitete sich im In- und Ausland. Unter den ersten ausländischen Abgesandten, die sich das ansehen wollten, waren zwei Franzosen.

Alexis de Tocqueville wurde durch sein Grundlagenwerk *Über die Demokratie in Amerika* berühmt. Weniger bekannt ist, was ihn ursprünglich in die Vereinigten Staaten führte. Der junge Aristokrat und sein Freund Gustave de Beaumont waren 1831 von ihrer Regierung mit dem speziellen Auftrag entsandt worden, die angeblich so innovativen Gefängnisse in Amerika zu erkunden. Nach ihrer Ankunft in New York City war das «Mount Pleasant-Staatsgefängnis», inoffiziell Sing Sing genannt, ihre erste Station. Das erste Bild, das sich ihnen am 29. Mai bot, war äußerst beeindruckend. Alle neunhundert Gefangenen waren rings um den unvollendeten Zellenblock am Werk – ohne Ketten und ohne Mauer (ein paar bewaffnete Wachen waren rings um das Gelände postiert) verrichteten sie «ausdauernd die schwersten Arbeiten», wie Beaumont seiner Mutter schrieb. «Nichts ist seltener [als Flucht]. Das erscheint so unfasslich, dass man es längere Zeit mit ansieht, ohne eine Erklärung dafür zu haben.»

Das Aufsichtspersonal erklärte ihnen stolz, das Absonderungssystem und die Anwendung körperlicher Gewalt seien die Faktoren, die diese strikte Kontrolle ermöglichten. Pro Tag, sagten die Wärter, fänden fünf bis sechs Auspeitschungen statt. Ob das Absonderungssystem, wie behauptet, der Einkehr und Reue förderlich war oder nicht – seine administrativen Vorteile überzeugten die Franzosen sofort. «Und warum sind diese 900 auf einem Haufen befindlichen Verbrecher minder kräftig als die 30 ihnen befehlenden Menschen?», schreiben sie. «Weil die Aufseher frei untereinander verkehren, ihre Anstrengungen zusammenwirken lassen und die ganze Gewalt einer Innung besitzen, während die durch das Stillschweigen voneinander getrennten Sträflinge, trotz ihrer größeren Zahl, die völlige Schwäche des Alleinseins haben.»

Außerdem erkannten sie bald, dass die physische Gewalt durch sittliche Gewalt gestützt wurde. Kurz nach ihrer Ankunft bekamen Tocqueville und Beaumont eine Geschichte zu hören, die einiges Licht auf die Ideologie der Strafvollzieher zu werfen scheint. Offenbar hatte Lynds erfahren, dass ein wütender Gefangener gedroht hatte, ihn umzubringen. Ohne durchblicken zu lassen, dass er von dieser Drohung wusste, rief Lynds den Häftling in sein Zimmer und befahl ihm, ihn zu rasieren. Den Mann verließ die Courage und er tat seine Arbeit. Als er fertig war, erklärte ihm Lynds sinngemäß: «Ich wusste, dass Sie mich töten wollten, aber ich verachte Sie zu sehr, um Ihnen solche Kühnheit zuzutrauen. Allein und unbewaffnet bin ich immer noch stärker als Sie alle zusammen.»

Die beiden Franzosen fragten Lynds, welche Eigenschaft ihm die wünschenswerteste bei einem Gefängnisvorsteher scheine.

«Die praktische Kunst, Menschen zu leiten», antwortete Lynds. «Er muss vor allem, so wie ich immer war, fest überzeugt sein, dass ein schlechter Mensch beständig ein Feiger ist. Diese Überzeugung, welche er allen unter ihm Stehenden recht bald mitteilen muss, wird ihm ein unwiderstehliches Übergewicht über dieselben geben und ihm eine Menge von Dingen erleichtern, welche im ersten Augenblicke gewagt scheinen können.»

Auf dem Bauplatz von Sing Sing bot sich ein Schauspiel absoluter Kontrolle. Und doch hatten Tocqueville und Beaumont, als sie wieder abreisten, ihre Zweifel. In sein Tagebuch schrieb Tocqueville: «Wir sahen 250 Gefangene in einem Schuppen arbeiten, Steine hauen. Diese Männer, die unter besonderer Bewachung standen, hatten allesamt Gewalttaten begangen, die auf einen gefährlichen Charakter hindeuteten. Jeder, zu beiden Seiten, hatte ein Steinhauerbeil. Drei unbewaffnete Aufseher gingen im Schuppen auf und ab. Ihre Augen waren in ständiger Bewegung.» Der Gefängnisgeistliche, vermerkte er, «verglich den Direktor mit einem Mann, der einen Tiger gezähmt hat, welcher ihn eines Tages verschlingen könnte.»

Obwohl sie es ihren Gastgebern in Sing Sing nicht sagten, stellten Tocqueville und Beaumont schließlich bestürzt fest: «Während der Staat dort ein Beispiel der ausgedehntesten Freiheit gewährt, zeigen die Gefängnisse des nämlichen Landes das Schauspiel des vollständigsten Despotismus.»

«Glauben Sie, dass man Leibesstrafen entbehren kann?», hatten sie Elam Lynds gefragt.

«Ich bin vom Gegenteile überzeugt», antwortete der Gefängnisvorsteher. «Ich betrachte die Peitschenstrafe als die wirksamste und gleichzeitig menschlichste, welche es gibt, sie schadet der

Gesundheit niemals und nötigt die Sträflinge, ein in jeder Hinsicht heilsames Leben zu führen … Ich halte es nicht für möglich, ein großes Gefängnis ohne Beihilfe der Peitsche zu leiten. Nur diejenigen, welche die menschliche Natur aus Büchern kennen gelernt haben, können das Gegenteil sagen.»

Während Brutalität allein ein Regiment, wie es Lynds führte, wohl nicht ermöglicht hätte, war brutale Gewalt dabei doch sicher unerlässlich. In den ersten Jahren konnte Lynds strafen, wie es ihm beliebte, und ein geflüstertes Wort, ein schiefer Blick – die leiseste Übertretung – waren Grund genug für Peitschenhiebe. Als der Zellenblock schließlich in Gebrauch war, wurde die Bestrafung an einem Ort im Erdgeschoss durchgeführt, der der Züchtigungsstand hieß. In die Wand waren zwei Eisenringe eingelassen; in der Nähe hingen mehrere Peitschen von jener Art, die man Neunschwänzige Katze nannte, und – laut einem Häftlingsbericht – ein Knebel. Der Gefangene wurde entkleidet, seine Hände an den Eisenringen fixiert, und dann war, um es im Akademiejargon auszudrücken, Vergeltung angesagt: Der Wärter, den der Häftling erzürnt hatte, verabreichte ihm Peitschenhiebe auf den Rücken.

Levi Burr, ein wegen Meineids einsitzender Häftling, veröffentlichte 1833 detaillierte Erinnerungen. Sing Sing, so sein Vorwurf, sei eine «Katzokratie». Die Neunschwänzige Katze bestand in der Regel aus sechs geflochtenen Strängen von harter, gewachster Schnur, die manchmal am freien Ende metallgefasst waren, und einem halbmeterlangen Stiel aus Hickoryholz. Die Schnüre waren «fast so hart wie Draht», schrieb Burr.

1841 wurden, einem Untersuchungsbericht zufolge, «täglich über hundert Peitschenhiebe ausgeteilt … der Züchtigungsstand blieb nie lange vakant.»

Die Männer aßen in ihren Zellen, die ganze zwei Meter zehn hoch, zwei Meter lang und einen guten Meter breit waren. Es gab keine Fenster, keine Heizung, kein fließend Wasser. Ein klein wenig Licht und Luft kam durch das Muster von kleinen, quadratischen Löchern in der Tür. Die Häftlinge schliefen auf einer fest an der Wand montierten eisernen Bettstatt mit Strohsack. (Hundert Jahre nach seiner Erbauung war der ursprüngliche Zellenblock noch immer in Betrieb. Der Bankräuber Willie Sutton schreibt, bezogen auf das Jahr 1926, von «unebenen, zerklüfteten Steinwänden, die Tag und Nacht Feuchtigkeit ausschwitzten.») Die Häftlinge aßen mit den Fingern aus Blechnäpfen. Jeder Gefangene bekam nur einen Satz gestreifter Kleidung, die als Demütigung (und auch als optische Hilfe bei der Verfolgung von Ausbrechern) gedacht war und einmal in der Woche gewaschen wurde. Von Samstagabend bis Montagmorgen blieben die Gefangenen in ihren Zellen eingeschlossen; das war die einzige Zeit, in der die Wärter frei hatten. Jeden Morgen ließen die Wärter die Häftlinge galerieweise zu einer Außenlatrine marschieren, um dort ihre Nachtkübel, die in der linken Hand zu tragen waren, zu entleeren. Dieser Marsch erfolgte auf eine ganz spezielle Weise, im so genannten Lockstep, eine in Auburn ersonnene Innovation. Dabei hatte jeder Häftling die rechte Hand auf der Schulter des Vordermanns; der Schritt war kurz und synchron, der Blick starr geradeaus gerichtet – ansonsten drohte die Peitsche.

Ein Untersuchungsbericht von 1839 enthält folgende Zeugenaussagen:

John S. Mattucks, Hilfswärter von Juni 1832 bis Mai oder Juni 1836, sagt aus … er habe gesehen, wie ein schwarzer Mann von einem Wärter namens Burr und von John Lent schwer bestraft worden sei, weil er in der Böttcherwerkstatt eine Axt gegen Burr erhoben habe; Zeuge glaubt, *damals dreihundert Peitschenhiebe beobachtet zu haben*; der Sträfling war in Folge der Auspeitschung arbeitsunfähig, wurde mehrere Tage in seinem Raum eingeschlossen und auf Schmalkost gesetzt; *Zeuge erklärt, er habe kurz darauf verwirrt gewirkt …*

Daniel W. Odell, im September 1839 seit sieben Jahren Hilfswärter, erklärt, er habe «einen Sträfling namens *Judson* gekannt, der ausgebrochen, wieder ergriffen und in Fesseln zurückgebracht worden sei; Zeuge habe ihm Peitschenhiebe verabreicht, seiner Meinung nach hundert Stück, auf den bloßen Rücken, mit einer sechssträngigen Peitsche; das sei am Samstag gewesen; *der Sträfling habe sich am Montag morgen ertränkt.*» [Hervorhebungen im Original]

Lynds trat 1830 zurück und ging 1838 wieder nach Auburn. Doch sein Heldenruhm war verblasst. Er wurde ein Jahr später gebeten, Auburn zu verlassen, nachdem ein Häftling, den er wegen Simulierens bestraft hatte, gestorben war. Laut dem zuständigen Leichenbeschauer war die Todesursache «Krankheit, beschleunigt durch Peitschenhiebe, Schwerarbeit und allgemein rohe Behandlung, verhängt durch … Elam Lynds …»

Dennoch wurde Lynds 1843 wieder nach Sing Sing beordert. Aber inzwischen war er offenbar ein gebrochener Mann. Es dauerte nur ein paar Monate, bis er gefeuert wurde, weil mehrfach Gefangene ausgebrochen waren, unter anderem mit einem selbst gebauten Boot, von dessen Existenz Lynds gewusst hatte. Aber auch die Öffentlichkeit stand Lynds' brutalem Regime mittlerweile kritisch gegenüber. Er selbst gab an, dass etwa fünfzehnhundert Peitschenhiebe im Monat verabreicht wurden, die, die er persönlich erteilte, nicht mitgerechnet. («Es war seine Regel, eine Übertretung niemals zu verzeihen, sondern stets zu bestrafen, *und zwar mit der Peitsche.*») Und es gab zunehmend Kritik an seinem Unwillen, Besuche oder Briefe von Angehörigen zu gestatten, seiner Überzeugung, dass die Häftlinge keine andere Lektüre als die Bibel und ein Gebetbuch haben sollten, und anderen drakonischen Maßnahmen.

Besonders interessant erscheint mir Lynds seelischer Verfallsprozess im Licht eines Briefs, den der ehemalige Gefängnisarzt von Auburn, Blanchard Fosgate, 1851 an Abgeordnete schrieb, um ihnen seine Beobachtung mitzuteilen, dass das Auspeitschen nicht nur bei den Häftlingen Schäden hinterließ.

[Die neunschwänzige Katze] war ein Mittel von so brutaler Natur, dass beide, derjenige, der sie schwang, und derjenige, der ihre Striemen davontrug, durch ihren Gebrauch verrohten … Die Vertrautheit mit dem Leiden, die ihre fortgesetzte Anwendung erzeugt, zerstört in der Brust des Beamten jedes Mitgefühl, bis alle noblen Seiten seines Wesens dahin sind; und die grimmen Zornesausbrüche, mit denen er so oft konfrontiert ist, schüren und bestärken durch die Wiederholung in ihm ein ähnliches Element, das nur noch durch die Zerschlagung jedweden Widerstands zu befriedigen ist; während dem Busen des zornigen Gefangenen, der seine eigene Demütigung so intensiv spürt, ein Rachedurst eingepflanzt wird, der heimlich um sich frisst, bis jedes höhere Gefühl vernichtet ist.

Lynds Überzeugung, dass ohne Peitsche ein großes Gefängnis nicht zu leiten sei, wurde 1848 widerlegt, als der Gebrauch der neunschwänzigen Katze per Gesetz abgeschafft wurde und der Gefängnisbetrieb im Großen und Ganzen so weiterlief wie vorher. Körperliche Züchtigung wurde jedoch nicht generell verworfen; zum Ausgleich wurden andere Formen häufiger praktiziert und neue erfunden: Die Wärter ketteten gefasste Ausbrecher oft an eine Beinkugel und schoren ihnen zur Demütigung auch noch den halben Schädel. Andere Häftlinge wurden mit dem Joch bestraft, einem ca. fünfunddreißig Pfund schweren flachen Nackeneisen, an das man die erhobenen Arme des Gefangenen fesselte: Der Druck auf die Halswirbel wurde auch für einen starken Mann rasch unerträglich. Der Eisenkäfig, ein weiteres Bestrafungsmittel, war eine runde Metallkonstruktion, die die Wärter dem Häftling über den Kopf stülpten und um den Hals schlossen;

das machte Kopfbewegungen zunehmend schmerzhaft und Liegen unmöglich. Dunkelhaft war eine häufige Strafe. Aber die verbreitetste und gefürchtetste Bestrafungsform war das Kaltwasserbad.

Bei dieser Prozedur, die im Kontrast zur hochgradig subtilen chinesischen Wasserfolter zeigt, dass die amerikanische Justiz noch immer vorrangig auf physische Bestrafung aus war, wurde der Häftling entkleidet und auf eine Bank gesetzt, Hände und Füße im Block. Etwa eineinhalb Meter über seinem Kopf stand ein Bottich, der, je nach Vergehen des Häftlings und Laune des Wärters, ganz oder teilweise mit kaltem Wasser gefüllt war. Anfangs pflegte man das Wasser – das im Winter eiskalt sein konnte – auf einen Schlag über den nackten Gefangenen zu kippen, was einen schrecklichen Schock verursachte. In späteren Jahren wurde das Wasser langsamer entleert, dafür aber oft in einem den Hals des Häftlings umschließenden Holztrichter aufgefangen, wo es bis über Mund und Nase steigen konnte. Der Wärter steuerte den Wasserabfluss aus dem Trichter so, dass beim Häftling das Gefühl des Ertrinkens erzeugt wurde. Diese Bestrafungsform war unter Gefängnisbeamten besonders beliebt, weil sie so gefürchtet war und keine sichtbaren Spuren hinterließ.

Blanchard Fosgate, der Gefängnisarzt von Auburn, erklärte, dass das Kaltwasserbad manchen Häftlingen zwar kaum etwas anzuhaben schien, bei anderen jedoch zu schweren und anhaltenden Schädigungen führte.

Sträfling Nr. 4565, achtunddreißig Jahre alt ... und bei guter Gesundheit, wurde mit drei Kübeln kalten Wassers übergossen. Als er aus dem Block genommen wurde, hatte er krampfartige Zuckungen, die, als er nach dreißig Minuten auf die Krankenstation gebracht wurde, immer noch anhielten. Als ich ihn eine Stunde später wieder sah, hatte er Blutandrang im Gehirn, begleitet von schwerer Cephalgie [Kopfschmerz]; er litt unter erheblicher geistiger Verwirrung und konnte sich kaum erinnern, was geschehen war. Er sagte, er habe einen Schlag auf den Kopf bekommen, aber es waren keine äußeren Anzeichen von Gewalteinwirkung vorhanden ... Er sagte, er fühle sich, als habe er «einen Eisenring um den Kopf».

Sträfling Nr. 5066, etwa dreißig Jahre ... wurde im Zustand völliger Bewusstlosigkeit und mit konvulsivischen Muskelzuckungen auf die Krankenstation gebracht: der Mund voller schaumigem Speichel; kein wahrnehmbarer Puls an der Arteria radialis; aber geringfügige äußere Körperwärme und eine sehr flache Atmung. Er war, wie man mir glaubhaft mitteilte, mit drei Kübeln Kaltwasser übergossen worden. Er wurde am Körper mit Stimulanzien abgerieben und warm zugedeckt ... Branntwein und andere anregende Substanzen wurden verabreicht. Vier Stunden nach seiner Einlieferung kam er wieder zu sich.
Dieser Mensch war der Auslöschung so nahe gewesen, dass er in jenen ruhigen, friedvollen Geisteszustand verfallen war, der dem Tod durch Ertrinken unmittelbar vorangeht. Er sagte, zuletzt habe er ein köstliches Gefühl des Schwebens gehabt, dann sei alles vorbei gewesen. Er litt danach noch etwa drei Monate an Krämpfen der unteren Extremitäten.

Für das Jahr 1851 verzeichnete die Gefängnisleitung von Sing Sing die Verabreichung von 138 Kaltwasserbädern. 1869, nach einem gewaltigen Aufstand von mehreren hundert Gefangenen, bei dem viele Häftlinge und ein Beamter umkamen, wurde die Anwendung des Kaltwasserbads gesetzlich untersagt.
Das Verbot barbarischer Bestrafungsformen war gewiss ein Zeichen des Fortschritts innerhalb des amerikanischen Strafwesens und vielleicht sogar des zivilisatorischen Fortschritts in Amerika überhaupt. Doch Reverend John Luckey, ein protestantischer

Pfarrer, der mindestens vierzehn Jahre zweiter Gefängnisgeistlicher von Sing Sing war, sah ein weit wichtigeres Moment im Charakter der Wärter. Luckey, wegen seiner Recherchen zum familiären Hintergrund der Gefangenen auch «der erste Sozialarbeiter» genannt, schrieb 1860, dass es «weit mehr auf den gesunden Menschenverstand und die humane Einstellung des Strafvollziehers ankommt als auf das Strafmittel, das er anwendet – weshalb ein *grausamer* Mensch niemals hinter Gefängnismauern gelangen sollte, es sei denn als Sträfling.»

Die strengen Disziplinarmaßnahmen des neunzehnten Jahrhunderts dienten nicht nur der Ordnung, sondern auch dem Profit. Die vorherigen Strafanstalten bedeuteten – wie auch unsere heutigen – eine immense Belastung für den Steuerzahler; Sing Sing war von Anfang an als profitables Unternehmen konzipiert. Der Etablierung des Marmorbruchs folgte die Erbauung einer Kaianlage und mehrerer Gebäude, die Fertigungssäle und Werkstätten beherbergten. Im Lauf der Jahre produzierten die Gefängniswerkstätten von Sing Sing Spielzeug, Knöpfe, Webwaren wie Teppiche und Wandbehänge, Böttcherwaren (Holzfässer und -bottiche), Messingprodukte, Sägen und Feilen, Stiefel, Sättel, Gusseisenprodukte, Zigarren, Möbel, Hüte, Bürsten, Fenster und Türen, Druckerzeugnisse, Strick- und Wirkwaren, Matratzen und – in den achtziger Jahren des zwanzigsten Jahrhunderts – Plastiktüten. Einen «großen Industriebetrieb» nannte ein prominenter Journalist das Gefängnis; bis 1884 zahlten eine Hand voll Kontraktunternehmer dem Staat fixe Summen für eine bestimmte Anzahl Arbeitskräfte, aus denen sie dann möglichst viel herauszupressen suchten.

Das System war sehr missbrauchsanfällig. Der Gefängnisleiter und die Wärter wurden mit Geld und Sachwerten bestochen, bestimmte Kontraktunternehmer zu bevorzugen. Häftlinge wurden durch Handgelder dazu gebracht, mehr als die offizielle Stundenzahl zu arbeiten, oft auf Kosten ihrer Gesundheit. James Brice, ebenfalls ein wegen Meineids einsitzender Häftling aus vergleichsweise bürgerlichen Verhältnissen, schrieb ein Pamphlet über seine Haftzeit in den dreißiger Jahren des neunzehnten Jahrhunderts und schildert darin, wie sich Unternehmer in der Gefängnisschmiede, wo neu eingetroffenen Häftlingen die Fußeisen abgenommen wurden, versammelten, um sich gleich die geeignetsten Männer herauszusuchen. Aus Berichten geht hervor, dass Häftlinge manchmal auf Verlangen der Unternehmer für mangelhafte Arbeit bestraft wurden und Letztere zuweilen sogar selbst die Peitsche schwingen durften. Die riesige Nachfrage nach Häftlingsarbeitskraft sorgte dafür, dass Sing Sing immer überfüllt war, während das Clinton-Gefängnis, das weitab von den Märkten im Süden des Staates lag, teilweise leer stand.

Das Kontraktarbeitssystem wurde 1884 abgeschafft, auch wegen des ständigen Missbrauchs, nicht zuletzt aber wegen des Protests der Gewerkschaften. Gefängnisprodukte hatten einen unfairen Preisvorteil auf dem Markt. (Der Staat nutzte auch weiterhin Häftlingsarbeit, beschränkte sie aber auf solche Produkte, die er selbst gebrauchen konnte – eine Praxis, die in Gestalt der Herstellung von Nummernschildern, Müllsäcken, Büromöbeln, Schnellstraßenschildern und Druckerzeugnissen bis heute fortdauert.)

Diese gesetzliche Intervention freute eine andere Gruppe: Geschäftsleute im Ort Sing Sing. Seit das Gefängnis kurz vor dem Bürgerkrieg von Mount Pleasant in Sing Sing umbenannt worden war, hatten die Handwerksbetriebe und Fabrikanten am Ort darunter gelitten, dass Gefängnisprodukte *Made in Sing Sing* ihre Erzeugnisse stigmatisierten. 1901 änderte der Ort schließlich, um sich noch stärker von dem berüchtigten Gefängnis abzugrenzen, seinen Namen und hieß fortan Ossining.

Ironischerweise benannte der Staat – um sich derselben historischen Bürde zu entledigen – seinerseits in den siebziger Jahren des zwanzigsten Jahrhunderts das Gefängnis in Ossining Correctional Facility um. Der neue Name vermochte jedoch niemanden zu bluffen und wurde nie allgemein gebräuchlich. Außerdem sollte sich der Namensreigen ohnehin bald schließen: Zu Beginn der achtziger Jahre befand eine Gruppe von Geschäftsleuten, dass der Name Sing Sing Touristen anlocken würde. Sie richteten prompt eine Petition an den Staat, das Gefängnis doch wieder Sing Sing zu nennen, was der Staat 1983 auch tat.

———

Die Installierung des elektrischen Stuhls im Jahr 1891 markiert den Beginn jener Epoche, die Sing Sing auf makabre Art weltberühmt machte: als Hinrichtungszentrum. Vom August jenes Jahres, da vier Männer am selben Tag hingerichtet wurden, bis 1963, starben in Sing Sing 614 Menschen den Stromtod.

Natürlich brauchte es jemanden, der diese Todesmaschine betrieb, wartete, perfektionierte. Der zuständige Experte für die Staaten New York und New Jersey war von 1890–1940 Edwin D. Davis, ein stiller Mensch mit «hochstehenden Wangenknochen und herabhängendem schwarzem Schnurrbart», der in «Gehrock und schwarzem Filzhut» in Sing Sing erschien. Er wechselte, vielleicht aufgrund von Morddrohungen, häufig die Adresse und ließ sich niemals fotografieren. Als Elektriker im Gefängnis von Auburn hatte er dort den ersten elektrischen Stuhl entwickelt und Testverfahren unter Verwendung großer Fleischbrocken ersonnen. Davis ließ den Helm und die Beinelektroden patentieren und hatte bei jeder Hinrichtung eine schwarze Ledertasche mit streng geheimem Zubehör dabei. Der Staat versuchte, ihm seine Patente und Geheimnisse abzukaufen, damit er nicht starb, ohne sie weitergegeben zu haben. In zeitgenössischen Berichten aus Sing Sing erscheint der Henker des Elektrizitätszeitalters wie eine Filmgestalt: ein Mann, der bei Nacht und Nebel auftaucht, um sein grausiges Werk zu tun und dann wortlos wieder zu verschwinden.

Davis' Nachfolger wurde schließlich sein früherer Assistent, ein Elektriker namens John Hulbert. Obwohl Hulbert ebenso verschwiegen war wie Davis und sich auch ebenso ungern fotografieren ließ, ist über ihn doch mehr bekannt. Dieses Wissen verdanken wir *Sing Sing Doctor*, den Memoiren des Arztes Amos Squire, der zwischen 1914 und 1925 insgesamt 138 Hinrichtungen leitete – in enger Zusammenarbeit mit Hulbert, der faktisch den Schalter umlegte.

Obwohl Hulbert in Auburn wohnte und nicht näher mit Squire bekannt war (dieser nennt ihn durchweg Hilbert), beobachtete der Arzt den Scharfrichter sehr genau. Er beschreibt ihn als «klein und untersetzt, offenbar ein Mann mit eisernen Nerven und einer ausgezeichneten Konstitution», was wohl heißen dürfte, dass er seine Arbeit zu tun vermochte, ohne sich von irgendwelchen Gefühlsregungen beeinträchtigen zu lassen. Beim Zeitungslesen, bemerkt Squire, vermeide Hulbert «geflissentlich alle Verbrechensmeldungen, damit er nicht zufällig auf etwas stößt, was sich auf eine Person bezieht, die er später womöglich hinrichten muss.»

Mit der Zeit jedoch stellte Squire fest, dass Hulbert immer deprimierter wirkte, und er schreibt, er habe ihn gedrängt, den Hinrichtungsjob aufzugeben. Hulbert habe geantwortet, er brauche das Geld – die 150 Dollar pro Hinrichtung. «Ich habe das nie hinterfragt», schreibt Squire, «aber ich hatte das Gefühl, dass gerade das Schreckliche an der Exekutionstätigkeit eine grausige Faszination übte, der er sich nicht entziehen konnte. Sonst hätte er eine Möglichkeit gefunden, sein Leben umzustellen – ehe es zu spät war.»

Das Verhängnis brach über Hulbert herein, als eines Nachts, drei Stunden vor einer angesetzten Hinrichtung, zwei Häftlinge aus einem anderen Teil des Gefängnisses entflohen. Dieser Ausbruch «versetzte das gesamte Personal in Aufregung und warf die Routine über den Haufen», eine Routine, auf die Hulbert offenbar angewiesen war, denn Squire schreibt:

Kurz vor dem festgesetzten Hinrichtungszeitpunkt wurde ich dringend in die Todeskammer gerufen. Hilbert sei in einem kritischen Zustand. Ich fand ihn auf einer der Zuschauerbänke liegend, leichenblass, mit kaum noch fühlbarem Puls. Zunächst dachte ich, ich würde den Schalter selbst betätigen müssen. Doch als ich mich um ihn gekümmert und ihm stimulierende Mittel verabreicht hatte, kam er zu sich und war in der Lage, die Hinrichtungen durchzuführen – wenn sie sich auch, wegen seines Schwächeanfalls, um eine halbe Stunde verzögerten. Er sagte, er habe eine Leichengiftintoxikation – aber seine Symptome deuteten auf einen Nervenzusammenbruch hin. Sein Zustand war so ernst, dass ich ihn, nachdem er seine Arbeit für diesen Morgen getan hatte, auf die Krankenstation brachte und eine Woche dort behielt. Hilbert gab schließlich seinen Scharfrichterposten auf – aber er hatte zu lange gewartet. Ziemlich bald nach seiner Kündigung beging er im Keller seines Hauses Selbstmord.

Dem Nachruf in einer Nummer des *Ossining Citizen Sentinel* aus dem Jahr 1929 zufolge schoss sich John Hulbert mit seinem Dienstrevolver in Brust und Schläfe. Nach Auskunft seiner Familie hatten ihn mehrere Herzanfälle und der Tod seiner Frau im Vorjahr in tiefe Verzweiflung gestürzt. Der Verfasser des Nachrufs bemerkt: «Mr. Hulbert ließ sich nie dazu bewegen, Hinrichtungen auf dem elektrischen Stuhl genauer zu schildern. Er scheute jede Publizität und seine Visiten im Todeshaus von Sing Sing erfolgten stets in größter Heimlichkeit.

Ob ihn seine Tätigkeit seelisch belastete, vermochte ihm niemand anzumerken.»

Außer Squire und vielleicht noch anderen Insidern der verschwiegenen Welt des Todeshauses. Squires Buch behandelt eine der interessanteren Perioden der Geschichte Sing Sings, die Jahre 1910 bis 1930, in die die Abschaffung des *Lockstep*, der gestreiften Häftlingskleidung, des Redeverbots bei der Arbeit und des Zelleneinschlusses von Samstagmittag bis Montagmorgen fielen. In dieser Zeit kam es zur Gründung der ersten Häftlingsbaseballteams und zur bahnbrechenden Einführung einer Häftlingsselbstverwaltungsorganisation, der Wohlfahrtsliga.

Squire wusste, dass seine Leser etwas über jene Einrichtung wissen wollten, für die Sing Sing inzwischen berühmt-berüchtigt war: das Todeshaus. Seine eigene absurde Rolle als Gefängnisarzt und Koscharfrichter ist ein extremes Beispiel für die Widersprüchlichkeit vieler Gefängnisjobs, auch der des Vollzugsbeamten, aber sie versetzte ihn in die ideale Position, um die Welt des Todeshauses zu beschreiben. Seine Arbeit bestand zunächst darin, sich um das physische Wohl der Todeskandidaten zu kümmern – nicht nur um derentwillen, sondern perverserweise auch um zu verhindern, dass es ihnen gelang, Selbstmord zu begehen und so «den Stuhl zu betrügen.» Dann, am Hinrichtungstag, oblag es ihm zu bestätigen, dass der Todeskandidat bei vollem Verstand war (was er nur in einem Fall bezweifelte). Er saß dabei, während der Verurteilte auf den Stuhl geschnallt wurde, und gab dann dem hinter einer Trennwand verborgenen Scharfrichter das Handzeichen, den Schalter umzulegen. Nach einem gewissen Intervall, gewöhnlich weniger als dreißig Sekunden, befahl Squire, den Strom abzustellen, und prüfte den Puls. Da dieser in den meisten Fällen noch tastbar war, gab er das Zeichen, den Strom wieder einzuschalten, und wiederholte das Ganze so lange, bis er den Mann für tot befand.

Und schließlich folgte die Autopsie. Als das Gesetz über die Hinrichtung durch elektrischen Strom erlassen wurde, bestanden noch Zweifel, ob ein solcher Stromstoß in jedem Fall tödlich wäre. Es gab zwei verbriefte Fälle, in denen Männer scheinbar tödliche Stromunfälle erlitten hatten und durch mehrstündiges ärztliches Bemühen wiederbelebt worden waren. Um sicherzugehen, dass der elektrische Stuhl sein Werk getan hatte, verfügte der Gesetzgeber, dass das Gehirn der Hingerichteten autopsiert werden musste.

Makabererweise lag der Autopsieraum im Todeshaus, in unmittelbarer Nähe der Todeszellen. Nachdem die Todeskandidaten ihren Schicksalsgenossen durch die berüchtigte kleine grüne Tür am Ende des Flurs seiner Hinrichtung hatten entgegengehen sehen und dann das Geräusch des Generators an ihr Ohr gedrungen war, hörten sie als Nächstes die Schädelsäge. Squire berichtet von einem schockierenden – wenn auch wohl kaum sonderlich überraschenden – Vorfall, bei dem der berüchtigte Mörder Shillitoni eine Autopsie unterbrach, indem er in seiner Todeszelle durchdrehte, die Einrichtung zertrümmerte und das Bettzeug zerfetzte.

Obwohl Squire nicht an die Frage der Vereinbarkeit des hippokratischen Eids (… ich werde sie bewahren vor Schaden …) und der Mitwirkung an Hinrichtungen rührt, äußert er doch ein umfassendes Unbehagen, was seine Tätigkeit angeht. Er bedauert, dass er «als einziges Mitglied des Gefängnispersonals gezwungen war, den Mann auf dem Stuhl jede Sekunde zu beobachten», und gesteht, dass er beim Abhorchen des auf den Stuhl geschnallten Körpers oft «vor lauter nervlicher Erregung mit Erschrecken wahrnahm, dass es mein eigener Puls war, den ich da hörte, nicht der des Sterbenden.»

Squire widmet zwei Kapitel der Argumentation gegen die Todesstrafe und berichtet von einem Todeskandidaten, der am Vorabend seiner Hinrichtung sarkastisch erklärte: «‹Mann, das wird mir wirklich eine Mordslektion sein.›» Der Leser bekommt alles in allem das Bild eines Menschen, der sein Berufsleben damit verbracht hat, an etwas mitzuwirken, was er verabscheute und woran er – zumindest zum Schluss – nicht glaubte.

Squires seelischer Verfall begann ähnlich wie der von Hulbert – mit einer Abweichung von der Routine. Ein Todeskandidat musste permanent mit einer Zwangsjacke gebändigt werden und Squire hatte, offenbar zum ersten Mal überhaupt, dem Gouverneur schriftlich mitgeteilt, dass er an der geistigen Gesundheit des Mannes zweifle. Als der Hinrichtungstag kam, hatte der Gouverneur immer noch nicht reagiert.

In Panik schwang sich Squire in den Zug nach Albany, um den

Gouverneur persönlich zu sprechen, erfuhr aber, dass dieser auf Reisen und derzeit unerreichbar sei. Zwei Stunden später hatte ihn Squire jedoch endlich am Telefon und der Gouverneur verfügte einen zweiwöchigen Aufschub. In dieser Zeit wurde der Gefangene noch einmal von Sachverständigen untersucht und statt auf den elektrischen Stuhl in eine psychiatrische Klinik geschickt.

Als ich nach diesem Erlebnis heimkam, ging ich ins Bett und blieb dort einen Monat liegen. In diesem Monat nahm ich beinahe dreißig Pfund ab. Sobald ich das Bett verlassen konnte, fuhr ich in die Adirondacks, um wieder zu Kräften zu kommen.

Doch eine Veränderung war über mich gekommen. Mich bedrückten eine ängstliche Unruhe und ein Gefühl der Bedrohung. Der Tenor dieser unterbewussten Gedanken war mir nicht klar, bis mich die Pflicht wieder in die Todeskammer führte und ich am Rand der Gummimatte stand, keine Armeslänge vom Stuhl. Da, unmittelbar nachdem ich das Signal zum Einschalten des Stroms gegeben hatte – als sich der Mann auf dem Stuhl unter den Gurten aufbäumte, während 2200 Volt durch seinen Körper schossen – spürte ich erstmals das heftige Verlangen, die Hand auszustrecken und ihn zu berühren.

Hinterher unterzog ich mich einer strengen Selbstanalyse. Ich befand, dass dieser unbändige irrationale Wunsch nur ein verirrter Impuls gewesen sei und nicht wieder auftreten würde. Aber das war ein Irrtum. Mit jeder folgenden Hinrichtung wurde der Impuls stärker. Schließlich wurde er so zwingend, dass ich die Hände ineinander krallen musste, um ihn zu unterdrücken. Ich musste mich immer weiter vom Stuhl wegstellen. Doch selbst dann überkam mich der jähe, erschreckende Drang, hinzustürzen und den Mann auf dem Stuhl anzufassen, während der Strom floss.

Wollte er den Mann berühren, um ihn zu trösten, fragte ich mich, oder um sich umzubringen?

Nachdem er sich einem Freund und seiner Tochter anvertraut hatte, kündigte Squire schließlich. «Wenn ich es nicht getan hätte», schreibt er im Gedanken an Hulbert, «wäre ich heute womöglich nicht mehr am Leben.»

Selbst wenn der elektrische Stuhl tatsächlich eine humanere Hinrichtungsmethode war als der Strang – wie Squire, der in Kanada zwei Hinrichtungen durch Erhängen miterlebt hatte, glaubte –, scheinen doch die Menschen, die ihn zu bedienen hatten, nicht davon profitiert zu haben. Aber an die Ausführenden haben die Befürworter dieser Methode vermutlich überhaupt nie gedacht. Dieses Problem – überhaupt nicht berücksichtigt zu werden – betrifft meiner Ansicht nach fast alle Menschen, die im Gefängnis arbeiten, in mehr oder minder hohem Maß. Selbst ein Gefängnisgeistlicher – einer der «Good Guys» – befindet sich in dem totgeschwiegenen moralischen Dilemma, das die Gefängnisarbeit impliziert.

Irving Koslowe, vierzig Jahre (bis 1999) Rabbi von Sing Sing, wohnte siebzehn Hinrichtungen bei, unter anderem auch denen der Rosenbergs 1953. Am Tag vor der Hinrichtung, so erklärte er in einer historischen Fernsehdokumentation, die während meiner Zeit im Vollzugsdienst gesendet wurde, verlegte man den Verurteilten aus der normalen Todeszelle in eine Zelle direkt am *Tanzsaal*, durch den er zum elektrischen Stuhl geführt werden würde. Man rasierte ihm den Schädel. Er orderte seine Henkersmahlzeit. Bis ihn die Wärter holen kamen, sagte Koslowe, «war der Mann schon halb tot.» An diesem Abend, nach der Arbeit, sah ich Koslowe im Fernsehen den Ablauf der Minuten unmittelbar vor der Hinrichtung wiedergeben, hörte ihn sagen, wie er den Häftlingen erklärte, er werde «bei ihnen sein» – «auf einer Gummimatte, aber ich werde für Sie da sein.»

Konnte man wirklich «für jemanden da sein», wenn man auf einer Gummimatte stand? Ich bewunderte Schwester Helen Prejean *(Dead Man Walking)* für ihren seelsorgerischen Einsatz unter Todeskandidaten. Doch das Problem eines *offiziellen* Gefängnisgeistlichen schien mir zu sein, dass man die Werte des Systems akzeptieren musste und faktisch nichts infrage stellen durfte. Wer einen solchen Job hatte, war als moralisches Vorbild hoffnungslos kompromittiert. Er musste sich wie Rabbi Koslowe darauf einlassen, auf der Gummimatte zu stehen. Die Dokumentation zeigte ein Schild über der Tür der Todeskammer, die der Rabbi viele Male passiert hatte. Darauf stand: RUHE.

Dieselbe Dynamik galt, wie mir aufging, auch für Vollzugsbeamte. Man brauchte nicht mit der neunschwänzigen Katze auf den Rücken eines Gefangenen einzuschlagen, um durch diesen Job beschädigt zu werden. Das lag schon in der Natur der Sache, war ein ebenso unverrückbares Element der Vollzugsarbeit wie die Zellenblockarchitektur von Sing Sing. «Die Vertrautheit mit dem Leiden, die ihr fortdauernder Gebrauch mit sich bringt, zerstört jedes Mitgefühl in der Brust des Beamten»: Die Worte des Gefängnisarztes von Auburn scheinen mir ein überzeitliches Prinzip zu formulieren.

Als ich mich mit dem Leben von Vollzugsbeamten zu beschäftigen begann, riet mir jemand, mit dem Gewerkschaftsgeistlichen zu reden. Ich war erstaunt, dass es einen solchen überhaupt gab, mochte Father James Hayes aber sofort. Er erklärte mir, er berate Gewerkschaftsmitglieder bei berufsbedingten Problemen – Alkoholismus, Scheidung, Gewalt in der Familie, Gesundheitsstörungen. Er sagte, dass er auch einen Vollzugsbeamten betreut habe, der auf eine traurige Wahrheit gestoßen sei, die ein Priester vielleicht besser verstehe als ein Arzt oder Sozialarbeiter.

Der Beamte sei bereits im Ruhestand, erklärte Father Hayes, werde aber nicht damit fertig, was der Inhalt seines Berufslebens gewesen sei. «Father», habe er gesagt. «Ich habe dreiunddreißig Jahre meines Lebens damit verbracht, Menschen die Freiheit vorzuenthalten.»

Der Priester sagte, er habe genickt, zugehört und gebetet. Mehr sei da nicht zu tun.

––––––

Amos Squires Dienstzeit in Sing Sing fiel in die Ära zweier besonders berühmter Gefängnisleiter – Thomas Mott Osborne und Lewis Lawes. Osborne blieb nur wenige Monate, Lawes über zwanzig Jahre. Osborne war im Innersten Politiker und Reformer, Lawes ein strenger, aber mitfühlender Anstaltsleiter von außergewöhnlichem Format, durchdrungen von dem Glauben, dass man das, was man machte, gut zu machen hatte. Beide kamen aus Gefängnisstädten im Norden des Bundesstaats. Beide waren – obwohl für die Hinrichtungen in Sing Sing verantwortlich – gegen die Todesstrafe.

Eine lebensgroße Bronzestatue von Osborne steht paradoxerweise im Foyer der Vollzugsakademie in Albany, über der einen ausgestreckten Hand ein Hand- und Fußschellenset, in der anderen ein aufgeschlagenes Buch. Paradoxerweise deshalb, weil Gefängniswärter für Osborne keine Menschen waren, die besondere Bewunderung verdienten. Im Gegenteil, ihm schwebte ein Vollzugssystem vor, das ganz ohne sie auskäme. In seinen Augen war das Vollzugssystem des Staates New York zu Beginn des zwanzigsten Jahrhunderts von Grund auf reformbedürftig. «Die Gefangenen werden derzeit wie wilde Tiere behandelt und in Käfigen gehalten», sagte er 1905 in einem Vortrag. «Das System bewirkt die Verrohung der Männer wie der Wärter. Die Insassen werden zur Arbeit gezwungen, was keinen Besserungseffekt hat. Es weckt im Kriminellen nicht den Wunsch, zu arbeiten und das Gesetz zu respektieren ... Ich würde ein System vorschlagen, innerhalb dessen die Dauer der Haftstrafe nicht festgelegt ist. Der Gefangene würde entweder für seinen Lebensunterhalt arbeiten oder hungern und dürfte, wenn er fleißig ist, sparen, um sich Luxus und vielleicht sogar die Freiheit erkaufen zu können. Er würde selbstbestimmt leben und das Gesetz respektieren lernen.»

Osborne wuchs in einer wohlhabenden Familie in Auburn auf und wurde, nach dem Besuch einer Privatschule und einem Studium in Harvard, Bürgermeister von Auburn, Zeitungsverleger und Fabrikant. Als Freund und Gönner des jungen Franklin Delano Roosevelt hatte er bereits andere politische Ämter bekleidet, ehe er zum Vorsitzenden des neuen Staatsausschusses für Gefängnisreformen ernannt wurde. Er erreichte die Ernennung eines politischen Verbündeten zum Gefängnisleiter von Auburn und äußerte dann eine ungewöhnliche Idee: Er wolle eine Woche als «Häftling» im Gefängnis von Auburn leben und anschließend seine Erfahrungen und die damit zu erzielende Publicity nutzen, um eine Kampagne für grundlegende Gefängnisreformen zu initiieren.

Osborne wollte sich ursprünglich anonym unter die Gefangenen mischen, was ihm jedoch rasch ausgeredet wurde: Die Häftlinge, so erklärte man ihm, würden dahinterkommen, wer er war, und ihn als einen Lügner und Spitzel ansehen, dem man nicht vertrauen konnte. Also wandte er sich stattdessen im September 1913, einen Tag vor seinem «Haftantritt», in einer Ansprache an sämtliche Insassen von Auburn. «Ich möchte herausfinden», erklärte er,

... ob unser Gefängnissystem so unintelligent ist, wie ich glaube; ob es allem gesunden Menschenverstand und aller menschlichen Natur so krass widerspricht, wie ich glaube; ob wir nicht, geleitet durch Mitgefühl und Erfahrung, etwas weit Besseres finden können – wie ich glaube.
Deshalb werde ich, mit Erlaubnis der Behörden und mit Ihrer Hilfe, hierher kommen, um aus erster Hand zu lernen, was ich nur kann ... Ich komme hierher, um Ihr Leben zu leben, um dieselbe Unterbringung, dieselbe Kleidung, dasselbe Essen zu erhalten wie Sie und in jeder Hinsicht wie einer von Ihnen behandelt zu werden. Ich will selbst sehen, wie Ihr Leben ist, nicht aus der Perspektive von draußen nach drinnen, sondern aus der von drinnen nach draußen.

Die Kritik Außenstehender – wenn nicht gar der Insassen selbst –
vorwegnehmend, fügte er hinzu:

> Natürlich bin ich nicht so einfältig zu glauben, dass ich es
> exakt aus Ihrer Perspektive sehen kann. Es liegt auf der
> Hand, dass man kein echter Gefangener sein kann, wenn
> man jederzeit die Gitter öffnen und gehen kann, und ein
> paar Stunden oder Tage in einer Zelle zu verbringen ist et-
> was ganz anderes als ein monotoner Alltag über Wochen,
> Monate, Jahre.

Dennoch, argumentiert er in seinem Erfahrungsbericht *Within
Prison Walls*, dürfe uns die Unfähigkeit, uns wirklich exakt in die
Situation anderer zu versetzen, nicht davon abhalten, «die
menschliche Problematik beständig zu ergründen und zu analy-
sieren. Nach wie vor gilt: ‹Der wichtigste Gegenstand der
Menschheit ist der Mensch.›»

Osborne legte sich in aller Offenheit das Pseudonym Tom
Brown zu und trat seinen freiwilligen Gefängnisaufenthalt an.
Sein in der ersten Person und im Tagebuchstil verfasster Erfahrungsbericht ist kaum auf neutrale Beobachtung angelegt und of-
fenbart auf geradezu peinliche Weise, wie wenig er selbst auf den
Gefängnisalltag vorbereitet ist. Er beklagt sich über das Schlafen
in der Unterwäsche – warum kann der Staat keine Schlafanzüge
stellen? –, über die Knorpel im Haschee, über die Klaustropho-
bie, die ihn in seiner Zelle überfällt. («Wenn ich mich einfach
gehen ließe, würde ich wohl bald mit den Fäusten gegen die Git-
tertür meines Käfigs hämmern und laut schreien.») Seine Mithäftlinge erscheinen im Ganzen als prima Kerle und er lässt nur ganz
am Rande den Gedanken zu, dass seine Prominenz ihr Verhalten
ihm gegenüber beeinflussen könnte.

Aber trotz aller Rührseligkeit und aller vorgefassten Meinun-
gen gelangt er zu einigen schockierenden Schilderungen – besonders der Bedingungen im «Jail», dem Bunker oder der Box von

Auburn – und einigen scharfsichtigen Erkenntnissen. «Rigide Disziplin», befindet er, «... fördert die Respektlosigkeit ...»

Ich glaube, jeder hier hasst und verabscheut das System, dem er unterworfen ist. Er hasst es selbst dann, wenn er reibungslos darin zurechtkommt. Er hasst es, weil er weiß, dass es schlecht ist, denn es neigt dazu, langsam, aber unabwendbar das Gute in ihm zu zermalmen.

So beliebt er bei den Häftlingen war, so wenig schienen die Wärter für ihn übrig zu haben. Sie machten sich, laut seinen Häftlingskameraden, über ihn lustig und hielten ihn für naiv. In seinem Buch versucht er, ein gewisses Mitgefühl für sie aufzubringen. («Ich kann mir nichts moralisch Zerrüttenderes vorstellen, als Gefangenenwärter zu sein», schreibt er. «So Leid mir die Gefangenen tun, scheint mir ihre Position seelisch doch der der Aufseher bei weitem vorzuziehen. Letztere finden sich nämlich in einer unmöglichen Position: Sie können nichts für das System, das ihren edleren Eigenschaften so wenig Gelegenheit zur Entfaltung gibt.») Doch die dahinter liegende Geringschätzung ist unübersehbar. «Ich möchte nicht so verstanden werden, als wollte ich behaupten, alle Wärter oder auch nur das Gros seien brutal», schreibt er. «Ich hoffe und glaube, dass die allermeisten Beamten, die in unseren Gefängnissen Dienst tun, von Natur aus anständige, gütige Menschen sind, aber das waren die Sklavenhalter vor dem Bürgerkrieg auch.»

Nach seiner «Entlassung» aus Auburn wurde Osborne in manchen Kreisen gepriesen und vielerorts, wie er erwartet hatte, verspottet und verhöhnt, weil er es für nötig gehalten hatte, den Gefangenen «zu spielen» und «sich im Schlamm zu suhlen, um zu wissen, wie sich ein Schwein fühlt.» Doch die Aktion diente seinem Ziel, die Gefängnisreform auf die politische Tagesordnung zu bringen und seine Ausgangsposition für die nächste Phase seiner Kampagne zu stärken.

Im Kern seines Reformkreuzzugs stand die Überzeugung, dass nichts von dem, was die Häftlinge im Gefängnis lernten, wirklich ein brauchbares Rüstzeug für ein selbständiges Leben draußen darstellte. «Nur die Freiheit macht Menschen tauglich für die Freiheit», pflegte er zu sagen, und aus der Überlegung heraus, dass Gefangene mehr Selbstverantwortung brauchten, unternahm er den nächsten Schritt, indem er den Insassen von Auburn half, eine Art Selbstverwaltung zu etablieren. Die *Wohlfahrtsliga,* die sich nach und nach aus diesem Ansatz entwickelte, war ein Instrument, das es den Häftlingen erlauben sollte, unter der Oberaufsicht der Gefängnisleitung ihr Leben selbst zu gestalten – von der Durchsetzung einer Disziplinarordnung über die Organisation von sportlichen Aktivitäten bis hin zur Einrichtung einer Verkaufsstelle, wo sie mit speziellen Bezugsscheinen der Liga Waren erwerben konnten. Zum Verdruss seiner zahlreichen politischen Widersacher und erst recht wohl der Wärter von Auburn setzte Osborne sein Charisma und die als «Häftling» errungene Glaubwürdigkeit ein, um dieses System zu realisieren.

Osborne, inzwischen eine bundesweit bekannte Persönlichkeit, wurde am 1. Dezember 1914 zum Anstaltsvorsteher von Sing Sing ernannt. Sein Vorgänger hatte nach einem Korruptionsskandal gehen müssen und Osbornes Renommee war groß genug, um den republikanischen Gouverneur zu veranlassen, ihm eine Chance zu geben. Osborne begann, die bereits erprobten Reformen vorzunehmen, musste aber feststellen, dass das in Sing Sing schwieriger war als in Auburn. Neuerungen im Stil der Wohlfahrtsliga bedrohten die etablierte Macht bestimmter Häftlinge. Die Einführung von Selbstbestimmungsrechten provozierte lautstarke und hartnäckige Vorwürfe, dass er zu weich sei. Der Gouverneur selbst ärgerte sich über Osbornes wiederholte Attacken gegen die Todesstrafe – der Gefängnisleiter begab sich ostentativ auf Reisen, sooft eine Hinrichtung auf dem elektrischen Stuhl anstand. Intrigen wurden angezettelt, um ihn zu diskreditieren, und noch vor Ende seines ersten Dienstjahres hatte einer dieser Versuche tatsächlich Erfolg: ein Bündel von Beschuldigungen wegen angeblicher Verstöße gegen die Gefängnisordnung, darunter «verschiedene ungesetzliche und widernatürliche Handlungen, begangen an Insassen des Gefängnisses Sing Sing, die seiner Aufsicht und Kontrolle unterstanden.»

Ein Hauptzeuge für diese angebliche Sodomie war ein Häftling, den Osborne zuvor als Spitzel des Gefängnisinspektors – eines seiner politischen Gegner – entlarvt hatte und der auf sein Betreiben verlegt worden war. Dieser Mann, Fat Alger, behauptete, eines Nachts bis zwei Uhr auf der Veranda des Direktors Rotwein getrunken und anschließend bis drei Uhr in dessen Schlafzimmer geblieben zu sein. Obwohl es sich dabei nach Meinung vieler um offenkundig falsche Anschuldigungen handelte, wurde von einer Geschworenenjury in Westchester Anklage gegen Osborne erhoben. Der darauf folgende Sensationsprozess beanspruchte seine ganze Kraft, bis dann, einige Monate später, die Anklage in allen Punkten aufgehoben wurde. Er nahm seine Tätigkeit als Anstaltsvorsteher wieder auf, nur um dieses Amt drei Monate später endgültig niederzulegen.

Obwohl er sein früheres Ansehen nie wiedererlangte und die von ihm eingeleiteten Reformen über die Jahre verwässert wurden, schaffte es Osborne doch, dem amerikanischen Strafwesen eine neue Richtung zu weisen und die scheinbar unverrückbaren Strukturen in zwei der größten Gefängnisse des Landes zu verändern.

Thomas Mott Osbornes innovatorische Amtszeit als Anstaltsvorsteher von Sing Sing war insofern typisch, als sie kurz war. Bis dieser Posten in den fünfziger Jahren des zwanzigsten Jahrhunderts normale Beamtenstelle wurde, wurde er politisch besetzt, häufig mit Leuten, die vom Gefängnisbetrieb keine Ahnung hatten. «Wie kommt man am schnellsten aus Sing Sing wieder heraus? Indem man als Anstaltsvorsteher hineinkommt», lautete ein beliebter Scherz. Einunddreißig Anstaltsvorsteher hatten sich kaum länger als ein Jahr gehalten; darunter waren ein Schlosser,

KAPITEL 5

ein Kohlenhändler, ein Fuhrmann, ein Posthalter, ein Zöllner, ein Millionär und Philanthrop sowie «diverse politische Speichellecker.» Vier Jahre nach Osbornes Ausscheiden übernahm jedoch ein ehemaliger Wärter aus Elmira, ein gewisser Lewis Lawes, das Ruder. Er sollte in seiner zwanzigjährigen Amtszeit der berühmteste und meistbewunderte Gefängnisvorsteher Amerikas werden.

Lawes hatte seine Laufbahn als Wärter in Clinton begonnen und war dann in seine Heimatstadt Elmira zurückgekehrt, wo er es zum Oberaufseher brachte. Dennoch war seine Ägide eine höchst kultivierte und aufgeschlossene. Osborne hatte ihn inspiriert. «Aus der Reihe der Gefängnisleiter, die in der hundertjährigen Geschichte Sings Sings kamen und gingen, sticht Osborne hervor», schrieb Lawes 1932. «Ihm verdankt sich eine aufgeklärtere Politik, die, wenn auch nicht ganz ausgereift, doch wegweisend für die neue Pönologie war.»

Obwohl Lawes nicht primär Reformer war, hatte er doch ausgeprägte Vorstellungen von den Möglichkeiten des Strafvollzugs. Osbornes Manko war es in seinen Augen gewesen, den Gefangenen zu schnell zu viele Selbstbestimmungsrechte zu geben – und auch solche, die man ihnen gar nicht geben sollte. «Es kann innerhalb von Gefängnismauern keine Demokratie geben», schreibt Lawes. «Von Männern, die mit dem Gesetz in Konflikt gerieten, kann man nicht erwarten, dass sie ein System nach dem Muster desjenigen schaffen, mit dem sie haderten.»

Die Wohlfahrtsliga von Sing Sing sei, so Lawes, rasch zur Domäne von Gangs und Cliquen geworden – eine offiziell abgesegnete darwinistische Ordnung. Die talentierteren Individuen, die eine zentrale Rolle hätten spielen sollen, wollten nichts damit zu tun haben. Die angemessene Funktion der Liga war für Lawes die einer «moralischen Kraft», nicht eines realen Selbstverwaltungsinstruments.

Lawes schaffte die Liga nach und nach ab. Er ersetzte sie durch eine Administration, die sich durch Menschlichkeit und Intelligenz auszeichnen sollte. Gefängnisverwaltung sei nun mal

252

nicht anders möglich als in Form einer Despotie, aber diese Despotie könne eine aufgeklärte sein.

Wie Osborne glaubte auch Lawes, dass es nur gut sein konnte, wenn die Öffentlichkeit mehr über Gefängnisse erfuhr. Osborne hatte die Gefängnisse durch seine spektakulären Taten in den Blickpunkt der Öffentlichkeit gerückt; Lawes hatte andere Methoden. Die Kriminalitätswelle der zwanziger und dreißiger Jahre des zwanzigsten Jahrhunderts, jener großen Zeit der Gangster, schürte ganz allgemein das Interesse am Gefängnis- und Strafwesen, besonders aber das Interesse Hollywoods. Lawes verpflichtete sich die Filmindustrie, indem er Warner Bros. in sein Gefängnis ließ. *Chicago – Engel mit schmutzigen Gesichtern* (1938) mit James Cagney und Humphrey Bogart in den Hauptrollen wurde teilweise in Sing Sing gedreht, ebenso *Todesangst bei jeder Dämmerung* (1939) mit Cagney und George Raft, *Castle on the Hudson* (1940) mit John Garfield und Ann Sheridan und weitere Filme, darunter zwei, die auf Lawes Büchern *Twenty Thousand Years in Sing Sing* und *Invisible Stripes* basierten. Ein immer wiederkehrendes Thema waren «hartgesottene, aber nicht unverbesserliche Häftlinge, die unter der einfühlsamen, aber festen Hand des Gefängnisleiters irgendwie auf den rechten Weg zurückfinden». Der Buchtitel *Invisible Stripes* bezieht sich auf das Stigma, das Verbrechern auch dann noch anhaftet, wenn sie ihre Zeit abgesessen und die gestreifte Häftlingskleidung abgelegt haben.

Lawes schrieb insgesamt fünf Sachbücher, machte außerdem Radiosendungen und veröffentlichte Artikel in Zeitschriften. Immer wieder versuchte er klarzustellen, dass Kriminalität in Wirklichkeit in den Slums entsteht und das Gefängnis als solches sie nicht beseitigen kann. Für einen Hearst-Metrotone-Wochenschaubericht saß er in seinem Büro, umgeben von jungen Häftlingen, die Masken trugen, um ihre Anonymität zu wahren.

Von meinem Schreibtisch innerhalb der Mauern von Sing Sing aus sehe ich täglich die ständig wachsende Zahl junger Burschen und Männer, die ins Gefängnis geschickt werden. Ein sehr großer Teil könnte zu gesetzestreuen, begabten Bürgern werden ... Ihre Jugend mag Sie schockieren, aber sie sind dennoch typisch für das Heer junger Männer, das einen Großteil der Insassen unserer Gefängnisse stellt ... Wir sind unseren Sparkassen zur Hilfe gekommen, wir haben Maßnahmen getroffen, um unsere Wälder zu retten, warum haben wir nicht auch Pläne für die Jugend, die diese jungen Menschen von der Straße holen könnten, jener Straße, die sie Jahr um Jahr in einer steten Prozession an die Tore unserer Gefängnisse führt ...?

Als Lawes 1920 nach Sing Sing kam, saßen hier etwas mehr als tausend Gefangene ein, alle im ursprünglichen Zellenblock. Doch die Kriminalitätswelle führte zu ansteigenden Häftlingszahlen und 1927 waren sämtliche Strafanstalten des Bundesstaates ernstlich überfüllt. Die heutigen Hauptgebäude von Sing Sing wurden zu jener Zeit erbaut: zuerst das neue Krankenhausgebäude, das neue Todeshaus, Haus 5 und Haus 7. Im Jahr 1926 beschloss man den Bau von Block A und Block B droben auf dem Hügel; 1929 wurden beide Gebäude fertiggestellt, dazu die Kirche und die Kantine. Wäscherei- und Verwaltungsgebäude folgten kurz darauf, dann das Schulgebäude und ein neues Elektrizitätswerk. Lawes stellte 1925 den ersten schwarzen Wärter ein und unterstützte Bestrebungen, für Vollzugsbeamte statt der bisher üblichen sieben Arbeitstage die Sechstagewoche einzuführen.

Lawes führte sein Gefängnis in einem paternalistischen Stil, dem eine Art von Wärme innewohnte, die uns heute erstaunt. Er traf sich täglich mit Vertretern von Gefangenengruppen. Lawes' Kinder kannten das Innere des Gefängnisses, weil sie dort Filme sahen, und die Häftlinge, die als Koch, Putzhilfe oder Faktotum in seinem Haus arbeiteten, kannten seine Familie. Als seine Frau 1937 starb, defilierten angeblich alle Gefangenen durchs Tor hinüber zu Lawes Haus und am Sarg vorbei, um dann wieder ins

Gefängnis zurückzukehren. 1940 trat Lawes schließlich in den Ruhestand.

Eines jedoch war während Lawes' Amtszeit unverändert geblieben: der alte Zellenblock. Kontroversen und Korruption, die Abfolge der vielen Gefängnisvorsteher, das Aufkommen der Pönologie und die damit verbundene fortschrittlichere Gestaltung anderer Gefängnisse – der massive Bau hatte alles überdauert. Er war seit hundert Jahren so gut wie unverändert, nur voller (da 1909 bereits sechshundert Zellen für zwei Mann umgerüstet worden waren) und um eineinhalb Stockwerke niedriger, nachdem der Bundesstaat 1917 den Abbruch verfügt, dann aber – als er merkte, dass er den Platz benötigte – wieder gestoppt hatte. Krankheiten wie Cholera, Ruhr und Scharlach hatten hier von Anfang an grassiert. Im Jahr 1892, in dem siebenundzwanzig Insassen an Tuberkulose starben, bemerkte Dr. R. T. Irvine, dass das Gebäude «ungewöhnlich gute Möglichkeiten für die Verbreitung dieser Krankheit» biete. 1905 befand eine Staatskommission zur Verbesserung des Gefängniswesens die Zellen für feucht, zu klein und schlecht belüftet und gelangte zu dem Schluss: «Das ist wahrlich weit schlimmer, als in einer Kloake zu leben.» Dennoch hing der Zellenblock, um die offizielle Chronik der Vollzugsbehörde zu zitieren «der Anstalt weiterhin wie ein Mühlstein am Hals … schluckte sein verderblicher, übelriechender Schlund weiterhin Tausende von Häftlingen» – über hunderttausend allein in den ersten hundert Jahren seines Bestehens. 1943 wurden schließlich die letzten Häftlinge aus dem ursprünglichen Zellenblock verlegt. Das Gebäude wurde teilweise zu Berufsausbildungszwecken genutzt, dann, nach einem Dachstuhlbrand 1984, endgültig stillgelegt – vernagelt und umzäunt, aber erstaunlicherweise nicht abgerissen. Das Gefängnis wuchs und funktionierte weiter, um seinen historischen Kern herum.

Die fünfziger und sechziger Jahre des zwanzigsten Jahrhunderts brachten die so genannte Professionalisierung des Strafvollzugs – die Idee, dass das Gefängnis etwas war, was man zum

Inhalt einer qualifizierten beruflichen Tätigkeit machen konnte – sei es als «Strafvollzugsbeamter» oder als Gefängnisleiter mit Hochschulstudium. Gefängnisjobs wurden zu Beamtenstellen; die Gefängnisse innerhalb der einzelnen Bundesstaaten wurden stärker standardisiert und einer umfassenderen zentralen Kontrolle unterstellt, und den Gewerkschaften wuchs, vor allem in New York und Kalifornien, eine wichtige Rolle zu. Für die Vollzugsbediensteten bedeutete Professionalisierung eine gründlichere Ausbildung und anspruchsvollere Leistungskriterien. Das Selbstbild der Beamten wurde aufpoliert, nicht zuletzt in der Hoffnung, dass eine «qualifizierte Fachkraft» mehr Geld verlangen konnte. Wie uns Sergeant Bloom an der Akademie erklärt hatte: «Wenn Sie sich wie gewöhnliche Gefängniswärter benehmen wollen, nur zu – das ist leicht. Aber wenn Sie qualifizierte Vollzugsbeamte werden und auch als solche bezahlt werden wollen, dann passen Sie auf.»

Verwaltungsprofis traten an die Stelle der politisch eingesetzten Anstaltsvorsteher. Obwohl dies ein lange erstrebter Wandel war, schien doch die Bürokratisierung der Gefängnisverwaltung sicherzustellen, dass auch die visionäre Kraft eines Osborne und das humanitäre Streben eines Lawes der Vergangenheit angehörten. Ebenjenes kreative Potential, das die Vollzugseinrichtungen so dringend nötig hatten, war weniger verfügbar denn je.

Sing Sing tat einige Schritte in die Zukunft, indem es ein paar Berufsausbildungsprogramme und Unterrichtskurse etablierte, sozialpädagogisches Personal einstellte und das Freizeitangebot für die Häftlinge erweiterte. Doch dieser Entwicklung waren durch den Platzmangel Grenzen gesetzt. Die Stadt Ossining drängte sich mittlerweile dicht um die mächtigen Gefängnismauern, ergo gab es weder Mittel für die Errichtung moderner Industrielehrwerkstätten, wie sie andere Hochsicherheitsgefängnisse hatten, noch den Raum für eine Gefängnisfarm, wie sie etwa von den Häftlingen von Green Haven betrieben wurde. In dem Maß, wie Sing Sing alterte, schnitten neue Gefängnisse im Vergleich weit besser ab. Der Kommune Ossining wurde es zunehmend zum Ärgernis, dass ihr fünfundfünfzig Acres Land in bester Hudsonuferlage keine Steuern einbrachten. In den siebziger und achtziger Jahren wurde immer wieder die Schließung von Sing Sing gefordert.

Gerade zeichnete sich wieder ein gewisser Druck hin zu einer rehabilitationsorientierten Gefängnispolitik im Staat New York ab, als 1971 die Gefängnisrevolte von Attica begann. Politisch war das eine unruhige Zeit – sechzehn Monate zuvor hatte die Nationalgarde von Ohio bei Anti-Vietnamkriegs-Demonstrationen an der Kent-State-Universität vier Studenten getötet. Nur zwei Wochen vor Ausbruch der Attica-Revolte hatte in Kalifornien ein Wachturmposten den Black Panther George Jackson erschossen und am nächsten Morgen hatten die Häftlinge von Attica aus Solidarität die Einnahme des Frühstücks verweigert und schwarze Kleidung getragen. Den ganzen Sommer 1971 war Attica ein Pulverfass; schließlich genügte eine kleinere Konfrontation zwischen zwei Gefangenen und drei Beamten auf dem Gefängnishof, um den Aufstand zu provozieren, der in die Geschichte eingehen sollte. Doch die rebellierenden Gefangenen wollten gleich zu Beginn ihrer fünf schriftlichen Forderungen eines klarstellen: «Der Ausbruch der Geschehnisse hier in Attica ist nicht die Reaktion auf den feigen, hinterhältigen Angriff auf die beiden Gefangenen am 8. September 1971», hieß es da, «sondern die Folge der hemmungslosen Unterdrückung durch das rassistische Netzwerk der Gefängnisaufsicht über das gesamte Jahr.»

Gouverneur Nelson D. Rockefeller weigerte sich, direkt mit den Gefangenen zu verhandeln, und am 13. September begann die Staatspolizei, aus Sorge, dass die Häftlinge ihren Geiseln etwas antun könnten, eine blutige Schlacht zur Rückeroberung des Gefängnisses. Zwei Geiseln waren, wie sich herausstellte, von den Häftlingen ernstlich verletzt worden, wohingegen die Polizei bei dem Angriff zehn Geiseln und neunundzwanzig Häftlinge tötete.

Drei Geiseln, fünfundachtzig Häftlinge und ein Staatspolizist wurden verletzt.

Rockefeller implementierte mit der einen Hand einige bereits beschlossene Reformen – Drogentherapieprogramme, Collegeabschlusskurse –, peitschte aber gleichzeitig mit der anderen ein Bündel strenger Anti-Drogen-Gesetze durch. Eine Folge dieser Gesetze war der Anstieg der Häftlingszahl in den nächsten fünfundzwanzig Jahren auf das Fünfeinhalbfache. Diese Explosion führte dazu, dass über fünfzig neue Gefängnisse gebaut wurden und die Vollzugsbehörde, nach dem Telekommunikationskonzern Verizon, zum zweitgrößten Arbeitgeber des Bundesstaats avancierte. Wegen der vielen Gefängnisneubauten im Norden des Staats und der Aussetzung der Hinrichtungen im Jahr 1963 aufgrund anhängiger Klagen, stand Sing Sing jetzt nicht mehr im Zentrum des öffentlichen Interesses und auch nicht mehr an vorderster Front der Erprobung neuer Vollzugsmethoden (wie etwa sogenannter Schock-Camps für jugendliche Delinquenten oder – in anderen Bundesstaaten – privat betriebener Gefängnisse).

Aufgrund seiner langen Geschichte und seines allmählichen Bedeutungsverlusts unterschied sich Sing Sing zunehmend von den übrigen Gefängnissen des Staates. Lewis Lawes schreibt, dass er zunächst Bedenken hatte, 1920 die Leitung dieser Anstalt zu übernehmen, nicht zuletzt, weil er sie einige Jahre zuvor als Oberaufseher von Elmira besichtigt und für «nicht gänzlich befriedigend» befunden hatte. Er fährt fort: «Damals bemühte man sich dort kaum um Sauberkeit. Der Hof war mit Schutt übersät.» Diese Aura der Vernachlässigung stellte sich nach Lawes Dienstzeit allmählich wieder her, ohne dass es eine echte Erklärung dafür gäbe; irgendetwas an diesem Ort schien sie anzuziehen. Um das Jahr 1969 wurde Block B nach nur vierzig Jahren wegen baulicher Probleme stillgelegt. 1973 wandelte der Staat Sing Sing vom Hochsicherheitsgefängnis in ein «Aufnahme-Center» um, wo neue Häftlinge getestet und klassifiziert wurden, um dann für die eigentliche Haftzeit anderen Gefängnissen zugewiesen zu werden.

Bald jedoch diente es, wegen der Zellenknappheit in New York City, auch noch als Notgewahrsam der von der Finanzkrise gebeutelten Stadt.

1982 war Sing Sing bereits wieder als Hochsicherheitsgefängnis klassifiziert. Block B wurde saniert und wieder in Betrieb genommen, jetzt als «Durchgangsblock», in dem Häftlinge offiziell nur für begrenzte Zeit untergebracht wurden. Kurz darauf, 1983, kam es zu jenem Vorfall, bei dem Sergeant Wickersham und sechzehn weitere Beamte als Geiseln genommen wurden. In einem staatlichen Untersuchungsbericht zur Klärung der Ursachen der Revolte in Block B heißt es, Sing Sing sei damals «für die meisten Außenstehenden … nur ein Relikt aus verstaubten Büchern und alten Filmen» gewesen und viele Leute hätten «mit Erstaunen vernommen, dass es nach 157 Jahren noch immer in Gebrauch war». Es war

… zu einem Ort geworden, wo niemand mehr eine Vorstellung besaß, was zu geschehen hatte … zunehmend unkontrollierbar. Leitende Beamte bemühten sich kaum, Mängel des Anstaltbetriebs zu korrigieren … Trotz des Desinteresses … lief der Betrieb in Ossining ohne «schwerwiegende» Zwischenfälle weiter. Die Anstalt hatte ihren eigenen Stil, der es ihr nach Meinung vieler ermöglichte, jenseits der behördlichen Anweisungen zu funktionieren. Daher scheuten sich die leitenden Beamten, an das vermeintliche Gleichgewicht von Ossining zu rühren.

In den ausgehenden achtziger Jahren war Sing Sing bereits zur De-facto-Ausbildungsanstalt geworden. Sein Ruf als regel- und zügelloser Ort festigte sich. 1982 wurden vier Wärter und ein Sergeant wegen Bestechlichkeit angeklagt. Ihnen wurde unter anderem vorgeworfen, für Geld Marihuana und Kokain ins Gefängnis geschmuggelt zu haben. 1983 folgten die Revolte in Block B und das Geiseldrama. 1986 entkamen ein Einbrecher und zwei Mörder, nachdem sie die Beamten mit Rauchbomben abgelenkt hatten, mit Hilfe von Drahtschneidern und einem zehn Meter langen Seil aus Schnürsenkeln durch ein Fenster des Schulgebäudes auf die darunter liegenden Bahngeleise. Die Krönung waren schließlich 1988 die Schlagzeile auf der Titelseite der New Yorker *Daily News Sex-Eskapaden in Sing Sing* und ein Artikel im Innenteil unter der Überschrift *Swing Swing*:

> ALBANY – Sex, Drogenkonsum und Glücksspiel florieren, unter dem Schutz einer Clique von korrupten Vollzugsbeamten, in Staatsgefängnis Sing Sing – so schildern Wärter und ein ehemaliger höherer Gefängnisbeamter die Zustände in den letzten beiden Jahren.
> Zu den sexuellen Eskapaden im Hochsicherheitsgefängnis gehören angeblich auch Schäferstündchen männlicher Insassen mit Wärterinnen – darunter zwei der Prostitution verdächtige Frauen – im Vorführraum der Gefängniskirche und einer Zelle.
> Wärter, die den Drogenkonsum von Häftlingen zu unterbinden suchten, erhielten Morddrohungen – von korrupten Vollzugsbeamten, wie ein Betroffener behauptet.

Dem Artikel zufolge ergaben stichprobenartige Urinkontrollen, dass in Sing Sing 21 Prozent der Häftlinge Drogen konsumierten – gegenüber einem Durchschnitt von sechs Prozent der Häftlinge im gesamten Bundesstaat.

Nachdem er 1920 die Leitung von Sing Sing übernommen hatte, setzte sich Lewis Lawes an einen Stapel «verstaubter Berichte und Unterlagen, in die seit Jahrzehnten niemand mehr geschaut hatte». Beim Studium der Anstaltsgeschichte diagnostizierte er einen Fortschritt von den «puritanischen» Praktiken des neunzehnten Jahrhunderts zum «aufgeklärteren gesellschaftlichen Denken» des zwanzigsten Jahrhunderts. Vergleicht man allerdings den Zustand der amerikanischen Gefängnisse um die Mitte des zwanzigsten Jahrhunderts mit dem heutigen, fällt es schwer, irgendeinen weiteren Fortschritt herauszudestillieren.

Wenn ich als Ex-Vollzugsbeamter auf die Geschichte Sing Sings zurückblicke, verblüffen mich längst verschwundene Institutionen wie etwa die Musikkapellen, die den Marsch der Häftlinge in den Speisesaal begleiteten. Zu Beginn des zwanzigsten Jahrhunderts empfanden es Häftlinge, die sich für abgesessene Haftjahre spezielle Streifen auf die Häftlingskleidung nähen durften, als Demütigung, wenn ihnen diese strafhalber entzogen wurden. Im Zweiten Weltkrieg gab es überaus erfolgreiche Blutspendeaktionen unter den Häftlingen – 1943 wurden über 600 Liter Blut gespendet. Das alles spricht dafür, dass sich die Häftlinge, wenn sie auch abgeschottet im Gefängnis saßen, in gewisser Weise doch immer noch der Mainstream-Gesellschaft zugehörig fühlten. Noch vor zwanzig Jahren, so erklärten mir altgediente Beamte, war es die absolute Ausnahme, wenn man in Block B mehr als zehn Häftlinge unter Verschluss fand. Heute liegt die Norm eher bei einhundert, und die Box ist immer voll.

Nahezu unstrittig ist, dass sich die Einstellung der Häftlinge zu ihrer Strafe negativ verändert hat. Nur wenige empfinden es als gerechten Tausch, für ein begangenes Verbrechen mit ihrer Zeit und Freiheit bezahlen zu müssen, und viele, wenn nicht sogar die meisten, beteuern weiterhin ihre Unschuld. Zudem geht, auf Seiten der Häftlinge, heute auch die Rassenfrage in die Rechnung ein. Eldridge Cleaver schrieb in den sechziger Jahren aus dem Folsom-Gefängnis:

Wohl niemals haben Richter, Polizisten und Gefängniswärter es verstanden und Rücksicht darauf genommen, dass sich schwarze Häftlinge im Allgemeinen nicht als Verbrecher und Missetäter sehen, sondern sich vielmehr als Kriegsgefangene betrachten, als Opfer eines verkommenen

«Hund frisst Hund»-Sozialsystems, das in seiner Abscheu-
lichkeit die eigenen Verbrechen aufhebt: Im Dschungel gibt
es weder Recht noch Unrecht.

Mehr noch als gesellschaftliche Gebote und Schuldver-
pflichtungen fühlen die Negersträflinge, dass sie miss-
braucht werden, das ihre Gefangenschaft nur eine andere
Form der Unterdrückung ist, die sie ihr ganzes Leben lang
erfahren haben. Schwarze Häftlinge fühlen, dass sie es
sind, die beraubt werden, dass die «Gesellschaft» ihnen
verpflichtet ist und dass sie ihnen gegenüber eine Schuld
abzutragen hat.

Das zentrale Verhältnis im Gefängnis ist das zwischen Wärter und
Gefangenem. Und jeder echte Fortschritt im Strafvollzug müsste
sich daran messen lassen, wie sich der Tenor dieses Verhältnisses
ändert. Der Wärter ist der äußerste Vorposten des Mainstreams
der Gesellschaft, der Gefangene ihr randständigstes Mitglied. Der
Wärter, so glaubt man gemeinhin, hat alle Macht, aber in Wahrheit hat auch der Gefangene Macht. Wie begegnen sich beide, in
wechselseitigem Respekt oder in wechselseitiger Verachtung? Reden sie miteinander? Witzeln sie miteinander? Sehen sie einander
in die Augen?

Die Entwicklung dieses zentralen Verhältnisses ist aus offiziellen Untersuchungsberichten und selbst aus Gefangenenmemoiren
nur schwer zu extrahieren, aber für mein Gefühl hat sich da wenig – wenn überhaupt etwas – bewegt. Inspektorenberichte aus
dem neunzehnten Jahrhundert zeigen, dass die Wärter in ihrer
Gesamtheit gefürchtet, Einzelne aber beliebt oder verhasst waren;
aus Berichten über Strafmaßnahmen geht hervor, dass manche
Wärter eine enorme Zahl von Peitschenhieben verabreichten, andere nur sehr wenige. Einige Wärter waren ehrlich, andere eindeutig korrupt. So heißt es in einem Parlamentsbericht von 1851:
«Die Bezahlung der Wärter ist so gering, dass sich ein hohes Maß
an Begabung nicht in den Staatsdienst pressen lässt ... Für $ 1,37

am Tag kann man nicht alle Tugenden der Welt erwarten.» Auch daran hat sich nicht viel geändert.

Einmal erlaubte mir ein leitender Gefängnisbeamter, nach Dienstschluss zwei Aktenordner durchzusehen, in denen er eine Menge alter Zeitungsausschnitte und Gefängnismemorabilia gesammelt hatte. Im einen fand ich ein HILFE-GESUCHT-Plakat, mit dem der Staat in den fünfziger Jahren neue Wärter anzuwerben versuchte. Dort waren als Tätigkeitsbereiche die üblichen Aufsichts- und Bewachungsaufgaben genannt, aber es war auch die Rede von Beratung und Besserungshilfe. Während meiner Ausbildung wurde nichts dergleichen an mich herangetragen. Ich schätze, die Vollzugsbehörde weiß, dass heutige Vollzugsbeamte darüber nur lachen würden.

Aber ich glaube, dass die Beamten in ihrem tiefsten Inneren wünschen, es wäre anders. Ich glaube, sie würden lieber mit Häftlingen reden und deren Bezug zur Außenwelt stärken, als umherfliegenden Exkrementen auszuweichen. Ich glaube, dass die Statue von Thomas Mott Osborne deshalb im Foyer der Vollzugsakademie steht, weil ein Elam Lynds es irgendwie nicht brächte. Osborne, der Freund der Gefangenen, mit den Ketten in der einen und dem Buch in der anderen Hand, ist der einzig denkbare Held des Strafvollzugs. Am bekanntesten wurde er vielleicht durch seinen Ausspruch: «Wir werden dieses Gefängnis vom Abfallhaufen zur Reparaturwerkstatt machen.» Die Präsenz dieser Statue zeugt meiner Meinung nach von einem Idealismus, über den unter Vollzugsbeamten nie offen geredet wird, von der Hoffnung, dass Gefängnisse den Menschen, die darin sitzen, irgendetwas nützen könnten, dass man Menschenleben reparieren kann, statt sie wegzuwerfen, dass man mehr tun kann, als Türen abzuschließen und auf Köpfe einzuknüppeln, dass Fürsorgepflicht mehr bedeuten könnte, als nur die Ambulanz zu rufen, wenn ein Häftling aus einer Stecherwunde blutet.

Stattdessen ist der jüngste Trend im Vollzugswesen die Errichtung von «Superhochsicherheitsgefängnissen», von denen es ge-

genwärtig in den USA rund drei Dutzend gibt, darunter auch die neueste Haftanstalt des Staates New York. Ein «Superhochsicherheitsgefängnis» ist eine Art riesige Sonderunterbringungseinheit mit durchgängiger Isolation. Die Insassen haben nur minimalen Kontakt untereinander und praktisch gar keine Beziehung zu den Vollzugsbeamten. «Wenn Sie mich fragen, taugt das Rezept vielleicht für einen scharfen Hund», äußerte eine Akademieausbilderin uns gegenüber. Ich glaube, sie hatte Recht. Und das Bizarre ist, dass die Idee des Superhochsicherheitsgefängnisses nicht neu ist. Einzelhaft rund um die Uhr und Beschäftigungslosigkeit den ganzen Tag: Das hatte Elam Lynds bereits 1812 ausprobiert, ehe er das modifizierte Auburn-System erfand.

Kapitel 6

ALLTAG BEI MAMA

«Ich sollte einen Film drehen im Zuchthaus, und ich war sechs Wochen da oben – im Zuchthaus von Arizona State – etwa 80 Prozent da waren schwarz … Ich war da oben und redete mit all den Brothers, und mir wurde wirklich das Herz schwer, verstehen Sie? Diese ganzen wunderbaren Schwarzen, im Knast, verdammte Krieger, sie sollten da draußen sein und dem Volk beistehen. Und – also ich war wirklich naiv, ja? – sechs Wochen war ich da oben, habe mit den Brothers geredet und geredet, und – [eindringlich:] *Gott sei Dank haben wir Zuchthäuser!* Ich meine, Mörder, hören Sie, richtige echte Mörder!»
RICHARD PRYOR, *Live on the Sunset Strip*, 1982

Hemd ausziehen bitte. Hände zeigen, beide Seiten. Jetzt die Arme ausstrecken. Umdrehen. Okay.»

Ein Nicken, als wir fertig sind, und wir gehen weiter zur nächsten Zelle. Er hat uns kommen hören und will wissen, warum.

«Vielleicht können Sie sich das denken. Bitte tun Sie's einfach.»

«Und wenn nicht?»

«Dann kommt der Sergeant und schreibt Sie auf.» Der Mann seufzt, zuckt die Achseln, zieht sein T-Shirt über den Kopf und macht das Spiel mit. Wir gehen weiter zur nächsten Zelle.

Block B hat allgemeinen Verschluss und wir sind auf der Suche nach Stichverletzungen. Es ist Mai. Den dritten Tag in Folge haben die «Latin Kings» die «Bloods» angegriffen und umgekehrt. Keine Massenauftritte, nur heimliche Zusammenstöße, Messerstiche ohne Vorwarnung. Ein Zwischenfall provoziert den nächsten – die Vergeltungsspirale habe Anfang des Monats auf Rikers Island begonnen, so wird uns erzählt. Jedes Mal, wenn wir die Häftlinge wieder rauslassen, wird wieder jemand angegriffen, die

265

KAPITEL 6

Gewalt flammt auf wie eine von diesen unausblasbaren Scherz-Kerzen.

Der Sergeant hat uns nicht gesagt, warum wir diese «Oberkörper-Checks» durchführen sollen, aber man muss kein Genie sein, um draufzukommen: Die Weißhemden gehen davon aus, dass mindestens einer der Männer, die in die jüngste Messerstecherei verwickelt waren, unerkannt aber verwundet davongekommen ist. Also halten wir Ausschau nach Blut, nach Wunden, die genäht werden müssen, nach einem Schnitt von einer improvisierten Klinge.

Der Insasse der nächsten Zelle liegt auf seiner Pritsche. «R-63, Hemd ausziehen, bitte.» Er setzt sich mit glasigem Blick auf, dann steht er auf und zieht das Hemd aus. Wie so viele der Häftlinge hat er sich durch Gewichtheben in exzellente Form gebracht. Und wie so viele Häftlinge hat er Narben: eine über sieben Zentimeter lange unterhalb der Rippen, eine von etwa zweieinhalb Zentimetern am Arm, zwei Kreise in Pfenniggröße, die wie Schussverletzungen aussehen, an einem Schulterblatt.

«Nichts Frisches», bemerkt der Beamte, mit dem ich unterwegs bin, mehr zu sich selbst. Er ist ein alter Hase, der bezweifelt, dass wir etwas finden werden, und zeigt mit jeder Geste, dass für ihn alles schon mal dagewesen ist. Mich lässt das Ganze nicht so kalt. Ich bin überrascht von der enormen Zahl der Narben. Die Hälfte der Gefangenen scheint schon einmal irgendwann im Leben eine Kugel oder Messerstiche abbekommen zu haben. Oft sitzen die Narben am Kopf: eine bleiche, dicke Linie, die sich hinten über den Schädel zieht und auf der kein Haar wächst; eine aufgeschlitzte und schlecht verheilte Nase; ein Schnitt quer über eine Wange, der da endet, wo die Klinge durch die Lippe fuhr. Die schrecklichste Verletzung sehe ich bei einem Mann, der aussieht wie neunzehn: eine gezackte Linie, die vom Mundwinkel hinter das linke Ohr führt, dann rings um den Kopf und unter dem rechten Ohr zurück zum anderen Mundwinkel, als hatte der Täter den Skalp abziehen wollen: das Werk eines Sadisten.

Wir machen weiter. Narbe um Narbe um Narbe. Aber keine frische.

———

Es hat seine Nachteile, aber im Großen und Ganzen sind allgemeine Verschlusszeiten äußerst angenehm. Wenn die Häftlinge alle in ihren Zellen sitzen, verschwindet das meiste, was den Stress im Leben eines Block-Beamten ausmacht. Die Galerien sind leer, zumindest bis sich der Müll draußen anhäuft. Die Verbindungstore bleiben geschlossen. Die Lautsprecher schweigen, weil es den Insassen nichts anzusagen gibt.

Allgemeiner Verschluss erfolgt auf so genannte ungewöhnliche Vorkommnisse hin. Außer Gang-Streitigkeiten sind das beispielsweise Angriffe auf Beamte, Unklarheiten bei der Zählung (ein Zelleninsasse fehlt) oder die Entdeckung besonders alarmierender Konterbande: Munition, selbst gebastelte Schusswaffen oder Marihuanabeutel, wie sie später in diesem Jahr in Styroporschachteln und säuberlich mit Klebeband umwickelt im Keller der Sporthalle gefunden werden sollten. Alle Verschlusszeiten müssen vom Vollzugsbeauftragten der Regierung genehmigt werden, denn sie sind eine zusätzliche Belastung für die Häftlinge, da sie praktisch Isolierhaft für jeden bedeuten.

Als ich am nächsten Tag zur Arbeit kam und erfuhr, dass sie Block B immer noch unter Verschluss hielten, war ich überrascht, aber nicht unglücklich darüber. Gemeinsam mit Bella, meinem alten Kameraden von der Akademie, ging ich hinüber zu Mama Cradle, der Aufsicht habenden Beamtin von Block B.

Mama Cradle teilte uns mit, dass es im Augenblick für uns nichts zu tun gebe, doch wir sollten uns nicht weit entfernen – und nicht auf die Flats hinaus spazieren. Der Grund dafür war, dass Insassen, um die Langeweile abzureagieren und ihren Unmut zu bekunden, hin und wieder Gegenstände aus ihren Zellen warfen, in der Hoffnung, einen von uns zu treffen. Tatsächlich hatte Alcantara anscheinend eine Ladung Wasser abbekommen und wurde jetzt weggeschickt, um sich eine andere Uniform anzuziehen. So vertrieben wir uns die Zeit in der Nähe von Cradles Dienstraum unter einem breiten Sims, das über unseren Köpfen verlief, dann wanderten wir rüber zur Sporthalle und betätigten uns ein bisschen an dem Trainingsgerät für die Häftlinge, bis Cradle uns rief.

«Sie übernehmen mal das Füttern», wies sie eine Gruppe von uns Neuen an. «Und hinterher sammeln Sie alles wieder ein.» Sie zeigte auf einen großen Haufen Müllsäcke.

Das war die Kehrseite von Verschlusszeiten: Wir mussten die Dreckarbeit für die Häftlinge machen. Aber Bella schien sich nie über irgendetwas zu beschweren und mit ihm als Partner störte es mich auch nicht weiter. Wir gesellten uns zu den anderen Neuen in der Kantine, wo ich ein Tablett hinhielt und Bella Styroporschachteln mit Reis und Rindfleisch darauf stapelte. Diese Ladung zu balancieren erforderte einige Geschicklichkeit. Vorsichtig tastete ich mich hinter meinem Turm aus Schachteln eine enge Treppe von der Kantine zu Galerie R hinunter. Auf Galerie R wurde es noch schwieriger, denn hier hatte seit Stunden keiner mehr sauber gemacht. Der Boden der schmalen Galerie war ein Hindernis-Parcours – übersät mit Hühnerknochen vom gestrigen Abendessen, Toast vom Frühstück, Marmeladepackungen und Rührei, verschüttetem Kaffee und Saft, darüber eine Schicht Styroporbecher und -schachteln. Ich watete langsam voran, blind und entschlossen, den Häftlingen nicht das Schauspiel einer Bauchlandung zu bieten. Bella teilte die Essen aus und war bewundernswert gut gelaunt. Irgendetwas an unserer Aufgabe machte ihm Spaß.

«Hi-i-ier kommt das Essen!», verkündete er an jeder einzelnen Zelle, unbeeindruckt von dem Schweigen und dem Verdruss, die ihm entgegenschlugen. «Warum schicken die uns nicht ein paar Bräute statt euch hässlichen Wichsern?» war das Netteste, was wir zu hören bekamen. «Das Bier kommt», sagte Bella dann, oder einfach «Schönen Tag noch!» Ich schob mich in kleinen Schritten weiter.

268

Wir machten noch eine weitere Runde und verteilten Kaffee und Saft, dann schlugen wir am Fuß der Südend-Treppe die Zeit tot. Bella sagte mir, er habe einen Versetzungsantrag nach Bedford Hills gestellt. Ich brauchte eigentlich nicht zu fragen, warum er zu einem anderen Gefängnis wollte, noch weiter weg von zu Hause, aber ich tat es trotzdem. «Wegen der Ruhe», antwortete er. «Und wegen einigen von den Kollegen hier.» Mehr als die Insassen machten Bella die dienstälteren Beamten zu schaffen. Sie erteilten Befehle, fanden es nicht notwendig, uns Dinge zu erklären, schoben uns jederzeit die Schuld zu und versuchten uns zu demütigen.

Wir ließen den Häftlingen etwa zwanzig Minuten zum Essen, dann zogen wir mit Gummihandschuhen und den großen Müllsäcken unterm Arm erneut über die Galerie. Ein mieser Job, dachte ich: Müllmänner für die Gefangenen. Bella war unverdrossen und fing tatsächlich zu singen an. Die Häftlinge starrten ihn an, als wäre er verrückt. Ich bewunderte ihn: Bella kannte eine geheime Methode, mit dem Ganzen klarzukommen, um die ich ihn beneidete.

Irgendwann auf dem Weg, ein richtiger Vollzugsbeamter in Sing Sing zu werden, wurde man mit der Entscheidung konfrontiert, ob man ein Block-A-Typ oder ein Block-B-Typ war. Sergeant Holmes bildete sich seine Meinung darüber, wo man hingehörte, und schickte einen dann bevorzugt dorthin. Das geschah nicht immer nur nach Gefühl. Manch einer begann in Block A, geriet dann mit Sergeant Wickersham aneinander und wurde in gegenseitigem Einvernehmen nach Block B versetzt. Andere arbeiteten zunächst in Block B, hatten Probleme mit dem größeren Chaos-Faktor dort – jüngere, öfter wechselnde Häftlinge oder die häufigeren Bandenkriege – und kamen zurück nach Block A. Für einige Beamte schien der entscheidende Unterschied architektonischer Natur zu sein. Obwohl beide Gebäude ziemlich gleich aussahen, empfanden manche von uns, darunter auch ich, dass die längeren Galerien von Block A (88 Zellen) viel schwieriger zu handhaben waren als die von Block B (68 Zellen). Andere zogen das modernisierte, wenn auch störanfällige elektronische Schließsystem von Block A den alten, handbetriebenen Riegeln und Hebeln von Block B vor. Obwohl ich am Anfang mehr Zeit in Block A verbrachte, wurde ich zu einem überzeugten Block-B-Mann und beantragte später selbst meinen Einsatz dort. Und ich muss gestehen, mein Hauptgrund dafür war Mama Cradle.

Es gibt Leute im Leben, die man unerklärlicherweise auf den ersten Blick mag, und Mama war so jemand für mich. Ich hatte keinen vernünftigen Grund, sie zu mögen. Manchmal nahm sie mir leichte Aufgaben, die Holmes mir gegeben hatte, weg und brummte mir schwerere auf, und besonders am Anfang hatte sie keine besonders hohe Meinung von mir. Aber ich mochte sie. Ich mochte ihre Ausstrahlung, ihr resolutes Wesen, ihre imposante Figur.

Ich wusste selbst nicht, warum, aber ich wollte, dass Cradle mit mir zufrieden war. Am Anfang versagte ich jedes Mal. Sie schickte mich zum zentralen Verbindungstor an Galerie Q-Süd gleich bei ihrem Büro und sagte: «Ich will keinen draußen sehen, der da nicht hingehört.» Ich befolgte die Anweisung so strikt ich konnte, aber ich stieß an die Grenzen meiner Möglichkeiten, als die Verschlusshäftlinge von ihrer Freizeitstunde zurückkamen. Zwei von ihnen liefen erst an ihren Zellen, dann direkt an mir vorbei, ohne auf meine Haltrufe zu reagieren, und gelangten bis zum Verbindungstor, wo sie lauthals nach Cradle riefen.

«Mama muss mir mit dem Antrag hier helfen», erklärte der eine.

«Ich helfe Ihnen, wenn Sie in Ihrer Zelle sind», sagte ich zu ihm. «Das ist eine direkte Anweisung.»

Er ignorierte mich und brüllte weiter nach Cradle, die daraufhin herauskam, einen der beiden in seine Zelle schickte und den anderen zu sich beorderte. Als sie mich genauso ignorierte wie der Häftling gerade, wusste ich, dass ich es vermasselt hatte. Ich war neu und sie respektierten mich nicht. Ich fragte mich, was ich für ihre Achtung tun musste, und wünschte im Nachhinein, ich hätte den Kleineren von beiden niedergeschlagen oder von den Beinen geholt. Das konnte man als Überreaktion werten, aber wenigstens hätte es mir allgemeine Aufmerksamkeit verschafft.

Kurz darauf ersetzte Mama mich an der Verbindungstür durch einen bulligeren, erfahreneren Beamten und schickte mich zur Aufsicht in die Sporthalle. Ich hatte das Gefühl, dass das eine Botschaft war, und am Ende des Tages erklärte ich ihr, dass ich es morgen besser machen würde. Für Mama würde ich mich ins Zeug legen.

Am nächsten Tag lief es etwas besser und am übernächsten Tag schickte Mama mich nach Galerie V an der Rückseite, wo ich in meiner praktischen Ausbildung so viel von Smith gelernt hatte. Smith sei eine Zeitlang nicht da, erklärte sie. «Und denken Sie dran – das ist hier keine allgemeine V-Freizeit!», warnte sie mich. Was heißen sollte: keiner draußen, der da nicht hingehört …

Ohne Smith war das natürlich leichter gesagt als getan.

Aragon war zuständig für Galerie Q-Süd, eine kurze Galerie, um deren Papierkrieg ich mich kümmerte, und er hielt es – vermutlich im Gegensatz zu all seinen Vorgängern – für wichtig, dass ein paar der Häftlinge, die Hilfe zu brauchen schienen, einem Psychiater vorgeführt wurden. Während wir in meinem Dienstraum auf der Suche nach den Anträgen waren, tauchten draußen offenbar zwei oder drei Gefangene ohne Genehmigung auf der Galerie auf, wo sie von einem vorbeikommenden dienstälteren Beamten bemerkt wurden. Er wusste, dass wir neu und angreifbar waren, und lief mit der Nachricht zu Cradle. Kurz darauf hörten wir über Lautsprecher unsere Namen. Wir gingen hinüber in ihr Büro und dort machte sie uns zur Schnecke.

«Was habe ich gesagt?», fragte sie. «Schaffen Sie es, auf Ihrer Galerie Ordnung zu halten, oder muss ich jemand anderen finden?»

Wir erklärten, dass wir es schaffen würden, und ich dachte, Aragon empfände denselben Respekt und dieselbe widerstrebende Sympathie für Cradle wie ich. Aber sobald wir außer Hörweite waren, sagte er: «Ich kann die Kuh nicht ausstehen! Ich führe die Galerie hier besser als neunzig Prozent der Kollegen.»

Auch unter den Häftlingen waren die Reaktionen auf Cradle zwiespältig. Wann immer sie ihr Büro verließ, löste das Kommentare aus, denn ihre Statur wirkte nicht so, als käme Mama zu Fuß sehr weit. Aber sie war alles andere als hilflos. Ich befand mich eines Tages auf einer der oberen Galerien und nachdem sie vorbeigelaufen war, unterhielten sich zwei Häftlinge über sie in einem Ton, den ich nur als bewundernd bezeichnen kann: «Mama tritt dir in die Eier und du klappst zusammen. Dann verpasst sie dir 'nen Aufwärtshaken, dass du wieder stehst. Du denkst, du bist tough, Mann, aber Mama zeigt dir, wer am stärksten ist.»

Obwohl Mama alle meine Unzulänglichkeiten zu kennen schien, schickte Sergeant Holmes mich immer wieder auf Galerie V und jemand erklärte mir schließlich, dass Mama mich wohl anforderte. «Du machst Witze», sagte ich ehrlich fassungslos. Das war, wenn auch noch so indirekt, der erste Hauch von Lob, das ich von irgendwem in Sing Sing zu hören bekam. Ich hatte nicht einmal angenommen, dass Cradle meinen Namen wusste. Andere bestätigten, dass Cradle jeden Tag mit Holmes darüber sprach, wen sie wieder haben wollte und wen nicht. Sie hatten ein freundschaftliches Verhältnis. Ich ging eines Tages an ihr Telefon, als sie kurz draußen war, und am anderen Ende fragte Holmes: «Ist L. B. da?»

«L. B.?»

«Cradle», sagte er. «Ist Miss Cradle da?»

«Es ist für Sie, L. B.», sagte ich einen Augenblick später zu ihr, und als sie aufgelegt hatte, fragte ich sie, was das bedeutete.

«Oh, L. B.?», sagte sie mit einem breiten Grinsen. «Little Bitch.»

Beamte, die nicht für die Galerien eingeteilt waren, hatten am

Ende ihrer Schicht Zeit, ein bisschen herumzuhängen und zu plaudern. Einmal hörte ich, wie Cradle jemandem, der zwei Wochen Urlaub vor sich hatte, den Rat gab, er solle «nicht bloß zu Hause rumsitzen wie alle anderen in ihrem Urlaub. Fahren Sie irgendwohin.»

«Wohin denn?»

«Na, zum Beispiel nach Williamsburg.» Cradle erzählte von einem Kollegen, der gerade von einer Pauschaltour zu dem historischen Ort in Virginia zurückgekommen war und davon schwärmte. Der Beamte ließ den Blick in die Ferne schweifen. «Williamsburg ...», sagte er. Er würde nie hinfahren.

Ich war noch nicht lang genug da, um die Veränderung zu bemerken, aber ältere Kollegen deuteten die traurige Nachricht an: Cradle hatte genug. Nach siebzehn Jahren Sing Sing, vierzehn davon in Block B, zeigte sie Anzeichen von Burn-out. Ein paar dieser Anzeichen hatte ich bemerkt, zum Beispiel die Art, wie sie die linke Hand an die Stirn presste und die Augen schloss, wenn irgendein Aufpasser, meistens ein neuer wie ich, einen Fehler machte, etwa einen Verschlusshäftling draußen herumlaufen ließ oder irgendeine Aktivität zur falschen Zeit ausrief. Und manchmal ließ sie sich auf lautstarken Streit mit Häftlingen ein. Ich hatte das alles als Teil ihres persönlichen Stils betrachtet, aber das war es anscheinend nicht. Es gingen Gerüchte, dass sie sich nach Fishkill oder Downstate versetzen lassen wollte. Gerade jetzt, dachte ich. Gerade wenn ich hier anfing.

—

24. 8. 97, 7.05: Vollzugsbeamter T. Conover im Dienst mit Zählergebnis R:63 und W:64, 4 Schlüsselbünden, PAS#831, den beigeordneten Beamten Corbie und Cespedes und folgenden VH's: R-3, 6, 11, 12, 20, 26, 28, 42, 51, 52, 60, 63, 64, 65, 66, und W-10, 23, 28, 46, 47, 55, 60, 61.

Jede meiner Schichten als Galeriebeamter begann mit einer neuen Seite im Wachbuch. Wie unzählige Beamte vor mir bestätigte ich den Erhalt der Ausrüstung von dem Beamten, den ich ablöste (Schlüssel und PAS – das Funkgerät mit der Pinschlaufe für den Notfall), und die wichtigsten Häftlingsnummern. Die Aktion war halb dumpfes Ritual, halb «Rette deinen Arsch» («Ich wusste nicht, dass er ein Verschlusshäftling war, Lieutenant, er stand nicht auf der Liste, die ich gekriegt habe!»). Ich nahm das Wachbuch nicht so wichtig wie Kollegen, die Schriftkram aller Art heilig hielten. Aber mich deprimierte, was es repräsentierte: all die genau gemessene Zeit, die Langeweile der Häftlinge und die Gereiztheit der Beamten, das Ticken der Uhr, das pedantische Rechenschaft-Ablegen. Was der Gewerkschaftsvertreter aus dem Norden mir vor Jahren über das Berufsleben eines Vollzugsbeamten gesagt hatte – «Lebenslänglich in Acht-Stunden-Schichten» – schien in diesem großen, rot eingebundenen Buch festgehalten.

Trotzdem durchstöberte ich immer die vorigen Einträge nach Momenten, die die Routine durchbrochen hatten. An diesem Sonntagmorgen – dem 24. 8. 97 – lagen in der hintersten Ecke des Dienstraums Turnschuhe und ein Haufen blutbefleckter Häftlingskleidung. Das hing vermutlich mit einer Geschichte zusammen, die Miller, der vor ein paar Tagen hier auf der Galerie gewesen war, an diesem Morgen beim Dienstantritt erwähnt hatte: Als Galerie W zum Essen losgezogen war, hatte er einen Häftling, W-9, bemerkt, der sich das Gesicht hielt und versuchte, das unter seiner Hand hervorquellende Blut zu verbergen. Der Häftling hatte behauptet, der Schnitt sei ein Unfall gewesen, aber offensichtlich war er angegriffen worden. Am Tag danach – offenbar ein Racheakt – war ein anderer auf Galerie W zusammengeschlagen und zur Krankenstation gebracht worden. Ich las solche Dinge gern im Wachbuch nach, um zu sehen, wie die Kollegen, die darin allgemein wortkarg waren, die dramatischen Ereignisse beschrieben hatten: «7.45, W-9 bluten gesehen, Sergeant geholt, Galerie unter Verschluss gesetzt» war Millers ganze Geschichte.

Es hieß, dass in manchen Gefängnissen oben im Norden dienstältere Beamte auf den Galerien arbeiten *wollten* und dass die Galerien klein, streng geführt und relativ friedlich waren. Ich konnte verstehen, dass man das gern machte: Man kannte mit der Zeit eine kleine Gruppe von Männern, ihre Charaktere und Schwächen, und sie kannten einen auch. Dort gab es vielleicht nicht dieses dauernde Austesten, die Rohheiten und Beschimpfungen, weil man wusste, dass man auch am nächsten Tag wieder zusammen sein würde. Nicht so in Block B. Der Nachhall der Gangrivalitäten auf Rikers Island, die enorme Größe der Galerien und die ständige Fluktuation der Häftlinge und vor allem der Beamten sorgten dafür, dass es keine Chance gab, eine Art Gemeinschaftsgefühl zu entwickeln. Mir machte der Galerie-Dienst Angst.

Aber ich wollte ihn mögen, denn die Arbeit auf den Galerien war der eigentliche Gefängnis-Job. Nicht der Schließdienst am Tor, das Eskortieren, die Bauarbeitenaufsicht, die Transportbegleitung oder der Dienst auf dem Wachturm – das alles könnte auch fast ein guter Roboter erledigen. Das Herzstück war die Arbeit mit den Häftlingen auf den Galerien. Um den Job gut zu machen, musste man furchtlos sein, mit Menschen umgehen können, eine dicke Haut und eine hohe Stresstoleranz haben. Nigro hatte uns gesagt, wann immer sie in der Vollzugsbehörde wissen wollten, was in einem Gefängnis wirklich los war, welche Stimmung unter den Häftlingen herrschte, dann fragten sie die Galerie-Beamten. Wir waren die örtliche Streife, die Jungs, die ihre Pappenheimer kannten und denen nichts entging.

Ich hatte das Gefühl, ich würde es schaffen. Ich *wollte* es schaffen, um mir selbst zu zeigen, dass der härteste Job nicht außerhalb meiner Möglichkeiten lag. Aber es gab Tage, an denen ich mir nicht so sicher war. Am Ende eines solchen Tages, wenn es in meinem Kopf hämmerte, meine Füße wehtaten und ich die entspannende Wirkung von Alkohol oder einem Joint in Betracht zog, sah ich immer Mendez vor mir, den Beamten, der dem Druck einer Serie von schlechten Tagen in Block A nicht standgehalten hatte. Ich spürte seine Präsenz auf der überfüllten Galerie und sah ihn vor mir auf dem Parkplatz – mein dunkler Bruder, ein zitterndes Gespenst.

———

«Galerie-Aufsicht, schicken Sie Ihre Morgen-ME's. Die Morgen-ME's sind dran.»

Diese Aufforderung aus den Lautsprechern war das Zeichen für die ersten Zellenöffnungen des Tages – eine leichte Aufgabe. Die Morgen-ME's, sprich Morgenmedizinempfänger, waren eine Hand voll Diabetiker und ein paar andere, meist alt oder schwach, die vor dem Frühstück zur Krankenstation mussten, um ihre Medizin zu bekommen. Sie machten selten Ärger und man hatte normalerweise nur zwei oder drei pro Galerie. Wenn man neu auf der Galerie war und nicht wusste, wer ME war, brauchte man nur nach einer winkenden Hand Ausschau zu halten. Als ich meine drei Kandidaten herausgelassen hatte, ließ ich die Zentralverriegelung herunter, schloss die Einzelschlösser an den Zellen eins nach dem anderen auf und saß dann im Büro, um den Aufruf zum Frühstück abzuwarten: die erste Massenbewegung des Tages.

Holmes hatte mich mehrere Tage hintereinander nach Galerie R-und-W geschickt und damit jeden Gedanken, dass er mich allmählich mögen könnte, zerstreut. Die Nachtschicht-Kollegin, die ich abgelöst hatte, war Sims gewesen, die mir einst über die Häftlinge gesagt hatte: «Sie sind mir egal, ich mag sie nicht, sie sind nicht meine Freunde.» Sie hinterließ im Büro immer Zettel wie «Bitte räumen Sie ihren Müll weg. Die Kakerlaken mögen das, aber ich nicht.» Ich gab ihr prinzipiell Recht (mein Lunchpaket verschloss ich immer sorgfältig, nachdem ich gesehen hatte, was andernfalls passierte), allerdings hinterließ sie selbst gewöhnlich den Schreibtisch voller Krümel und halb geleerter Mineralwasserdosen. Beim Aufräumen öffnete ich die oberste Lade des wackligen alten Tisches – die einzige, die sich öffnen ließ – und fand ein

Stück Gefängnisseife mit einem 5 Zentimeter großen aus der Mitte herausgeschnitzten Herz.

Seifenschnitzen war eine altehrwürdige Knastkunst. Aus alten Filmen kannte ich geschnitzte Seifen-Pistolen, aber in Sing Sing hatte ich auch schon Seifen-Miniradios und Tierfiguren gesehen. Ich glaubte sogar zu wissen, wer dieses Herz gemacht hatte. Wahrscheinlich hatte er es für Sims geschnitzt, als Ersatz für Konfekt oder eine Einladung ins Kino. In ihrer Isolation klammerten sich die Insassen an alles. Ich rätselte nur, wie es hierher ins Büro gekommen war. Ungeachtet ihrer erklärten Abneigung musste Sims es angenommen haben. Aber es war bezeichnend, dass das Herz es nur bis ins Büro, nicht bis zu Sims nach Hause geschafft hatte. Es hierzulassen war eine Art Kompromiss und ich glaubte das zu verstehen, denn ich begriff allmählich die beiden Möglichkeiten: Man konnte die Häftlinge vollkommen von sich fern halten, wie Sims es zu tun vorgab, oder sie an sich heranlassen, zum eigenen Schaden. Was, dachte ich, wenn sie zu Hause niemanden hatte? Was, wenn er ihr gesagt hatte, dass er sie liebte? Wozu könnte sie das bewegen?

«Galerie R, zum Frühstück!»

Ich verließ das Büro und zog erst die Zentralverriegelung auf der Nordseite, dann die auf der Südseite hoch. Viele Zellentüren sprangen sofort auf: Die Insassen hatten sich schon dagegen gelehnt. Rhythmischer Lärm ertönte, als die Männer aus ihren Zellen traten und die Türen zuschlugen. Ich stand neben dem großen Mülleimer in der Mitte der Galerie und blockierte den Durchgang nach W, um sicherzustellen, dass die Häftlinge zur Kantine wanderten und nicht hinüber, um ihre Kumpels zu besuchen.

«Morgen, Schließer», sagten ein paar, und zwei, drei nickten und sagten «Conover». Die meisten gingen ohne Gruß an mir vorbei.

Hier waren sie, die Quelle meiner Leiden, die Quelle ihres eigenen Leids; die Quelle des Leids ihrer Opfer und ihrer Familien. An meinen ersten Tagen waren sie mir als eine einzige grau gekleidete, undifferenzierte Masse erschienen. Inzwischen hatten sie alle Gesichter. Von den etwas mehr als sechzig Männern auf jeder Seite kannte ich vielleicht die Hälfte mit Namen – manchmal ihren wirklichen Nachnamen, manchmal nur einen Spitznamen, den ich aufgeschnappt hatte.

Da kam Jones. Hier Itchy. Twin und Cameron, Moultrie, McClain und Savarese. Stuckey und Buddy. Nicht dass ich sie wirklich kannte. Aber ich konnte sie auseinander halten und begann diejenigen besser zu kennen, die das zuließen.

Was die Beamten über die Häftlinge wussten, war sehr verschieden. Die ghettoerfahrenen Kollegen aus New York City wussten sicherlich am meisten. Der typische Provinzbursche aus dem Norden wusste sehr wenig. Mit meinem Hintergrund lag ich vermutlich irgendwo in der Mitte, aber ich war auch zwischen zwei widerstreitenden Impulsen gefangen: dem professionellen Desinteresse, das die Arbeit leichter machte, und der Faszination des Anthropologen oder Sozialarbeiters für die Wendungen des Lebens, die jemanden zum Kriminellen machen und ihn an einen Ort wie diesen bringen konnten.

Von der Vollzugsbehörde gab es widersprüchliche Äußerungen darüber, wie viel wir wissen sollten. Das vorherrschende Gefühl war, dass die Häftlinge wie eine ansteckende Krankheit seien – je mehr Distanz man bei der Arbeit hielt, desto besser für einen. Es sei nicht gut, die Verbrechen der Insassen zu kennen, denn dann behandle man sie vielleicht ungleich. Es sei nicht gut, ihre persönliche Geschichte zu kennen, denn dann zögen sie einen vielleicht mit hinein und das könne die Sicherheit gefährden. Andererseits sei es im Sinne der Sicherheit, wenn man ihre Zugehörigkeiten kannte, ihre Bandengeschichten und so weiter. In der Realität war das fast unmöglich. Über Banden wurde Beamten gegenüber niemals leichthin geredet. Wir wussten ganz allgemein, dass die Latin Kings, eine Puerto-Ricaner-Gang mit Ursprung in Chicago, die mächtigste Bande in Block B war und dass bei den rivalisierenden Bloods, ursprünglich aus Los Angeles, augenblicklich Durcheinander herrschte. Die aus puerto-ricanischen Gefängnissen stammende Neta-Gang war die einzige, die auch Mitglieder anderer ethnischer Gruppierungen aufnahm. Einige Asiaten gehörten der BTK (Born to Kill)-Gang an. Weiße Rassisten, die White Supremacists, spielten kaum eine Rolle in Block B. Black Muslims gab es in vielen Schattierungen, von der einflussreichen Nation of Islam bis zu der Splittergruppe der Five Percenters. Diese Hardliner-Fraktion war in den Gefängnissen und Ghettos von New York entstanden und vertrat die Ansicht, dass 85 Prozent der Schwarzen unwissende Schafe waren, zehn Prozent Blutsauger (Politiker, Prediger und andere, die von der Arbeit und Unwissenheit der fügsamen 85 Prozent profitierten) und fünf Prozent Erwählte – die armen, gerechten Lehrer von Freiheit, Gleichheit und Gerechtigkeit. Ich wusste, dass Stockwerk R-und-W seine Five Percenters und viele von den anderen hatte. Aber als die Häftlinge auf ihrem Weg zum Frühstück an mir vorbeiströmten, waren sie für mich in Bezug auf ihre Gang-Zugehörigkeit so wenig zu unterscheiden wie ein großer Fischschwarm.

Auf einem anderen Gebiet hatte ich dafür ein bisschen mehr Einblick und das waren die psychisch Kranken. Die Psychologen an der Akademie hatten über die hohe Zahl der psychisch kranken Insassen zwischen den «Normalen» gesprochen: Psychotiker mit Hygieneproblemen («Du riechst sie, eh du sie siehst») oder abstrusen Vorstellungen (Chef der Clinton-Vollzugsanstalt, glaubten sie zum Beispiel, sei Bill Clinton) und Leute mit Halluzinationen, die dachten, dass Footballspieler, wenn sie ihren Kreis bildeten, über sie redeten, oder dass der Staat ihnen Mikrochips ins Hirn gepflanzt hätte. Auf R-und-W gab es sie alle und die schwersten Fälle waren Einzelgänger, die von der Masse der anderen gemieden wurden.

Der Psychologe hatte eingeräumt, dass die größte Gruppe von psychisch gestörten Häftlingen – jene mit so genannter antisozialer Persönlichkeit – schwieriger zu erkennen waren. Männer mit diesem Syndrom, hatte er gesagt, seien Nervensägen, die «kaum mit einer Therapie zu kurieren» seien. Ihre Biographie sei «eine Geschichte der verletzten Rechte anderer». Sie könnten keine Beziehungen aufrechterhalten. Ihre Eltern hätten sie vernachlässigt. Diese Insassen gehorchten keinen Regeln und Gesetzen. Sie fühlten keine Verpflichtungen. Sie hätten kein Gerechtigkeits- oder Schuldgefühl. Sie seien unfähig zu lieben – «Andere haben nicht mehr Wert für sie als ein Auto oder ein Kugelschreiber.» Sie hätten eine niedrige Frustrationstoleranz. Sie planten nicht voraus, und wenn sie das Gesetz brächen, würden sie erwischt.

Vielleicht habe ein Viertel aller Häftlinge eine antisoziale Persönlichkeit, hatte der Akademie-Psychologe gesagt und ich war geneigt, ihm zu glauben. Aber dann gab er zu, dass diese Frage strittig war: Die Zahl könne auch zwischen 15 Prozent und 80 Prozent liegen. *Antisoziale Persönlichkeit* beschrieb eine Menge der Männer auf R-und-W, aber es schien auch als Sammelbegriff für all diejenigen Häftlinge herzuhalten, die man in keiner anderen Kategorie unterbrachte. Das war deprimierend und zeigte nur ein weiteres Mal, dass die Psychologie, zugegebenermaßen weit davon entfernt, Insassen zu heilen, schon Schwierigkeiten hatte zu erkennen, woran die Männer litten.

Psychotiker, Schizophrene und antisoziale Persönlichkeiten – ich versuchte sie einzuordnen, aber für die meisten Kollegen waren sie einfach nur *Spinner*. Naheliegender war, sie in Mörder, Drogendealer oder Kinderschänder einzuteilen. Aber da man uns ausdrücklich davor gewarnt hatte, in diesen Kategorien zu denken, war die Gefängnisarbeit eine Übung darin, Unterschiede zu verwischen, alles in einen Topf zu werfen und die eigenen Fähigkeiten zur Differenzierung zu unterdrücken.

Das Einzige, was man mit Sicherheit sah, war, dass Sing Sing das – zumindest vorläufige – Ende von 2300 traurigen Geschichten bedeutete. Es war erschütternd, sich all die Storys von Versagen, Leid und Gewalt vorzustellen, die diesen Haftstrafen vorausgegangen waren. Und es war offen gestanden leichter, nicht daran zu denken. Die Vergangenheit schien so unwichtig, wenn man versuchte, mit der schwierigen Gegenwart klarzukommen.

———

Dieser Augustmorgen unterschied sich nicht sonderlich von vielen anderen. Als die Häftlinge gegen halb neun vom Frühstück zurückkamen, sah ich noch ein paar weitere vertraute Gesichter. Marshall war dreißig Jahre alt und zu 150 Jahren verurteilt – für die Beteiligung an einem Überfall auf eine Bodega in Brooklyn, bei dem sein Partner den Besitzer erschossen hatte. Der Fall hatte eine gewisse Berühmtheit erlangt, weil sein Partner ein Beamter der Polizei von New York City war. Der meist schweigsame Marshall hatte mir erzählt, dass die Wärter ihn respektierten, weil er nicht gegen den Polizisten ausgesagt habe, um seine Haut zu retten. Der über eins achtzig große und sicher 180 Pfund schwere Marshall hatte die Genehmigung für zusätzliche «medizinische» Duschen, weil er, wie er erklärte, von einer in seiner Schulter steckenden Kugel geplagt wurde.

Physisch weniger ehrfurchtgebietend und zugänglicher war Astacio, einer der Hausarbeiter, der von allen Buddy genannt wurde. Buddy wog wohl kaum mehr als neunzig Pfund und ich fragte mich, ob er Aids hatte. Aber er war voller Energie. Er war einer der Häftlinge – in Block B waren sie vielleicht zu dritt –, die für die anderen selbst gemachte Grußkarten herstellten, und er brachte viele Stunden in seiner Zelle damit zu, mit Hilfe einer umfangreichen Sammlung von Filzstiften Karten mit raffinierten Zeichnungen und individueller Botschaft zu fabrizieren («Ich denke diese Weihnachten an dich, in ewiger Liebe, Curtis»). Andere Häftlinge zahlten bis zu fünf Schachteln Zigaretten für eines dieser kleinen Kunstwerke.

«Weswegen sind Sie eigentlich hier?», fragte ich Buddy eines Tages, nachdem er mir ein paar von seinen Karten gezeigt hatte.

«Mord», sagte er, wobei er mit der Hand eine Pistole formte und ein paar Schüsse mimte. «Drei umgelegt.» Ich muss skeptisch dreingesehen haben – es schien so gar nicht zu ihm zu passen. «Eine Gang-Geschichte», erklärte er.

Zu Hause sah ich im Internet nach. Es gab eine neue Website, die von einer New Yorker Opferrechts-Gruppe gesponsert wurde, und die Justizvollzugsbehörde hatte dorthin eine ganze Datenbank mit Namen, Tatbeständen und Entlassungsdaten weitergegeben. Die Liste besagte, dass er gar kein Mörder war, sondern (nach verschiedenen anderen Haftstrafen) vierundzwanzig Jahre wegen zwei Einbrüchen und schwerem Diebstahl abzusitzen hatte. Ich glaube, im Gefängnis wollte jeder als Mörder gelten.

Auch Van Essen. Anfangs hatte ich Mitleid mit dem mausähnlichen, fünfundfünzigjährigen Weißen. Er war immer freundlich, drängte sich mir aber nie auf und ich sah, dass er es schwer hatte. Sie schlügen ihn zusammen und beklauten ihn, gestand er mir, und er litt unter dem ständigen Lärm. Ich konnte ihn mir gut in irgendeiner Buchhaltung vorstellen. Er wischte meine Frage beiseite, weshalb er hier war – ein Streit, ein Missverständnis, murmelte er. Dann sah ich im Internet nach: Sodomie ersten Grades, sexueller Missbrauch ersten Grades, Haftstrafe von elf bis dreißig Jahren. Laut Strafgesetzbuch bedeutete das: «… sexuelle Handlungen 1. unter Anwendung von Gewalt, oder 2. an einer physisch hilflosen Person, oder 3. an einer Person unter 11 Jahren.»

Ich wünschte, ich hätte nicht nachgeschaut, denn nun dachte ich an meine eigenen Kinder und konnte mit Van Essen nicht mehr plaudern.

Ich schloss Marshall, Buddy, Van Essen und all die anderen ein und wartete, bis die Aktivitäten für heute Vormittag ausgerufen wurden.

Die Insassen nannten sich nicht nur gegenseitig oft mit Spitznamen, sie vertrieben sich auch die Zeit damit, sich welche für die Beamten auszudenken. In den Monaten, als ich in Block B Dienst tat, bekam ich eine Reihe Namen ab:

Italiano: Ein Mann aus der Dominikanischen Republik auf Galerie W hatte mich Spanisch reden gehört und entschieden, dass ich es konnte, weil ich vermutlich Italiener war und Italienisch und Spanisch einander glichen.

Boy George: Der Häftling, der sich das ausgedacht hatte, konnte gar nicht mehr aufhören zu lachen.

Stresser: Ein Häftling, den ich immer von der Galerie treiben musste, kündigte mich auf diese Art an, wann immer er mich kommen sah. (Ein anderer, den ich immer irgendwo wegschicken musste, nannte mich Robocop.)

R2D2: Der lustige kleine Roboter aus *Star Wars*.

Rob Lowe: Vermutlich ein Versuch, mir zu schmeicheln.

Conman: Mein Nachname inspirierte einen netten Insassen zu allen möglichen Wortspielen.

Aber der Name, den ich am häufigsten zu hören bekam, stammte leider von einem meiner psychisch kranken Verschlusshäftlinge. Ich hatte den Mann irgendwie verärgert und daraufhin rief er diesen Namen etwa eine Stunde lang ununterbrochen – und von da an stets, wenn sein wirres Hirn es ihn eingab, was ziemlich oft am Tag vorkam. Er war schwarz, aber er brüllte mit einem breiten weißen Akzent à la Eddy Murphy. Der Name war der einer TV-Figur, Symbol für den archetypischen mickrigen, unfähigen Kleinstadtpolizisten. Er rief ihn wieder und wieder, Tag für Tag: *Barney! Barney Fii-i-i-ife! Barney!*

Komm her, Barney! Barney, wo warst du?

Lass mich raus aus 'm Knast, Barney!

Hey, Barney! Hey, Don Knotts!

Wenn um kurz nach neun die Häftlinge für ihre jeweiligen Aktivitäten den Block verlassen hatten, war meine Hauptaufgabe, auf den Galerien Ordnung zu halten, bis gegen 10.30 die Häftlinge für die Zählung um elf zurückzukehren begannen.

«Vertreiben Sie wieder meine Gesellschaft, Conover?» Häft-

linge von der Zelle meines beliebtesten Verschlusshäftlings fort-
zuschicken war ein Endlos-Job. Insassen aller Art lehnten bevorzugt an den Gitterstäben von Zelle R-29 und redeten, redeten,
redeten. Larson war, wie ich gern zu ihm sagte, eine «anziehende
Gefahrenquelle».

«Was soll das heißen?»

«Das ist ein Juristenausdruck – so was wie ein Swimmingpool
ohne Zaun außenrum: Kleine Kinder können hingehen und rein-
fallen.»

«Conover!» Larson mimte den Gekränkten.

«Ich weiß, hier ertrinkt keiner. Aber wieso wollen immer alle
mit Ihnen reden?»

Larson, groß und hängeschultrig, mit langem, zu Zöpfchen ge-
flochtenem Haar, saß wie gewöhnlich auf seiner Pritsche. Bis auf
die eine Stunde Freizeit am Tag und eine Dusche montags, mittwochs und freitags war das der Ort, an dem man ihn antraf. Laut
einer Kopie in Cradles Büro war er am längsten Verschlusshäftling von Block B: Er hatte die letzten siebzehn Monate in seiner
Zelle verbracht und drei lagen noch vor ihm – eine Strafe innerhalb der Strafe. Aber statt wie so viele andere Verschlusshäftlinge
vor Ärger zu brodeln, umgab Larson sich mit einer Aura gütigen
Gleichmuts. Der Gleichmut eines Kiffers, hatte ich zuerst wegen
seiner langsamen, bedächtigen Sprechweise und seinem Zeitlu-
pen-Blinzeln gedacht. Und ein Freund im Disziplinarbüro bestätigte die Vermutung, indem er mir erzählte, dass Larsons Verschluss hauptsächlich wegen wiederholten Marihuanarauchens
hier drinnen verhängt wurde.

Aber da war mehr. Ich hatte anfangs den Verdacht – und
schloss nie ganz aus –, dass Larsons Zelle ein Hauptumschlagplatz
für Konterbande war, denn er tauschte ständig irgendetwas mit
den Häftlingen, die ihn besuchen kamen, von Zeitschriften bis zu
M&M's. Aber das war zu sehr auf Polizistenart gedacht. Larson
war eindeutig auch so etwas wie eine spirituelle Leitfigur und ein
kluger Kopf. Seine Spitznamen waren Powerful, Powwow und PW.

«Sie kommen zu mir, weil ... ich ihre Familie bin», sagte er an diesem Tag zu mir, als einer der Hausarbeiter sich zu uns gesellte und zuhörte. «Die meisten der Jungs hier hatten keinen Vater und ich kann das sein.» Das erklärte es nur zum Teil. Aber ich hatte zu Larson besseren Kontakt als zu den meisten Häftlingen und ich wollte mehr wissen.

Larsons Andersartigkeit spiegelte sich in seiner Zellendekoration wider. Wie so viele Insassen hatte er ungefähr ein Dutzend Pin-up-Girls an der Wand hängen, aber seine waren bemerkenswert angezogen. Und sie waren nicht weiß, sondern afroamerikanisch wie er selbst. Er hatte einen Stapel Musikkassetten, hauptsächlich Hip-Hop, aber noch größer war der Stapel Bücher. Sein *Dictionary of Evolution*, erzählte er mir, habe er einem anderen Häftling für eine Schachtel Zigaretten abgekauft. Es gab mehrere Bände afrozentrischer Geschichtsschreibung, wie man sie auf der Straße in Downtown Brooklyn zu kaufen bekommt, gesellschaftswissenschaftliche Lehrbücher und eine akademische Untersuchung des Rassebegriffs im Wandel der Zeiten.

Als er mich schon etwas kannte, hatte ich eines Tages an seiner Zelle Halt gemacht und ihn gefragt, was er gerade lese.

«Hier», hatte er gesagt und mir ein Buch durch die Gitterstäbe gereicht. «Lesen Sie mal die Seite.» Das Buch war ein älteres Werk über physische Anthropologie und auf der Seite ging es um die Einteilung des *Homo sapiens* in verschiedene Rassen.

«Ah ja», sagte ich. «Das hat sie immer mächtig beschäftigt.»

«Wen?»

«Die Anthropologen.»

Larson starrte mich an. «Was sind Sie eigentlich für einer, Conover?», fragte er nach einer Pause. «Sie sind nicht wie die anderen Schließer hier.»

«Was meinen Sie? Weil ich nicht aus dem Norden bin?»

«Nein. Es ist was anderes. Die Art wie Sie denken und die Art wie Sie gehen.»

Mein Herz klopfte etwas schneller. Außer Dieter damals an

der Akademie hatte es zum Glück auf meinem Weg durch den Justizvollzug niemanden gegeben, weder unter den Beamten noch den Häftlingen, der sich im Geringsten für meinen Hintergrund interessierte. Gefängnisse waren voll von Leuten, die lieber redeten als zuhörten, und die fehlende Neugier war mein Verbündeter gewesen. Aber Larson war intelligent und ein genauer Beobachter. «Waren Sie auf dem College?», fragte er.

«Yeah.»

«Und was haben Sie studiert?»

«Anthropologie.»

«Anthropologie? Das ist ein schwieriger und tiefgründiger Stoff, Mann. Alle Achtung.» Er starrte einen Moment lang auf die Wand. «Was machen Sie hier? Sie sollten Lehrer oder so was sein.»

Ich sagte nichts und schluckte. Das war genau das, was ich auch empfand, und ich war versucht es ihm zu sagen. Stattdessen wich ich aus und antwortete: «Das Leben nimmt seltsame Wege, Larson. Sie kennen das doch vermutlich selbst. Wie sind Sie denn hier gelandet?»

Es sei seine dritte Haft, sagte er. Nach Verbüßen einer Haftstrafe wegen Körperverletzung in Alabama, wo er aufgewachsen war, und einer zweiten wegen unerlaubten Waffenbesitzes, habe er in New York eine Freundin gehabt, die gleichzeitig einen Vollzugsbeamten traf. Er sei in ihrem Treppenhaus mit dem Mann in Streit geraten. Der Beamte habe die Waffe gezogen, aber Larson schoss zuerst – «ein paar Mal zu oft», sagte er – und landete wieder im Gefängnis, verurteilt zu acht Jahren bis lebenslänglich.

«Conover, als ich das erste Mal in den Knast kam, konnte ich weder lesen noch schreiben.» Abgesehen von den Lesekursen im Gefängnis, sagte er, sei er kompletter Autodidakt. Larson war der Ansicht, anstatt so viel Zeit der Häftlinge mit unstrukturierter Freizeit zu verschwenden, sollte Sing Sing auf jeder Galerie eine kleine Bibliothek einrichten, damit die Häftlinge in ihren Zellen sitzen und lesen könnten.

Über Tage und Wochen zog es mich wie seine Mithäftlinge immer wieder zu Larsons Zelle, um ein bisschen mit ihm zu plaudern. Manchmal musste ich warten, bis ich drankam, wenn einer meiner Hausarbeiter oder sonst wer, der sich außerhalb seiner Zelle aufhalten durfte, bereits in eine philosophische Diskussion mit ihm vertieft war.

Einmal sagte Larson zu mir über die Insassen, die zum Reden zu ihm kamen, und er klang dabei ein bisschen wie Jesus: «Sie können mich nicht so lieben wie ich sie, denn sie lieben sich selbst nicht. Sie wissen nicht, wer sie sind.» Das, und das Fehlen «eines guten Vorbildes» in ihrer Kindheit stehe hinter den meisten kriminellen Laufbahnen, erklärte er. Sie hätten früh Mist gebaut und die meisten hätten von Kindheit an zu hören bekommen, dass aus ihnen nicht viel werden würde. Auch seine eigene Mutter, erzählte er, habe Dinge gesagt, die seinen «Fähigkeiten und Möglichkeiten Dämpfer verpasst» hätten.

Ich redete gern mit Larson, weil es da neben der Freude, im Gefängnis einen denkenden Menschen zu treffen, in den Gesprächen mit ihm die Hoffnung gab, dass der Abgrund zwischen Häftling und Aufseher doch überbrückt werden konnte. Dann geriet ich eines Tages ein paar Zellen weiter in eine Art Brüll-Duell mit einem Häftling namens Curry, der sich trotz wiederholter Aufforderung wütend weigerte, vom Ausgussbecken wegzugehen. Zu meiner Überraschung begann Larson sich mit «Anthropologie! Anthropologie!»-Rufen in den Lärm einzuschalten. In dieser Situation klang das ziemlich höhnisch.

«Was sollte das?», fragte ich am nächsten Tag.

«Was ist los, Conover? Sollen die Leute es nicht wissen?»

Ich wusste schon, dass Larson mit anderen Häftlingen über mich geredet hatte: In der vergangenen Woche hatten mich zweimal Insassen gefragt, ob es stimmte, dass ich einen Doktor gemacht hätte.

«Yeah, das auch. Aber vielleicht war es auch der Ton. Es klang nicht gerade … freundlich.»

KAPITEL 6

«Und wir sind Freunde, Conover, richtig?»

«Was würden Sie sagen, Larson?»

Er saß schweigend da. Seine Frage hatte die Sache im Kern getroffen und uns ... an einen toten Punkt gebracht. Aber ich hatte das Gefühl, dass er mich nicht mehr verspotten würde, und er tat es auch nicht.

Angesichts meiner geheimen Mission war ich vielleicht ein bisschen paranoid, aber Paranoia war dem ganzen Block B nicht fremd. Sogar der scheinbar unerschütterliche Larson litt an dieser Knastkrankheit. Unter schwarzen Nationalisten, erklärte er mir, sei die Angst sehr verbreitet, man könnte, wenn man sich zu sehr exponierte, auf dem Transfer in ein anderes Gefängnis verschwinden oder plötzlich Aids bekommen. Und bald merkte ich, dass er auch den Verdacht hatte, das System könne einen womöglich einfach kaltmachen, wenn es wollte.

«Aber die Verwandten, die Sie vermisst melden würden?», fragte ich.

«Haben Sie mal von der neuen Sporthalle in Clinton gehört?», fragte er zurück. Das hatte ich nicht. «Als sie die Fundamente ausbuddelten, haben sie die Leichen von einer Menge Häftlinge gefunden.»

«Sie meinen, so eine Art Häftlingsfriedhof? Ich glaube, Sing Sing hatte auch so einen, vor langer Zeit, beim Wachturm fünfzehn draußen.»

«Nein, keine Skelette, *Leichen*», sagte er.

Ich ließ das einen Moment auf mich wirken. «Hmm. Nach allem, was ich mitgekriegt habe, glaube ich nicht, dass so was passieren kann.»

Larson nickte wissend, als wäre er jetzt von meiner Naivität überzeugt. Er erklärte, ich sei wohl noch nie der Provinzmafia von Beamten begegnet, die Attica, Clinton oder Comstock unter sich hatten – «Leute, die alles tun und alles vertuschen können».

Wenn Larsons Sicht auf manche Dinge auch durch seine benach-
teiligte Herkunft verzerrt sein mochte, so schien sie doch in einer
anderen Frage überaus klar: dem Neubau von Gefängnissen. Er
übergab mir ein paar eselsohrige Kopien aus radikalen Zeitschriften, die die Riesensummen, die für das Gefängniswesen verwendet wurden, anprangerten: 35 Milliarden Dollar pro Jahr mit stei-
gender Tendenz, trotz des Rückgangs der Zahl von Gewalttaten.
Während ich an diesem Buch schrieb, erschien eine Titelstory im
Atlantic Monthly zum gleichen Thema mit detaillierteren Zahlen.
Obwohl die Rate der Gewalttaten in den USA seit 1991 um 20
Prozent abgenommen hat, ist die Zahl der Inhaftierten um 50
Prozent gestiegen. Kalifornien mit dem größten Gefängniswesen
der westlichen Welt (um 40 Prozent größer als der Bundesjustiz-
vollzug der USA) rechnet damit, dass es bei der derzeitigen Ex-
pansionsrate «in achtzehn Monaten [das war im Dezember 1998]
keinen Platz mehr geben wird. Allein um den jetzigen Zustand
der Doppelbelegung aufrechtzuerhalten, wird der Staat auf ab-
sehbare Zukunft jedes Jahr mindestens ein neues Gefängnis aufmachen müssen.»

Kann es sein, dass die Gewalttaten abgenommen haben, *weil*
so viele Leute eingesperrt sind? Offenbar nicht. Studien haben gezeigt, dass die meisten neuen Insassen, die das System aus den
Nähten platzen lassen, im Zuge der obligatorischen Haftstrafen
für Drogenvergehen hinter Gittern landen. Obwohl keiner es genau weiß, glauben Experten, dass der Rückgang der Gewalttaten
seine Gründe vermutlich in der expandierenden Wirtschaft – die
mehr potenziellen Kriminellen Arbeitsplätze bietet – und in der
demographischen Entwicklung hat: Die Zahl der jungen Männer
nimmt in den USA seit 1980 kontinuierlich ab, eine Folge des ab-
flauenden Babybooms.

Und dennoch scheint der Gefängnisbau in den USA eine un-
aufhaltsame Eigendynamik zu entwickeln. Ein Element dabei ist
die Zunahme von privat betriebenen, auf Rentabilität angelegten
Gefängnissen. Im Staat New York gibt es noch keine – die Ge-

werkschaften haben das verhindert –, aber viele Staaten haben sich schon von den Kosteneinsparungsversprechen der Gefängnisbetreibergesellschaften anlocken lassen. Larson fragte, ob ich nicht der Ansicht sei, dass es falsch war, wenn Gesellschaften dadurch Gewinn machen konnten, dass Leute zu Haftstrafen verurteilt wurden, mit anderen Worten wenn sie ein Interesse an deren Versagen hatten. So gesehen scheine das tatsächlich falsch, antwortete ich.

Man spürte die Dynamik der Gefängniserweiterungen sogar im weltvergessenen Sing Sing, wo der Direktor es gerade zu seinem vorrangigen Ziel erklärt hatte, die Mittel für den Bau neuer und größerer Berufsbildungswerkstätten aufzutreiben.

«Ich würde alles geben, um das zu stoppen», sagte Larson zu meiner Überraschung.

«Sie wollen nicht, dass es hier Verbesserungen gibt?»

«Nein. Dieses ganze Geld sollte in die Armenviertel gehen, in die Erziehung der Kinder, um die Dinge zu ändern, die Leute hierher bringen.» Er hielt die Artikel hoch, die er mir geliehen hatte. «Sie haben das hier also gelesen?»

Ich nickte.

«Dann sagen Sie mir, Conover, ob ich das richtig verstehe. In dem Artikel hier steht, dass die Regierung jetzt die Gefängnisse plant, die sie in zehn oder zwölf Jahren brauchen wird. Stimmt das so?»

Ich nickte wieder.

«Das ist falsch.»

«Was ist falsch daran, im Voraus zu planen?»

«Weil, machen Sie sich das mal klar: Jeder, der jetzt ein Gefängnis plant, das erst in zehn oder fünfzehn Jahren gebaut werden soll, plant es für ein Kind. Er plant Gefängnis für jemanden, der jetzt ein Kind ist. Verstehen Sie? Die haben dieses Kind schon aufgegeben! Die *erwarten* schon, dass dieses Kind versagt. Hören Sie? Also, wenn man das doch verhindern könnte, wenn man dieses Kind in eine gute Schule schicken und der Familie helfen könnte zusammenzubleiben – wenn man das tun könnte, warum wird dieses Geld dafür verwendet, das Kind ins Gefängnis zu stecken?»

Ich hatte keine Antwort für Larson. Ich fühlte mich in dem Augenblick läppisch in meiner Uniform – wie der Büttel, der den miesen Plan eines anderen ausführt. Aber er behandelte mich nicht, als wäre es meine Schuld.

«Hey», sagte er zum Abschied. «Bringen Sie mir nächstes Mal, wenn Sie vorbeikommen, ein paar Theorien mit.»

Gegen 10.30 Uhr an diesem Morgen kamen die Häftlinge allmählich in eskortierten Gruppen von ihren Morgenprogrammen zurück. Das waren sonntags in der Hauptsache Gottesdienst, Hofgang und Sporthalle, wochentags auch noch Unterricht, Bibliothek, Verkaufsstelle, Paketraum und Krankenstation. Als ich sie unten über die Flats kommen sah, zog ich die zentrale Verriegelung hoch, die die Zellentüren freigab, und dann wartete ich, bis sie bei mir oben auf der Galerie eintrafen. Hier sollten sie eigentlich direkt in ihre Zellen gehen und dort für die 11-Uhr-Zählung eingeschlossen werden, aber viele machten unterwegs Halt, um mit Freunden zu reden, Zeitschriften (darunter auch Pornos, die unter dem Namen «Short eyes» liefen) auszutauschen oder Dinge, die sie von der Verkaufsstelle mitgebracht hatten, zu verteilen. Viele blieben auch stehen, um mit mir zu reden, da das einer der wenigen Augenblicke während der Schicht war, in denen sie sich auf der Galerie ungehindert bewegen konnten.

Eine Folge davon, dass man Männer in Zellen sperrt und jede ihrer Bewegungen kontrolliert, ist, dass sie praktisch nichts allein tun können. Sie sind mit ihren verschiedenen Bedürfnissen auf eine einzige Person angewiesen: ihren Galerie-Beamten. Statt sich als großer, starker Wachmann zu fühlen, kommt sich der Galerie-Beamte am Ende des Tages oft vor wie ein Ober mit hundert zu bedienenden Tischen oder wie die Mutter einer alptraumhaft großen Brut von störrischen, gefährlichen und quengeligen Kindern. Wenn man erwachsene Männer infantilisiert, bekommt das den meisten nicht gut.

An diesem Morgen beschloss ich zu zählen, wie oft ich bis zum Mittagessen «Nein» sagen würde.

«Schließer, lassen Sie mich duschen? Ich geh nicht zum Essen. Ich kriege Besuch, heute oder morgen.» Die Bitte kam von Rodriguez, einem Puerto-Ricaner mit strahlend grünen Augen, der Model hätte sein können, wenn er nicht bei Raub und Mord gelandet wäre.

«Okay, wann also: heute oder morgen?»

«Weiß ich nicht, Papi. Lassen Sie mich einfach jetzt das eine Mal duschen.»

«Ich glaube, Sie sind gestern nicht in Ihre Zelle gegangen, als ich Sie einschließen wollte, richtig?»

«Gestern? Oh, Mann, das ist doch Schnee vom letzten Jahr. Ich mach Ihnen keinen Ärger mehr, Conover, kommen Sie schon.»

«Heute nicht. Versuchen Sie's das nächste Mal.»

Sein Freund, der in der Nähe stand, hatte zugehört und fragte jetzt seinerseits: «Wie ist es, Conover, lassen Sie mich auch?»

«Nein!», sagte ich unwirsch und drehte mich weg.

Die nächsten fünfzehn Neins waren:

– Schließer, können Sie für mich anrufen und gucken, wie viel Geld ich noch auf meinem Insassenkonto habe?

– Schließer, können Sie rauskriegen, wann ich meine Disziplinaranhörung habe?

– Schließer, können Sie mal nachfragen, warum mein Wäschebeutel nicht gekommen ist?

– Schließer, können Sie das für mich rüber zu W-46 bringen? (Der Häftling streckte mir ein Taschenbuch mit einem Danielle-Steele-Roman entgegen.)

– Schließer, habt ihr eigentlich alle denselben Friseur? (ein Witz)

– Schließer, haben Sie noch 'ne Rolle Klopapier?

- Schließer, haben Sie Seife für mich?
- Schließer, kann ich rüber nach W gehen und mir von meinem Kumpel einen Gürtel leihen? Ich kriege Besuch.
- Schließer, fragen Sie mal nach, ob es eine neue Paketliste gibt?
- Schließer, kriege ich ein paar Seifenbällchen, ich will meine Zelle wischen. (Es handelte sich um Cellophan-Päckchen mit Seifenpuder, das man in Wasser auflöste.)
- Schließer, kann ich mal ans Ausgussbecken?
- Schließer, haben Sie Kopfschmerztabletten? (Manchmal gab es eine Packung im Dienstraum.)
- Schließer, lassen Sie mich zum Film nachher raus?
- Schließer, haben Sie in der Dusche meine Kleider gefunden?
- Schließer, können Sie rausfinden, wohin sie R-7 gebracht haben?

Manche dieser Anliegen hatten durchaus ihre Berechtigung, aber die meisten waren hauptsächlich Gefälligkeiten, die ich den Männern erweisen konnte, wenn ich Zeit übrig hatte, und das war nicht oft der Fall. Man musste Übung bekommen im Neinsagen und dabei ein paar Regeln lernen. Eine war, niemals zu sagen: «Tut mir Leid, aber …» Das war reiner Selbstschutz. Es hielt den verärgerten Häftling davon ab, eine Antwort zu geben wie: «Es tut Ihnen gar nicht Leid, Schließer – verschonen Sie mich mit der Scheiße.» Eine andere Regel war, auch bei der eintausendsten nervigen Frage nicht wütend zu werden, denn manchmal versuchten sie nur, einen zu piesacken und zur Weißglut zu bringen.

Die Mittagszeit begann an diesem Tag wie an jedem anderen: ich hatte eine Verschnaufpause von zehn bis fünfzehn Minuten, während alle zur Zählung in ihren Zellen saßen und ich mich nur um die Bedürfnisse meines Magens kümmern musste und das mitgebrachte Sandwich mit Chips herunterschlingen konnte. Aber gerade als ich reinbeißen wollte, kam eine Meldung über die Lautsprecher: «Galerie-Beamte, sichern Sie Ihre Galerien und melden Sie sich auf den Flats. Alle Galerie-Beamten.» Mein Ärger machte freudiger Erregung Platz, als mir klar wurde, worum es ging: Dies war Mama Cradles letzter Tag. Dort unten sollte ihre Abschiedsparty steigen.

In meiner Bewunderung für Cradle hatte ich lange nicht darauf geachtet, was man sich über Mama erzählte. Ich hielt die Burn-out-Gerüchte zunächst für allgemeines missgünstiges Gerede, wie es starke Persönlichkeiten immer umgibt. Dann hatte Sergeant Murray die dienstälteren Beamten von Block B über Cradle befragt. Es schien eine Menge Unzufriedenheit zu geben. Sie war zu oft überarbeitet und gereizt und ließ sich immer öfter zu Beschimpfungen hinreißen. Ich begann, sie in etwas anderem Licht zu sehen. Sie war eine beeindruckende Figur, aber es schien besser zu laufen, wenn sie nicht da war.

Schließlich wurden die Gerüchte bestätigt: Cradle ging. Sie wollte sich versetzen lassen, möglicherweise zur Downstate-Anstalt fünfundvierzig Minuten nördlich von Sing Sing, sobald dort ein guter Posten für sie frei würde. Allgemein wurde angenommen, dass sie es mit ihren vielen Dienstjahren sicher auf einen guten – sollte heißen: einen leichten – Posten schaffen würde.

Bis zu diesem Morgen hatte ich wochenlang nichts mehr darüber gehört. Und jetzt war es plötzlich so weit: Cradles letzter Tag. Ich erreichte die Flats gerade als sie ihr eine Riesen-Schokolade-Torte mit der Inschrift: «*Wir werden Sie vermissen, L. B. – Block B.*» überreichten. An jedem anderen Ort hätte jemand Fotos gemacht – nicht hier: in Sing Sing war es verboten. Cradle strahlte und war ziemlich gerührt. Es gab Mineralwasserdosen und Unmengen Pappteller und Gabeln und Geschenke. Jemand überreichte ihr eine Flasche Massageöl «Boob Lube».

«Das reicht nur für ein Mal!», witzelte Cradles mutmaßlicher Nachfolger, ein groß gewachsener Bodybuilder namens Chilmark.

«Ihr hättet die Kilopackung nehmen sollen», fiel Ebron ein.

Wildes Gelächter. Ein anderer tat so, als wollte er ihr einen ordentlichen Klaps verpassen. Alles war sehr rau und lustig, nicht sentimental. Jemand ließ ein ganzes Stück Torte fallen und machte sich nicht die Mühe, es aufzuheben – das hier war Sing Sing. Später trat Cradle achtlos mitten hinein.

Unsere Party verzögerte den Beginn des Mittagessens für die Häftlinge, aber seltsamerweise gab es keine Beschwerden. Cradles Abschied, den sie inzwischen mitbekommen haben mussten, war etwas Besonderes. Als alles etwas ruhiger geworden war, umarmte die altgediente Vollzugsbeamtin jeden – ich musste daran denken, wie sie mir vor einer Woche noch den Arm um die Schultern gelegt und mir gesagt hatte, dass ich eines Tages ein guter Beamter werden würde. Manche der älteren Kollegen spekulierten darüber, dass sie vielleicht irgendwann wieder hier auftauchen würde, und ich verstand, was sie meinten. Cradle war eine solche Autorität in Block B, dass man sich diesen Ort nur schwer ohne sie vorstellen konnte.

«Weißt du noch, wie sie Sergeant Murphy aus ihrem Büro gejagt hat?», fragte ich D'Amico und wir lachten. Was auch immer Murphy ihr zu sagen gehabt hatte, es hatte vor Cradle keine Gnade gefunden, und das war das Ende der Geschichte gewesen. Viele Sergeants und einfache Beamte und sicher die meisten Häftlinge waren froh, dass sie ging. Eine starke Persönlichkeit, der man die Leitung eines ganzen Blocks anvertraute, konnte leicht die Grenze zum Machtmissbrauch überschreiten – man brauchte sich nur Rufino in Block A anzusehen. Aber Cradles Ausbrüche schienen mir immer mehr von Erschöpfung als von Bösartigkeit herzurühren.

Sie kam nicht wieder. Wir hörten, dass sie einen Job in Downstate bekommen hatte, in einem Häuschen, wo sie saß und den Schalter bediente, der das Tor öffnete und schloss – mit anderen Worten, sie hatte den Dienst an der vordersten Front und einen der herausforderndsten und interaktionsreichsten Jobs gegen einen der stumpfsinnigsten eingetauscht. Das war die Vollzugsbe-

amten-Version von vorzeitigem Ruhestand, und ich hoffe, es war
das Richtige für sie.

———

Die Torte war an dem Tag mein Mittagessen. Als ich wieder auf
der Galerie war, ließ ich meine Futterarbeiter – Gefangene, die
den Verschlusshäftlingen das Essen austeilten – heraus und wurde
dann beim Beenden des Wachbucheintrags von einer mir unbe-
kannten Beamtin unterbrochen, die mir eine Kopie des Befra-
gungsrunden-Formulars in die Hand drückte. «W-29 muss zur
Krankenstation», sagte sie.

«Tatsächlich? Was hat er?»

«Irgendwas mit seinem Ohr.»

«Oh. Der Junge mit dem Ohr.»

Ich hatte die Zellennummer vergessen, aber ich kannte W-29.
Ein paar Wochen vorher hatte ich ihn als Eskortenbeamter wegen
genau der gleichen Sache zur Krankenstation gebracht. Auf dem
Weg dorthin hatten wir uns ein wenig unterhalten. Die jüngeren
und gerade frisch angekommenen Häftlinge waren oft gesprächi-
ger. Er kam nicht aus New York City wie die meisten anderen
jungen Insassen, sondern aus der Nähe von Poughkeepsie, wo er
mit ein paar Freunden etwa ein Jahr zuvor einen Supermarkt
überfallen («es komplett vermasselt») hatte. Er erzählte mir, dass
sein Vater Vollzugsbeamter sei, sein Onkel Polizist und seine
Schwester in der Forschung. «Nur ich tauge nichts.» Ich sah es
vor mir: Sozialsiedlung, Sonderschule für Lernschwache, Jugend-
delinquenz. Der Junge hatte etwas Offenes, Ansprechendes und
Hilfesuchendes an sich. Er sagte, er sei einundzwanzig, aber ich
hätte wetten können, dass er jünger war. «Ich glaube, ich habe
eine Kakerlake im Ohr», hatte er mir erklärt. Ich hatte versucht,
etwas zu erkennen, als wir am Tor warten mussten, vielleicht ein
Paar krabbelnde Fühler, aber ich konnte nichts sehen.

Ich hatte vorschriftsmäßig daneben gestanden, während die
Schwester ihn untersuchte. Da gebe es keine Kakerlake, erklärte

sie, nur jede Menge Schmalz. Sie gab ihm etwas, das er hinein-träufeln sollte, um den Pfropf aufzuweichen.

«War das ein Notfall?», fragte ich sie im Hinausgehen und sie sah mich an, als wäre ich nicht ganz dicht. Normalerweise musste man sich am Vorabend für die Krankenstation melden, aber wir mussten handeln, wenn ein Häftling einen Notfall meldete – eine Regel, die frei interpretiert werden konnte, wie mir dann später dämmerte. Als ich jetzt an diesem Tag über meiner Torte saß, dachte ich einfach, na gut. Ich rief unten an und besorgte ihm eine Eskorte – dieser Junge, um den sich nie einer kümmerte, nein, die-ser Mann, der eigentlich ein Junge war, um den sich nie einer kümmerte, saß nun hier zwischen Aufsehern und Mitgefangenen. Und auch wir konnten uns nicht genug um ihn kümmern, also holte er sich ein bisschen Zuwendung von den Schwestern.

Bei Schichtende musste ich auf dem Weg nach draußen an ei-nem Tor warten. Durch die Gitterstäbe sah ich eine Gruppe Häft-linge aus Block B mit einer Eskorte auf dem Rückweg von der Krankenstation. Unter ihnen war der junge Mann, den ich am Nachmittag wieder hingeschickt hatte.

«Hey, Schließer!», sagte er unerwartet. Es klang fast verzwei-felt. Er kam mit dem Gesicht an die Stäbe heran.

«Alles in Ordnung?», fragte ich.

«Yeah», antwortete er. «Aber wo gehen Sie hin?»

«Ich fahre nach Hause.»

«Sie fahren nach Hause?» Er sah aus wie ein kleiner Junge, der erst merkte, dass sein Vater ihn verließ, als er ihn aus der Tür gehen sah, weil keiner es ihm vorher gesagt hatte.

«Mhm, nach Hause», sagte ich, winkte ihm kurz zu, als das Tor aufging, und dachte dabei, Mensch, du armer Wirrkopf, war-um hat sich keiner um dich gekümmert? Wo waren deine Eltern?

Kapitel 7

VON DRINNEN NACH DRAUSSEN

Fünfundneunzig Prozent der Wärter, die ich gesehen habe,
machen den Job nur, weil sie das Geld brauchen.
Mumia Abu-Jamal, Death Blossoms, 1997

L ass es am Tor zurück», bekommt man im Strafvollzugsdienst
immer wieder zu hören. Lass den ganzen Stress und Ärger bei
der Arbeit; bring das nicht mit heim zu deiner Familie. Theoretisch schön und gut. Faktisch ging es mir allerdings wie jener
Freundin von mir, die an einer Tankstelle arbeitete: Auch wenn
sie zu Hause war und geduscht hatte, rochen ihre Hände immer
noch nach Benzin. Das Gefängnis blieb an der Haut kleben – oder
ging darunter. Wenn man lang genug dabeiblieb, drang manches
davon wohl auch in die Seele.

Ich hatte erwartet, dass ich gegen dieses Syndrom immun sein
würde, da ich in der Welt des Strafvollzugs ja nur zu Besuch war.
Mein ganzes Projekt bestand schließlich darin, einen Fuß drin
und den anderen draußen zu haben, mir immer bewusst zu sein,
dass es sich um eine *Erfahrung* handelte, nicht um mein *Leben*.
«Teilnehmende Beobachtung» nennen die Anthropologen diese
Methode. Jeden Nachmittag, wenn ich heimkam, schlich ich mich
zur Hintertür hinein, damit meine beiden kleinen Kinder mich
nicht hörten, setzte mich etwa eine Stunde vor den Computer,
machte Notizen und schlüpfte wieder in meine eigene Haut. Ich
sog den Geruch meiner Bücher in den Regalen ein und zählte die
Tage bis zum nächsten freien Wochenende, zählte die Wochen, bis
ich Urlaub nehmen konnte, und die Monate, bis das Jahr um sein
würde.

Von dem Moment, in dem ich von meinem Schreibtisch auftauchte und den Babysitter verabschiedete, bis zum Eintreffen meiner Frau hatte ich etwa zwei Stunden. Zwei Stunden der Wiederherstellung, so kam es mir manchmal vor, denn die Kinder waren rein und ich war schmutzig. Meine einjährige Tochter und mein dreijähriger Sohn waren immer begeistert, wenn ich kam, und mir bedeutete diese gemeinsame Zeit viel. Aber es konnten auch die schlimmsten Stunden des Tages werden, denn in gewisser Weise hatte ich schon den ganzen Tag mit schwierigen Kindern zu tun gehabt.

Am Abend jenes Tages im August, als Cradle ihren Abschied nahm, spielte ich mit den Kindern im Hof, und als es dunkel wurde, gingen wir hinein und spielten mit Legos. Eines der Sets, die wir von einem Nachbarn bekommen hatten, war ein kleines Gefängnis. Es war komplett mit Polizist (Abzeichen, Helm mit Schild, Uniform) und Verbrecher (Dreitagebart, Gesichtsmaske, Diebsmütze).

Mein Sohn fragte nach. «Wer kommt ins Gefängnis?»

«Der Einbrecher da», sagte ich und zeigte auf ihn.

«Was macht dann der Polizist?»

«Er steckt ihn ins Gefängnis.»

Mein Sohn sah verwirrt aus. «Dann ist er der Böse.»

«Was meinst du damit?»

«Er ist der Böse, weil er den anderen ins Gefängnis steckt.»

«Nein, nein», begann ich und versuchte es ihm zu erklären. «Der Einbrecher muss ins Gefängnis, weil er zuerst etwas Böses getan hat. Der Polizist steckt ihn da rein, um uns zu schützen.»

«Dann ist der Einbrecher böse und der Polizist ist böse.»

«Nein», sagte ich, «nur der Einbrecher ist böse.»

Aber so ganz verstand mein Sohn das nicht. Und zu dem Zeitpunkt war er nicht mehr der Einzige.

Wie gewöhnlich hatten die Kinder irgendwann genug vom Legospielen. Mein Sohn wollte einen Ringkampf machen. Seine Schwester war müde. Ich steckte die beiden in die Wanne. Dann waren sie fertig fürs Bett, aber mein Sohn wollte immer noch mit

299

mir ringen. «Wollen wir vielleicht lieber ein Buch lesen?», schlug ich vor.

Seine Schwester schlief während der Lektüre von Dr. Seuss' Geschichten ein und ich legte sie in ihr Bettchen. Aber mein Sohn, übermüdet und aufgedreht, begann herumzutoben. Er warf Dinge um. Er kletterte auf eine Sessellehne. Er schnappte sich Gegenstände – die Schere – die er nicht haben durfte. Und als ich Margot am Telefon hatte, die länger bei ihrer Arbeit in Manhattan bleiben musste, erklärte er, dass er jetzt seine Schwester aufwecken würde.

«Nein, das tust du nicht», sagte ich.

«Doch!», krähte er vergnügt.

«A –, tu das nicht», wiederholte ich.

«Okay!», sagte er, sauste dabei aber die Stufen zu ihrem Zimmer hinauf.

Irgendetwas in mir rastete aus. Den ganzen Tag wurde ich von Kriminellen missachtet; zu Hause wollte ich Respekt. Ich rannte die Stufen hoch und packte ihn vor ihrer Tür an seinem Schlafanzug. «Wenn ich nein sage, hast du zu hören!», zischte ich wütend und gab ihm, für mich selbst unerwartet, einen Klaps.

Das hatte ich noch nie getan und auch für ihn war es ein Schock. Er brach in Tränen aus. Davon wachte seine Schwester auf. Ich war stinkwütend und befahl ihr, wieder einzuschlafen. Sie gehorchte genauso wenig. Das Haus füllte sich mit Schluchzen. «Ab in dein Zimmer», befahl ich meinem Sohn und schleppte ihn rigoros hin, als er «Gehorsamsverweigerung zeigte».

Anwendung von Gewalt bei meinem eigenen Sohn, wurde mir im nächsten Augenblick klar. Ich wusste, dass es bessere Methoden gab, um mit der Situation klarzukommen, aber ich war im Moment zu keiner anderen fähig. Ich schlug ihm vor, sich mit mir zusammen in sein Bett zu legen, damit ich ihm noch ein anderes Buch vorlesen könne, und schließlich tat er es auch. Dann klammerte er sich ziemlich fest an meinen Arm. Ich hätte am liebsten in seinen Schlafanzug geschluchzt, mich einfach gehen lassen und eine Stunde lang ausgeheult. Ich drehte den Kopf weg und las das Buch vor.

Dieser Abend läutete eine neue Ära ein. Margot und ich hatten gesehen, wie andere Stunden brauchten, um ihre Kinder ins Bett zu kriegen, und uns geschworen, es nicht so zu machen: Wir lasen ihnen eine Geschichte vor, gaben ihnen einen Gutenachtkuss, machten das Licht aus und gingen aus dem Zimmer.

Aber nun begann ich, es auszudehnen. Ich las meinem Sohn das Buch vor und blieb noch ein Weilchen neben ihm liegen. Als ich das ein oder zweimal getan hatte, verlangte er es von selbst. Dann wurde es Teil unseres Rituals: mein Arm um ihn, seine kleine Hand auf meinem Arm, und bald seine tiefen Atemzüge. Es war wirklich der schönste Moment des Tages und oft schlief ich auch ein, vor Erschöpfung und im Gefühl des Friedens.

Wenn ich dann aufwachte und in unser Schlafzimmer stolperte, betrachtete mich Margot, die normalerweise von uns beiden das weichere Herz hatte, skeptisch.

«Ich weiß, ich weiß», sagte ich dann. «Ich will wirklich nicht bei ihm einschlafen, aber ich bin so müde.»

Es war eine Entschuldigung und eine Ausflucht, eine Flucht vor der Tatsache, dass ich mich niemals gemeiner und verletzlicher gefühlt hatte.

––––

Am nächsten Morgen hörte ich auf dem Weg zur Arbeit die Nachrichten im Radio. Draußen war es noch dunkel. Sie meldeten den Mord an dem New Yorker Lehrer Jonathan Levin, verübt von zwei ehemaligen Schülern, die Geld wollten. Levin kam wie ich aus privilegierten Verhältnissen (wahrhaft privilegierten in seinem Fall: sein Vater war Vorstandsvorsitzender von Time Warner), und er war bei seinen Schülern offenbar sehr beliebt gewesen. Die Mörder waren zwei weitere unglückselige Teenager aus der Inner City, die in ein paar Monaten an einem Ort wie Galerie R-und-W eintreffen würden.

KAPITEL 7

Diese Geschichte erinnerte mich an eine andere, die gerade eine Woche her war: Der psychisch gestörte Enkel von Dr. Betty Shabazz, der Witwe von Malcolm X, war als mutmaßlicher Brandstifter verhaftet worden, nachdem die alte Frau bei einem Feuer in der gemeinsamen Wohnung umgekommen war.

Junge Schwarze, die die Menschen umbrachten, von denen sie geliebt wurden. Ich hatte das Gefühl, als hätte ich nie in meinem Leben traurigere Geschichten gehört. Und als Vollzugsbeamter wusste ich, was nicht in den Zeitungen stand: wie der nächste Schritt aussah, was für ein Leben diese Jungs von jetzt an führen würden. Sie taten mir Leid, ich tat mir selbst Leid, diese ganze Welt tat mir Leid.

Auf dem Parkplatz von Sing Sing blieb ich eine Weile im Auto sitzen, um mich wieder zu fangen. Man konnte nicht so niedergeschlagen bei der Arbeit aufkreuzen. Das machte einen verletzlich. Im Umkleideraum fand ich dann mit dem Anlegen der Dienstutensilien allmählich mein Dienstgesicht wieder: Schlagstock, Handschuhhalter, Schlüsselringclips – das ganze Arsenal, die Insignien des Wächters. In solchen Momenten waren sie eine Hilfe. Ich blendete die Emotionen aus und ging zur Stechuhr.

Margot hatte meinem Projekt fast genauso bedenkenlos zugestimmt, wie ich es in Angriff genommen hatte. Um mich zu unterstützen, hatte sie großzügig andere Aktivitäten eingeschränkt und auf meine Arbeit abgestimmt. Wir führen eine gute Ehe, die auf der Grundlage unser beider Neugier auf die Welt gedeiht. Und trotzdem wuchsen die Spannungen. Unsere sozialen Kontakte litten, manchmal wegen meines Dienstplans, manchmal weil ich nach einem Tag im Gefängnis gefühlsmäßig mit gewissen Manhattan-Partys oder Dinnereinladungen einfach nicht klarkam. Ehrgeizige, manierierte, neurotische Menschen, Menschen aus der High Society – die das Leben in der City so spannend machen – wurden mir unerträglich. Es war mir alles zu viel.

Ich wollte einfach nur Normalität, die Füße wieder auf den Boden kriegen.

Die Beziehungen zu unseren Freunden wurden stark dadurch beeinträchtigt, dass mein Projekt geheim bleiben musste: Niemand wusste davon und keiner durfte es erfahren. Die Welt war zu klein, und meine Sicherheit und mein Lebensunterhalt standen auf dem Spiel.

Außerdem – und das war vielleicht ein Fehler – wollte ich Margot nicht alles erzählen, was ich gesehen und erlebt hatte. Damals in der Akademie hatte Sergeant Bloom uns allen geraten, mit unseren Familien darüber zu sprechen, dass wir womöglich eines Tages von Gefangenen als Geiseln genommen werden konnten. Ich wollte Margot nicht mit so etwas Angst machen und sie nicht unnötig aufregen. Und irgendwie wollte ich unseren Tisch daheim nicht mit all dem besudeln, was ich tagsüber zu hören und zu sehen bekommen hatte. Ich hielt es einfach für das Beste, allein damit klarzukommen.

Nur kam ich eben nicht gut damit klar, allein. Das erkannte ich im Nachhinein, aber nicht an jenen Abenden, wenn die Kinder im Bett waren. Ich selbst erzählte keine Einzelheiten aus meinem Tag, und wenn Margot mir dann berichtete, was bei ihr so los war, blendete ich sie oft einfach aus. Ich war auf unerklärliche Art ungeduldig. Ich wollte keine Details aus ihrem Alltag hören. In meinem Kopf war kein Platz für Dinge, die mir trivial erschienen. Aus dem Nichts heraus überfielen mich finstere Stimmungen. Ich versuchte, das mit Höflichkeit zu überspielen, aber heraus kam dabei nur, dass ich kühl und mechanisch reagierte.

Eines Tages waren wir nach einem Besuch bei Freunden oben im Norden auf dem Rückweg in die City. Ich hatte zur Abwechslung mal das Wochenende frei gehabt – eine Gelegenheit, abzuschalten und mit Margot und den Kindern zusammen zu sein. Aber mitten auf dem Saw Mill River Parkway, mit der schlafenden Familie im Auto, überkam mich ein nie gekannter Anflug von Panik. Was, wenn ich morgen auf R-und-W musste? Die plötzliche Angst nahm mir wie eine dichte Wolke die Sicht. Ich ging vom Gas und versuchte, mich in den Griff zu bekommen. Ich war seit Wochen nicht mehr auf R-und-W gewesen. Es gab keinen Grund, warum Holmes mich wieder dorthin stecken sollte. Die Chancen standen zehn zu eins, zwanzig zu eins. Ich schaltete das Radio ein und konzentrierte mich auf die Nachrichten.

Es war ein wunderschöner Abend, und als wir zu Hause ankamen, schlug Margot vor, noch eine kleine Runde zu drehen. Wir packten das Baby in den Wagen und spazierten los. Margot begann entspannt davon zu erzählen, wie eine Freundin ihre Schwester in Colorado besucht hatte und was die Schwester gesagt hatte und was die Freundin über die Kinder meinte und wie die Mutter der gleichen Ansicht gewesen war und … und plötzlich konnte ich ihr nicht weiter zuhören, ich hielt es nicht aus, dachte ich – oder sagte ich es laut? Vermutlich, denn irgendwie brach es los. Wen interessierte ihre Freundin, wenn ich morgen vielleicht auf R-und-W Dienst hatte? Margot wurde wütend. Sie warf mir vor, dass ich keine Zeit und keine Geduld mehr für sie und die Kinder hätte. Ich entgegnete, dass ich niemals in meinem Leben in einer schwierigeren Situation gewesen sei. Konnte sie das denn nicht verstehen? Es gab in meinem Kopf keinen Platz mehr für so was! Du bist nicht nur gleichgültig, erwiderte sie, du bist stur und überempfindlich. Und da wurde ich feindselig. Du hast ja keine Ahnung, sagte ich, keine Ahnung, wie das ist. Und dachte, wie konnte sie es wagen, sich zu beschweren, wenn ich mich die ganze Zeit so sehr am Riemen riss, um äußerlich ruhig zu bleiben?

Vielleicht ja deshalb, weil du mir nicht erzählst, wie das ist!, schoss sie zurück. Noch vier Monate, antwortete ich müde. Können wir nicht noch vier Monate durchhalten und dann ist es vorbei. Hältst du es noch so lange aus?

———

Oft, wenn ich morgens nach Sing Sing zurückkam – und jetzt, umgekehrt, mein Zuhause am Tor zurückließ – stellte ich mir dieselbe Frage. Würde ich es bis zum Ende des Jahres aushalten? Meistens (nicht immer) war die Antwort: ja. Trotz der Schwierigkeiten faszinierte mich der Dienst in vielerlei Hinsicht. Da war die existenzielle Ebene: Die bittere Äußerung eines jungen Häftlings, er werde hier drinsitzen, «bis die Sonne verglüht», brachte mich zum Nachdenken über die Folter der Zeit, die seltsame Praxis «Zeit abzusitzen». Da war die menschliche Ebene: Der Held im jüngsten Woody-Allen-Film erklärt, dass er immer, wenn er einer Frau egal welchen Alters begegne, irgendwo im Hinterkopf daran denke, wie es sein würde, mit ihr zu schlafen. An einem Ort, wo physische Konfrontation immer möglich war, fragten sich meiner Meinung nach die meisten Männer, sobald sie einem anderen Mann begegneten: Könnte ich ihn im Kampf besiegen?

Aber ich war auch dabei, meine Qualitäten als Gefängniswärter einzuschätzen, und das Resultat machte mir zu schaffen. In Albany hatte Nigro mir die Gesamtnote «Sehr gut» gegeben – eine Seltenheit, wie er mir versichert hatte. Hier in Sing Sing war ich um eine Note abgestiegen – meine erste Beurteilung durch die Sergeants hatte «gut» ergeben. Keine Beanstandungen, nur nichts Herausragendes.

Ich war irritiert, weil ich wusste, dass sie recht hatten: Trotz meiner Anstrengungen und dem Willen, es gut zu machen, trotz meines College-Abschlusses war ich als Wärter nicht besser als die anderen. Zu oft geriet ich aus der Ruhe, zögerte in Notsituationen, vergaß Einzelheiten aus den neunundneunzig Regeln (wie viele Zeitschriften durften sie in ihrer Zelle haben?) und scheute vor Gewaltanwendung zurück, wenn sie angebracht gewesen wäre. Eine ganze Reihe Beamter um mich herum – ich dachte an Miller, Smith, Stone, Singelton, Stickney – schienen viel effektiver zu sein. Und ich geriet auf Gebieten in Schwierigkeiten, mit denen sie überhaupt kein Problem hatten.

Ein gutes Beispiel war das Wäsche-Sammeln. Mehrmals in der Woche wurde die Wäsche einer Galerie zum Waschen gebracht. Einmal waren Bettwäsche und Handtücher dran, ein andermal die Kleidung. Freiwillige Hausarbeiter gingen morgens von Zelle zu Zelle und sammelten die schmutzige Wäsche ein, die sie dann ungefähr 400 Meter weit durch die Gänge und über eine Auffahrt zum Wäschereigebäude trugen und später am selben Tag, stets begleitet von einem Eskortenbeamten, wieder abholten.

An einem regnerischen Septembernachmittag war ich Eskortenbeamter für vier Arbeiter von Galerie R auf dem Rückweg vom Wäschegebäude. Es war Handtücher-und-Bettwäsche-Tag und die Männer hatten schwer zu tragen. Eigentlich waren vier Hausarbeiter nicht genug. Ich lief, wie es üblich war, am Ende der Prozession und konnte sehen, dass der Letzte in der Kolonne, ein schmächtiger kleiner Häftling, den sie Beezle nannten, es kaum schaffte. Beezle wog keine hundert Pfund und sein gewaltiges, unhandliches Paket Handtücher und Bettwäsche hatte sicher ein Gewicht von über fünfzig Pfund.

Einer der Grundsätze, die ich in Sing Sing gelernt hatte, lautete: «Ein Beamter hilft niemals einem Häftling, seinen Scheiß zu tragen.» Diese Regel war ungeschrieben, aber klipp und klar. Wenn ein Häftling von einer Zelle in eine andere umzog, hatte er oft große Plastiksäcke mit seiner Habe zu schleppen; als Beamter half man ihm nicht dabei. Ein Häftling, der die Erlaubnis erhalten hatte, sein wackliges Bettgestell gegen das aus der freien Zelle nebenan einzutauschen, brauchte dabei in der Regel eine helfende Hand – aber nicht deine, es musste die eines anderen Häftlings sein. Beamte, die einem Häftling zur Hand gingen, wurden offen verspottet.

Indessen war Beezle ernstlich überfordert. Er stolperte unter seiner Last dahin wie eine Ameise, die sich mit einer Erdnuss abschleppte. Wir waren noch keine 50 Meter weit gekommen und die anderen drei waren schon um die nächste Ecke und warteten am Tor von Haus 5. Wir beide waren allein auf der gepflasterten Auffahrt. Dennoch widerstand ich dem Impuls, ihm zu helfen. Ich war ein Beamter. Ich kannte die Regeln.

Ein junger Schwarzer mit Umschlaghosen und Brille erschien

an der Ecke, ein Zivilist. Er kam vermutlich vom Unterrichtsgebäude, vielleicht von einem der Schulabschluss-Kurse. Im Näher-
kommen funkelte er mich an.

«Warum helfen Sie dem Mann nicht?», fragte er aufgebracht,
als er an uns vorbeilief.

Ich ignorierte ihn, aber die Bemerkung hatte mich getroffen.
Genau dasselbe fragte mich ja auch mein Gewissen. Als wir um
die Ecke waren und der Mann mich nicht mehr sehen konnte,
machte ich zwei Schritte zu Beezle und half ihm die schwankende
Last zu tragen.

Natürlich vergingen keine zehn Sekunden, bis wir an einem
Beamten vorbeiliefen. «Sagen Sie einem von den Hausarbeitern,
er soll das tragen!», tadelte er mich.

«Die haben auch die Hände voll», antwortete ich und versuchte dabei peinlich berührt auszusehen.

Vier weitere Beamte gaben noch ihre Kommentare ab, ehe wir
wieder in Block B waren:

«He-e-ey», in missbilligendem Ton.

«Sie brauchen wohl ein bisschen Training?»

«Das sollten Sie nicht machen.»

«Ach wie nett.»

———

Damals in der Akademie hatten uns verschiedene Ausbilder gesagt, dass man vier bis fünf Jahre brauchte, um ein guter Vollzugsbeamter zu werden. Ich hatte mich gefragt, warum. Es schien
keine besonders schwierigen Konzepte zu geben, die man beherr-
schen musste; die Regeln waren alle klar. Rechtlich gesehen betrug die Probezeit nur ein Jahr. Am ehesten kriegte man Ärger,
wurde uns gesagt, wenn man zu oft zu spät kam oder sich zu oft
krankmeldete. Das Gerede von den vier bis fünf Jahren klang ein
bisschen nach Selbstbeweihräucherung.

Aber nach fünf Monaten in Sing Sing verstand ich. Was zählte, war Erfahrung. Oder, genauer, es brauchte Zeit (und Zusam-

menstöße), bis man wusste (oder entdeckte) was für ein Mensch man in seiner Uniform war. Ein knallharter Bursche oder ein Softie? Häftlingsfreund oder Häftlingsfeind? Geradeaus oder gerissen? Ein Gewaltanwender oder ein Strafzettelschreiber? Einer, der strikt Distanz hielt, oder einer, der auch einem Häftling half? Der Dienst bot eine Fülle an Macht und oft lag es allein an einem selbst, wie man sie einsetzte.

Ich beneidete meine Klassenkameraden, die auf leichten Posten gelandet waren: Patrouille auf dem Parkplatz, Wache an der Ausfahrt, Posten oben auf einem Wachturm. Von diesen Jobs konnte man abends im Reinen mit sich nach Hause gehen. Aber als der Frühling näher rückte und das Ende in Sicht kam, wollte ich so viel wie möglich von den vier, fünf Jahren, die es brauchte, um ein guter Vollzugsbeamter zu werden, in mein eines Jahr packen. Ich wollte in der Zeit, die mir blieb, meine Erfahrung vertiefen und so gut in dem Job werden, wie ich konnte. Und mit diesem Ziel vor Augen tat ich etwas, das mir noch vor kurzem undenkbar erschienen wäre: Ich meldete mich zum ständigen Dienst in Block B. Ich würde jeden Tag dort sein.

Mit der wenigen Dienstzeit, die ich vorzuweisen hatte, war die Auswahl an Dauerposten begrenzt. Meine erste Wahl war Galerie V, die einzelne Galerie an den Flats, die Smith damals gehabt hatte. Ich bekam sie nicht, aber ich bekam meine zweite Wahl: regelmäßige Rotation alle paar Tage zwischen R-und-W, Galerie V und Eskortendienst. In guten und in schlechten Tagen war mein Schicksal nun besiegelt und ich war die furchtbare Ungewissheit der Holmes'schen Dienstzuweisungen los.

———

Eskortenbeamter war eigentlich eine etwas irreführende Bezeichnung. In der Tagschicht verbrachte ein Eskortenbeamter ungefähr den halben Tag mit Aufsicht in der Kantine, beim Frühstück und beim Mittagessen. Zu jeder Mahlzeit war eine ziemlich große Zahl von Beamten eingeteilt – zwischen acht und zwölf –, denn

Gefängniskantinen waren bekannt dafür, dass dort Häftlinge «loslegen» konnten. Die Aufgaben waren vielfältig. Der Aufsicht habende Beamte stand auf der Brücke und entschied, wann eine Galerie zum Essen gerufen und wann sie wieder rausgeschickt wurde. Ein anderer Beamter schloss Tore auf und zu, die den Zugang von den Galerien kontrollierten. Zwei oder drei weitere bedienten den Metalldetektor und tasteten Häftlinge ab, wenn sie durch den kurzen Gang zwischen Kantine und Brücke kamen.

Aber der mieseste Job, und für gewöhnlich hatte ich ihn, weil ich neu war, bestand in der Überwachung der Essensausgabe. Auf diesem Posten – einem der Punkte in Sing Sing, an denen schiere Langeweile und das Potenzial für plötzlichen Aufruhr dicht beieinander lagen – wurden einem die Beine müde und gleichzeitig die eigene Autorität dauernd infrage gestellt. Wenn ich bei der Essensausgabe stand und die Bewohner von Block B an mir vorbeischieben und jeden sein Tablett in Empfang nehmen sah, dachte ich immer an ein Fließband in einer schlecht geführten Munitionsfabrik. Langeweile, Langeweile, Langeweile, dann – *wummm!* – und du hattest keine Hände mehr.

Und nie war das Risiko größer als am Waffeltag. *Waffeltag!* Diese Nachricht erreichte den Haufen vor der Kantine wartender Beamter durch jemanden vom Küchenpersonal. Es war ein Morgen im Oktober. Alcantara, der Aufsicht Habende für die Kantine, hängte sich ans Telefon und informierte den Aufsicht Habenden unten von Block B.

«Chilmark?», sagte er. «Es ist Waffeltag. Haben Sie Leute übrig, die Sie mir schicken können?» Er wollte zusätzliche Beamte, denn Waffeltag bedeutete eine echte Herausforderung, was die Durchsetzung von Recht und Ordnung an der Essensfront anging. Die Häftlinge waren verrückt nach Waffeln und unternahmen alles Mögliche, um mehr als ihren vorgesehenen Anteil abzukriegen. Es war nicht so schlimm wie Brathähnchen-Tag, aber schlimm genug – ein bisschen ärger als etwa Fischstäbchen-Tag.

Das Kantinengebäude in der Form eines Plus-Zeichens liegt

zentral: Block A, Block B, Haus 5 und das Magazin von Sing Sing stoßen jeweils an eine seiner vier Seiten. Es gibt eine zentrale Küche und getrennte Essräume für die drei Zellenblocks, mit einer Kreuzung dazwischen, dem so genannten Times Square. Der für die Aufteilung zuständige Beamte trennt die eintreffenden Häftlinge in zwei Gruppen, die sich auf beiden Seiten des Raums an der Wand entlang aufstellen und dort warten, bis sie mit Essenholen dran sind. Die drei Essräume unterscheiden sich in Größe und Aufbau kaum. Alle haben auf zwei Seiten hohe vergitterte Fenster mit lärmenden Lüftungskästen. Alle haben lange Metalltische mit im Boden verschraubten Stühlen und einem Mittelgang. Die Räume hallen und es gibt keinerlei Dekoration. Stahlträger stützen die Decke. Weiß gekleidete Kantinenarbeiter stehen um die Essensausgabe herum, laufen hin und her und reiben die Tische ab, verpacken Müllsäcke, wischen Verschüttetes auf.

Die Sicherheitsvorkehrungen sind ziemlich ausgeklügelt. So sind zum Beispiel die zwei schweren Tore, die den Durchgang von Block B zum Kantinengebäude bilden, immer geschlossen, wenn eine Galerie durchgekommen ist. Jeder Beamte drinnen weiß, dass die Beamten am Tor für den Fall von Unruhen Anweisung haben, uns mitsamt allen Häftlingen einzuschließen, um den Aufstand hier drin zu halten. (Während der Geiselnahme von 1983 brachen Häftlinge durch das einzelne Tor, das damals die Kantine von Block B trennte, und hätten die Unruhen über ganz Sing Sing verbreitet, wenn sie nicht am Times Square gestoppt worden wären.) Neuere und auch viele ältere Hochsicherheits- und Standardgefängnisse haben für diesen Fall in die Decke eingelassene Reizgas-Verteiler und oft noch einen speziellen Beamten in einer Wachkabine, der sie aktivieren kann. Aus Gründen, die mir keiner nennen konnte, ist Sing Sing nie nachträglich mit Reizgas ausgerüstet worden.

Der Gang zwischen den beiden Toren ist die Zone für Leibesvisitationen. Wenn ein Häftling sich in der Kantine danebenbenimmt, das lernt jeder Neue, knöpft man ihn sich nicht direkt im

Essraum vor: Das könnte seine Freunde aufbringen und Unruhen auslösen. Stattdessen signalisiert man es den Beamten im Gang. Die würden denjenigen dann abfangen, wenn seine Galerie hinauswanderte, und mit ihm reden, während seine Freunde weit weg jenseits der verschlossenen Tore waren.

Waffeltag. Ich begrüßte die beiden Häftlinge an der Essensausgabe wie immer. Einer nickte zur Antwort. Die beste Position für mich schien mir etwa anderthalb Meter schräg hinter ihnen zu sein. Von dort konnte ich sowohl verfolgen, wie sie die erlaubten drei toastgroßen Waffeln, Sirup, Butter und Speck ausgaben, als auch den Saftautomaten im Auge behalten, an dem die Häftlinge sich selbst bedienen und einen kleinen Plastikbecher abfüllen konnten. Der Häftling, der mich nicht gegrüßt hatte, trug seinen runden Schädel kahl geschoren und war wie viele Essensarbeiter ein bisschen dicklich geworden – wegen der nahezu uneingeschränkten Gelegenheiten, Essen abzuzweigen.

Ich beobachtete, wie er an zwei Häftlinge nacheinander je vier Waffeln ausgab. Mein erster Test.

«Entschuldigung», sagte ich. «Drei sind vorgesehen, nicht wahr?»

Er drehte sich zu mir um und funkelte mich an, bevor er drei Waffeln auf den nächsten Teller packte. Nicht lange danach gab er einem anderen seiner Freunde eine ganze Hand voll Zuckerpäckchen anstelle der vorgeschriebenen sechs.

«Hey», sagte ich jetzt und stellte mich neben ihn. «Gibt es hier heute Ärger?»

Er entzog sich meiner unerbetenen Gegenwart einen Schritt weit. «Was ist los – sind Sie schwul, Mann, Schließer? Starren Sie mich deshalb dauernd so an?»

«Bilden Sie sich nur nicht zu viel ein», sagte ich. «Tun Sie einfach die Arbeit, die man von Ihnen verlangt.»

Er murmelte vor sich hin, als er das Austeilen wieder aufnahm. «Der Wichser ist schwul», hörte ich ihn zu dem nächsten Häftling in der Schlange sagen. Der Tag fing unglücklich an, denn manchmal konnte sich die Feindseligkeit eines einzelnen Häftlings durch eine Art Osmose auch auf alle anderen ausbreiten, die nicht mal etwas von dem Wortwechsel mitbekommen hatten.

Und das ausgerechnet an einem Waffeltag. Wie Brathähnchenteile fanden auch Waffeln Wege, aus der Servierpfanne direkt in den Händen und Taschen von Häftlingen zu landen. Nur die penibelste Überwachung konnte das verhindern. Bei der Leibesvisitation am Ausgang fanden wir später Waffeln in Hosen und Hemden gestopft. Die Austeiler ließen manchmal welche in ihre losen Einmal-Servierhandschuhe gleiten und dann unauffällig zu Freunden auf der anderen Seite hinüberwandern. Wenn zwei Austeiler sich so nebeneinander stellten wie es meine beiden hier in Abständen taten, versperrten sie mir die Sicht auf ihre Hände. Als ich bemerkte, dass sie erneut zusammenrückten, machte ich unvermittelt einen Schritt zur Seite und ertappte sie dabei, wie sie Waffeln in einen Handschuh rutschen ließen. Ich schnappte mir den Handschuh und warf ihn kommentarlos in den Müll.

Kugelkopf warf mir einen hasserfüllten Blick zu. «Hat Ihnen schon mal jemand gesagt, dass Sie aussehen wie Mark Fuhrman?», fragte er. «Nein», sagte ich.

Etwa eine Stunde später, als ich einen Häftling veranlasste, eine Extraladung Speck von Kugelkopfs Gnaden zurückzugeben, funkelte Letzterer mich erneut an und zeigte auf den Mann.

«Auf der Straße würden Sie den Bruder hier sicher nicht mal angucken», sagte er herausfordernd. «Sie hätten sicher Angst, er würde Sie gleich ausrauben oder was.»

Jetzt war ich also ein rassistischer Homosexueller, der Angst vor allen jungen schwarzen Männern hatte. In diesem Fall wäre die Angst ja gerechtfertigt gewesen – der Mann war schließlich ein gewalttätiger Krimineller.

Ich lächelte, dann grinste ich. «Er würde mich sicher wirklich gleich ausrauben», sagte ich. Je länger ich darüber nachdachte, desto lustiger erschien es mir.

«Halten Sie die Klappe, Mann!», sagte er. «Sie sehen besser aus, wenn Sie nicht reden.»

Bei meinen ersten Diensten an der Essensausgabe war ich so stur gewesen wie dieser Mann feindselig. Wenn ich Häftlingen etwas durchgehen ließe, dachte ich, bedeutete das sozusagen Risse im Deich zu dulden: Die anderen Häftlinge würden es merken und sich ermuntert fühlen, das nächste Mal, wenn ich dastand, Extras für sich herauszuschlagen. Bei dem folgenden massenweisen Mausen würde ich hilflos und lächerlich aussehen.

«Saftbecher!», insistierte ich zum Beispiel bei einem Häftling, der sich den größeren Milchbecher mit Saft gefüllt hatte – als hätte er mich gerade um zehn Dollar betrogen.

«Aber ich hab ihn schon vollgemacht, Schließer!», protestierte der Mann.

«Dann schütten Sie's weg», sagte ich.

«Wegschütten?»

«Wegschütten.»

Oder ich verlangte, dass ein Häftling mich seine Zuckerpäckchen nachzählen ließ, weil ich sicher war, dass er sich zu viele genommen hatte. Oder ich erklärte einem Häftling, dass er sich keinen Extra-Salatteller nehmen durfte, sondern alles auf einem Teller unterzubringen hatte. Das war Haarspalterei bei einer Tätigkeit, die an sich schon Gesetzeshüterei auf der trivialsten Ebene darstellte. Die Proteste der Insassen bestärkten mich nur in meiner Entschlossenheit, wenn sie auch mit einer gewissen moralischen Schlagkraft daherkamen.

«Wieso, Schließer? Zahlen Sie das hier aus eigener Tasche?»

«Sie verweigern einem Mann sein *Essen*? Das ist mies, Schließer, das ist allerunterste Schublade.»

«In zwanzig Jahren werden Sie sich an das hier erinnern, Schließer, und Sie werden sich *schämen*.»

Ich sah es so: Wenn es nur eine bestimmte Menge Essen bei

jeder Mahlzeit gab, dann mussten wir die Portionen kontrollieren. Und die Insassen wurden nicht schlecht ernährt – kaum schlechter als wir in der Akademie. Von den meisten Gerichten – ob Spaghetti und Frikadellen oder Chili oder Hühnerfrikassee – bekamen sie auf Wunsch größere Portionen, als die meisten Menschen verdrücken können. Sie konnten bloß von bestimmten Dingen nicht genug kriegen – Waffeln, Fischstäbchen, Saft oder Keksen. Bei diesen Gelegenheiten versuchten sie uns wirklich das Gefühl zu geben, wir wären die gemeinen Aufseher aus dem Armenhaus in *Oliver Twist.*

«Ich werde für Sie beten, Officer», erklärte ein frommer Muslim, den ich zu Anfang des Sommers daran hinderte, ein extra Stück Kuchen mitzunehmen. Hinter dem Muslim kam ein Häftling, den ich ein bisschen kannte. Er sah mich mitleidig an und ich fragte mich, ob er sich nun der Kampagne zur Rettung meiner Seele anschließen würde. «In ein paar Tagen, Schließer», erklärte er mir, «werden Sie sich 'nen Dreck drum scheren.»

Er hatte nicht ganz recht, aber ich spürte, dass ich mich mit meinem Eifer verausgabte. Andere Beamte ließen die Leute viel mehr Essen austeilen als erlaubt, auch wenn sie das durchweg abstreiten würden. Wen kümmerten denn zwei Kekse mehr oder weniger?

Ich versuchte es gelassener anzugehen. Zu einem Häftling mit einem zu großen Becher Saft sagte ich nun: «Trinken Sie ihn hier.»

«Hier?»

«Gehen Sie damit nicht von der Essensausgabe weg.»

Auf die Art konnten wir beide gewinnen. Kein Sergeant oder Mitgefangener würde ihn mit einem großen Becher Saft auf dem Tablett erblicken, aber ich konnte ihm zeigen, dass es mir nichts ausmachte, wenn er den Saft trank: Es galt, die Form zu wahren. Den Austeilenden nickte ich zu, meinen Hausarbeitern ein bisschen mehr zu geben – sich so erkenntlich zu zeigen war Tradition. Und am Ende des Tages, wenn die letzten Portionen ausgegeben wurden, ließ ich die Austeiler einfach alles gleichmäßig verteilen, denn wir wussten alle, dass die Reste im Müll landen würden.

Trotzdem gab es Übertretungen, die ich einfach nicht hinnehmen konnte. Eines Tages hatte ich Aufsicht bei der Essensausgabe fürs Frühstück. Der Kollege an der Nachbarausgabe war Thurston Gaines, er kam aus Ossining und war mit mir an der Akademie gewesen. Nach etwa einer Stunde gab es Unruhe bei ihm drüben, und im Essraum wurde es still. Gaines, ein schwarzer Beamter von solcher Statur, dass er wohl selten die Stimme erheben musste, war in einen Wortwechsel mit einem Häftling geraten, der direkt vor seiner Nase versucht hatte, sich eine Extraportion Saft zu genehmigen. Der Häftling schüttete daraufhin Gaines den ganzen Saft ins Gesicht. Ein anderer Beamter kam zur Ablösung, damit Gaines sich ein frisches Hemd anziehen und die Brille abwischen konnte.

Auf meiner Seite fühlten sich zwei Häftlinge durch diesen Zwischenfall inspiriert und ignorierten meine Warnungen, nur die erlaubte Menge Saft zu nehmen. Sie taten einfach so, als hörten sie mich nicht. Mit dem einen hatte ich schon vorher Schwierigkeiten gehabt und ich signalisierte dem Beamten am Tor, ihm beim Hinausgehen den Ausweis abzunehmen. Nach dem Essen schrieb ich dann meinen ersten Kantinenstrafzettel. Ein gestohlener Becher Saft, dafür kam infrage: 106.10 Direkte Anweisung, 124.16 Kantinenordnung und 116.10 Diebstahl von Staatseigentum.

Zu meiner Überraschung schloss der Sergeant, der die Meldung unterschrieb, den Häftling nicht bis zur Anhörung ein. Später erfuhr ich, dass der Fall beim mit schwerwiegenderen Verstößen überlasteten Disziplinarkomitee einfach in Ablage P gelandet war. Da fühlte ich mich dann wirklich wie Barney Fife.

Später an diesem Tag saß ich mit Thurston Gaines in der Sporthalle und er nahm die Demütigungen, die uns beiden widerfahren waren, ziemlich gelassen. Er kannte einige der Wachleute und Weißhemden von Sing Sing schon sein Leben lang. «Im Norden oben soll es ganz anders zugehen», sagte er träumerisch.

KAPITEL 7

«Hier haben Beamte nicht die Macht, die sie weiter im Norden haben – hier sind die Medien, die Familien [der Häftlinge] und die Anwälte zu nah.»

«Was gibts denn dort, was wir hier nicht machen?», fragte ich.

«Wenn in Attica in der Kantine auch nur die kleinste Kleinigkeit passiert?», sagte er. «Sie lassen sie draußen exerzieren.» Im Winter. Zur Abkühlung der Gemüter – buchstäblich. In Attica und Clinton, erklärte er, richteten Häftlinge nicht einmal das Wort an weibliche Beamte. Es war strikt verboten.

«Und wenn sie es doch tun?», fragte ich, denn ich wusste, dass gegen jede Knastregel irgendwann einmal verstoßen wurde.

Gaines lächelte und antwortete nicht gleich. Er war ein bedächtiger Mann mit einer sanften Stimme.

«Dann prügeln sie die Scheiße aus ihnen raus», sagte er.

Ich fand den Gedanken nicht mehr so schlimm wie früher.

———

Gegen Ende Oktober fühlte ich mich schon ein bisschen als alter Hase: Es gab weniger unerwartete Situationen während der Schicht und dementsprechend weniger Schwierigkeiten. Aber tatsächlich war ich immer noch ziemlich neu, was mir wieder klar wurde, als ich eines Tages in der Kantine für die Sitzordnung der Häftlinge zuständig war.

Zunächst sah es aus wie das übliche Geplänkel: Ein Häftling weigerte sich, neben dem Mann zu sitzen, der schon den Nachbarplatz eingenommen hatte.

«Was haben Sie für ein Problem?», fragte ich.

«Hier sitz ich nicht.»

«Wieso nicht? Was ist der Grund?», wiederholte ich meine Frage.

«Er stinkt, Schließer! Der Kerl stinkt!» Jemand am Tisch lachte und der vermeintliche Stinker sah zu mir her. Es tat mir Leid für ihn und ich hielt den Häftling mit dem Tablett in der Hand für überempfindlich.

Aber ein dienstälterer Kollege sah, was los war und kam herüber. «Lassen Sie ihn sich einen Platz weiter setzen», sagte er.

«Wirklich?»

«Aber ja. Haben Sie den Kerl je gerochen?»

Ich kannte den Häftling, aber ich hatte nicht gemerkt, dass er schlechter roch als alle anderen.

«Der Kerl riecht wirklich nicht gut. Normalerweise sitzt er an dem Tisch da hinten. Keine Ahnung, warum heute nicht.»

Erst jetzt bemerkte ich, dass einer der hinteren Tische, oder zumindest sein eines Ende, nicht nur Arbeiter, sondern auch die Unberührbaren von Block B um sich versammelte. Sogar unter den Stigmatisierten – den Kriminellen – gab es soziale Unterschiede, und hier hatten wir einen großen. Mehrere Leute dort hinten stanken so arg, dass es einem den Appetit verdarb, wenn man neben ihnen essen sollte. Je länger ich auf meinem neuen Dauerposten war, desto klarer wurde mir, dass das soziale Gefüge im Gefängnis komplexer war, als es zuerst schien. Nicht lange danach machte zum Beispiel ein Neuzugang im Block auf einen anderen Typus des Unberührbaren aufmerksam: «der hässliche Transsexuelle.»

Zu dem Zeitpunkt gab es in Block B fünf Transgender-Insassen, von denen ich wusste, und auf den Galerien R-und-W und V hatte ich drei von ihnen unter meiner Aufsicht. Zwar fühlten sich offenbar alle drei als Frauen, doch in ihrem Auftreten waren sie sehr verschieden.

Da war zunächst Rivera, auch Baywatch genannt. Baywatch war schlank, mit gezupften Augenbrauen und schulterlangem Haar, das er rötlichbraun aufgehellt und in der Mitte gescheitelt trug. Er hatte eine jungenhafte Figur, einen mädchenhaften Gang und einen scheuen Rehblick. Von ihnen allen schien er bei den Häftlingen der Beliebteste zu sein. Baywatch sprach nicht mit Beamten, aber seine Gegenwart wurde unter den Häftlingen allgemein akzeptiert. Er war kein Unberührbarer. Er war, im Gegenteil, die «Freundin» von einem Mitglied der Latin Kings, einem

Gefangenen, der sich, wie sie mir erzählten, als heterosexuell betrachtete. Baywatch war seine Trophäe. Ich sah sie auf dem Hof turteln wie ein frisch verliebtes Teenie-Pärchen. Als sie in einer Zelle in flagranti erwischt wurden, bekamen beide Verschluss: 101.21 Kontakt zwischen Häftlingen, 109.10 Häftling nicht an seinem Platz, 118.22 Unhygienische Handlungen. (Beamte mussten sogar ein Schmusestündchen unterbrechen, zu dem die beiden das Warten vor dem Disziplinarbüro genutzt hatten.) Aber diese Maßnahmen brachten nicht das Ende der Affäre. Ich hörte, dass später, als Baywatch wieder mit den anderen draußen war, sein Freund aber noch Verschluss hatte, ein Rivale um die Gunst des Transvestiten sich absichtlich einschließen ließ, um den Konkurrenten in der Freistunde für die Verschlusshäftlinge niederstechen zu können.

Nach Baywatch kam auf Galerie W ein schwarzer Häftling namens Sam. Grobknochig, mit Brüsten, konnte Sam wohl als Transsexueller gelten, aber das schien noch der kleinste Unterschied zwischen ihm und Baywatch zu sein. Sam war maliziös und ein Vamp. Er trug seine Häftlingshosen hauteng und ging mit einem übertriebenen Hüftschwung. Sein Haar war kurz und hochgekämmt, an den Seiten enganliegend und oben toupiert. Er legte eine Hand auf die Hüfte und wedelte träge mit der anderen vor sich, wenn er stehen blieb um mit mir zu reden. Und ich hatte oft etwas mit Sam zu reden: Er war chronisch langsam in allem, vom Verlassen seiner Zelle zur Essenszeit bis zum Wiederhineingehen hinterher. Ich hatte allmählich die Nase voll, aber er zuckte dann immer die Schultern und entschuldigte sich, mit einem Seufzer wie die behütete reiche Erbin aus einer Seifenoper: «Hach, ich bin ein hoooffnungsloser Fall, nicht wahr?»

Als ich einmal einige Häftlinge zur Verkaufsstelle eskortierte und wir alle am Tor warten mussten, wurden zwei weibliche Beamte auf Sam aufmerksam. «Ist das Lippenstift?», fragte die eine. Es sah aus wie einer dieser dunklen Töne für den morbiden Morticia-Addams-Look, der gerade der letzte Schrei war.

«Nein, Puppe, ist es nicht. Ich hab es selbst gemacht.» Er kicherte. «Zerriebene Bleistiftmine. Aber es funktioniert, oder?»

Die beiden Beamtinnen starrten ihn fasziniert an und ein Gespräch entspann sich zwischen den dreien. Es dauerte Ewigkeiten, bis die Verkaufsstelle aufmachte. Plötzlich presste Sam die Knie zusammen.

«Ich muss so dringend mal Pipi!», rief er, dann fragte er mich: «Könnten Sie mit mir zum State Shop gehen, bitte, Officer?» Ich wollte es versuchen und ging rüber an ein Wandtelefon, um im State Shop anzufragen, ob sie Sam auf ihr Klo ließen. Während ich wählte, fügte er hinzu: «Sie können zugucken. Ich wette, Sie würden gern. Sie würden staunen.»

«Ganz bestimmt», bestätigte ich.

Sam hatte Bewunderer und saß an den Tischen in der Kantine wie alle anderen. Das galt jedoch anscheinend nicht für die dritte sexuell ambivalente Persönlichkeit unter meiner Aufsicht, einen Transsexuellen in den Vierzigern, den andere schwarze Häftlinge Grandma nannten. Von allen dreien war Grandma bei weitem die bizarrste Erscheinung. Unter seinen hängenden, mangogroßen Brüsten trat ein Kugelbauch hervor. Ein Knoten, den er sich irgendwie hingezaubert und nach vorn gezogen hatte, verbarg nicht, dass sein Haar sich schon erheblich lichtete. Seine Zähne waren lang und gelb; hinter der schwarzen Hornbrille konnte man sehen, dass er die Augenbrauen ausgezupft und dann nachgemalt hatte. Er war klein und hatte einen leichten Buckel. Ich hatte ein paar Mal mit ihm geredet, und er war immer überaus höflich, ja charmant gewesen. Doch ganz offensichtlich war er der «hässliche Transsexuelle». Und da niemand ihn als Objekt der Begierde betrachten konnte, wurde er geächtet.

Bald nachdem Grandma auf Galerie V eingetroffen war, bemerkte ich, dass er oft der Kantine fernblieb. Und wenn er hinging, saß er gewöhnlich am Tisch der Unberührbaren. Eines Tages allerdings, als ich dran war mit der Sitzverteilung, sah ich, wie Grandma mit seinem Tablett aus der Essensschlange kam und direkt auf die normalen Tische zusteuerte. Ich wies ihm einen Platz zu.

Sofort hagelte es Proteste. Der Mann, neben den ich ihn gesetzt hatte, stand auf und sagte etwas wie «Pflanz bloß nicht deinen Rattenarsch auf den Stuhl hier.» Grandma knallte sein Tablett auf den Tisch. Es tat mir Leid für ihn, ich war sauer auf den anderen Häftling und wies den Mann an, sich wieder hinzusetzen.

«Kommt nicht infrage, verdammt, dass ich neben diesem Freak esse!», erklärte er laut.

Da wurde ich moralisch. «Benehmen Sie sich nicht wie ein Arschloch. Er ist auch ein Mensch. Er tut Ihnen doch nichts.» Zahlreiche Häftlinge bekundeten mir lauthals ihren Unmut, doch sie wurden alle von Grandma übertönt.

«Das Problem hier seid ihr ganzen jungen schwarzen Dummköpfe!», rief er zornig.

«Verpiss dich, Schwuchtel!», ertönte es zur Antwort, gefolgt von einer weiteren Schimpfkanonade.

«Kommen Sie mit nach hinten, wo es ruhiger ist», schlug ich ihm vor und Grandma ging mit mir zum Tisch der Unberührbaren hinüber.

Von da an gehörte Grandma zu meinen regelmäßigen Gesprächspartnern auf der Galerie. Er hatte etwas Sympathisches an sich. Und beide waren wir, wenn auch auf unterschiedliche Weise, Outsider in Block B.

Er brachte außerdem, so komisch das klingen mag, etwas erfrischend Weibliches an einen Ort, an dem alles so macho war. Eines Tages führte ich zum Beispiel ein extra Telefongespräch, weil er anstatt bei der Krankenstation auf irgendwelchen Wegen beim Unterrichtsgebäude gelandet war und so seinen Arzttermin verpasst hatte. «Ich habe einfach keinen Orientierungssinn!», erklärte er niedergeschlagen und legte dabei eine Hand an die Wange wie eine verwirrte Südstaatenschönheit.

Um einen neuen Termin für ihn auszumachen, brauchte ich

seinen Ausweis. Der war voller Überraschungen. «Edward?», fragte ich, als ich ihm den Ausweis zurückgab, ohne mir klar darüber zu sein, was ich eigentlich für einen Namen erwartet hatte.

«Meine Freunde nennen mich Janice», sagte er lächelnd.

«Aber wieso haben Sie auf dem Bild hier einen Bart? Es ist erst zwei Jahre alt! Waren Sie, äh, ...» Ich wusste nicht recht, wie ich fragen sollte, seit wann er eigentlich «eine Frau war».

«Oh, *Brüste* hatte ich schon lange, wenn Sie das meinen», sagte er, meine Gedanken erratend. «Aber das Foto wurde gemacht, als ich Verschluss hatte. Wenn Sie Verschluss haben, gibt es da manchmal einfach ein Problem mit dem Rasieren, wissen Sie?»

«Klar», sagte ich und lächelte.

Das Geburtsdatum zeigte, dass «Janice» nur zwei Jahre älter war als ich, obwohl ich ihn seinem Äußeren nach mindestens für zehn Jahre älter gehalten hatte. Diesen Effekt hatte das Gefängnis auf viele Männer. Er sei die meiste Zeit seines Erwachsenenlebens abwechselnd drinnen und draußen gewesen, erzählte er mir, hauptsächlich wegen Prostitution. Aber jetzt saß er den Rest einer Strafe von vier bis zwölf Jahren für Mord zweiten Grades ab. Er sei vor kurzem auf Bewährung entlassen worden, aber sofort wieder in alte schlechte Gewohnheiten verfallen.

«Sehen Sie, ich bin Alkoholiker, und da saß ich in einem Park in Chelsea mit einem Wodka, als ich eine Hupe hörte. Ich drehte mich um und dachte, oh, ein bekanntes Gesicht ... und es war mein Bewährungshelfer!» Trocken zu bleiben war eine seiner Bewährungsauflagen gewesen, und dass er erwischt wurde, brachte ihn zurück ins Gefängnis. Also saß er jetzt den Rest seiner Strafe ab, von der nur noch weniger als zwei Jahre blieben. Vorher war er schon in Auburn, Clinton und Attica gewesen. Sein Opfer war sein Ex-Lover, aber er erklärte, dass sie ihn zu Unrecht verurteilt hätten. «Weil ich eben arm, schwarz und schwul bin», sagte er. «Sie hatten keine Fingerabdrücke von mir auf dem Messer oder so was.» Auch wenn Janice so nett war, konnte ich mir problemlos vorstellen, dass er den Mord begangen hatte. Tatsache war: Je

321

länger ich in Sing Sing war, desto leichter fiel es mir, mir jeden Menschen, überall, bei nahezu jedem Verbrechen vorzustellen. Ich hatte gedacht, zwischen Grandma und den anderen *Genderbenders* würde es so etwas wie Solidarität geben, bis ich eines Tages hörte, wie er von einer jungen Queen, die viel Aufmerksamkeit im Block auf sich zog, heruntergemacht wurde.

«Die Jungs hier wollen keine alte Frau!», erklärte der Herausforderer. «Die wollen einen jungen Mann mit Sexappeal!»

Fühlte Janice sich im Gefängnis verfolgt, weil er war, wie er war?, fragte ich ihn eines Tages. «Ach, eigentlich nicht», sagte er. «Es ist nicht fair, dass andere Schwule sich umarmen dürfen, in der Freizeit oder so, aber wenn ich mal jemanden umarme, geht das Gerede los. Das Schlimmste ist, dass sie alle solche Heuchler sind. Letzte Woche erst hat einer zu mir gesagt: ‹Janice, zeig mir deine Titten.› Ich sage zu ihm: ‹Okay, aber ich erzähl es allen.› Er sagt: ‹Nein!› Ich meine, also wirklich. Steh zu dir!»

Nicht mal aus irgendeinem makabren Interesse heraus hätte ich einen Blick auf Janices Brüste werfen wollen. Aber ich bin mir nicht sicher, ob ich für meine Begierden die Hand ins Feuer legen könnte, wenn ich für lange Zeit eingesperrt wäre, in einer dicht gedrängten Welt ohne Frauen und auf der Höhe meiner sexuellen Energien. Mit seiner rauen Geräuschkulisse und den Gerüchen von Schweiß und Aggression kochte Block B geradezu vor Testosteron. Ein Teil davon kanalisierte sich in Bodybuilding, noch mehr entlud sich in Masturbation. Sich einen runterzuholen ist die primäre sexuelle Aktivität in jedem Gefängnis. Manchmal sah man etwas im Vorbeigehen, gelegentlich fing man einen Geruch auf. Der gesamte tägliche Output dieser 636 Männer war vermutlich enorm, ein trauriges Symbol ihrer verschwendeten Energien.

Es muss im Gefängnis schon immer so gewesen sein, allerdings kann man nicht sagen, dass frühere Generationen das mit der heutigen Toleranz betrachtet hätten. Der Bericht eines Gefängnisinspektors des Staates New York von 1845 zeigte, dass Masturbation für alles andere als harmlos gehalten wurde:

J. S. – eingetroffen im März 1844; sein wahrer Name kann nicht festgestellt werden, ebensowenig sein Rufname im Gefängnis oder die Höhe seiner Haftstrafe; er ist ein Irrer, verursacht durch Onanismus.

W. H. – am 15. Dezember 1843 aus New York überwiesen für zwei Jahre wegen schweren Diebstahls; neunzehn Jahre alt, Eingeborener, verfiel drei oder vier Jahre, bevor er hierher kam, dem Onanismus und war bei seinem Eintreffen in einem schockierenden Stadium von *Demenz*; er ist jetzt auf gutem Wege der Heilung, doch noch immer sehr dumm und idiotisch.

Gewiss kann jahrelange Autoerotik sich negativ auswirken, wenn auch nicht auf die Weise, wie man das im neunzehnten Jahrhundert dachte. Der Beil-Mörder von Minnesota, der als Neunzehnjähriger zu siebzehn Jahren Haft verurteilt worden war, hatte, als ich ihn nach seiner vorzeitigen Entlassung aus Sing Sing wieder traf, eine hübsche Freundin. Aber er gestand, dass sogar nach ein paar Monaten mit ihr der Geschlechtsverkehr für ihn hinter den vertrauten Freuden von eigener Hand zurückstand.

Am zweithäufigsten findet man im Gefängnis sicher einverständlichen Sex. Mein Akademie-Kollege Dimmie hatte eines Tages ein zwischen Zellengittern gespanntes Laken heruntergezogen und dahinter zwei Insassen beim Sex angetroffen. Auch Baywatch und sein Lover waren in flagranti erwischt worden. John Cheever, der Autor aus Ossining, lässt in seinem Knastroman *Falconer* eine Affäre zwischen zwei ansonsten heterosexuellen Häftlingen stattfinden. Eine solche Beziehung – zwischen dem Transvestiten Molina und dem politischen Widerstandskämpfer Valentin – bildet auch den Kern von Manuel Puigs großartigem *Kuss der Spinnenfrau*. Aber partnerschaftlicher Sex scheint etwas zu sein, was die meisten Autoren von Gefängnisbüchern und -filmen nicht zur Kenntnis nehmen wollen.

In Büchern und Filmen bei weitem am häufigsten – und in der Realität am seltensten – ist der erzwungene Sex. Die Vergewaltigung des Häftlings aus der weißen Mittelschicht ist ein Topos zeitgenössischer Gefängnisfilme, von *American Me – Gesetz der Gewalt* über *Midnight Express* bis zu *Die Verurteilten*, und er findet sogar seinen Platz in der vermeintlich hyperrealistischen TV-Knastserie *Oz*. Amerikas Mittelschicht ist in ihren Vorstellungen von Gefängnis so auf dieses Klischee fixiert, dass Leute, wenn sie hören, dass ich in Sing Sing gearbeitet habe, unweigerlich in den ersten Minuten darauf zu sprechen kommen – wenn sie sich überhaupt an das Thema herantrauen.

Das Motiv vom vergewaltigten weißen Insassen hat seinen Ursprung in einem Stück von 1967, *Fortune and Men's Eyes* von John Herbert, in dem ein freundlicher, gänzlich unkrimineller Neuankömmling in einer kanadischen Jugendstrafanstalt von einem brutalen Zimmergenossen vergewaltigt wird. Weiterentwickelt wurde es in einem Stück mit dem Titel *Short Eyes*, das ein Insasse von Sing Sing namens Miguel Pinero geschrieben hatte und das unter der Regie von Robert Young 1977 als *Short Eyes – Im Netz der Gewalt* zu einem hochgelobten Film wurde. *Short Eyes* erzählt die Geschichte eines schmächtigen Weißen, der von allen für einen Kinderschänder gehalten und von seinen Zellengenossen mit der stillschweigenden Zustimmung seiner Bewacher zuerst vergewaltigt und dann ermordet wird.

Sicher gibt es Vergewaltigungen in den Gefängnissen von New York und anderswo. Phelan erzählte mir, dass zwei Langzeit-Verschlusshäftlinge von Block B beim Verlassen der Zelle eines Mitgefangenen erwischt worden waren, der verstört bäuchlings auf seiner Pritsche lag, die Hosen um die Knöchel. Aber das berühmtberüchtigte Beschützersystem unter den Häftlingen scheint veraltet zu sein oder wird immer überzeichnet. Verschiedene langjährige Insassen, mit denen ich gesprochen habe, meinten, dass es das kaum mehr gebe – aus verschiedenen Gründen. Zum einen ist da die Bereitschaft der Gerichte, Klagen von Häftlingen gegen Bun-

desstaaten zuzulassen. Dieser Trend, der in den frühen 70ern begann, hat die einzelnen Staaten dazu gebracht, den Schutz gefähr-
deter Insassen sehr ernst zu nehmen. Schutzgewahrsam ist heutzutage etwas sehr Wichtiges. Insassen, die um Schutz bitten und
ihn nicht erhalten, können hohen Schadenersatz fordern.

Und dann gibt es wohl auch einen gewissen Niedergang der
Häftlingsethik. Von langjährigen Insassen hörte ich übereinstim-
mend, dass Vergewaltigungsopfer früher niemals den Mund auf-
gemacht hätten, weil das bedeutete, einen Mithäftling zu verpfeifen. Obwohl diese Stillhalteregel nach außen hin noch Gültigkeit
hat, scheint den Häftlingen inzwischen die Zunge loser zu sitzen
und Beamte bekommen nicht selten Hinweise.

Ich vermute sogar, dass zumindest in Sing Sing Sex zwischen
Beamtinnen und Insassen heutzutage verbreiteter ist als erzwun-
gener Sex zwischen Insassen. Auf jeden Fall habe ich mehr darüber gehört. Eine junge Frau, die ich als Praktikantin zur Ausbildung auf Galerie V hatte, wurde etwa ein Jahr, nachdem ich weg
war, gefeuert, weil sie Sex mit einem Häftling in Tappan gehabt
hatte. (Wie Beamte erzählten, hatte ein anderer Häftling, der die
Badtür bewachte, während die Beamtin und ihr Geliebter dort
drin waren, auch seinen Anteil am Vergnügen gefordert und dann
geplaudert, als sie ihn abwies.) Und nur ein paar Wochen, nachdem ich Sing Sing verlassen hatte, war eine andere Beamtin offenbar entlassen worden, weil sie Sex mit einem meiner übelsten
Machos, einem notorischen Verschlusshäftling auf Galerie R, gehabt hatte.

Der einzige weibliche Sergeant von Sing Sing, Cooper, die die
Hauswirtschaft unter sich hatte, warnte Beamtinnen immer wieder bei Dienstantritt, kein Make-up zu tragen und sich auch nicht
auf den kleinsten Flirt mit Gefangenen einzulassen. Es gab einen
guten Grund dafür: Sex lag so sehr in der Luft.

Und vielleicht fand Sex ja nicht nur zwischen Gefangenen und
Beamt*innen* statt. Ein junger Häftling, der auf Galerie V eintraf,
nachdem sie «meine» Galerie geworden war, fand dauernd Grün-

de, um mich irgendetwas zu fragen. Er war ein Schwarzer mit heller Haut und rasiertem Kopf und versuchte immer, Augenkontakt mit mir aufzunehmen. Er war extrovertiert und nutzte jede Gelegenheit, ein Gespräch anzufangen. Wie alle Neuen saß er zunächst in einer doppelt belegten Zelle, bis er nach etwa sechs Wochen eine eigene bekam. Eines Tages rief er mich zu sich, als ich während der Nachmittags-Freizeit dabei war, die Zellen zu verriegeln.

«Conover», rief er aufgeregt und winkte mich zu sich.

«Yeah?»

«Kommen Sie mal her.»

«Was wollen Sie?», fragte ich von ein paar Zellen weiter. Ich hätte die Abschließerei unterbrechen und kehrtmachen müssen, um zu ihm zu gehen und mit ihm zu reden. Aber er gab nicht auf.

«Kommen Sie doch mal her.»

Ich ging hin.

Er fragte: «Ist irgendwer da draußen?»

«Wo?»

«Auf der Galerie!»

Ich sah mich vorsichtig um. Es war einer der wenigen Momente des Tages, in denen die Galerie praktisch leer war, bis auf die Verschlusshäftlinge, die noch in ihren Zellen saßen. «Nichts.»

«Und Spiegel?»

«Warum?», wollte ich wissen. Ich konnte nur annehmen, dass diesen Fragen eine Tätlichkeit folgen würde – er hatte nicht nur die Absicht mich zu schlagen oder mit irgendwas zu bewerfen, er wollte auch noch, dass ich für ihn sicherstellte, dass es keine Zeugen gab. Er wirkte sehr aufgeregt.

«Conover», flüsterte er. «Wissen Sie, dass ich's mit beiden mache?»

«Was?»

«Pssst! Ich mach's mit beiden!»

«Okay, gut, Sie machen's mit beiden», sagte ich ruhig.

«Kommen Sie rein!»

«Was? Warum?»

Er war frustriert, dass ich es immer noch nicht kapierte. «Ich will Ihnen einen blasen!» Er machte den Mund auf und deutete auf meinen Hosenladen. Ich war verblüfft – zunächst, dass er sein Begehren so offen kundtat und dann, dass er auch nur im Entferntesten glauben konnte, ich würde darauf eingehen, selbst wenn ich schwul wäre.

«Sorry, nicht mein Ding!»

«Kommen Sie schon! Sieht doch keiner!»

«Ich bin der Falsche!», sagte ich. «Nichts für mich!» Ich ging weg. Aber er rief mich nochmal zu sich, in einem lauten Flüsterton.

«Conover!»

«Was?», fragte ich ärgerlich. Ich ging wieder zurück und blieb stirnrunzelnd vor seiner Zelle stehen.

«Conover, sagen Sie's keinem, okay?»

Es war genauso, wie Janice gesagt hatte.

«Okay. Keine Sorge, ich sage nichts.»

Danach sah er mich nie wieder an.

———

R-und-W war mein Adrenalinstoß und mein Stresstest. Auf der nur halb so großen Galerie V konnte ich ein besserer Vollzugsbeamter sein und bei Schichtende manchmal das Gefühl haben, dass manche der Häftlinge tatsächlich Menschen waren. Obwohl sie mich auch auf V immer noch auf die Probe stellten und einzuschüchtern versuchten, ahnten sie nicht, dass mich ihre Herausforderungen nach dem Druck von R-und-W fast kalt ließen. Auf Galerie V erhielt ich mehr Einblicke in die Menschlichkeit von Insassen als irgendwo sonst in Sing Sing.

———

Vielleicht noch mehr als Menschen draußen hängen Häftlinge ihr Herz an Haustiere. Obwohl es verboten ist, findet lebende

Konterbande immer wieder den Weg in die Zellen. Am verbrei-
tetsten waren wohl die Spatzen, die in Block B nisteten, oft auf
den kleinen Sicherungskästen hoch oben an den Außenmauern,
neben den hohen Fenstern, die immer wenigstens einen Spalt-
breit offen waren. Die Häftlinge brachten Brot vom Essen mit,
steckten es in den Maschendraht draußen an der Galerie und be-
obachteten von ihren Zellen aus, wie die Vögel kamen und es
wegpickten.

Manche Insassen waren Vogelexperten: Ich sah einen Pakista-
ni ganz oben auf Galerie U durch sein Gitter ein Nest beobachte-
ten, in dem eine Vogelmutter gerade ihre Kleinen fütterte. «Die
zweite Brut in diesem Jahr», erklärte er mir zu Anfang des Sommers. Er schickte mich zur Zelle eines Freundes, der einen der
Wäschebeutel, in die die Gefangenen ihre Unterwäsche steckten,
unten mit Karton ausgelegt, einen Spatz hineingesetzt und das
Ganze an die Decke gehängt hatte.

Beim Gang über die Flats entdeckte ich eines Tages eine lange
Schnur, die aus einer Zelle herauskam und deren Ende am Bein
eines kleinen Spatzen festgebunden war. Der Häftling begann,
den Vogel an der Schnur zu sich herein zu ziehen, aber ich setzte
den Fuß auf die Schnur. Es erinnerte mich an eine Stadt in Mexiko, in der ich gelebt hatte: Dort amüsierten sich die Jungen damit, Vögel mit Schleudern zu betäuben, ihnen Schnüre um die
Beine zu binden und sie dann, wenn sie wieder zu sich kamen,
wie Drachen fliegen zu lassen. Die Vögel starben fast immer vor
Erschöpfung. Eines Tages hatte ich gesehen, wie sie das mit einer
jungen Eule machten. Nun zog ich mein kleines Taschenmesser
und schnitt die Schnur durch. Der Häftling heulte auf.

«Keine Vogelquälerei», erklärte ich.

«*Nein, Schließer, er kann gar nicht fliegen!*», protestierte der
spanischsprachige Häftling. «Er ist aus dem Nest gefallen. Ich füt-
tere ihn, sonst verhungert er!»

«Oh.» Ich sah ein, dass ich vielleicht voreilig gewesen war. Ich
ging hin und nahm den Vogel vorsichtig auf. Zu meiner Überra-

schung setzte er sich auf meinen Finger. Ich gab ihn dem Häftling zurück.

Ein anderes Mal, als ich mit ein paar Kollegen aus der Kantine vom Frühstück kam, hockte ein kleiner Spatz laut piepsend auf den Flats. Seine Mutter saß mit Futter im Schnabel auf einem Mülleimer in der Nähe, bereit, ihn zu füttern. Der Kleine sperrte den Schnabel auf und schlug mit den Flügeln wie alle hungrigen kleinen Vögel. Da trat ein Hausarbeiter dazwischen. Mit seinem Besen verjagte er die Mutter, dann versuchte er, den Kleinen in die andere Richtung zu scheuchen.

«Warum tun Sie das?», fragte ich ihn.

«Sie soll kapieren, dass sie ihn nicht retten kann», sagte er. *Sie soll kapieren, dass sie ihn nicht retten kann.* War das Teil eines Selbstgesprächs über sein eigenes Leben? Mutter soll der Wahrheit ins Auge sehen? Der Satz ging mir noch tagelang nach.

Schließlich kümmerte sich ein anderer Häftling um den kleinen Spatz, der ihm fast auf den Finger hüpfte, dann aber erschrak und zu irgendwem in die Zelle hineinflatterte. Ein vorbeikommender Beamter sah hinein und bemerkte zu einem Kollegen: «Spatzensuppe.»

Es gab auch größere Tiere. Einst in den dreißiger Jahren hatte Direktor Lewis Lawes die Insassen mit dem Verbot der populären Kaninchen-Haltung verärgert. Heutzutage gab es keine Kaninchen, aber innerhalb der Gefängnismauern lebte eine große Kolonie wilder Katzen. An schönen Tagen sah man sie auf den Rasenstreifen in der Sonne dösen oder unter den Fenstern mancher Gebäude herumstreifen, wo Häftlinge ihnen Futter hinauswarfen.

Einer meiner Häftlinge auf Galerie V hatte es irgendwie geschafft, ein Katzenjunges in seine Zelle zu bekommen. Er war ein großer, kräftiger Italoamerikaner aus Bensonhurst, Brooklyn, und jemand hatte ihm ein Ton-in-Ton Set für seine Zelle geschickt: dunkelrote Leintücher, dunkelroter Kissenbezug, dunkelroter Bettvorleger und ein dunkelrotes Taschentuch über der Waschbeckenlampe, das die ganze Zelle in einem dunklen Rot glimmen ließ. Er hatte die unteren Zellenstäbe mit Karton verdeckt, um das Tier am Entweichen zu hindern, aber trotzdem gelang es dem Kätzchen oft und dann sammelte er es auf der Galerie wieder ein, wenn er zurückkam. Auch wenn es vielleicht gegen die Regeln verstieß, hatte ich das Gefühl, dass es den Leuten gut tat, ein Tier zu haben, und einmal fragte ich ihn danach.

«Einzige Pussy, die ich je kriegen werde», witzelte er.

Das ließ mich für die Katze fürchten.

Es gab noch ein anderes Haustier auf Galerie V, das ich erst nach einigen Wochen bemerkte. Auf meinen morgendlichen Runden hatte ich sicher zwanzigmal in die Zelle von Medina, Chef der Malertruppe von Block B, hineingeschaut, ehe ich sah, dass in einer Pyramidenkonstruktion aus Plastikfolie, Klebeband und Stöckchen eine große Spinne in ihrem Netz hing.

«Ist es das, was ich denke?», fragte ich, während ich in die dunkle Zelle linste.

«Yeah, aber ich weiß nicht, was für eine Art von Spinne», sagte er.

«Womit füttern Sie sie?»

«Hauptsächlich Kakerlaken. Aber es gibt schon nicht mehr so viele hier drin, seit ich sie habe. Sie wächst auch, wissen Sie. Wollen Sie mal sehen, wie sie frisst?»

Ich nickte. Er rückte seine Pritsche von der Wand ab und kippte eine Schachtel aus, die er dort auf dem Boden aufbewahrte. Gleich darauf zappelte eine kleine Kakerlake zwischen seinem Daumen und Zeigefinger. Er zog die Folie ein Stück zur Seite und schubste das Insekt ins Innere der Pyramide. Die Reaktion erfolgte in Sekundenschnelle.

«Das reicht ihr jetzt für 'ne Woche oder zwei», sagte er.

Kindergärten haben ihre Hamster, Feuerwehrhäuser ihre Dalmatiner. Von allen Tieren schien diese Spinne das richtige für Sing Sing zu sein.

Am Ende der Tagschicht schickte der Aufsicht habende Beamte oft drei, vier oder fünf von den scheidenden Kollegen auf eine Kehrausrunde über die Flats. Diese Runde war eine Art Feierabendspaziergang einmal unten um den Block, um zu schauen, dass alle Häftlinge drin, alle Tore geschlossen waren und generell Ordnung herrschte. Die Schlussrundenbeamten waren in der Regel Verschluss- oder Eskortenbeamte, die ansonsten untätig in der Nähe des Eingangs herumhängen und auf die erste Gelegenheit warten würden, sich hügelabwärts davonzumachen. Ich ging gern auf diese Runde mit, wann immer ich Eskortenbeamter war: Diese fünf oder zehn Minuten, das geruhsame Gehen, Reden und der – wie soll ich es anders nennen? – Korpsgeist bildeten einen guten Abschluss des Tages.

Eines Tages machte ich die Runde mit Smith, Phelan, Phelans Spezi Pacheco und Chilmark. Als wir auf Galerie Q Richtung Norden loszogen, kam die Rede irgendwie auf die letzten großen Unruhen, die Sing Sing erlebt hatte. Es war in Block B passiert, gerade einen Monat, bevor ich von der Akademie kam. Damals ließ man die Häftlinge von Block B sich nach dem Frühstück auf Q-Nord versammeln, von wo aus sie in kleineren Gruppen zu ihren verschiedenen Aktivitäten in andere Teile des Gefängnisses eskortiert wurden. Heute wurde das nicht mehr so gemacht, und der Grund dafür waren die Ereignisse an jenem Morgen.

Unvermittelt war auf Q-Nord die Hölle los gewesen. Die etwa 150 dort versammelten Häftlinge schrien und rannten auf einmal wild durcheinander. Später fand man heraus, dass nur sieben oder acht Insassen gewalttätig geworden waren, aber in dem Augenblick hatte es wie ein allgemeiner Aufstand ausgesehen. Smith war um die Ecke auf Galerie V gewesen und das erste, was er von den Geschehnissen mitbekommen hatte, waren merkwürdige dumpfe Geräusche unter der Nordtreppe – sie kamen, wie er später erkannte, von einem Häftling, der gegen die Metallwand geschleudert wurde. Als Smith dort ankam, lag ein Insasse mit dem

Kopf auf den Stufen, während ein anderer Insasse, «groß wie ein Elch», auf ihm herumhüpfte.

«Hops, hops, ich sah, wie der Kopf sich jedesmal regelrecht verformte», sagte er. Er sei erst ein paar Monate in Block B gewesen, erklärte Smith, «und in dem Moment begriff ich zum ersten Mal wirklich, wo ich war.»

Chilmark erzählte, dass er in der Nähe des Eingangs gestanden habe, drei Meter entfernt von einem Häftling, der gerade von zwei anderen brutal zusammengeschlagen worden sei. Ein dritter Insasse habe gewartet, bis sie fertig waren und das Opfer reglos dalag, und dann dem Mann mit einem Messer einen Schnitt von Ohr zu Ohr, quer über die Nase, verpasst. Obwohl ich nur die Nacherzählung mitbekam, wirkte es nachhaltig, ähnlich wie die Videoaufzeichnung von jenem Lastwagenfahrer, Reginald Denny, der während der Unruhen 1992 in Los Angeles an einer roten Ampel aus seinem Fahrerhäuschen gezerrt worden war. Von einem Hubschrauber aus hatte jemand gefilmt, wie Männer einer nach dem anderen Denny ins Gesicht traten, Steine und Ziegelsteine auf seinen Kopf fallen ließen und ihn bestialisch misshandelten. Purer atavistischer Hass und Blutrausch von Leuten, die vielleicht kurz vorher noch «Guten Morgen, Officer» gesagt hatten.

Wir erreichten Galerie V. Ich hatte nie ein Massenchaos erlebt, aber erst am vergangenen Wochenende hatte ich die Vorstufe davon gesehen. Ich war einer von etwa vier Beamten gewesen, die am Sonntagnachmittag zur Aufsicht über die gut hundert Häftlinge in der Galerie-V-Freizeit eingeteilt waren. Ein Besucher hätte wohl nichts Außergewöhnliches bemerkt: wie üblich liefen drei Fernsehgeräte (es gab NFL-Football, einen spanischsprachigen Film und eine Folge von *Xena*), es wurde Schach, Dame und Domino gespielt und allgemein herumgesessen. Doch irgendwie sträubte sich mein Nackenhaar. Irgendetwas war spürbar seltsam. Auf meinem Weg zum Zentraltor hielt ich Ausschau nach einer weiteren grauen Uniform und war mächtig erleichtert, als ich

Miller ausmachte, einen ungewöhnlich fähigen Beamten aus meiner Klasse, den ich wirklich mochte. Gerade als ich den Mund öffnen wollte, nahm Miller mich zur Seite und fragte: «Kommt es dir hier heute irgendwie unheimlich vor?» Wir machten uns auf die Suche nach einem weiteren Beamten, der das Gleiche gespürt hatte und nun den Sergeant holen ging. Nach und nach tauchten weitere Beamte auf: Bald waren wir mehr als ein Dutzend, inklusive Sergeant. Der kam zu mir.

«Also?», fragte er.

«Ich weiß nicht, Sarge. Irgendwas stimmt nicht.»

«Sie haben uns gesagt, dass zwischen den Muslims und den Latin Kings womöglich was im Gang ist», sagte er, ohne auch nur einen Moment unsere Sorge infrage zu stellen.

An der Akademie hatte Nigro über dieses Phänomen gesprochen und absolut recht gehabt: Irgendwie merkte man es einfach. Der Sergeant merkte es nach ein paar Minuten auch. Er rief den Lieutenant. Der Lieutenant kam und schickte uns zu den beiden Mitteltoren, um sie abzuschließen und so die Gruppe in zwei Hälften zu teilen. Dann verkündete er über Lautsprecher das Ende der V-Freizeit. Als alle wieder in ihren Zellen waren, erklärte er, dass außerdem Sporthalle und Hof für den Tag entfielen. Es gab lautes Murren und auch Protestrufe, aber sein Vorgehen erschien mir absolut vernünftig – obwohl nie bewiesen werden konnte, dass etwas in der Luft lag.

Ich wusste, dass Gewalt manche Beamten antörnte. Phelan und Pacheco gehörten vermutlich dazu. Pacheco hatte am Tag zuvor darüber gesprochen, wie viele Uniformen er schon hatte kaufen müssen, wegen all den Blutflecken. Er sagte das in klagendem Ton, aber ich wusste, dass die Wahrheit anders aussah. Eine neue Uniform war die Tapferkeitsmedaille des Vollzugsbeamten.

Wir kamen um die letzte Ecke, nickten dem Beamten am Tor zur Sporthalle zu und waren auf dem Weg zum Ausgang und in die Freiheit. Aber da drang Musik an unser Ohr – ein Häftling hörte in seiner Zelle laut eine Kassette. Das war verboten: Insas-

sen mussten Kopfhörer benutzen. «Drehen Sie das leiser», sagte
Phelan, der Größte und Kräftigste von uns.

Der Häftling tat bloß so, als drehte er leiser. «Hey», sagte Phelan und wir blieben alle stehen.

Der Häftling sah Phelan herausfordernd an. «Dem Galeriebeamten ist es egal. Was geht Sie das an?», fragte er. «Sie reden bloß
groß daher, weil Sie auf der anderen Seite vom Gitter stehen.»

Der Galeriebeamte befand sich nur ein paar Zellen weiter. Phelan schnappte sich die Schlüssel vom Gürtel des Mannes, marschierte zur Zellentür des Häftlings, schloss auf und riss die Tür
mit Schwung nach außen. Er griff hinein, zog den Kassettenre-
korder aus der Steckdose und stand im Zelleneingang, das Gerät
wie eine Keule erhoben.

«Jetzt nicht mehr», sagte er wild. «Wollen Sie rauskommen?»

Der Häftling duckte sich ängstlich, und aus gutem Grund:
Phelans Haltung besagte, dass er nur darauf wartete, dem Mann
den Kopf abzureißen. Es war ein imposanter Auftritt: Phelan
scheute sich nicht, seine massive physische Präsenz einzusetzen.
Der kleine Touch Elam Lynds hob unsere Moral.

Die mögliche und die reale Gewalt waren eine Belastung für
Häftlinge wie Beamte, aber nicht für alle und nicht immer. Es gab
Augenblicke, da wurde Gewalt angesichts der dauernden Spannungen des Gefängnislebens und des generellen Fehlens von Ent-
ladungsmöglichkeiten zu einem Thrill. Es war ein langer heißer
Sommer in Block B gewesen – ein ewiges Auf und Ab von Attacken und Racheakten und anschließenden Verschlusszeiten, um
alles abzukühlen. Nach fast jeder Serie von Zwischenfällen durchsuchten Beamte den Hof, die Sporthalle und andere Orte, an denen Häftlinge sich versammelten und zum Kampf rüsten konnten, nach Waffen. Normalerweise fanden wir sie in Mengen – in
Abfalleimern, unter Steinen, auf Simsen, oder einfach in der Erde
verbuddelt. Manchmal schienen unsere Aktionen die nächste
Welle zu verhindern, manchmal nicht.

Ich erinnerte mich an den Tag, als ich vor der Verkaufsstelle stand und auf meine Häftlinge wartete, um sie nach Block B zurück zu eskortieren, und der Beamte am Tor mir mitteilte, dass es eine Verzögerung gebe – im Block war irgendeine Schlägerei ausgebrochen. Frustriert, weil ich es verpasst hatte, wanderte ich auf und ab, schloss dann meine Häftlinge hinter einem anderen Tor ein und wartete auf Neuigkeiten. Bald tauchten im Tunnel von Block B nacheinander Beamte mit Insassen in Handschellen auf. Die ersten drei Häftlinge bluteten heftig am Kopf. Die Beamten trugen Gummihandschuhe. Mein eigener Trupp Häftlinge bekundete laut seine Solidarität und Unterstützung.

«Hast du den Wichser gekriegt?»

«Yo, Smiley!»

«Ernest, Kumpel!»

Die blutenden, gefesselten Häftlinge wirkten nicht deprimiert, sondern elektrisiert. Ungeachtet ihrer Wunden schienen sie geradezu euphorisch über das, was gerade geschehen war.

Schließlich kam ich mit meinen Häftlingen zurück in den Block, der inzwischen unter Verschluss war. Ich half mit, meine Männer in ihre Zellen zu schließen, dann ging ich hinunter auf die Flats. Neben dem Büro des Aufsicht habenden Beamten war mein Freund Scarff für Häftlingsbewegungen und Kontrolle zuständig. Zu mehreren wollten wir von ihm wissen, was passiert war.

Offensichtlich hatten drei oder vier Häftlinge zwei andere beim Verlassen der Sporthalle gejagt und verprügelt. Die gehetzten Häftlinge steuerten das Büro des Aufsicht Habenden an, in dem mehrere Beamte versammelt waren. Als den Beamten klar wurde, was los war, trieben mehrere von ihnen, darunter Scarff, die Angreifer zurück in Richtung Sporthalle. Es kam zu einer Massenprügelei zwischen Beamten und Häftlingen. Scarff hatte eine Klinge sichergestellt. Einer der Angreifer hatte hämisch gelacht, als sein Opfer in Handschellen und mit blutigem Hemd vorbeigeführt wurde, und ihm zugerufen: «Ich hab dich gekriegt! Ich hab dich gekriegt!»

Scarff war kein Greenhorn wie viele von uns übrigen: Er hatte im Strafvollzug in Maryland Dienst geschoben, bevor er hierher kam. Aber jetzt wirkte er genauso aufgekratzt wie die Häftlinge vorhin.

«Das ist das erste Mal in fünf Jahren, dass ich mit einem größeren Zwischenfall zu tun hatte», sagte er, «Und es war toll! Ich wollte auf jemanden einknüppeln!» Offensichtlich hatte Scarff etwas von demselben mitreißenden Rausch erlebt, den die Häftlinge verspürt hatten. Und man konnte das absolut verstehen. Es gab so viele ungelöste verbale Zusammenstöße in Sing Sing, so vieles, was nie bereinigt wurde. Wie oft hatte ich einen Häftling oder einen Beamten halb im Spaß sagen hören: «Es muss mal krachen hier!» Die Lunte zünden! Ein bisschen Wirbel machen! In verzerrter und übersteigerter Form schien das der gleiche Impuls wie das Abtanzen Samstagnacht: Dampf ablassen nach einer angespannten oder langweiligen Woche.

Wir hatten unseren Rundgang beendet, die Schicht war fast vorbei. Ich ging mit den anderen zur Stechuhr und sah dann am Anschlagbrett, dass in etwa einer halben Stunde eine Sitzung der örtlichen Gewerkschaftsgruppe stattfand. In der vergangenen Woche waren Beamte in Block B bei Handgemengen verletzt worden, und es war wahrscheinlich, dass das zur Sprache kommen würde. Sosehr es mich nach Hause zog, dachte ich, es könnte nicht schaden hinzugehen.

Der Vorsitzende der örtlichen Gewerkschaftsgruppe, Sportiello, meinte, er hätte vielleicht ankündigen sollen, dass es Gratis-Essen gab. Wir zwölf, die wir erschienen waren, hatten nur 60 bis 90 Zentimeter von den beiden in blaues Cellophan verpackten Zwei-Meter-Sandwiches verdrücken können. Der Rest blieb liegen, zur Erinnerung daran, wie kümmerlich weit entfernt von den für die Beschlussfähigkeit erforderlichen zehn Prozent der Mitglieder – also etwa siebzig Personen – wir uns befanden. Es kam der Gedanke auf, die Satzung zu ändern, um dieser Apathie Rechnung zu tragen. Man erinnerte sich stolz an die Versammlung vor ein paar Jahren, als Hunderte gekommen waren, weil die Regierung möglicherweise das traditionelle Privileg der Vollzugsbeamten, außerhalb des Dienstes verborgene Waffen zu tragen, aufheben wollte. (Den Gedanken hatte die Regierung dann wieder fallen gelassen.)

Nach etwa ein, zwei Stunden endlosen Diskutierens darüber, wie Delegierte für das große landesweite Gewerkschaftstreffen in Albany zu wählen seien, warum die Berufsunfähigkeitsversicherung geändert worden war und ob die Gruppe ein Little League Team unterstützen sollte, dämmerte mir, warum keiner kam. Da ging wie auf ein Zeichen hin langsam die Tür auf und ein junger Beamter humpelte herein. Er hatte einen Gipsarm, ein bandagiertes Bein, mit dem er nicht auftreten konnte, und ein verquollenes Gesicht samt blauem Auge. Die Diskussion brach ab und es wurde applaudiert. Der drahtige Mann Ende zwanzig war Harper, ein Beamter von der Abendschicht, der bei einem Zwischenfall in der vergangenen Woche von Häftlingen verletzt worden war.

Obwohl nur wenige es gesehen hatten, wussten die meisten Beamten in Sing Sing über das Ereignis Bescheid. In der Folge dieses Zwischenfalls war Block B für drei Tage unter Verschluss gesetzt worden. In der *New York Times* war ein kleiner Artikel erschienen, die Administration hatte Änderungen versprochen und die Beschuldigungen und Erklärungsversuche machten die Runde, wie so oft, wenn etwas richtig schief gegangen war. Harper, der im Hof von Block B Dienst getan hatte, war nach Ansicht der meisten das Hauptopfer, aber laut anderen Versionen hatte er auch dusslige Fehler begangen.

Begonnen hatte es damit, dass Harper und ein paar andere Beamte Häftlinge, die auf den Hof wollten, stichprobenweise filzten. Ein Häftling nahm mittendrin die Hände von der Wand und rannte auf den Hof hinaus. Harper und die Kollegen liefen hinterher.

Der Hof von Block B war so lang wie der Block selbst, mit 3,60 m hohem Maschendrahtzaun an zwei Seiten, Block B als dritter und Sporthallengebäude und Magazin als vierter Begrenzung. In der Hauptsache bestand er aus sandigem Ödland, aber am nördlichen Rand, entlang des Sporthallengebäudes, gab es bröckelnde Betonterrassen, auf denen die Häftlinge gern saßen, einen Platz zum Hufeisenwerfen und eine Boccia-Bahn, ein paar Fernsehgeräte unter Sperrholzüberdachungen, eine Außentoilette und eine Reihe Kaltwasserduschen. Es sah aus wie ein verfallener, heruntergewirtschafteter Park, vielleicht in Haiti. In diesen Teil des Hofs, in dem in der Regel die höchste Konzentration an Häftlingen herrschte, rannte der Flüchtende.

Zu diesem Zeitpunkt befanden sich auf dem Hof, wie man mir erzählt hatte, über dreihundert Häftlinge und vier Beamte. In der Sorge, der Mann könnte ihnen entwischen, verfolgten Harper und die anderen ihn in die Terrassenecke und Harper packte ihn. Aber da begannen die Schwierigkeiten erst, denn der Hof ist in vielem wie die Sporthalle: ein Ort, an dem viele Insassen zusammentreffen und die Emotionen schnell hochkochen. Wenn man hier hinter einem Häftling her war, gab es keine klare Regel, aber der gesunde Menschenverstand sagte einem, dass es klüger war, zu warten, bis derjenige den Hof wieder verlassen wollte. Dem Flüchtenden Handschellen anzulegen ging nicht ohne Gerangel ab, und als die Beamten versuchten, ihn zu überwältigen, scharten sich offenbar Häftlinge um sie und beschwerten sich über das brutale Vorgehen. Auf die Rufe folgten Geschosse: Steine (von denen viele im Hof herumlagen), Hufeisen und Bocciakugeln. Harper ging zu Boden, als ihn ein Hufeisen am Hinterkopf traf. Ein weiteres zerschmetterte ihm den Ellenbogen. Auch die drei anderen Beamten wurden verletzt. Harper wurde auf einer Trage weggebracht.

Harper wusste zweifellos, dass die nachträglichen Besserwisser von Sing Sing der Ansicht waren, er hätte den Häftling niemals in den bevölkerten Hof hinaus verfolgen dürfen. Aber als

die Gewerkschafter schließlich zum nächsten Tagesordnungspunkt übergehen wollten, stand er auf und machte deutlich, dass
die Dinge etwas komplizierter lagen, als es auf den ersten Blick
aussah. Warum der Beamte auf Wachturm 17 nicht herausgetre-
ten sei und ein, zwei Schüsse in die Luft gefeuert habe?, wollte er
wissen. Warum hatte die Administration einige Tage nach dem
Zwischenfall nur die Bocciakugeln und Hufeisen vom Hof von
Block B, nicht aber von anderen Höfen entfernen lassen? Warum
hatten die Hofaufsichtbeamten seiner Schicht nur ein Funkgerät
zur Verfügung gehabt?

Die Gewerkschaftsleitung schien sich nicht zu eindeutig vor
Harper stellen zu wollen. Zunächst einmal war die Frage nach
dem Wachturm kompliziert, und den Beamten dort oben wollten
sie wohl nicht so ohne weiteres kritisieren. Das Problem war, dass
die Geschehnisse sich etwa 200 bis 250 Meter von dem Posten
entfernt abgespielt hatten. Das war wieder eine Besonderheit und
ein Manko von Sing Sing. Es gab einen zweiten, näher gelegenen
Wachturm, aber der stand so, dass die Terrassenecke für ihn im
toten Winkel lag. Die Vollzugsbehörde gestattete den Gebrauch
des AR-15 Gewehrs nur bis zu einer Schussweite von bis zu 90
Metern, da die Zielgenauigkeit bei größerer Entfernung zu sehr
abnahm. In anderen Anstalten würde diese Frage niemals auftauchen: Die Wachtürme würden einfach da stehen, wo sie am effek-
tivsten wären.

Im Hof von Block A war es sogar noch schlimmer, da gab es
Ecken, die man von gar keinem Wachturm aus einsehen konnte.
Der Bau eines neuen Wachturms dort sei schon lange genehmigt,
wie der örtliche Vorsitzende erklärte, aber die Kassen seien leer.
Harper fragte verbittert, warum oben auf dem Hügel gerade ein
neuer Parkplatz gebaut werde, wenn «die Kassen leer» seien,
dann erhob er sich mühsam und ärgerlich.

«Da draußen liegen immer noch Steine, größer als meine
Hand!», protestierte er. «Der Hof hat immer noch uneinsehbare
Ecken, genau wie der, in dem wir waren. Wie viele müssen denn

noch ein Hufeisen über den Schädel kriegen, ehe das anders wird?»

Die Versammlung setzte knirschend ihr Räderwerk in Gang. Schließlich wurde eine Resolution verabschiedet, die die Administration aufforderte, sich mit dem drängenden Sicherheitsproblem auf den Höfen zu befassen.

———

Ich fuhr oft zusammen mit dem Beamten Rob Saline zur Arbeit und nach Hause. Optisch waren Saline und ich der absolute Gegensatz. Mit gut dreihundert Pfund und einer Größe von über 1,82 m war er gut und gern doppelt so massig wie ich und vermutlich der bulligste Mann in Block B. Er kam aus der Bronx und trug den Schädel kahl rasiert und eine Designer-Schildpatt-Brille. Er hatte Football bei der Air Force und für kurze Zeit auch bei den New York Jets gespielt. Ihm taten oft die Füße weh – ich nehme an, weil sie so eine gewaltige Last zu tragen hatten.

Saline und ich hatten uns bei einem Transportjob kennen gelernt, als wir Insassen zu ihrem Gerichtstermin beim Westchester County Courthouse in White Plains eskortierten. Sergeant Holmes hatte uns zusammengesteckt, womöglich als eine Art Witz. Der für den Transport zuständige Sergeant hatte auf Salines Anblick erfreut reagiert und ihn, als er hereingestapft kam, mit einem: «Ja, das ist ein Vollzugsbeamter!» begrüßt. Mich ignorierte er völlig. Während Saline und ich bei Gericht herumsaßen, kamen wir darauf, dass seine Freundin nicht weit von mir wohnte und arbeitete. Er habe kein Auto, erzählte er mir, aus Geldgründen, und verbringe viel Zeit dort in der Bronx in meiner nächsten Nähe. Ob ich ihn vielleicht das ein oder andere Mal mitnehmen würde?

Also beteiligte sich Saline am Benzingeld und zwängte sich an vielen Tagen um 6.00 und um 15.15 auf den Beifahrersitz meines Toyota. Die Fahreigenschaften des Wagens veränderten sich völlig, wenn Saline dabei war. Tatsächlich klagte Aragon, dass Saline in den Zeiten, als sie gemeinsam ein Auto benutzt hatten, seine Federung ruiniert habe, aber das wollte ich für ein bisschen Einblick in Salines Welt in Kauf nehmen.

Er war etwa in meinem Alter und hatte Töchter in «Carolina». Nach Feierabend arbeitete er noch als Wachmann bei einem Juwelierunternehmen. Oft ließ ich ihn nach der Arbeit an einer Kreuzung in der Nähe der Cross County Mall hinaus, wo er seine Freundin bei der Arbeit im Fashion Bug Store besuchte. Er war ziemlich reizbar und verdarb es sich mit vielen. Ich wusste, dass einige Kollegen sich weigerten, ihn noch einmal mitzunehmen. (Einer derjenigen, die ihm ebenso aus dem Weg gingen wie er ihnen, war Sergeant Wickersham.) Er trug einen Pager bei sich und konsultierte ihn häufig. Seine Pläne änderten sich ständig. Er konnte sich um 23 Uhr abends oder um 5.15 Uhr morgens bei mir melden, um sich für denselben oder den nächsten Tag zu verabreden. Als ich einmal ein paar Tage frei hatte, ohne ihn informiert zu haben, hinterließ er eine Art Rap auf meinem Anrufbeantworter: «Yo, Teddy-Ted, hier ist Rob. Ich ruf dich nur an, weil ich dachte du bist tot. Ich hab dich nicht beim Job gesehn, so hoff ich mal, dir geht's besser. Sag deiner Lady und den Kids, ich sag Hi und ich hoff, dir geht's gut, Mann. Wenn du mich brauchst, ruf mich an, Mann – klar? –, wenn ich was für dich tun kann. Ciao.»

Wir redeten meistens über die Umstände und die Leute bei der Arbeit – oft erfuhr ich Neuigkeiten aus der Gerüchteküche zuerst von Saline. Und eines Morgens Ende September hatte er aufregende Nachrichten, die in den folgenden Tagen in Block B hinter vorgehaltener Hand mit immer neuen Einzelheiten kursierten.

Vier Beamte von Block B – Pitkin, De Los Santos, Garces und Lopez – waren zusammen einen trinken gegangen. In einem Strip-Schuppen in Queens mit dem Namen «Playhouse» traf Pitkin – ein kleingewachsener, streitlustiger, extrovertierter Beamter, von dem manche meinten, er habe einen Napoleonkomplex – in der Herrentoilette auf einen Ex-Häftling. Der Mann war Insasse in Block B gewesen und schob offenbar einen alten Hass auf Pitkin.

Er erkannte den Wachmann und setzte ihm, möglicherweise zum Spaß, einen Kugelschreiber ins Genick. Die beiden rangen miteinander und der Kampf setzte sich im Lokal fort, wo die drei anderen Beamten eingriffen und den Mann nicht nur überwältigten, sondern ihm, so wurde erzählt, Handschellen anlegten und ihn dann vor aller Augen noch weiter «überwältigten». In dieser letzten Phase zog ein Beamter anscheinend seine Waffe, um andere Stammgäste in Schach zu halten. Man rief die Polizei, die bei ihrem Eintreffen die Beamten unter dem Vorwurf der Körperverletzung verhaftete.

Sie wurden alle bis zum Abschluss der Untersuchung freigelassen, aber am nächsten Tag erfuhren wir, dass sie ihre Dienstmarken abgeben mussten. Sie wurden ohne Lohnfortzahlung suspendiert, bis die Sache entschieden war. Bald darauf wurden sie von Untersuchungsbeauftragten der Vollzugsbehörde befragt und nicht lange danach erfuhren wir, dass der Distrikts-Staatsanwalt ein Anklageerhebungsverfahren wegen schweren tätlichen Angriffs beantragt hatte.

Die Informationen wurden stückchenweise herumgereicht, aber daraus entstand diese zusammenhängende Geschichte, die mir in Teilen von Vorgesetzten bestätigt wurde. Ein Lieutenant vertraute mir beim Unterschreiben meines Wachbuchs sotto voce an, dass er derjenige gewesen sei, der ihre Dienstmarken entgegengenommen habe. Die meisten Knastgerüchte finden schnell ihren Weg zu den Häftlingen, aber in der Sache der Playhouse Four, wie die Gruppe nun genannt wurde, waren sich die Beamten einig, möglichst nichts durchsickern zu lassen. Wir führten Flüstergespräche auf den Treppen und beim Büro des Aufsicht habenden Beamten.

«Haben Sie's schon gehört?», fragte ich Camacho, einen Kollegen aus Yonkers, der in Urlaub gewesen war. Wir standen allein am Hoftor. Ich erzählte es ihm.

«Zahltag», war seine erste Reaktion, und jetzt erst wurde es mir bewusst: Ja, es war an einem der Mittwoche passiert, an denen wir im vierzehntägigen Rhythmus unseren Lohn ausgezahlt bekamen. Zahltag war Partytag. Die Geschichte schien Camacho in einer seiner tiefsten Überzeugungen zu bestärken: «Zieh nie mit Kollegen los!», erklärte er entschieden. «Wenn die beieinander sind, denken sie, sie sind ...» Er deutete mit den Händen einen gewaltigen Kopf an. Mit anderen Worten, sie denken, die ganze Welt sei ihr Zellenblock.

Feliciano murmelte, als wir bei Dienstantritt nebeneinander standen: «Weißt du, dieser Häftling, der auf Pitkin losgegangen ist? Ich hab erfahren, das ist der Cousin von dem Mädchen meines Freundes.» Für ihn war die Lektion: Wenn du aus der Big City kommst, ist die Welt sehr klein.

Ein anderer Beamter, Riordan, kam auf das Thema zu sprechen, als wir bei der morgendlichen Zählung nahe der Zentraltreppe standen, wo niemand uns sehen oder hören konnte. Jeder der vier konnte seinen Job verlieren, wenn sie einer Straftat für schuldig befunden wurden. Besonders leicht konnte es De Los Santos treffen, denn er hatte, wie ich, noch kein Jahr hier gearbeitet und war noch in der Probezeit – mit anderen Worten, er genoss nicht den gleichen Schutz wie Gewerkschaftsmitglieder.

«Ich kapiere bloß nicht, warum sie ihm erst Handschellen anlegen mussten», sagte Riordan. «Einfach verprügeln, ohne Handschellen!»

«Ich finde, es ist ein Glück, dass sie nicht auch noch auf ihn geschossen haben», entgegnete ich. Riordan zog sein kleines 5-cm-Messer – die Maximalgröße, die wir bei uns haben durften – und zerschlitzte aus einer plötzlichen Laune heraus alle Zettel auf dem Insassen-Informationsbrett. Einer betraf den bevorstehenden Jaycee-Insassen-Rap-Wettbewerb. Riordan improvisierte aus dem Stand seinen eigenen Rap: «Ich bin ein Mörder, ich sitz lebenslang im Bau, der Catchertyp da drüben, das ist Wally, meine Frau.»

Ich hatte nicht gerade viel Sympathie für die Playhouse Four, aber ich hoffte, dass sie nicht in den Nachrichten auftauchen würden. Zu der Zeit waren die Zeitungen und lokalen Nachrichtensendungen voll von Enthüllungen über die Misshandlung eines Immigranten aus Haiti, Abner Louima, durch New Yorker Polizeibeamte, die ihm einen Schlagstock ins Rektum gesteckt hatten. Jeder weitere Fall von Brutalität auf Polizistenseite würde Öl auf das Medienfeuer gießen. Aber der Playhouse Vorfall erschien nicht in der Presse, vielleicht, weil auf beiden Seiten ethnische Minderheiten beteiligt waren.

Als ich Ende November, zwei Monate nach dem Geschehen, zur Arbeit kam, sah ich folgende Nachricht von Hand auf eine Tafel geschrieben: *Playhouse 4 – Keine Anklage – Rechtmäßige Gewaltanwendung*. Mit anderen Worten, die Anklagejury hatte entschieden, keine Anklage gegen die Beamten zu erheben. Ich spürte, wie ich ein wenig in das kollektive Aufatmen einfiel. Wie andere Beamte bemerkt hatten: Die Jungs hatten nur getan, was man uns beigebracht hatte, für den Fall, dass einer von uns im Gefängnis bedroht wurde: en masse antworten. Die Handschellen, die Waffe und das Prügeln waren unglücklich, aber, hey, wenn man dieselben schwierigen Umstände erlebte – den Dienst im Knast – dann neigte man dazu, im Zweifelsfall zusammenzustehen.

Indessen ist kaum zu bestreiten, dass es im Strafvollzugsdient die Tendenz zu Brutalität gibt. Jeder, der die Nachrichten verfolgt, weiß, dass man nicht lange suchen muss, um Strafvollzugsbeamte von ihrer schlimmsten Seite zu sehen. In New Jersey veranstalteten im Jahr 1995 Wärter mit den Insassen eines Haftzentrums für Einwanderungsdelikte nach einem Aufstand ein Spießrutenlaufen, steckten später mindestens einem von ihnen den Kopf in eine Kloschlüssel mit laufender Wasserspülung und rissen einem anderen mit einer Zange die Schamhaare aus. In Florida führten 1999 neun mit einem Betäubungsgewehr bewaffnete Wärter eine «Zellenräumung» durch, an deren Ende der Insasse tot war. Sie verweigerten die Aussage und wurden wegen Totschlags verurteilt. (Der Häftling hatte in der Todeszelle gesessen, weil er einen Vollzugsbeamten getötet hatte.) Auf Long Island starb 1997 ein Häftling, der seine Wärter mit Rufen nach Methadon genervt hatte, an einem Milzriss, nachdem zwei von ihnen ihn in seiner Zelle zusammengeschlagen hatten. Bevor er starb, sollen sie versucht haben, ihn dazu zu bringen, eine Aussage zu unterschreiben, nach der seine Verletzungen von einem Unfall herrührten. (Ein Witz, den ich von einem Beamten in einer Bar im Norden hörte: Wie viele Beamte braucht es, um den Häftling die Treppe runterzustoßen? Keinen – er fällt immer von allein.)

Jede einzelne Story über Wärter scheint das brutale Stereotyp zu bestätigen. Wenn ich angeklagte Beamte im Fernsehen sehe oder die Aussagen von Gewerkschaftsleuten in den Zeitungen lese, bin ich immer enttäuscht von dem allgegenwärtigen Leugnen: Es wird abgestritten, dass die fraglichen Ereignisse je so stattgefunden haben, und keiner gibt das Offensichtliche zu: dass sich neben den vielen guten Beamten auch einige schlechte finden. Sogar wenn sie anonym bleiben – was die Journalisten ihre Quellen nennen –, wagen Wärter es nicht, zuzugeben, dass jedem von uns gelegentlich danach ist, einem Insassen an die Gurgel zu gehen, dass die Insassen uns piesacken, schlagen, auf eine Weise demütigen, die Außenstehende sich nicht vorstellen können, und dass bei alldem der Wärter nichts tun darf als dastehen und einstecken. Dieses Wissen würde die Verbrechen nicht entschuldigen, aber es könnte an dem Stereotyp kratzen, indem es ein paar der Vorfälle *verständlicher* macht. Stattdessen verschanzen Wärter sich in einer Belagerten-Mentalität, einem Stillschweigen und Dichthalten, das sich letztlich gegen sie selbst kehrt.

Es gibt Wärter, die ihre Macht missbrauchen, keine Frage. Im Großen und Ganzen waren das nicht die neueren Beamten, mit denen ich in Block B zusammenarbeitete. Der ständige Wechsel dort wirkte so spektakulärer Brutalität sicher entgegen: Beamte in Block B hatten nicht die Solidarität, das gewachsene Gemeinschaftsgefühl und die innere Einstellung, die in Gefängnissen im

Norden leicht dazu führten, dass Übergriffe geschehen und erfolgreich vertuscht werden konnten. Aber ich spürte das Potenzial dazu bei ein paar nicht zu unserem Block gehörenden Beamten, mit denen ich zu tun bekam oder über die ich Geschichten gehört hatte.

Im Frühherbst war ich auf Galerie V auf den Flats, direkt unter Galerie W, als es über mir laut wurde. «Hausnigger!», rief ein Häftling wütend. «Die Arbeit für die Weißen machen!»

«Arschloch!», brüllte ein Beamter zur Antwort und noch einiges, was ich nicht verstehen konnte.

Das spielte sich zwei Stockwerke weiter oben ab, auf Galerie X. Ich blieb stehen, um nachzusehen, und zu mir gesellten sich der Beamte vom Hoftor und ein weiterer Kollege. Wir standen nebeneinander und stellten fest, dass der brüllende Beamte, den der Häftling «Hausnigger» genannt hatte, dort oben eine Zellendurchsuchung vornahm: Möglicherweise hatte er einen Tip erhalten, dass der Insasse Drogen, Geld oder Waffen besaß. Er war ein dienstälterer Beamter und bekannt für seine Härte – manchmal kam er für derartige Einsätze herüber nach Block B. Er war wohl an die fünfzig, von der Statur eines Panzers und schien immer die Zähne zusammenzubeißen.

Der Häftling, dessen Zelle durchsucht wurde, war ein kräftiger Kerl mit Rastalocken. Bei einer solchen Aktion filzte üblicherweise ein Beamter die Zelle, während ein anderer mit dem Insassen draußen auf der Galerie stand. Aber in diesem Fall assistierten zwei kräftige Kollegen dem Durchsuchungsbeamten: Sie hatten wohl mit Ärger gerechnet.

Der Beamte war stinksauer. Er pflanzte sich aggressiv vor dem Mann auf und nannte ihn noch mehrmals Arschloch. Die beiden anderen Beamten, einer davon ein Akademiekollege von mir, standen in gespannter Haltung dabei, bereit, jeden Moment einzugreifen.

«Du Scheißkerl, Mann, wir treffen uns in New York!», sagte der Häftling.

«Ist das eine Drohung?», fragte der Beamte und rückte noch dichter an ihn heran.

Der Häftling sagte noch etwas und der Beamte spuckte ihm ins Gesicht. Der Häftling wollte ihm mit gleicher Münze heimzahlen, doch er wurde im nächsten Augenblick von den drei Beamten niedergeworfen. Daraufhin schrie der Häftling in der Nachbarzelle los und beschimpfte den harten Beamten.

«Sie sind so mies, Mann. Ich glaub's nicht, dass Sie das getan haben! Mieser als Scheiße.» Häftlinge von unten riefen hinauf und fragten, was los war.

«Er hat den Bruder angespuckt.»

«Wer?»

«Der Officer von der Krankenstation, der, der Mad Dog im Besuchsraum fertig gemacht hat.»

Daraufhin rief ein Häftling zu uns auf die Flats herunter: «Sie waren alle Zeuge!»

Das stimmte, obwohl wir alle wussten, dass das nichts zu bedeuten hatte. Wir würden niemals für einen Häftling aussagen. Wir hatten nichts gesehen. Dann rief ein Gefangener: «Plummer, wie fänden Sie's, wenn das Ihr Cousin oder Ihr kleiner Bruder wäre?»

Plummer war einer der Kollegen, die neben mir standen. Er war schwarz, wie der knallharte Beamte da oben. Plummer sagte nichts.

Ich war neugierig, wie der Papierkrieg in dieser Sache gehandhabt würde. Am nächsten Tag fragte ich Officer Z danach, denjenigen von den beiden beteiligten Beamten, den ich von der Akademie her kannte.

«Na ja, wir haben uns im Büro des Sergeant zusammengesetzt und darüber geredet», erklärte er.

«Und was habt ihr über das Spucken gesagt?»

«Also, er hat ihn gar nicht angespuckt. Das war so, er hat den Kerl angeschrien und dabei kam ein bisschen Spucke aus seinem Mund, du weißt ja, wie das ist, wenn man schreit.» Aha. Es war

347

interessant zu sehen, wie Officer Z an seiner Story festhielt, obwohl er wusste, dass ich wusste, dass sie nicht stimmte. Ein altehrwürdiges Gesetzeshüter-Ritual, einer der wenigen kreativen
Akte, die der Job verlangte: sich an einen Vorfall erinnern, ihn
retuschieren, dass er so aussah, wie er hätte aussehen sollen, und
dann diese Story wiederholen, bis sie echt klang.

Wenn ich an die Geschichte zurückdachte, blieb mir weniger
der «Rette-deinen-Arsch»-Teil in Erinnerung, als der Häftling,
der Plummer die Frage mit dem kleinen Bruder gestellt hatte.
«Mein kleiner Bruder hätte ihn nicht Hausnigger genannt», hörte
ich Plummer im Geist sagen. Aber es traf genau die schwierige
Situation von Beamten, die ethnischen Minderheiten angehörten.
Sie arbeiteten für die Obrigkeit in einer ungleichen, manchmal
ungerechten Gesellschaft – ich glaube, kaum einer von ihnen würde mir hier wiedersprechen. Das bedeutete nicht, dass sie sich in
einer unhaltbaren Position befanden, nur, dass sie mit einer Menge Mist klarkommen mussten, der weiße Beamte nicht betraf.

Hausnigger war die vorherrschende Beschimpfung. Wie ein
Häftling auf Galerie R mir erklärt hatte: «Im alten Süden hattest
du deine Hausneger und deine Feldneger. Die Hausneger waren
die Dienstmädchen, die Köche, die Butler und so. Und die Feldneger waren die Brüder und Schwestern da draußen mit dem Dreck
an den Händen. Und auch wenn es die Sklaverei nicht mehr gibt,
theoretisch, hast du immer noch deine Hausneger und deine Feldneger. Und der Unterschied zwischen ihnen ist, dass der Hausneger traurig ist, wenn das Haus abbrennt. Und der Feldneger
nicht.»

Doch nicht nur die schwarzen Beamten waren kompromittiert. Im Juni war ein Eskortenbeamter von Galerie T-und-Y mit
einem Gesetzeshüter-Kontingent auf der alljährlichen Parade am
Puerto-Rico-Tag in New York City mitgelaufen. Ich hörte gerade
zu, als er am nächsten Tag von Kollegen gefragt wurde, wie es
gewesen sei. Er zuckte die Achseln. «Ein Haufen Zuschauer
scheißt dich an, Mann. Du kriegst keinen Beifall. Nächstes Jahr

geh ich nicht mehr mit.» Es brauchte keine weiteren Erklärungen: seine Zuhörer verstanden ihn. «Aber ich sage, hey, wenigstens hab ich einen Job», meinte er dann.

An einem anderen Tag in diesem Frühling unterhielt ich mich vor der Sporthalle mit Brown, einer jungen schwarzen Beamtin aus der Bronx, die ich mochte, über diesen generellen Zwiespalt. Wenn Häftlinge ihr wegen ihrer Arbeit dumm kamen, erklärte sie, sagte sie ihnen: «Könnt ihr Recht von Unrecht unterscheiden? Also wo ist das Problem? Wieso redet ihr vom System, von den Bossen? Da seid ihr und hier bin ich.»

Aber auf jeden Fall wurde die Loyalität eines Minoritätsbeamten gegenüber dem System ständig ganz anders auf die Probe gestellt als die eines weißen Beamten. Alcantara erzählte mir zum Beispiel, wie er eines Tages in Harlem seinen Van auf der Straße neben einem parkenden Wagen stehen gelassen habe, um bei Verwandten schnell etwas abzugeben. Seine Frau sei im Auto geblieben, während er aus dem Wagen gesprungen und über den Gehweg auf das Haus zugelaufen sei. Seine Frau habe entsetzt mit angesehen, wie zwei Beamte in Zivil auftauchten, ihre Waffen auf ihn richteten und ihm befahlen, sich nicht von der Stelle zu rühren. Alcantara sagte, er habe genau getan wie ihm befohlen, bäuchlings auf dem Gehweg gelegen und die Beamten gebeten, seine Brieftasche rauszuholen, damit sie seine Dienstmarke sahen. Das Ganze war im Nu vorüber, aber solche Dinge passierten dauernd. Smitty, der einen Lexus mit getönten Scheiben fuhr, sagte, er werde draußen in Westchester alle ein, zwei Monate angehalten. Als junger Schwarzer in einem schicken Wagen konnte er davon ausgehen, dass er ihrem Täterprofil entsprach.

«Ich nehme nicht mal die Hände vom Lenkrad, bis ich mit ihnen reden kann», sagte er. «Ich schaue stur geradeaus und sage, ‹Officer, ich bin New York State Peace Officer und Sie finden meine Papiere auf dem Sitz neben mir.› Ich warte, bis *die* mir sagen, ich kann mich bewegen, und dann tu ich das gaaanz langsam.»

Ich selbst war dagegen seit Jahren nicht mehr rausgewunken

worden. Ich freute mich sogar irgendwie auf den Moment, in dem ich meine Dienstmarke präsentieren könnte. Aber er kam nicht.

———

Und dann gab es den schwierigen Umstand, dass Minoritätsbeamte einen neuen Häftling von früher kannten. Mehr als einmal hörte ich einen Kollegen dem Sergeant mitteilen, dass der neue Häftling jemand aus seiner High School oder aus der alten Nachbarschaft war, und den Sergeant darauf zurückfragen, ob das ein Problem für ihn sei. («Nein, ich wollte nur, dass Sie's wissen», war die typische Antwort.) Manchmal mochte das dazu führen, dass Beamter und Häftling einander zu nahe standen. Aber genauso oft oder, wie mir schien, öfter noch ließ es sie erst recht mehr Distanz zueinander halten.

Die beeindruckendste Lektion aus dem Leben von Minoritätsbeamten erhielt ich von Smitty und Brown auf der Brücke der Sporthalle. Zwischen den Leibesvisitationen, die wir an Häftlingen beim Verlassen oder Betreten der Halle durchführten, hatten wir Zeit, einfach herumzustehen und zu plaudern. Wir kamen auf das Internet zu sprechen. Ich fragte die beiden, ob sie von der Website gehört hatten, die alle Insassen von New Yorker Gefängnissen auflistete, samt ihren Verbrechen, Geburtsdaten, Erstentlassungsdaten und so weiter. Das waren lauter Informationen, die wir nicht haben sollten, und ich dachte, es würde sie interessieren, besonders Smith, der zu seiner Zeit auf Galerie V so viel über seine einzelnen Anbefohlenen in Erfahrung gebracht hatte.

«Aber was ist mit der Privatsphäre?», fragte er. Alles was er über die Häftlinge wusste, hatte er von ihnen selbst erfragt.

«Na ja, sehen Sie's einfach als Möglichkeit, ihre Geschichten zu überprüfen», sagte ich.

Smith schüttelte den Kopf. Auch Brown blickte zutiefst skeptisch. Ich verstand nicht, warum, und sie versuchte es mir zu erklären. «Sehen Sie, ich bin aus der Bronx», sagte sie. «Wir waren sechs Geschwister und ich bin die Jüngste. Eines Tages fährt mein großer Bruder U-Bahn. Der Kerl ihm gegenüber lässt aus Versehen seine Sporttasche fallen und da drin ist eine Maschinenpistole und sie geht los. Mein Bruder kriegt eine Salve ins Bein. Das Bein musste amputiert werden. Können Sie sich vorstellen, was ich gemacht hätte, wenn ich den Kerl erwischt hätte?»

«Dazu kenne ich Sie nicht gut genug.»

«Na ja, ich hätte ihm irgendwas angetan oder ihn vielleicht sogar umgebracht, wenn ich gekonnt hätte. Ich bin jemand, der das Gesetz respektiert, aber … es passieren Dinge, die stehen nicht in deiner Macht, stimmts?»

Smith nickte: Es gab Dinge, die standen einfach nicht in unserer Macht. Jeder konnte in etwas hineingeraten, in der Hitze des Augenblicks.

Sie gingen davon aus, dass jeder hinter Gittern landen konnte. Besonders die schwarzen Beamten, die ich kannte, schienen das zu empfinden – dass der Trennstrich zwischen drinnen und draußen sehr dünn war und man es nicht immer in der Hand hatte, auf welcher Seite man sich wiederfand.

Gefängnisse bringen nicht nur alte Nachbarn wieder zusammen, sondern auch Menschen mit noch engeren Bindungen. Kurz nachdem ich Sing Sing verlassen hatte, stand in der *New York Times* die Geschichte eines Mannes namens Baba Eng, lebenslänglich in Sing Sing. Er saß seit zweiundzwanzig Jahren, «als eines Tages ein neuer Häftling in die Dusche spaziert kam und ihn anstarrte.

‹Dad!›, rief der Fremde schließlich aus.

Der Mann war Mr. Engs Sohn, den er seit seiner Verhaftung nicht mehr gesehen hatte und der nun selbst wegen bewaffneten Raubes im Gefängnis saß. ‹Es war der schlimmste Augenblick meines Lebens›, erinnerte sich Mr. Eng. ‹Da stand mein Sohn – er hatte es mir nachgemacht.›»

Das Gefängnis bringt im Umfeld besondere indirekte Deformationen hervor. Experten sind zunehmend besorgt über die Auswirkungen, die es auf Kinder hat, wenn ein Elternteil im Gefängnis sitzt – die steigende Wahrscheinlichkeit, dass das Kind eines Kriminellen selbst kriminell wird, und auch die Möglichkeit, dass das Gefängnis für die Jungen zu einer verdrehten Art Initiationsritus werden könnte. Aber kann denn *Initiation* der passende Ausdruck sein für eine Art Scheintod auf Zeit, der einen älter, schwächer, sexuell weniger attraktiv und mit weniger Bindungen an die Gemeinschaft entlässt?

Stone erzählte mir, dass es in Green Haven, wo er gearbeitet hatte, unter den Insassen Großvater, Vater und Enkel gegeben habe. Auf Galerie W saßen bei uns Onkel und Neffe. Auf Galerie R hatten wir Twin, einen Mörder, dessen Zwillingsbruder in einem Gefängnis oben im Norden einsaß. In den achtziger Jahren wurden meine Frau und ich in Brooklyn Heights einmal überfallen. Der Täter war ein Crack-Abhängiger, den sie schließlich schnappten, nachdem er noch mehrere andere Leute ausgeraubt hatte. Polizeibeamte erzählten uns, dass seine drei Brüder bereits oben im Norden Haftstrafen verbüßten.

Die ungewöhnlichste Geschichte, die ich kannte, war die von Officer Foster. Die hochgewachsene, labile Schwarze aus meiner Session in der Akademie, allein erziehende Mutter und ehemalige Wärterin von Rikers Island, hatte vor aller Augen im Defensivtaktikkurs vor Schmerzen geweint, uns mit ihrer chronischen Trödelei Verspätung und Ärger eingebracht und war Gerüchten zufolge in Sing Sing abgestraft worden, weil sie im Dienst eingeschlafen war und – ausgerechnet – während des Gefangenengottesdienstes geflucht hatte. Sie war nach Bedford Hills gewechselt, dem Hochsicherheits-Frauengefängnis in Westchester County. Wie mir mein vorher schon dort gelandeter Akademiekollege Buckner erzählte, hatte eine ältere Gefangene in Bedford Hills die Gewohnheit, den Beamten von ihrer Tochter, der Vollzugsbeamtin, vorzuschwärmen. Er und ein paar andere Kollegen von der Akademie erkannten auf Fotos die Tochter, auf die die Frau so stolz war: Foster.

Eine Mutter im Gefängnis zu haben und dort selbst Wärterin zu werden – das war die ungewöhnlichste Verbindung, die mir in dem ganzen Jahr zu Ohren gekommen ist.

———

In meiner Anfangszeit auf Galerie V erhielt einer meiner Neuankömmlinge aus den doppelt belegten Zellen Verschluss. Das war ein echtes Ärgernis für mich und seinen Zellengenossen, denn es bedeutete, dass die Zelle die ganze Zeit zu sein musste. Sein Zellengenosse musste mich jedes Mal rufen, wenn er hinaus- oder hineinwollte.

«Wie haben Sie es geschafft, so schnell Verschluss zu kriegen?», fragte ich ihn. «Die meisten brauchen wenigstens ein paar Wochen.»

Der Häftling grinste ein bisschen verlegen. Anders als viele andere Verschlusshäftlinge hatte er kein Problem mit der Staatsgewalt – oder wenigstens kein Problem mit mir.

«Bloß ein Krach mit einem Mitgefangenen, Schließer», sagte er. «Es musste sein.»

Er war mir zu dem Zeitpunkt sonst nicht weiter aufgefallen, deshalb schaute ich nie genauer nach, wofür er Verschluss hatte. Er blieb ein Gesicht in der Menge, bis zu einem heißen Tag im Juli, als er nicht mehr eingeschlossen war. In Block B konnte es sehr heiß und stickig werden, wenn draußen kein Wind ging, und an diesem Tag zogen viele Häftlinge ihre T-Shirts aus, bevor sie nach dem Essen mittags auf den Hof hinausgingen. Delacruz – inzwischen wusste ich seinen Namen – war einer von ihnen. Als er sein Shirt abstreifte, bemerkte ich das große Tattoo, das er wie ein Banner quer über der Brust trug: «MÖRDER!» stand da. Das weckte bereits mein Interesse, aber dann sah ich seinen Rücken, der fast ganz mit Worten bedeckt war – einem langen Gedicht auf Spanisch, in flüssiger Schrift eintätowiert. Das war faszinierend, und in meiner Überraschung sagte ich etwas wie: «Wow, was *ist* das?»

Delacruz grinste kurz und sagte: «Ein Gedicht», dann marschierte er weiter Richtung Hof.

Als er zurückkam, versuchte ich, mehr darüber herauszufinden. Meine Frage nach der Herkunft des Gedichts wischte er beiseite, aber er erklärte mir, wie es auf seinen Rücken gekommen war. Der Künstler sei ein Weißer auf Rikers Island gewesen, sagte er. Die «Tinte» habe er gewonnen, indem er Plastik – einen Kuli oder eine Zahnbürste – unter einer Metallfläche, zum Beispiel dem Gestell einer Pritsche, verbrannte. Man wischte die dicke Rußschicht ab, mischte das Zeug mit Zahnpasta und Seife, und fertig war die Tinte. Der Tätowierstift war ein Bleistift mit zwei an der Spitze festgewickelten Nadeln. Der Wickelfaden saugte sich mit Tinte voll. Mit vielen Stichen hinterließ der Künstler dann seine Spur unter der Hautoberfläche.

Fünf Tage später erzählte Delacruz mir schließlich etwas über das Gedicht. Es stamme aus einem Buch der Gefangenenbibliothek von Rikers Island, «das ich wirklich mochte», doch eigentlich rede er nicht gern darüber.

«Und von wem war es?», fragte ich.

«Oh, von einem jüdischen Mädchen im Zweiten Weltkrieg. Ich hab es ins Spanische übersetzt.»

«Meinen Sie Anne Frank? Die ein Tagebuch geschrieben hat?»

Er guckte überrascht. «Yeah, ich glaube, so hieß sie», sagte er, «Anne Frank.»

An meinem nächsten freien Tag nahm ich *Das Tagebuch der Anne Frank* aus meinem Bücherregal und las es wieder. Die Parallele zwischen der Gefängniszelle und dem engen Versteck von Anne und ihrer Familie während der Besetzung durch die Nazis war offensichtlich, genauso wie die Tatsache, dass Anne mit dreizehn Jahren durch ihre jüdische Identität zur Gefangenen wurde, nur weil sie war, wer sie war. In meinem Exemplar gab es allerdings kein Gedicht und ich nahm an, dass es wohl in einer anderen Ausgabe stehen musste.

Als ich Delacruz das nächste Mal sah, sagte ich ihm, dass ich das Buch wieder gelesen hätte. Ich erzählte sogar, dass ich auf einer Hollandreise das Haus von Anne Frank besucht und die Räume, in denen sie versteckt gewesen war, gesehen hatte. Delacruz reagierte darauf nicht so interessiert, wie ich erwartet hatte, und ich befürchtete, dass ich zu weit gegangen war. Womöglich hatte ich wie ein Schwätzer geklungen oder ein persönliches Interesse an dieser Story beansprucht, das größer war als seins, oder den Eindruck erweckt, ich wollte meine Nase in seine Angelegenheiten stecken. Vielleicht war auch die Vorstellung von einem Schließer, der nach Europa fuhr und sich für Anne Frank interessierte, einfach zu seltsam. Deshalb ließ ich es eine Weile auf sich beruhen.

Inzwischen hatte Delacruz eine eigene Zelle bekommen, aber die lag oben auf U-und-Z, nicht mehr auf Galerie V. So grüßten wir uns gelegentlich in der Sporthalle oder wo immer sich unsere Wege kreuzten. Drei Monate später, im Dezember, war ich gerade auf Galerie V und dabei, die Verschlusshäftlinge für ihre Freistunde rauszulassen, als ich zwischen ihnen niemand anderen als Delacruz entdeckte. Er hatte vor zwei Tagen Verschluss bekommen, wie er erklärte, und war dann nach unten verlegt worden.

«Hey, wollen Sie das Buch nochmal lesen?», fragte ich ihn.

«Yeah», antwortete er enthusiastisch. «Das Buch hab ich *geliebt*.»

So wurde unsere Bekanntschaft erneuert. Ich brachte das Buch mit – schmuggelte es, formal betrachtet, ein – und sah von Zeit zu Zeit zu Delacruz in die Zelle, wie er es verschlang. Er ließ die Freizeit ausfallen und las es von Anfang bis Ende durch. Dann studierte er es in den folgenden Tagen noch einmal, langsam. Ich sah, wie er es mit dem Häftling in der Nachbarzelle (ein weiterer Räuber namens Perez) besprach, und fürchtete, er würde dem Mann erzählen, dass ich das Buch mitgebracht hatte: Ich wollte nicht, dass Häftlinge irgendetwas gegen mich in der Hand hatten, so geringfügig es auch sein mochte. Deshalb ließ ich mir das Buch zurückgeben und nahm es mit einer gewissen Erleichterung wieder an mich. Delacruz trennte sich davon wie von einem geliebten Gegenstand.

«Das ist das beste Buch, was ich je gelesen habe», sagte er jetzt. «Ich hab die ganze Zeit geheult.»

Ich fragte ihn, ob er das Gedicht darin gefunden habe. Nein, sagte er. Aber das Buch, das er beim ersten Mal gelesen habe, sei von außen ein bisschen anders gewesen. Eine andere Ausgabe, sagte ich mir wieder.

Von da an unterhielten wir uns oft und gern. Zuerst hatte ich Delacruz wegen des Gedichtes gemocht, später dann, weil ich den Eindruck hatte, dass er mich nicht verarschte oder versuchte, irgendetwas für sich herauszuschlagen. Dieses Mal, sagte er, habe er Verschluss, weil er einen anderen Häftling in der Verkaufsstelle erpresst habe.

«Hm, das hört sich nicht gut an», meinte ich.

Delacruz zeigte keine falsche Reue. «Was soll ich sagen, Conover? Das macht man, um zu überleben.»

Delacruz war klein, durchtrainiert und gut aussehend, mit dunklem Teint, braunen Augen und dicken Brauen. Er saß eine Haftstrafe wegen Raubes ab: seine vierte, sagte er, nach dreien in Virginia (zweimal ein paar Monate, beim dritten Mal vier Jahre). Er sei im Alter von sechzehn Jahren in Virginias berühmtestem Gefängnis, «The Wall», gelandet, weil der Staat ihn für achtzehn hielt, erzählte er: um ihn von Puerto Rico in die Vereinigten Staaten zu bringen, habe seine Mutter die Geburtsurkunde seines älteren Bruders benutzt, der mit zwei Jahren gestorben war.

«Das war der schlimmste Moment, Mann, ich war sechzehn Jahre alt, saß in diesem Bus und guckte aus dem Fenster auf ‹The Wall›.»

Jetzt, mit sechsundzwanzig, schien das Gefängnis für ihn seine Schrecken verloren zu haben und die Zeit lastete nicht mehr so schwer auf ihm, obwohl er zehn Jahre abzusitzen hatte. Tatsächlich habe er Glück, dass es nur zehn Jahre seien, erklärte er mir.

Die Opfer der beiden Überfälle, deren er angeklagt war, Immigranten wie er, hätten sich kürzlich geweigert, gegen ihn auszusagen. (Ich wusste, dass diese Zurückhaltung ein Grund dafür war, dass Immigranten oft Zielscheibe von Überfällen wurden.) Er erklärte, er wisse nicht einmal genau, wie lange er Verschluss habe, glaube aber, bis gegen Ende des Monats. «Und gut, dass mir das nichts ausmacht, Conover, weil es nicht das erste Mal ist und auch sicher nicht das letzte.»

Etwa zehn Tage vor Weihnachten schneite es über Nacht. Delacruz und sein Nachbar, Perez, gehörten zu der Gruppe Verschlusshäftlinge, die am nächsten Tag in der Freistunde nicht auf den Hof wollten, aus einem vernünftigen Grund: Häftlinge hatten kein wasserdichtes Schuhwerk. Als ich später an diesem Vormittag zu Delacruz in die Zelle linste, nachdem meine anderen Häftlinge alle zu ihren Programmen aufgebrochen waren, sah ich ihn dösen. Perez, der seit meiner kleinen Transaktion mit Delacruz mir gegenüber eine freundliche Haltung eingenommen hatte, starrte vor sich hin. Ich hatte ein bisschen Zeit.

«Na», sagte ich, nachdem ich mich ein Weilchen schweigend an den Stäben seiner Zelle gelehnt hatte. «Woran denken Sie?»

Perez antwortete nicht gleich. Möglicherweise überlegte er, ob er es mir sagen sollte. «Ich denke an die Überfälle, die ich machen werde, wenn ich wieder rauskomme», erklärte er schließlich mit der Offenherzigkeit seines Nachbarn. «Das plant man ein Jahr lang. Sie denken, das ziehe ich nicht durch?»

Ich zog eine Augenbraue hoch. Und bemerkte, dass Delacruz sich auf seiner Pritsche aufgesetzt hatte und sich die Augen rieb.

«Ich weiß, das ist nicht gut, aber was kann ich hier sonst machen?» Es stelle sicher, dass Überfälle glatt über die Bühne gingen, wenn man sie im Voraus durchdenke, erläuterte er. Seine bevorzugten Ziele waren Apotheken und Lottoschuppen. Zur Planung gehörte, dass man alle Eventualitäten berücksichtigte: was zu tun war, wenn die anderen zur Waffe griffen (Schießen, natürlich, obwohl man es nicht gern tat), was zu tun war, wenn ein Dritter den Laden betrat, wo man hinterher hinflüchtete und so weiter.

«Haben Sie bestimmte Orte im Auge, wenn Sie Ihre Pläne schmieden?»

«Na sicher», sagte er, als wäre das selbstverständlich.

«In ärmeren Vierteln?»

«Yeah.»

«Erklären Sie mir etwas, das ich nie begriffen habe. Warum rauben Sie nie Leute in reicheren Vierteln aus? Die sind doch vermutlich weniger darauf gefasst und haben mehr bei sich. Dann müssten Sie weniger Überfälle machen.»

Hier schaltete sich Delacruz in unser Gespräch ein: Er erklärte, dass man vielleicht mehr Bares mitnahm, wenn man reiche Leute auf der Straße ausraubte, dass man sich dazu aber in deren Gegend aufhalten müsste und von den Richtern mehr aufgebrummt bekäme: Sie würden aufgrund von Name, Adresse und so weiter wissen, dass das Opfer weiß war. Es sei also viel sicherer, weniger reiche Farbige auszurauben.

Trotzdem könnten einen spontane Überfälle in Schwierigkeiten bringen. Wie der letzte. Perez hatte, wie er erzählte, am ersten Tag seiner Entlassung aus einer früheren Haft jemanden ausgeraubt und dabei die Waffe eines Freundes benutzt. Er sei nicht geschnappt worden, aber es sei ihm auch alles egal gewesen.

«Es ist wie 'ne Droge», gab er zu. «Ich hab nichts mit Drogen zu tun. Ich häng nicht gern mit anderen Kriminellen rum», erklärte er mir. «Ich dreh die Dinger immer allein.» Seine Freunde wüssten nicht mal, woher er sein Geld habe. «Die denken vielleicht, ich deale.» Und Geld sei für sie das Einzige, was zähle.

Ich wollte nicht mit Perez streiten und hatte nicht die Illusion, dass es in meiner Macht liegen könnte, ihn von seinem Lebenswandel abzubringen. Aber ich musste diese Frage stellen: «Ein Überfall, hm, tut Leuten weh, wissen Sie. Jagt ihnen eine Scheißangst ein. Macht sie ärmer. Ich bin ausgeraubt worden, also weiß ich, wovon ich rede. Wie rechtfertigen Sie das?»

«Conover, wissen Sie, dass man mit so einem Vorstrafenregister nicht mal einen Job bei McDonald's kriegt? Und außerdem brauchst du einen Schulabschluss. Du kriegst einfach keine Arbeit.»

Ich sagte, dass ich nicht glaubte, dass man gar keine Arbeit bekommen konnte. Ich kannte Leute, denen es gelungen war. An dieser Stelle meldete sich Delacruz wieder zu Wort.

«Okay, vielleicht, aber du verdienst einen Dreck und es dauert ein paar Monate. Was ziehst du an, während du auf dein Geld wartest? Im Ghetto respektieren sie dich nicht, wenn du nicht die richtigen Klamotten hast, ein Auto, einen Mercedes-Benz, und all so was. Keine Frau geht mit dir aus. Verstehen Sie mich nicht falsch, Conover, dieses Mal bleibe ich sauber. Aber das wird hart. So ist die Realität.»

Ich empfand es als seltsamen Kontrast: die Dringlichkeit, an Geld zu kommen, wenn man draußen war, gegenüber dem augenscheinlichen Fehlen jedweder Dringlichkeit, aus dem Gefängnis herauszukommen. Aber dann kam ich zu dem Schluss, dass seine Gleichgültigkeit gegenüber der Zeit, die er abzusitzen hatte, auch Pose sein mochte. An jenem Nachmittag sah ich Delacruz über ein Wörterbuch gebeugt, damit beschäftigt sicherzustellen, dass er in einem Gesuch um vorzeitige Entlassung alles richtig geschrieben hatte.

Ich wartete nur auf eine Gelegenheit, Delacruz noch einmal nach seinem Gedicht zu fragen und vielleicht jetzt von ihm die genauen Worte zu erfahren, die er auf dem Rücken eintätowiert hatte. Aber als ich eines Nachmittags nach Block B kam, sah ich, wie Sergeant Murray ihn mit seiner ganzen Habe hinauseskortierte. Murray sagte mir später, dass er nach Haus 5 verlegt worden war, nachdem der Direktor einen anonymen Brief mit der Ankündigung bekommen hatte, Delacruz würde, sobald er wieder aus seiner Zelle kam, wegen Geldschulden abgestochen. Ich fragte mich, was Delacruz mir alles nicht erzählt hatte. Ich dachte daran, wie oft er die Freistunde für die Verschlusshäftlinge ungenutzt hatte verstreichen lassen, und kam erst jetzt auf die Idee, dass er vielleicht Angst gehabt hatte. Ich fragte mich, ob er diesen Brief nicht vielleicht selbst geschrieben hatte.

Ich verließ Sing Sing, bevor ich die Antworten auf diese Fragen gefunden hatte. Aber Monate später, als ich wieder Zivilist war und Delacruz Insasse eines Standardsicherheitsgefängnisses, schrieb ich ihm einen Brief mit meinem Postfach als Absender. Ich erzählte ihm ein bisschen, was ich so machte, und stellte ihm am Schluss die Frage: «Was hießen denn eigentlich die Gedichtzeilen auf Ihrem Rücken?»

Zu meiner Freude schickte er sie mir, auf Spanisch. Ich begann meine Nachforschungen. Die Bibliothek hatte jede Menge Ausgaben von Anne Franks Tagebuch, aber keine enthielt ein Gedicht. Ich konsultierte ein paar Experten. Anne Frank habe einige Gedichte geschrieben, sagten sie mir, aber nichts in der Art der Zeilen, die Delacruz mir geschickt hatte. Ich fragte mich, ob Delacruz da vielleicht etwas verwechselt hatte. Aber dann sagte ich mir, dass er, abgesehen von einer Leidenschaft für Überfälle, helle genug schien, die Quelle eines Gedichtes zu kennen, das er auf dem eigenen Rücken trug. Ich setzte mich hin und las das Tagebuch ein weiteres Mal, auf der Suche nach einem Hinweis, einem Bezug, einem Schnipsel von etwas, das mir womöglich entgangen war. Ich fand es auf der letzten Seite, in den allerletzten Worten – kein Gedicht in Versen, nur Anne Franks Prosa.

«Wenn so auf mich aufgepasst wird, werde ich erst schnippisch, dann traurig, und schließlich drehe ich mein Herz wieder um, drehe das Schlechte nach außen, das Gute nach innen und suche immer wieder nach einem Mittel, so zu werden, wie ich gern sein möchte, und wie ich sein könnte, wenn … wenn keine anderen Menschen auf der Welt lebten.»

Delacruz hatte es aus einer englischen Übersetzung des niederlän-
dischen Originals ins Spanische gebracht. Aber der Kern war immer noch da, unmissverständlich.

Es war für einen Vollzugsbeamten leichter, auf Distanz zu blei-
ben. Unter der großspurigen Oberfläche der Häftlinge, ihrer
Herzlosigkeit und ihrem Egoismus lag fast immer etwas unsagbar
Trauriges.

———

Die Anzeichen kamen vereinzelt und sporadisch: Perry-Como-
Weihnachtslieder über die Lautsprecheranlage im Warteraum der
Verkaufsstelle, offensichtlich um die Häftlinge zu ärgern; der
traurige vertrocknete Baum im vierten Stock des Krankengebäu-
des; das Memo, das uns mehrere Tage hintereinander bei Dienstantritt verlesen wurde, darüber, was für eine schwierige Jahreszeit dies für die Häftlinge sei, dass wir nach Anzeichen von
Depressionen Ausschau halten und die Häftlinge gegebenenfalls
ermutigen sollten, Hilfe zu suchen oder «die Nähe ihres Nächsten». Diese letzte Formulierung mit ihrem homoerotischen Unter-
ton provozierte Grinsen beim ersten Hören und haltloses Gelächter beim dritten oder vierten Mal. Sogar der vorlesende Sergeant
musste sich das Lachen verkneifen.

Und dann gab es da noch ein anderes Memo, das um den 20.
Dezember herum mehrfach verlesen wurde: Jeder, der auch nur
daran *dachte*, sich in der Zeit bis Neujahr krank zu melden, würde ein ärztliches Attest für jeden einzelnen Tag brauchen und auch
dann mit einer eingehenden Prüfung seiner Akte zu rechnen haben. Ich hatte mit genau diesem Gedanken gespielt, weil die Vorstellung von Weihnachten im Gefängnis so deprimierend schien,
aber dieses Memo machte derartige Pläne weitgehend zunichte.

Am Weihnachtstag beaufsichtigte ich die Vergabe der kleinen
«Geschenkpäckchen», die nutzlose Toilettenartikel und ein paar
Naschereien enthielten, Aufmerksamkeiten von einer Wohltätig-
keitsorganisation. Und dann beobachtete ich Häftlingsvertreter

bei ihren Überlegungen, wie sie jedem Insassen den von ihnen ausgewählten «Festtags-Gruß» zukommen lassen wollten: eine Dose Cola und zwei Tüten Chips. Die spürbare Diskrepanz wurde immer größer. Auf der Brücke der Sporthalle warteten zwei Sergeants, bis die Häftlinge außer Hörweite waren, und wünschten uns dann allen Frohe Weihnachten. Der Kollege neben mir hielt nichts von dieser Glückwünscherei.

«In dieser Jahreszeit passiert eine ganze Menge, und zwar deshalb, weil Kollegen sorglos werden», warnte er.

Sicherlich stimmte es, dass in dieser Zeit viel passierte. Es gab Geschichten über das erhöhte Verlangen nach Drogen und Alkohol. Im Monat zuvor erst hatte ein Häftling auf Galerie C einem anderen einen tödlichen Messerstich ins Herz verpasst – offenbar direkt vor den Augen eines Beamten («da war literweise Blut», erzählte man mir) – der erste Mord in einem Gefängnis des Staates New York in diesem Jahr. Ein leitender Beamter, dessen Büro ich auf meinem Weg nach draußen passierte, erzählte mir, dass er länger bleibe, weil es vor zwei Jahren einen Mord auf Galerie M gegeben habe. Und so wie die Zahl der Tätlichkeiten gegenüber Ehefrauen am Super-Bowl-Sonntag krass zunimmt, geschehen Selbstmorde im Gefängnis oft um Festtage herum.

Weihnachten fiel zwar auf einen Donnerstag, aber der Tag wurde im Gefängnis wie ein Sonntag behandelt: kein Programm und wenig andere Aktivitäten. Das hätte eigentlich heißen sollen, dass der Tag einfacher würde, aber ich glaube, für die meisten von uns bedeutete die relative Untätigkeit nur mehr Zeit, sich beschissen zu fühlen, weil man Weihnachten im Gefängnis verbrachte. Jedermann schien gedrückter Stimmung, Gefangene wie Wärter. Nicht nur, dass wir nicht mit dem Rest der Welt feiern konnten (auch wenn ein paar Insassen Besuch bekamen); als Vollzugsbeamter musste man Weihnachten verleugnen. Der Geist von Weihnachten – Großzügigkeit, Vergebung, Nächstenliebe – lief dem, was wir hier tun sollten, ziemlich zuwider. Gefängnis war zur Strafe da; es war nicht unsere Sache zu vergeben. Freundlichkeit, hatte Nigro damals an der Akademie erklärt, wurde als Schwäche angesehen und ausgenutzt. Nächstenliebe gehörte nicht ins Bild. In diesem Job ging es darum, die Macht aufrechtzuerhalten, und Liebe zu deinem Nächsten konnte diese Macht untergraben.

Außer, dachte ich, sie äußerte sich unbemerkt. Der Gedanke kam mir, als ich ein paar Männer zur Paketstelle begleitete – der Paketraum war für die letzten noch eintreffenden Weihnachtspakete geöffnet. Während die Häftlinge herumstanden und darauf warteten, ans Ausgabefenster zu kommen, brachte ich die Paketraumbeamten dazu, mich zu ihnen hineinzulassen, wo ich mich in einen bequemen Sessel setzte. Sie steckten bis zum Hals in Arbeit. Beutel mit Namen von Häftlingen füllten praktisch jeden verfügbaren Zentimeter. Ein zusätzlicher Beamter war damit beschäftigt, neu eingetroffene Pakete zu durchleuchten, auszupacken und alles, was nicht erlaubt war, rauszuwerfen. Die Abfallkiste war groß und füllte sich rasch mit alkoholhaltigen Toilettenartikeln, blauen, schwarzen, grauen oder orangenen Kleidungsstücken, Nahrungsmitteln, die nicht fabrikversiegelt waren, und ... Zigaretten.

Zigarettenpäckchen ohne den Steuerstempel des Staates New York – z. B. aus anderen Bundesstaaten oder Indianerreservaten – durften nicht an Häftlinge ausgegeben werden und landeten offensichtlich im Müll. Mir kamen die Häftlinge in den Sinn, die ich kannte und an die zu Weihnachten vermutlich keiner dachte. Davon gab es viele. Als keiner hinsah, stopfte ich mir ungefähr ein Dutzend Zigarettenschachteln in die Jacke.

Ich gab sie hauptsächlich den *Spinnern*. Einer war Addison auf Galerie W, ein hochgewachsener Schwarzer in mittleren Jahren, der wochenlang einen Irokesenschnitt spazierentrug. Er wirkte wie ein scheuer Obdachloser aus Manhattan, was er vielleicht auch einmal gewesen war. Ich hatte ihn schon zu verschiedenen Stellen eskortiert und danach schien er nicht mehr ganz so furchtsam. Er hatte Angst vor Mithäftlingen, nicht vor Beamten, und brachte die Hälfte seiner Zeit damit zu, über die Schulter nach möglichen Angreifern Ausschau zu halten. In der übrigen Zeit suchte er den Boden nach Zigarettenstummeln ab. Er war ein unermüdlicher Sammler dieser Stummel, die im Gefängnis besonders kurz ausfielen. Als ich eines Tages bei ihm stehengeblieben war, um etwas zu seiner Handvoll Kippen beizutragen, sang er eine Strophe aus «King of the Road»:

I smoke old stogies I have found
Short but not too big around

Ich erzählte ihm von einem alten Hobo, den ich getroffen hatte und der behauptete, man könne den Zustand der Wirtschaft an der Länge der Kippen auf dem Boden ablesen. Addison lachte und meinte: «Schon möglich.»

Er erzählte mir, er habe gerade seine zweite Haftstrafe in einem Staatsgefängnis angetreten, nach etlichen kleineren Knastaufenthalten wegen Ladendiebstahl und Ähnlichem. Sein Neffe, sagte er, sitze auf derselben Galerie.

Er kam aus einer beschissenen Welt. Ich gab ihm drei Päckchen Zigaretten.

Ich gab Larson ein Päckchen. Ich glaubte nicht, dass er rauchte, aber Zigaretten waren wie Geld.

Ich gab Cameron, dem ich den Spitznamen Conman verdankte und der mich seit Tagen gefragt hatte, was ich ihm zu Weihnachten schenken würde, zwei Päckchen und ein Stück Lebkuchen aus meinem Lunchpaket.

Drei Päckchen bekam ein *Spinner* auf Galerie R, der ewig Zigaretten schnorrte und fürchterlichen Körpergeruch hatte.

Das alles tat ich im Stillen, ich legte die Päckchen im Vorbeigehen auf die Gitterstäbe und versuchte dabei von den Insassen nicht gesehen zu werden. Ich wollte nicht, dass sie etwas gegen mich in der Hand hatten, auch wenn ich kurz nach Neujahr mei-

364

ne Kündigung einreichen würde. Als ich auf dem Rückweg an der Zelle des stinkenden *Spinners* vorbeikam, reichte er gerade eine neue Newport an seinen Nachbarn weiter, der ihn verdutzt fragte: «Hey, wo hast du die denn her?»

Ich gab dem Kolumbianer ein Päckchen.

Ich gab ein Päckchen einem alten *Spinner*, der irgendwann einmal Lippenpomade gewollt hatte. Vielleicht konnte er die Zigaretten dafür eintauschen.

Ich gab ein Päckchen dem Jungen, der glaubte, eine Kakerlake im Ohr zu haben.

Ich beschenkte drei Männer, die ich eingeschlossen hatte. Vergeben und vergessen.

———

Beim Dienstantritt in der Woche danach war mir ein bisschen leichtsinnig zumute und ich bemühte mich nach Kräften, die aufsteigende Freude zu unterdrücken: Ich hatte meine Kündigung eingereicht und heute war, wenn auch nicht mein letzter Tag in Sing Sing, so doch mein letzter Tag auf R-und-W.

Darin lag eine gewisse Symmetrie, denn auf R-und-W hatte ich auch vor mehr als acht Monaten meinen ersten, schrecklichen Tag als Neuling in Sing Sing verbracht. Vielleicht war es naiv und sogar verwegen, aber ich hatte so ein Gefühl, dass die heutige Schicht meine beste überhaupt werden könnte. Mit jedem Monat hatte ich gelernt, eine Galerie reibungsloser zu führen. Es war nicht klar, wozu diese Fähigkeiten in der Außenwelt zu gebrauchen sein würden – die Beschwerdestelle eines Kaufhauses wäre vielleicht eine Möglichkeit – aber wenigstens wollte ich mein mühsam erworbenes Können an meinem letzten Tag als R-und-W-Beamter auskosten.

Ich setzte mich in die Zelle, die auf der Galerie als Büro diente, begann eine neue Seite im Wachbuch und lehnte mich dann zurück, um meinen Kaffee zu genießen und mich über die letzten Vorkommnisse auf der Galerie zu informieren. Am Vortag hatte

Stone, der reguläre Beamte, Dienst gehabt. Die meisten seiner Wachbucheinträge bestanden nur aus wenigen Worten – «7.10, R Essen» – aber mittags hatte er einen ganzen Absatz geschrieben. Er hatte einen Häftling von einer anderen Galerie gestoppt, der sich ohne Erlaubnis auf Galerie R aufhielt, und ihn gefragt, was er in seiner Papiertüte bei sich trage. Der Häftling war zum Tor gesprintet, aber Stone hatte ihn abgefangen und – ein «40-cm-Messer» gefunden.

Vierzig Zentimeter?, dachte ich. Das war kein Messer, das war ein Schwert. Warum um alles in der Welt schleppte einer so eine Waffe mit sich herum? Was für ein Attentat hatte er vor? Es gab keinen Hinweis darauf, dass Stone bei der Aktion verletzt worden war, aber trotzdem schien es ein böses Omen zu sein.

Ich hatte eine Heerschar Verschlusshäftlinge – etwa jeder fünfte Insasse – und heute war leider Verschlusshäftlings-Duschtag. Mein Zweiter Beamter war wie gewöhnlich nach seiner Runde verschwunden und hatte es mir allein überlassen, die ganzen Männer durch die Duschen zu schleusen. Ich ging davon aus, dass ich es schaffen würde, wenn ich frühzeitig anfing.

Minuten später fand ich heraus, dass nur zwei von den sieben Duschen funktionierten. Normalerweise waren es drei oder vier. Die sanitären Einrichtungen von Block B waren in unglaublich trostlosem Zustand, dachte ich, als ich einen Häftling in die zweite Dusche schloss.

«Hey Schließer!», brüllte er etwa fünf Minuten später. Ich ging zu der Duschzelle und sah durchs Gitter. Er stand da, von Kopf bis Fuß eingeschäumt. «Das heiße Wasser ist weg!»

Es stimmte. Der ganze Block war plötzlich ohne heißes Wasser. Ich konnte die Beschwerden von den anderen Galerien hören. «Wie's scheint, haben Sie kein Glück heute», sagte ich zu ihm und dachte dabei, dass das eher auf mich zutraf: Das heiße Wasser fiel nie den ganzen Tag aus, dann hätte ich nämlich das Duschen ganz absagen können. Normalerweise fehlte es nur ein oder zwei Stunden, gerade so lange, bis klar war, dass nicht mehr alle Verschlusshäftlinge duschen konnten und sie daher mit den Hausarbeitern um die Nachmittagsduschen konkurrieren mussten.

In dem Augenblick bekam ich unerbetenen Besuch auf der Galerie: einen knallharten Transportbeamten, dem der Ruf vorausging, einen Hang zur Gemeinheit zu haben. Offenbar hatten sie heute morgen keine Arbeit für ihn und ihn deshalb losgeschickt, um in Block B «auszuhelfen». Ich hatte gesehen, wie er mit Insassen umsprang, und jetzt erhielt ich einen Einblick in seine Haltung gegenüber jüngeren Kollegen.

«Was machen diese Häftlinge da draußen?», fragte er mich und klang wie ein Arschloch von Sergeant.

«Ich schätze, sie machen sauber.»

«Sie lassen *fünf* Hausarbeiter sauber machen?» Er zählte zwei mit, die er auf der anderen Seite gesehen hatte.

«Einer davon ist mein Helfer. Der andere ist nur für einen Augenblick draußen.» Warum verteidigte ich mich vor ihm?

Er stand mit angewidertem Blick da. Jetzt kamen allmählich Häftlinge von Galerie W vom Essen zurück. Ich gab ihnen ein paar Minuten, um in ihre Zellen zu gehen, dann stellte ich mich an die Zentralverriegelung und rief: «Reingehen, Gentlemen!»

«Sie sollten sich die Puste sparen, statt zu schreien», sagte er, nachdem er mich einen Augenblick beobachtet hatte. «Sie sollten einfach den Riegel runterlassen und dann schließen Sie jeden ein, der nicht drin ist.»

«Ich weiß», seufzte ich. «Im Idealfall.»

«Wenn Sie's wissen, warum tun Sie's dann nicht?», fragte er.

Langsam ging er mir auf die Nerven. Ich war zur Arbeit gekommen, bereit, mich mit Häftlingen herumzuschlagen, nicht mit meinen Kollegen, und ich spürte, dass ich nicht angemessen reagierte.

«Hören Sie», sagte ich zu ihm. «Ich bin immer hier. Ich kenne die Leute. Und so will ich es heute handhaben.» Kümmerlich, dachte ich, als die Worte gesagt waren. Ich hätte kräftiger zurückschießen sollen.

«So wollen Sie es handhaben», wiederholte er spottend.

«Genau», gab ich zurück und blickte ihm direkt in die Augen.

«Fein», sagte er und stieg die Treppen zu den Flats hinunter. Ich atmete auf. Dann hörte ich seinen Aufruf aus den Lautsprechern.

«Alle Häftlinge von Galerie R-und-W, die ohne Grund draußen sind, gehen Sie zurück in Ihre Zellen!»

Dieser Mistkerl. Er versuchte mich in Verlegenheit zu bringen. Zweifellos war er bei allen, die ihm da unten zuhörten, über mich hergezogen.

«Hey, Blaine!», rief ich durch den Maschendraht hinunter und war auf einmal wütend. «Was haben Sie für ein Problem, verdammt nochmal?» Er befand sich irgendwo unter dem breiten Sims beim Büro des Aufsicht Habenden und ich konnte nicht erkennen, ob er mich gehört hatte. Ich fragte mich, was die Strafe sein mochte, wenn man einem Kollegen eine verpasste? Ich ging wieder an meine Arbeit, entschlossen, diesen Mist an mir abprallen zu lassen.

Zu meiner Überraschung tauchte der Mann ein paar Stunden später wieder auf, als die R-Hälfte vom Essen zurückkam. Es sollte wohl eine Art Wiedergutmachung sein, denn er bat mich um die Schlüssel für die Südseite – er wollte mir tatsächlich helfen, meine Leute in ihre Zellen zu kriegen, anstatt bloß dazustehen und mich zu kritisieren. Er kam ganz schön ins Schwitzen, bis er die zentrale Verriegelung unten hatte – man musste wissen, welche Zellentüren leicht aufsprangen und das Schließen behinderten – aber schließlich schaffte er es, ein bisschen außer Atem.

Dann erschien einer meiner Sporthallenarbeiter. Der Aufsicht Habende in der Sporthalle habe ihn gehen lassen, erklärte der Mann, damit er in Ruhe in seiner eigenen Zelle aufs Klo konnte. Er bekam irgendwelche Medikamente gegen Diarrhö. Seine Zelle lag in der Reihe, die Blaine gerade verriegelt hatte, und ob ich ihn reinließ, lag allein in meiner Hand.

«Kann ich, Conover?», fragte der Häftling.

«Haben Sie es schon abgelehnt?», fragte ich Blaine.

Der Beamte schüttelte den Kopf.

«Dann können Sie», sagte ich zu dem Häftling und zog die Zentralverriegelung hoch, die Blaine gerade so mühevoll runter-gelassen hatte. Ungeachtet meiner Respektsgeste warf Blaine mir einen vernichtenden Blick zu und verließ mit einem verächtlichen Lachen die Galerie. Ich hatte das Gefühl, alles genau richtig ge-macht zu haben.

Ein paar Minuten später, als ich mich gerade wieder einiger-maßen gefangen hatte, stieg mir Rauch in die Nase, ein scharfer Geruch, dessen Herkunft ich nicht feststellen konnte. Und dann vernahm ich erneut Blaines Stimme. *Was zum Teufel*, dachte ich, als mir klar wurde, dass er zusammen mit anderen an meinem Zentraltor an die Stäbe hämmerte – die Rotpunktbeamten woll-ten auf einen Alarm hin zum obersten Stock. Dort standen Bett-zeug und Matratze eines Häftlings in Flammen. Saline hatte auf U-und-Z Rauch aus einer Zelle quellen sehen und weil er nicht sicher war, ob sich drinnen jemand befand, auf dem Weg zum Feuerlöscher die Notfall-Pinschlaufe an seinem Funkgerät gezo-gen. Es stellte sich heraus, dass niemand in Gefahr war. Aber die beunruhigenden Rauchschwaden, die so eine Brandstiftung hin-terließ – meist war ein kleiner Molotowcocktail der Auslöser, und fast immer hatte es mit Bandenzwistigkeiten zu tun – hingen noch lange nach und vertrieben die letzte Spur meiner sentimentalen Anwandlungen an diesem letzten Tag auf der Galerie.

Und tatsächlich nahm der Nachmittag immer bedrohlichere Formen an. Einer meiner Verschlusshäftlinge beschwerte sich brüllend, dass er in seiner Zelle kein Mittagessen bekommen habe. (An der Wand hatte er ein legasthenisches Stück Frohe Bot-schaft hängen: «Dies Tag hat Got gemacht.») Als ich in der Kan-tine anrief, erhielt ich zur Antwort, der Aufsicht Habende solle mir ein Antragsformular geben; als ich den neuen Aufsicht Ha-benden fragte, erklärte der, er habe keins. Ein Häftling auf der anderen Seite, Addison, dem ich erst vor wenigen Tagen die Zigaretten geschenkt hatte, war wütend auf mich, weil ich, als er nicht zum Frühstück mitging, auf sein Bitten (er hatte Angst vor Eindringlingen) seine Zelle abgeschlossen, sie dann aber zum Mittagessen versehentlich nicht wieder aufgeschlossen hatte. Ganz allein auf der Galerie, musste ich ihn persönlich zum Nordtor eskortieren und die Beamten auf der Kantinenbrücke benachrichtigen. Als ich wieder zurückkam, wartete an meinem Zentraltor ein halbes Dutzend ungeduldiger und zum Teil stinksaurer Beamter. Über die Lautsprecheranlage verlangte der Aufsicht Habende, ich solle an mein Telefon gehen, und fragte dann, warum ich das Klingeln nicht gehört hätte: Das Disziplinarkomitee wollte, dass ich mich per Telefon zu einer Anhörung äußerte. (Beamte machten ihre Aussage oft auf diesem Wege.)

Drei Häftlinge, W-3, W-10 und W-22 erklärten, sie müssten zur Krankenstation. Zwei Verschlusshäftlinge, R-55 und W-59, wollten wissen, wofür sie eingeschlossen worden waren, und behaupteten, nie einen Strafzettel bekommen zu haben. Ein neuer Häftling traf auf W ein – er kam von der psychiatrischen Station und hatte nur einen Arm und keine Matratze. Ein paar Anrufe waren nötig, um das zu regeln. Ein weiterer Neuankömmling auf W stellte zu Recht fest, dass seine Zelle wie ein Saustall aussah. Obwohl ich keineswegs dazu verpflichtet war, dachte ich, es würde die richtige Einstellung fördern, wenn ich ihn die Zelle säubern ließ. Das war ein Fehler. Er machte daraus eine Riesenaktion, forderte nacheinander die kleinen Seifenpuderpäckchen, die wir im Büro hatten, eine Toilettenbürste und Müllsäcke an. Seine Siebensachen stapelte er draußen auf der Galerie zu einem enormen Haufen, um den man kaum herumkam. Und jedes Mal, wenn ich drauf und dran war, dem Chaos ein Ende zu machen, hielten drängende Rufe «R-und-W, Zentraltor!» mich davon ab.

In der Zwischenzeit gab es wieder warmes Wasser und die Verschlusshäftlinge verlangten lauthals ihre Duschen. Einer von ihnen, Henderson, der etwa meine Größe, aber siebzig Pfund mehr

Muskelmasse hatte, erklärte mir, ich solle ihn lieber in die Dusche lassen, bevor ich ging, denn sonst ...

«Seien Sie kein Arschloch», sagte ich zu ihm.

«Was?», fragte er überrascht. Normalerweise vermieden Beamte derart provozierende Ausdrücke, aber ich hatte die Nase voll.

Er forderte mich mit jenem Satz heraus, der Phelan damals auf den Flats zur Tat hatte schreiten lassen: «Sie würden nicht so reden, wenn ich nicht in der Zelle sitzen würde», bemerkte er.

In Erinnerung an Phelans glänzenden Auftritt und von schwindliger Tollkühnheit gepackt drehte ich mich um, öffnete die Zellentür und wiederholte meinen Satz ohne die trennenden Gitterstäbe.

«Seien Sie kein Arschloch, Henderson», sagte ich. «Es hält mich bloß auf.»

Ich weiß nicht, was ich mir dabei dachte. Henderson stieß die Zellentür auf und marschierte an mir vorbei nach draußen. In dem Moment hätte ich ihn schnappen können. Aber ich wollte keinen Kampf beginnen, um ihn dann zu verlieren. Meine Pinschlaufe ziehen oder Hilfe herbeirufen? Es wäre zu peinlich gewesen, erklären zu müssen, wie ich in diese Situation geraten war. Stattdessen versuchte ich, mit ihm zu verhandeln.

«Hören Sie, wenn Sie nicht wieder reingehen, kommt keiner unter die Dusche.»

«Nur eine Sekunde, ich muss meinen Freunden was sagen», antwortete Henderson und lief ein paar Zellen weiter.

«Hey», rief ein Beamter von den Flats, der Henderson sah und wusste, dass der in seiner Zelle sitzen sollte. Henderson blickte sich um und winkte dem Beamten zu.

«Kommen Sie schon, lassen Sie mich mal Luft holen», flehte ich Henderson gedemütigt an. Drei oder vier Minuten später ging er wieder in seine Zelle.

Es war immer noch Zeit, dachte ich, um noch ein paar Verschlusshäftlinge unter die Dusche zu bringen, ehe meine Sporthallenarbeiter zurückkehren und ihr Recht auf die Duschen einfordern würden. Aber kaum hatte ich eine der Zellen aufgeschlossen und ein paar Schritte getan, als einer der Sporthallenarbeiter, der gar nicht hier sein sollte, alles daransetzte, vor mir an der Dusche zu sein. Zu meiner Verblüffung versuchte er tatsächlich, die Duschzellentür zu öffnen, während ich sie zuhielt. Es war der völlige Zusammenbruch meiner Autorität. Wir waren mitten in diesem kleinen Machtkampf, als ein anderer Galeriebeamter von unten auftauchte und das Kräftegleichgewicht zu meinen Gunsten verschob. Ich schloss den Arbeiter in seine Zelle, erster Schritt zum Verschluss, und versuchte, mit dem rasenden Kopfweh fertig zu werden, das mich überfallen hatte. Obwohl mich die Drängelei meiner Sporthallenarbeiter ärgerte, riet der Kollege mir, dass alles vermutlich leichter zu handhaben wäre, wenn ich einfach das Ende der Duschzeit für die Verschlusshäftlinge verkündete und die Sporthallenarbeiter untereinander ausmachen ließe, wer von ihnen in der letzten halben Stunde meiner Schicht duschen konnte.

Mir blieben nur ein paar Minuten, um die Meldung zu schreiben. Das Telefon klingelte: Ein Sergeant teilte mir mit, dass Mitglieder der Gefängnisleitung möglicherweise demnächst eine kleine Inspektion vor Ort durchführen würden und ich deshalb meine Arbeiter sofort für eine kurze Säuberungsaktion herauslassen sollte.

«In Ordnung, Sarge», sagte ich und legte auf. Ich schloss das Büro ab und hastete die Galerie entlang, um zu sehen, wen ich dafür nehmen konnte.

«Conover!», rief Larson lachend, als ich wild an ihm vorbeistapfte. «Immer mit der Ruhe! Sie kriegen noch einen Herzinfarkt!»

Wenn es irgendein anderer gewesen wäre, hätte er mich nur endgültig auf die Palme gebracht. Aber in diesem Augenblick kam ich zur Besinnung. Zum Teufel mit der Suche nach den Arbeitern. Zum Teufel mit der letzten Meldung. Zum Teufel mit der Gefängnisleitung. Da ich schon so gut wie weg war, spielte das doch alles keine Rolle.

Ich blieb stehen und drehte mich um. Ich holte tief Luft und ging zurück zu Larsons Zelle, wo ich mich gegen die Gitterstäbe lehnte. Das war ein Problem, das ich vom ersten Tag an hatte, und ich wusste es: Ich nahm alles zu ernst. Perfektionismus auf einer Galerie in Block B – das war unmöglich. Von Zeit zu Zeit angebrüllt zu werden – ob von Sergeants, anderen Beamten oder Häftlingen – gehörte einfach zum Leben, besonders in Sing Sing.

Eine Minute lang stand ich nur da, nicht einmal fähig, ein paar Worte zu wechseln.

Larson reichte mir ein altes «National Geographic»-Heft, das die architektonischen Details einiger mittelamerikanischer Tempel zeigte. Er interessierte sich besonders für die Inschriften auf den Stelen.

«Sehen Sie sich die an», sagte er.

«Yeah», stimmte ich zu, während ich die Zeitschrift nahm. «Da würde ich gern mal hin. Wäre toll zu wissen, was sie bedeuten.»

«Ich würde sie gern mal berühren», sagte Larson.

Ich holte noch ein paar Mal tief Luft und versuchte ruhig zu werden.

«Das war's für mich, Larson», verkündete ich ihm. «Nie mehr R-und-W. Ich höre hier auf. An Silvester bin ich aber nochmal da, auf S-und-X.»

«Wirklich, Conover?», fragte er. «Was werden Sie machen? Ich meine, haben Sie einen anderen Job?»

«Sie werden von mir hören», sagte ich.

«R-und-W, Zentraltor!»

Zurück an die Arbeit.

———

Ich klappte das Wachbuch zu und saß nur da. Fünfzehn Minuten nach Beginn der Abendschicht war immer noch keine Ablösung eingetroffen. Wäre das nicht perfekt?, dachte ich. An meinem letzten Tag auf der Galerie zu Überstunden verdonnert ... Mit wachsendem Widerwillen wartete ich darauf, dass das Telefon klingeln und Holmes oder ein anderer Sergeant mir die schlechte Nachricht verkünden würde.

Schließlich tauchte mit einer halben Stunde Verspätung ein Beamter auf, der allerdings, wie er mir gleich erklärte, nicht meine Ablösung war, sondern nur ein Praktikant. Dann erschien ein weiterer Praktikant. Allein konnten sie die Galerie nicht führen – sie waren nutzlos! Nach weiteren fünf Minuten kam noch ein Beamter. Nein, er sei kein Praktikant, sagte er mir. Er habe vor drei Tagen seine Ausbildung beendet. Und, ja, das sei für heute Abend seine Galerie.

«Wie ist es Ihnen heute bis jetzt so ergangen?», fragte ich ihn.

«Nicht so gut», antwortete er.

«Na ja, es wird noch schlimmer kommen», versicherte ich ihm.

Er hatte nicht einmal daran gedacht, eine frische Batterie für sein Funkgerät aus dem Büro des Aufsicht Habenden mitzubringen. Er hatte überhaupt keine Ahnung, wie irgendetwas auf der Galerie zu tun war. Ich schickte einen der Praktikanten die Batterie holen. Ich erklärte, wie die Schlüssel funktionierten oder nicht funktionierten – dass manche Zellen sich nicht mit dem Schlüssel öffnen ließen, der für sie vorgesehen war, und man es deshalb mit dem anderen Bund probieren musste ... aber dann erkannte ich die Aussichtslosigkeit des Unterfangens. Die Grundeinweisung brauchte mindestens eine Stunde. Und jetzt meldete sich der Aufsicht Habende über Lautsprecher und kündigte allen Galeriebeamten an, dass ihre Häftlinge zurückkamen und die Endtore geöffnet werden mussten.

«Wo ist das Endtor?», fragte der Beamte.

«Ihr nächstliegendes Problem», antwortete ich, «besteht darin, dass die ganzen Zellen noch einzeln abgeschlossen sind. Die müssen Sie jetzt aufschließen, während die Galerie noch leer ist und Sie genug Platz haben.»

«Hey, danke, Mann.»

Von wegen danke, dachte ich grimmig. Das Zellenaufschließen war eine Prozedur von fünf bis zehn Minuten und in wenigen Augenblicken würden zurückkehrende Häftlinge von R-und-W sich auf der Nordendtreppe drängen und, während sie am Tor warteten, einen gewaltigen Verkehrsstau für die bilden, die weiter hinaufmussten. Ich hätte ein prima Kerl sein und dableiben können, um in dem drohenden Chaos zu helfen. Aber mein Kopf drohte zu platzen.

Zum Teufel, dachte ich. Und im typischen Nicht-mein-Problem-Geist von Sing Sing ergriff ich die Flucht.

Epilog

SILVESTERFEUER

«Es gibt etwas, das mag die Mauern nicht, das reißt sie ein.»
ROBERT FROST, *Mending Wall*, 1914

Sing Sing bei Nacht glich einer Katakombe. Parkplatz und Umkleideraum waren menschenleer. Im Dienstantrittsraum füllte die Mindestbesatzung kaum eine Reihe. Ich erkannte das Kontingent von Block B, weil ich die Kollegen an vielen Tagen morgens auf den Galerien abgelöst oder im Tunnel getroffen hatte.

«Nette Art, Silvester zu verbringen, was?», meinte Greene sarkastisch. Er war der Nachtschichtbeamte von R-und-W. Zuerst hatte ich versucht, heute mit ihm zu tauschen, aber er war daran nicht interessiert gewesen. Stattdessen hatte ich den Dienst von Tracy Scott übernommen, eine Etage höher auf S-und-X. Ich hatte ihr erzählt, dass meine Frau heute Nacht arbeiten müsse und ich deshalb genauso gut Dienst machen könne. In Wahrheit fragte ich mich, ob die Geschichten über die Silvesternächte in Block B wahr oder übertrieben waren, und wollte es nun selbst herausfinden.

Greene foppte mich ein bisschen, während wir durch die Tunnels zu Block B hinüberwanderten. Ich sei offensichtlich ein Tagschichtler, das sehe man an meinem Schlagstock. Ich blickte mich um und merkte, dass außer mir keiner einen trug.

«Weil nachts keine Häftlinge unterwegs sind – Sie werden es nie direkt mit einem zu tun haben», erklärte er. «Nur bei einem Notfall dürfen sie aus ihren Zellen raus, und dann muss da ein Vorgesetzter stehen.»

Die Hauptaufgabe während der Schicht bestünde darin, erin-

376

nerte er mich, sicherzustellen, dass kein Häftling tot war. «Wenn sie tot und starr sind, fliegen Sie raus», so formulierten es die Weißhemden. Tot und warm hingegen zeigte, dass man seinen Job gemacht hatte.

Ich hatte einen wiederkehrenden Traum von Sing Sing gehabt, der in diesem Tunnel bei Nacht spielte. Im Traum ging ich um die Ecke, die zum Eingang von Block B führte. Der Weg war nur schwach erleuchtet gewesen, aber hinter der Ecke herrschte totale Finsternis. Eine Glühbirne musste durchgebrannt sein, sagte ich mir. Ich musste das Tor nach Gefühl finden. Plötzlich, in der Stille, merkte ich, dass ich nicht allein war: Auf dem Boden lagen überall schlafende Häftlinge. Ich tastete mich auf Zehenspitzen vorwärts, um nicht auf sie draufzutreten. Als ich die Hand nach der Wand ausstreckte, um mich zu orientieren, berührte ich das Hemd eines Häftlings und zuckte zurück. An der Wand standen sie auch, auf beiden Seiten des Tores, das jemand nachlässig offen gelassen hatte. Ich konnte vage die Umrisse erkennen. Statt derjenige zu sein, der alles im Griff hatte, war ich der in Gefahr, und ich versuchte leise vorbeizugleiten, ohne auch nur einen Lufthauch in Bewegung zu setzen.

In der Wirklichkeit war ich überrascht von der Dunkelheit, die im Block herrschte, als wir ihn jetzt gegen 23 Uhr betraten. Alle Hauptlichter waren aus, nur die Absätze der Zentraltreppe waren beleuchtet. Zerstreute Häftlinge hatten die kleinen fluoreszierenden Lampen über ihren Waschbecken angelassen und so hatte ich, als wir da unten auf den Flats Halt machten und zu den Galerien hochblickten, das Gefühl, auf einer dunklen Straße neben einem Häuserblock zu stehen, in dem nur noch ein paar vereinzelte Mieter auf waren.

Aber aus den Lichtern konnte man nicht schließen, wer noch wach war. Ich bekam einen leichten Schreck, als um halb zwölf gleichzeitig überall im Gebäude Rufe losbrachen. Der Auslöser musste das Hausradio gewesen sein, auf 97.1 FM («Hot 97 – Blazing Hip-Hop and R&B»), vielleicht Teil des Countdown bis Mit-

ternacht. Hinter all der Dunkelheit und Stille lag eine erwartungs-
volle Spannung in der Luft, eine Erregung, die ich in Block B nicht
kannte und nicht völlig verstand. Was bedeutete Neujahr hier
drinnen?

Ich absolvierte meine Runden. Greene hatte mir geraten, den
schlafenden Häftlingen nicht mit der Taschenlampe ins Gesicht
zu leuchten, sondern den Lichtstrahl lieber nur an die Decke oder
auf den Boden zu richten. Das würde die Zelle genug erhellen um
sicherzugehen, dass der Häftling sich nicht aufgehängt oder die
Pulsadern aufgeschnitten hatte. («Gucken Sie einfach nach Blut
auf dem Boden», hatte der Kollege geraten.) Ich blieb vor jeder
Zelle kurz stehen, um an dem sich hebenden und senkenden Bettzeug zu erkennen, ob derjenige atmete. Manche Häftlinge schliefen, hatten aber ihre kleinen Lampen angelassen. Manche waren
wach, hatten aber das Licht ausgemacht. Die Zellen, in denen
noch Licht war und die Insassen auf waren, beunruhigten mich,
denn die Männer hatten das Licht im Rücken und ich konnte ihre
Gesichter und Hände nicht sehen. Viele, die nicht schliefen, hielten ihre Spiegel raus und plauderten mit ihren Nachbarn. Ich
musste einige ermahnen, leiser zu sprechen – eigentlich sollte um
diese Uhrzeit überhaupt nicht geredet werden.

Gelegentlich konnte ich etwas aufschnappen. An der Ecke von
S nach X hörte ich einen Häftling versonnen zu einem anderen
sagen: «Wieder ein Jahr.»

«Yeah, wieder ein Jahr näher an zu Hause, was?»

Anders als meine Freunde schienen sie weniger die Ankunft
des neuen Jahres zu feiern, als das alte ad acta zu legen.

Meine Kollegen wirkten nervös. Ich hörte das Telefon in meinem Dienstraum klingeln, als ich gegen 23.45 Uhr meine Runden
beendet hatte. In der Nacht ertönte es viel vernehmlicher. Die
Aufsicht habende Beamtin unten sagte, ich solle diejenigen, die
da auf X so laut redeten, zum Schweigen bringen – eine albernes
Ansinnen, dachte ich, so kurz vor Mitternacht. Trotzdem erklärte
ich, ich würde mich aufmachen. Als ich gerade zu diesem Zweck

378

das Büro verlassen hatte, rief mich das Klingeln des Telefons wieder zurück.

Sie war es noch einmal. «Und gehen Sie hinterher nicht mehr raus auf die Galerie», warnte sie.

«Okay, aber warum nicht?», fragte ich, obwohl ich schon eine gewisse Vorstellung davon hatte.

«Lassen Sie's einfach», wiederholte sie. «Sie werden's schon sehen, wenn Sie noch nichts davon gehört haben.»

Unterwegs hörte ich, wie jemand den Klappmechanismus der großen Außenfenster bediente. Es zog kühl aus der Winternacht in den Block herein. Irgendwer bereitete alles für die kommenden Ereignisse vor, damit in nächster Zeit niemand mehr auf die Flats hinausmusste.

Die ersten Feuer erschienen etwa zehn Minuten vor Mitternacht. Ich sah sie von meinem Büro aus zu beiden Seiten der Galerie aufflackern, eines ein Stapel Zeitschriften, ein anderes vielleicht eine Rolle Klopapier. Um die Ecke von Galerie X erblickte ich drei weitere, eines davon größer, wie ein kleines Lagerfeuer, von dem Funken in den dunklen Raum jenseits des Maschendrahts hinausstoben. Plötzlich war alles voller Rauch wie in einem Wohnzimmer, in dem jemand vor dem Feuermachen vergessen hat, die Abzugsklappe im Kamin zu öffnen.

Ich sah durch den offenen Raum hinüber zur Außenwand, die jetzt voller Lichtreflexe war. In den Fenstern spiegelten sich von unten bis oben kleine flackernde Flammen. Offenbar sah es auf allen Galerien so aus wie auf meiner. Dann startete ein einminütiger Countdown, in den gegen Ende vielleicht hundert Stimmen einfielen: «... neun, acht, sieben, sechs, fünf, vier, drei, zwei, eins.» Und Rufe und Aufschreie aus jeder Ecke, Gejohle und sogar eine Trompetenfanfare. Alle rüttelten an ihren Gittern und der Block bebte förmlich.

In der Zwischenzeit waren unten auf den Flats drei oder vier richtig große Feuer aufgelodert. Auf kleinere Anfangsfeuerchen hatten Häftlinge Kartons, Zeitungen und Gott weiß was noch alles herausgeworfen, um ihnen richtig Zunder zu geben. Und an mindestens zwei Stellen gelang es ihnen. Die Flammen schlugen über anderthalb Meter hoch und lösten wilden Jubel aus.

Der Feueralarm ging los. Es war ein Klingeln, das in der speziellen Akustik des Blocks von allen Seiten widerhallte und der surrealen Szenerie etwas Alptraumhaftes verlieh. Die Klingel schrillte etwa fünf Minuten lang, bis jemand sie vermutlich von Hand ausschaltete. Keine Minute später ging sie wieder los. Ein letztes Mal wurde sie ausgeschaltet, dann gab die Aufsicht habende Beamtin offensichtlich auf: Es klingelte einfach immer weiter, zerrte an meinen Nerven und zweifellos auch an denen vieler anderer. Ich musste an jene Atomreaktoren denken, in denen die gelangweilten Techniker der Fehlalarme so müde waren, dass sie echten Alarm schließlich gar nicht mehr wahrnahmen – mit bösen Konsequenzen.

Unterdessen füllte sich der Block mit Qualm. Das war nicht der Rauch einer brennenden Matratze wie auf U-und-Z ein paar Tage zuvor, es war ein dicker Qualm, der in den Augen brannte und die Lungen reizte. Die Luft, die durch die Fenster hereinströmte – es wurde kalt im Block – schien den Rauch nicht zu vertreiben. Unter den Treppenleuchten sah man die dunklen Wolken vorbeiquellen.

Officer Greene kam die Treppe von R-und-W herauf, um einen Blick auf meine Galerie zu werfen. «Haben Sie vielleicht 'n paar Marshmallows?», fragte er grinsend.

Ich ging kurz mit hinunter, um auch einen Blick auf seine Galerie zu tun. Es war das gleiche Bild. Ich spazierte auf ein paar Worte zu Larson. Er hatte sich eine Decke über den Kopf gezogen, schien sich gegen das ganze Geschehen abgeschottet zu haben und zu schlafen.

Zurück auf meine Galerie. Es war jetzt 0.30 Uhr. Der Beamte von T-und-Y kam herunter und schnüffelte missbilligend. Er war ein alter Hase und offensichtlich auf der Suche nach einem Weg, seinen Frust über den Kontrollverlust zu lindern.

«Sie sollten das löschen und sie aufschreiben!», sagte er finster.

«Schon möglich», sagte ich. «Aber sollten Sie sich nicht um Ihre eigenen Feuer kümmern?»

«Meine sind alle aus.»

Ich sah hinüber zu den Außenfenstern, in denen sich Feuerschein von direkt über uns spiegelte. Ich zeigte hin. «Ich glaube nicht», sagte ich.

Er verschwand. Es war schwierig einzuschätzen, wie ernst man die Brände nehmen musste. Die Einrichtung einzelner Zellen konnte Feuer fangen, ebenso wie das Holz der Verbindungsstege zwischen den Galerien, allerdings nicht der Block als Ganzes. Ich hatte keine Ahnung, wie es mit dem Dach aussah. Eine mögliche Gefahr war Rauchvergiftung, aber mit all den offenen Fenstern gab es eine gewisse Luftzirkulation. Nur um irgendetwas zu tun, schnappte ich mir einen Feuerlöscher und richtete ihn auf die schwelende Klopapierrolle, die dem Büro am nächsten war. Das löschte das Feuer nicht, sondern blies die Rolle nur die Galerie entlang. Sofort beschwerten sich die Insassen der nächstgelegenen Zellen über den Rauch. Ich ging hinterher und versuchte, das Feuer auszutreten, aber es schwelte nur noch heftiger.

«Pech», antwortete ich auf ihre Beschwerden.

Auf dem Weg zurück zum Büro kam ich an einem weiteren Feuer vorbei. Der Häftling, der es vermutlich entfacht hatte, schien nun anders darüber zu denken. Er versuchte, seine Zelle mit ans Gitter gehängten Plastiktüten und Decken gegen den dichten Qualm abzuschotten.

Ich saß auf dem Sessel in meinem Dienstraum und schloss die Augen, weil sie so brannten. Das Telefon klingelte. Es war ein Beamter, der draußen vor dem verschlossenen Block stand und fragte, warum keiner auf sein Läuten reagierte. Er sagte, er stehe da seit einer Viertelstunde.

«Ich glaube, es ist die gleiche Klingel wie für den Feueralarm», sagte ich zu ihm. «Wie Sie vielleicht hören, klingelt der Feueralarm.» Ich erklärte, ich würde selbst runterkommen und ihn reinlassen.

«Mein Gott», rief er, als er den Block betrat und ein bisschen zu dicht neben der Klingel stehenblieb. Wir schauten rechts und links die Flats entlang. Die Feuer waren mannshoch. Sergeant Bloom, dachte ich, würde bei dem Anblick einen Herzanfall bekommen. «Block B ist wahnsinnig geworden. Ich war eben in Block A, da gibt es kein einziges Feuer.»

«Hier sind die ganzen Jungen, deshalb», bemerkte die Aufsicht Habende, die angeschlagen wirkte.

Ich dachte an den Tag, an dem ich einem Kollegen bei einer Zellendurchsuchung auf Q-Süd geholfen hatte. Wir hatten einen Großteil der Habe des Häftlings aus der Zelle geschafft und auf den Flats zu einem Haufen gestapelt und durchsuchten den verbliebenen Rest drinnen Stück für Stück. Ein Häftling aus einer der Nachbarzellen – wir fanden nie heraus, wer es gewesen war – hatte, von uns unbemerkt, brennende Streichhölzer auf den Haufen geworfen. Vielleicht hasste er uns, vielleicht hasste er diesen Häftling, vielleicht wusste er gar nicht, wen oder was er hasste, jedenfalls fing der Haufen Feuer. Wir spürten die Hitze eines plötzlichen Infernos in unserem Rücken und stürzten aus der Zelle. Wir rissen Teile, die noch nicht in Flammen standen, weg und zogen so das Feuer auseinander. Es hatte lange gebraucht, um auszubrennen. Die von heute würden länger brauchen.

«Sie müssen wohl einfach 'n bisschen Dampf ablassen», meinte Greene mit einem Grinsen, als wir auf R-und-W standen und auf all die kleinen Feuer starrten, während die Uhr 1 Uhr des Neujahrstages 1998 zeigte.

«Hmm», machte ich. Die Erklärung schien mir ein bisschen dünn. Ich dachte an das Foto im Untergeschoss der Akademie, neben dem ich unzählige Male gestanden hatte, während wir auf das Essen warteten: Sein Titel lautete sinngemäß *Rauchende Ruinen des Auburn-Gefängnisses*. Dort hatte es im Jahr 1929 einen Massenaufstand gegeben. Ich dachte an meine Wut und Frustration, als ich von einem Häftling in Block A eine verpasst bekommen hatte, und an meine Fantasien von den Flammen, die den Block samt allen Insassen verschlangen. Später hatte mich ein Zwischenfall in Block B mit der Realität konfrontiert: Ich hatte im Versorgungsschacht in der Mitte des Blocks ein Feuer entdeckt. Schweißer weiter oben hatten aus Versehen ein PVC-Rohr entzündet. Als ich mit dem Feuerlöscher darauf losging, stob das brennende Plastik einfach auseinander und das Feuer breitete sich aus. Da befiel mich einen Augenblick lang Entsetzen – im Versorgungsschacht gab es jede Menge altes Holz. Das Feuer war schließlich von selbst erloschen, aber nicht ohne dass ich vorher noch die Vision von einem Stall voller brennender Pferde hatte.

Vor allem dachte ich jedoch an jenen Häftling auf R-und-W, der mir den grundlegenden Unterschied zwischen dem Sklaven, der auf dem Feld arbeitete und dem, der im Haus arbeitete, erklärt hatte: Der Feldsklave war nicht traurig, wenn das Haus niederbrannte.

Tatsächlich, dachte ich, mochte er sogar in gewisser Weise froh sein, wenn er das Haus abbrennen sah. Ich fragte mich nur, wie schlimm die Zustände werden mussten, dass er in Kauf nahm, selbst mit zu verbrennen.

NACHWORT

Viele Leserinnen und Leser haben mich gefragt, was denn seit meinem endgültigen Abschied von Sing Sing passiert sei – wie die staatlichen Stellen auf mein Buch reagiert hätten. Was meine Vollzugskollegen gesagt hätten. Inwiefern diese Erfahrung mein Leben verändert habe. Und viele Leute wollten wissen, was denn gegen jene Entwicklung zu tun sei, die man wohl mit Fug und Recht «unser Gefängnisproblem» nennen kann.

Wie vorauszusehen war, zeigte sich die Vollzugsbehörde des Staates New York nicht sonderlich glücklich über *Vorhof der Hölle*. Durch meinen Eintritt in den Vollzugsdienst hatte ich das behördliche Verbot, die Vollzugsakademie und die Gefängnisse von innen zu studieren, wirksam umgangen. Ein paar Monate vor Erscheinen dieses Buchs rief ich Charles Greiner, den immer noch amtierenden Gefängnisleiter von Sing Sing, an und erzählte ihm von meinem Projekt. Ich dachte, er hätte vermutlich schon davon gehört – da ich inzwischen Freunden aus dem Vollzugsdienst reinen Wein eingeschenkt hatte – und erwartete eisiges Schweigen. Doch er schien nichts davon zu wissen und hörte mir lange und konzentriert und, wie mir schien, mit großem Interesse zu. Er fragte lediglich, ob ich glaubte, alles richtig dargestellt zu haben, und ich erklärte, ich hätte mein Bestes getan. Seine Reaktion war nicht ärgerlich; er sagte, er freue sich auf die Lektüre.

Doch als dann der *New Yorker* bei der Vollzugsbehörde anrief, um im Zusammenhang mit einem für die Zeitschrift adaptierten Auszug aus *Vorhof der Hölle* ein paar Fakten zu überprüfen, hatte sich die Kunde bereits verbreitet. «Er hat uns nicht um Hilfe bei seinem Buch gebeten, also helfen wir ihm auch nicht mit seinen Fakten», fauchte ein Sprecher, der vielleicht nicht wusste,

NACHWORT

dass ich 1994 sehr wohl um Hilfe ersucht hatte, aber abgewiesen worden war. Diese Reaktion war ein Vorzeichen. Kurz nach dem Erscheinen von *Vorhof der Hölle* erfuhr ich, dass das Buch als Konterbande eingestuft worden war: Vollzugsbeamte des Staates New York durften es nicht in die Haftanstalten mitnehmen und in der Häftlingspost oder bei Besuchern gefundene Exemplare wurden konfisziert. Ein Bekannter von mir, der Sing Sing in offizieller Funktion besuchte, musste sein Exemplar am Eingangstor zurücklassen.

Drei Monate nach Erscheinen des Buchs entschied die Vollzugsbehörde, dass Häftlinge es doch lesen durften – in zensierter Form. Das hieß, dass jeder Häftling, der ein Exemplar von *Vorhof der Hölle* erhielt, dieses sofort abzugeben hatte oder aber eine Fehlverhaltensmeldung wegen Konterbande riskierte. Das jeweilige Gefängnis schickte das Buch dann nach Albany, wo jemand eigenhändig sechs Seiten herausriss, die nach Meinung der Behörde «in den Händen gewalttätiger und räuberischer Straftäter innerhalb unseres Vollzugssystems eine potenzielle Schadens- und Konfliktquelle» darstellten. Die Presseerklärung spezifizierte nicht, welche Seiten das waren, sondern besagte lediglich, es gehe dort «um die Anwendung chemischer Reizstoffe, um Techniken der Häftlingskontrolle durch Ausnutzen von Druckpunkten und mittels bestimmter Spezialgriffe, um das Verfahren mit Notfall-Equipment in einer potenziellen Geiselnahmesituation, um Aufgaben und Verhalten von Beamten bei Massenunruhen, um Fluchtmethoden, um die Reichweite und Anwendung bestimmter Feuerwaffen sowie um konkrete Sicherheitsdetails, die Höfe von Sing Sing betreffend».

Waren das berechtigte Sicherheitsbedenken? Ich glaube nicht. Revolten waren fast immer in der Gefängnisgeschichte das Resultat administrativer oder vollzugstechnischer Missstände, nicht aber des Wissens der Häftlinge um unsere streng geheimen Aikido-Griffe. Ich hatte mir bei allem, was ich in dieses Buch aufnahm, sorgsam überlegt, ob es meine Vollzugskollegen irgendwie gefährden könnte, und bisher hat sich noch kein einziger Vollzugsbeamter bei mir über diese Enthüllungen beschwert. Vielmehr zitierte gerade in dieser Zeit, im Sommer 2000, die *New York Times* einen Vollzugsbeamten mit den Worten: «Wir haben mit diesem Buch kein Problem. Was er getan hat, ist bewundernswert.» Meines Wissens beschränkt keine andere Gefängnisbehörde den Zugang der Insassen zu *Vorhof der Hölle*.

In diesem kontroversen Klima sah ich der Lesung, die ich im Juni 2000 in der öffentlichen Bücherei von Ossining halten sollte, mit einiger Nervosität entgegen. Von dem halben Dutzend Vollzugsbeamter, mit denen ich vor Erscheinen des Buchs geredet hatte, war mir keiner ärgerlich oder besorgt vorgekommen, aber ich wusste, dass *Vorhof der Hölle* nicht allen gefallen würde. Ich hatte Angst, dass ein öffentlicher Auftritt in Ossining unzufriedenen Ex-Kollegen Gelegenheit bieten könnte, ihrem Unmut Luft zu machen.

Die Bücherei liegt nur etwa eine Meile von Sing Sing entfernt und zwanzig Minuten vor Lesungsbeginn war der Raum bereits brechend voll. Die hundertzwanzig Klappstühle waren besetzt und die rund vierzig Personen, die in der Nähe des Eingangs standen, wurden aufgefordert, nach vorn zum Podium zu kommen und sich auf den Boden zu setzen. Ich zwängte mich durch die Menge, registrierte das «Book TV»-Team von C-SPAN und anschließend die Tatsache, dass die vordersten Sitzreihen hauptsächlich mit grauen Uniformen gefüllt waren. Als die Bibliotheksleiterin mir das Mikro reichte, erklärte sie mir, dass die Beamten zum Teil schon seit zwei Stunden da seien. Sie setzte hinzu, die Anwesenheit der Polizisten sei eine reine Vorsichtsmaßnahme.

«Welche Polizisten?»

«Haben Sie sie nicht gesehen? Sie stehen am Eingang.» Vorige Woche habe jemand aus Sing Sing angerufen, erklärte sie, und ihre Mitarbeiterin mit der Mitteilung erschreckt, «einige Leute» im Gefängnis seien sauer wegen des Buchs und könnten vielleicht bei der Lesung «Stunk machen». Ich hatte ein ungutes Gefühl, ähnlich dem, das so viele meiner Tage in Sing Sing belastet hatte – das Gefühl einer unmittelbar bevorstehenden Konfrontation, das Gefühl drohenden Unheils. Doch wenn ich im Gefängnis eins gelernt hatte, dann Angst zu unterdrücken. Ich klippste mir das Mikro an und trat ans Pult.

Ich habe nie gern vorbereitete Reden gehalten, also sprach ich frei über meine Gründe, dieses Buch zu schreiben. Ich erklärte, dass wir inzwischen zu viele Gefängnisse hätten, um sie einfach zu ignorieren, sprach über das einseitige Vollzugsbeamtenklischee, über die ungerechte Macht des Staates, der Öffentlichkeit vorzuenthalten, was in den Gefängnissen geschieht. Darüber, dass man eine bestimmte Art Leben am besten versteht, wenn man sie selbst lebt, und dass diese Erfahrung durch nichts zu ersetzen ist. Dass heimliches Einschleichen nur das letzte Mittel der Recherche sein kann, die Umstände es aber manchmal erzwingen. Im Reden versuchte ich, in den Gesichtern der Vollzugsbeamten und übrigen Anwesenden zu lesen, sie auf Sympathie, Ärger oder Verwirrung abzusuchen. Ich bekam Anzeichen unterschiedlichster Reaktionen mit, konnte sie aber auf keinen rechten Nenner bringen.

Die Fragen, die nach meinem Vortrag gestellt wurden, ließen ebenfalls keine großen Schlüsse zu. Ich nahm noch eine letzte Frage entgegen, beantwortete sie, bekam Applaus und begab mich an einen Tisch zu meiner Linken, um Exemplare zu signieren. Meine Frau Margot, die nichts von der telefonischen Drohung wusste, zupfte mich am Ärmel, als ich mich gerade hinsetzen wollte. «Das fühlt sich nicht gut an», sagte sie, sichtlich nervös.

Da es keinen Platz zum Anstellen gab, drängten sich die Leute von allen Seiten um den Büchertisch. Irgendwann gab ich es auf festzustellen, wer mir das jeweilige Buch vorlegte; ich sagte einfach nur zu dem Arm, der es mir hinstreckte: «Möchten Sie eine namentliche Widmung?»

«Schreiben Sie: Für Perlstein», knurrte eine tiefe Stimme.

«Perlstein», sagte ich zerstreut. «Wie schreibt sich das?»

«Sollten Sie doch wissen», kam als Antwort. Ich blickte auf, folgte dem Arm bis zum Bizeps und sah schließlich ins Gesicht von … «Perlstein», dem weißen Hünen, der in der Box Dienst tat, bei den schlimmsten Insassen von Sing Sing. Er hatte mir während der praktischen Ausbildung dort das Schienbein mit dem Schlagstock abgeklopft, um mir zu demonstrieren, wie schmerzhaft solche Schläge sein konnten. Ich hatte ihn in *Vorhof der Hölle* unter diesem Pseudonym erwähnt und als «Monster mit kahl rasiertem Schädel» beschrieben.

Was immer noch passte. Perlstein wirkte allenfalls noch bulliger, als ich ihn in Erinnerung hatte, sein Schädel noch glänzender, seine Augen noch kleiner. Doch hier, in Zivil und in einer Bibliothek, war er nicht so angsteinflößend, sondern irgendwie … denaturiert. Und als sich das Gedrängel verschob, sah ich, *dass er auf dem anderen Arm ein kleines Mädchen trug.* Perlstein war Vater! Ich wusste nichts anderes zu sagen als:

«Und, äh, hat Ihnen das Buch gefallen?»

«War okay.»

Auch Vollzugsbeamte, die ich nicht kannte, baten mich, ihre Exemplare zu signieren. Zwei, drei spielten auf den einschüchternden Sergeant an, dem ich ebenfalls ein Pseudonym verpasst hatte. «Hey, Sergeant Wickersham wartet draußen auf Sie», sagte einer. «Er schmiert schon mal seinen Schlagstock. Er wird einen Vierteldollar fallen lassen und Ihnen befehlen, sich zu bücken und ihn aufzuheben.»

Vollzugsbeamtenhumor.

Schwestern von der Krankenstation kamen vorbei, der «Freizeitleiter» des Gefängnisses, ein Schwarm reizender älterer Damen aus dem Ort. Eine halbe Stunde später waren da nur noch ich, meine Frau – und etwa ein Dutzend Vollzugsbeamte.

Drei von ihnen zückten Fotoapparate. Sie wollten mit mir fotografiert werden. Sie wollten mit Margot fotografiert werden. Ein paar kannte ich: Aragon, Loachamin, McCall … Schließlich wagte ich zu glauben, dass das alles positiv gemeint war, dass keine Gefahr drohte. Als die Bibliothekarin die Stühle zusammenklappte, sagte sie, sie habe gehört, dass mein Vortrag den beiden Polizisten gefallen habe.

«Polizeischutz? Wofür denn das?», fragte Officer McCall naiv. Er zeigte auf die versammelten Beamten. «Hier haben Sie doch jede Menge Schutz!»

Aragon hatte eine normale Kamera und eine Polaroid dabei und schenkte mir ein Instant-Foto, auf dem wir uns die Hand gaben. Ich hatte ihn auf der ersten Seite von *Vorhof der Hölle* als den Mann mit dem Abschließtick porträtiert, der seinen Wagen mit der Lenkradkralle sicherte, obwohl er ihn direkt unter einem Wachturm parkte, und an seiner Lunchbox ein kleines Vorhängeschloss angebracht hatte, um sie vor plündernden Kollegen zu schützen.

«Dann sind Sie also nicht sauer auf mich?», fragte ich ihn.

«Ach, i wo!» Er wirkte allenfalls etwas defensiv. «Ich hab jetzt eine andere Lunchbox, ohne Schloss.»

Trotz der ganzen Zeit, die ich in Vollzugsbeamtenuniform verbracht hatte, wurde mir ein bitterer Aspekt dieses Lebens erst jetzt richtig bewusst: das tief sitzende Gefühl der Stigmatisierung, der Schmerz der gesellschaftlichen Nichtachtung. Das Antidot war die Würdigung ihrer Arbeit, die Anerkennung der speziellen Schwierigkeiten dieses Jobs. Das schien *Vorhof der Hölle* zu leisten – «Ich hab Sie im Fernsehen gesehen, Sie haben gesagt, wie es wirklich ist, Mann!», erklärte ein mir völlig unbekannter Vollzugsbeamter – und angesichts dieser Anerkennung war offenbar vieles verzeihlich.

Dieses Buch war das erste, das ich nach dem Aufkommen der E-Mail schrieb, und in den acht Monaten seit seinem Erscheinen haben mir über dreihundert Vollzugsbeamte oder Angehörige von Vollzugsbeamten auf diesem Weg Feed-back gegeben – fast ausschließlich begeisterter Art. Darunter war auch Vinny Nigro, mein gutmütiger Akademieausbilder, der sich für «meine 15 Minuten in der Geschichte» bedankte. Ein Vollzugsneuling, der sich *Vorhof der Hölle* unmittelbar nach Erscheinen kaufte, schrieb:

«Wird Zeit, dass die Öffentlichkeit mehr über uns erfährt. Sie schreiben die Wahrheit. Ihr Buch zu lesen war, wie ein Buch über mich zu lesen.» Mendola, Goldman, Scarff, Di Paola, Smith, Saline und andere haben sich bei mir gemeldet; ich hatte sogar einen lebhaften Mail-Wechsel mit einer Schriftstellerin, die sich schließlich als Sergeant Wickershams Schwester zu erkennen gab und fand, dass ich ihm gegenüber unfair war. Die größte Überraschung waren die vielen Zuschriften von Frauen von Vollzugsbeamten, in denen häufig sinngemäß steht: «Ich wusste gar nicht richtig, was mein Mann bei der Arbeit macht, bis ich ihr Buch las.» Hin und wieder wirft mir jemand vor, ich würde meinen Kollegen in den Rücken fallen und sei ein Verräter. «Was im Vollzug vor sich geht», lese ich da, «hat innerhalb des Vollzugs zu bleiben.» Da ich hoffe, dass gerade *Vorhof der Hölle* ein Argument gegen dieses Denken darstellt, glaube ich nicht, dass diese Leute jemals zu überzeugen sein werden.

Reaktionen von Häftlingen tröpfeln nur langsam ein. Von den Gefangenen, die ich eingehender geschildert habe, ist fast keiner mehr in Sing Sing. Larson schrieb mir, dass er für längere Zeit in der Box eines Upstate-Gefängnisses sitze; er hat nichts von sich hören lassen, seit ich ihm das Buch geschickt habe, was vermutlich heißt, dass der Staat sich mit dem Herausreißen der Seiten Zeit lässt. Delacruz wurde, kurz nachdem ich ein Exemplar an ihn abgeschickt hatte, in ein neues Gefängnis verlegt und ich habe keine Ahnung, wann ihn die Sendung erreicht. Eine Frau, die eine Beziehung mit einem Insassen von Sing Sing hat, ließ diesem im Besuchsraum ein Vorabexemplar zukommen und erzählte mir, es werde begeistert herumgereicht. Wenn mich Leute fragen, ob sich in Sing Sing auf mein Buch hin etwas geändert hat, gebe ich weiter, was diese Frau von ihrem Freund erfuhr: Kurz nach Erscheinen des Buchs seien die dreckigen Fenster von Block B, erstmals seit Menschengedenken, geputzt worden.

Vielleicht ist es das, was sich die Vollzugsbehörde unter Reform vorstellt.

Manche Leserinnen und Leser werden sich am Ende dieses Buchs fragen, was wirklich am amerikanischen Strafwesen geändert werden soll. In diesem Land werden alljährlich Milliarden Dollar dafür aufgewandt, Institutionen zu unterhalten, aus denen, wie wohl kaum jemand bestreiten wird, die Menschen in vielfacher Hinsicht beschädigter herauskommen, als sie hineingekommen sind. Das ist ein Riesenproblem, aber es gibt ein paar simple Veränderungen, die meiner Meinung nach einen großen Unterschied machen würden.

Zum einen müssen die Bundesstaaten die obligatorischen Haftstrafen für Drogenkriminalität aufheben. Gefängnisse sollten für Gewaltverbrecher da sein, nicht in erste Linie für arme Kerle aus Problemwohngebieten, die beim Verkaufen oder Konsumieren von Drogen erwischt werden. Meiner Ansicht nach haben die meisten Haftstrafen mehr negative Auswirkungen – auf die Angehörigen wie auf den Straftäter selbst – als positive. New York und Kalifornien gehen gerade dazu über, Ersttätern im Bereich Drogenkriminalität Therapie statt Gefängnis zu verordnen, und das ist eine positive Entwicklung.

Zum zweiten haben wissenschaftliche Untersuchungen immer wieder belegt, dass nichts die Rückfallquote so wirksam senkt wie Bildung. Weiterführende Bildungsgänge nicht als wichtigstes Mittel der Kriminalitätsbekämpfung anzuerkennen, ist ein schrecklicher Fehler. In den Gefängnissen sollte wieder ein solcher Bildungserwerb möglich sein, und da sich Vollzugsbeamte zu Recht darüber empören, dass Gefangene gratis bekommen, wofür der Normalbürger zahlen muss, erscheint es mir sinnvoll, sie in ihrer dienstfreien Zeit an solchen Lehrveranstaltungen teilnehmen zu lassen.

In diesem Sinne halte ich es auch für wichtig, dass wir es den europäischen Ländern nachtun und uns bemühen, die in unseren Gefängnissen existierende scharfe Trennlinie zwischen Aufsehern und sonstigem Personal zu verwischen. Die amerikanische Berufsbezeichnung «correction officer» verheißt die Ausrichtung auf

Besserungshilfe und Unterstützung. Ich glaube, es würde zur Besserung unseres gesamten Gefängniswesens beitragen, wenn Vollzugsbeamte auch unterrichten und beratende Funktionen ausüben würden, wenn sie Herz und Verstand im Dienst einsetzen dürften, statt immer nur so zu tun, als hätten sie weder das eine noch das andere.

Die von mir sehr bewunderte Gefängnisforscherin Kelsey Kauffman schrieb, Gefängnisse seien «vielleicht die Institution im heutigen Amerika, die den Rassengegensätzen am stärksten Vorschub leistet.» Das scheint mir sehr klar erkannt. Die Gefängnisse unseres Landes säen eine Menge Rassenhass, sowohl unter den Insassen als auch zwischen Insassen und Vollzugsbeamten. Und fast jeder, der sich im Gefängnis befindet, kommt irgendwann heraus und verbreitet diesen Hass. Wir sollten uns bemühen, die Gefängnisse unserer Gesellschaft zu verbessern – das unvollendete Werk Thomas Mott Osbornes aufzugreifen und – um den großen Reformer zu zitieren – diese Abfallhaufen in Reparaturwerkstätten zu verwandeln. Nicht allen Insassen ist zu helfen, aber einigen, und diese dahinvegetieren zu lassen, ist dumm. Und da das Gefängnis das unselige Symptom unserer brutalen und in krassem Maße ungerechten Gesellschaft ist, sollten wir die Worte des Insassen Larson beherzigen: aufhören, Haftplätze für die Kinder von heute zu planen, und uns stattdessen daranmachen, etwas gegen ihre Armut zu tun und ihre Chancen zu verbessern. Es ist jetzt 175 Jahre her, dass Sing Sing erbaut wurde – höchste Zeit, etwas Neues zu probieren.

Ted Conover, März 2001

Anmerkungen

KAPITEL 1 Von draußen nach drinnen

Seite 24: *Ihr Plan basiert auf dem des Zellenblocks von 1826* Norman Johnston, The Human Cage: A Brief History of Prison Architecture, S. 40

KAPITEL 2 Die Akademie

Seite 32: *Mit einem Jahresetat von 1,6 Mrd Dollar* Laut Robert Gangi, Geschäftsführer der Vollzugsbeamtenvereinigung des Staates New York, umfassen diese Zahlen der Justizvollzugsbehörde nicht die Pensionen der Beamten und andere Sonderleistungen; eine genauere Zahl für das Jahr 2000 sind 2,3 Mrd (persönliche Mitteilung vom 21. Januar 2000).

Seite 35: *Der Staat Kalifornien, dessen Gefängnisse ... bis zum Doppelten ... belegt sind* Eric Schlosser, «The Prison-Industrial Complex», The Atlantic Monthly, Dezember 1998, S. 52

Seite 35: *Seit dem Ende des Apartheidregimes* Inhaftierungsraten im internationalen Vergleich werden periodisch veröffentlicht von: The Sentencing Project, 1516 P Street, NW, Washington D.C. 20005

Seite 35 *Anfang 2000* Allen J. Beck und Christopher J. Mumola, «Prisoners in 1999», Abteilung Rechtsstatistik des US-Justizministeriums, 810 Seventh Street, NW, Washington D.C. 20531

Seite 35: *in den 90er Jahren* The Sentencing Project und Editorial der New York Times, 13. März 1999

Seite 36: *die höchste Scheidungsrate* Es ist mir nicht gelungen, unabhängige Belege für Pumas Angaben zu finden

Seite 57: *Dem Anstieg der Häftlingszahlen entsprechend* The Corrections Yearbook 1982, Pound Ridge, N.Y.: Criminal Justice Institute, 1983, S. 33, und The Corrections Yearbook 1988, Middletown, Conn.: Criminal Justice Institute, 1999, S. 133

Seite 70 *das berühmte Experiment von Philipp Zimbardo* C. Haney, C. Banks und P. Zimbardo, «Interpersonal dynamics in a simulated prison», in: International Journal of Criminology and Penology, 1973, S. 69–97

Seite 70 *Zimbardo hat seither einige Kritik einstecken müssen* «Zimbardo's Prison – Renowned Professor calls 1970s prison experiment unethical», in: The Stanford Daily Online, 14. Mai 1996

Seite 75 *dass in Filmen Gefängniswärter ausnahmslos als kalt und brutal dargestellt werden* The Green Mile, ein Film von 1999 mit Tom Hanks, kam

393

nach meiner Sing-Sing-Zeit in die Kinos und betrat Neuland mit seiner Darstellung wenigstens eines menschlichen und unter dem moralischen Dilemma leidenden Gefängniswärters.

Kapitel 3 Den Fluss hinauf

Seite 79 *1995 kostete eine normale Dreizimmerwohnung* ... The New York Times, 28. Dezember 1995, S. B1

Kapitel 5 Der Abfallhaufen

Seite 224 *Der berühmteste Direktor des Gefängnisses* Lewis E. Lawes, Twenty Thousand Years in Sing Sing, S. 239

Seite 225 *Die Häftlinge und ihre Wärter* «Wärter» waren im damaligen Sprachgebrauch diejenigen, die direkt mit den Häftlingen zu tun hatten; «Wachen» patrouillierten, gewöhnlich bewaffnet, auf dem Gefängnisgelände

Seite 225 *Ohne Gebäude zu ihrer Aufnahme* Report of the agent of the Mount-Pleasant State Prison, relative to the government and the discipline of that prison. Senat des Staates New York, 14. März 1834, S. 8

Seite 226 *Zwischen dem Ende des 18. und der Mitte des 19. Jahrhunderts* Michel Foucault, Überwachen und Strafen – Die Geburt des Gefängnisses, Frankfurt a. M. 1994, S. 14/15

Seite 226 *Das Gefängnis von Auburn war im selben Stil erbaut worden* «These are Your N. Y. State Correctional Facilities: 7. Auburn Prison, Part I» in: Correction, monatliche Publikation der Vollzugsbehörde des Staates New York, Bd. XIV, Nr. VI (Mai 1949), S. 7–8

Seite 226 *Dieser Versuch, von dem man sich den meisten Erfolg versprach* Report of the agent of the Mount-Pleasant State Prison, relative to the government and the discipline of that prison. Senat des Staates New York, 14. März 1834, S. 6

Seite 228 *Das erste Bild* George Wilson Pierson, Tocqueville in America, S. 100

Seite 228 *verrichten sie ausdauernd die schwersten Arbeiten* ebd., S. 101

Seite 228 *weil die Aufseher frei untereinander verkehren* ebd., S. 101

Seite 228 *Kurz nach ihrer Ankunft bekamen Tocqueville und Beaumont* ebd., S. 99

Seite 229 *Die praktische Kunst, Menschen zu leiten* Gustave de Beaumont und Alexis de Tocqueville, Amerika's Besserungs-System und dessen Anwendung auf Europa, Berlin 1833, S. 284/85

Seite 229 *Wir sahen 250 Gefangene* ebd., S. 47, Fußnote

Seite 229 *Während der Staat dort ein Beispiel der ausgedehntesten Freiheit gewährt* ebd., S. 86

Seite 229 *Ich bin vom Gegenteile überzeugt* ebd., S. 282

ANMERKUNGEN

Seite 230 *In die Wand waren zwei Eisenringe eingelassen* James R. Brice, Secrets of the Mount-Pleasant State Prison, Revealed and Exposed: An Account of the Unjust Proceedings Against James R. Brice, Esqu., by which he was convicted of the Crime of Perjury, Accompanied by Affidavits to Prove His Innocency: Also an account of the Inhuman Treatment of Prisoners by some of the Keepers; and an authentic statement of the officers and salaries, with other curious matters before unknown to the public, S. 32

Seite 230 *Levi Burr, ein wegen Meineids einsitzender Häftling* Levi S. Burr, A Voice From Sing Sing, giving a general description of the state prison, a short and comprehensive geological history of the Quality of the Stone of the Quarries; and a synopsis of the Horrid Treatment of the Convicts in That Prison, S. 17–18

Seite 230 *wurden täglich über hundert Peitschenhiebe ausgeteilt* Bericht des Untersuchungsausschusses von 1851 [zur Situation in den Gefängnissen] beim Repräsentantenhaus [des Staates New York] ... der Legislative übergeben am 7. Januar 1852, S. 26

Seite 231 *Der Bankräuber Willie Sutton* Willie Sutton, mit Quentin Reynolds. I, Willie Sutton, New York, Farrar, Straus and Young, 1953, S. 92

Seite 231 *Ein Untersuchungsbericht von 1839* Diese Auszüge aus dem Bericht des Jahres 1839 wurden abgedruckt im Jahresbericht der Inspektoren des Mount Pleasant State Prison, 6. Januar 1848, S. 8–11; im Original kursiv

Seite 232 *Laut dem zuständigen Leichenbeschauer* «These are Your N.Y. State Correctional Facilities: 7. Auburn Prison, Part II» in: Correction, monatliche Publikation der Vollzugsbehörde des Staates New York, Bd. XIV, Nr. VI (Juni 1949), S. 4

Seite 232 *Es war seine Regel* Brief von John W. Edmonds, «staatlicher Gefängnisinspektor für Sing Sing», an General Aaron Ward, 1844, in: SLT Pamphlet, Bd.19, New York Public Library

Seite 233 *[Die neunschwänzige Katze]* Brief von Dr. Blanchard Fosgate an Mitglieder eines Legislativkomitees «zur Untersuchung von Fragen des Haushalts, der Disziplin und der allgemeinen Verwaltung verschiedener Gefängnisse», in: Bericht des Untersuchungsausschusses von 1851 beim Repräsentantenhaus [des Staates New York], S. 225

Seite 234 *Blanchard Fosgate, der Gefängnisarzt* ebd., S. 70–71

Seite 236 *der erste Sozialarbeiter* Roger Panetta, Professor für Geschichte am Marymount College, in einem Interview für das C-Span-Special «Tocqueville Town Meeting: Penal System», 6. Juni 1997

Seite 236 *einen großen Industriebetrieb* New York Herald Sunday Magazine, 14. Dezember 1919, S. 2

Seite 236 *weit mehr auf den gesunden Menschenverstand* John Luckey, Life in Sing Sing State Prison, S. 17

ANMERKUNGEN

Seite 236 *James Brice* James R. Brice, Secrets of the Mount-Pleasant State Prison, S. 65–66

Seite 238 *Der zuständige Experte für die Staaten New York und New Jersey* Dr. Amos O. Squire, Sing Sing Doctor, S. 201

Seite 239 *Er beschreibt ihn als klein und untersetzt* ebd., S. 201–202

Seite 239 *Kurz vor dem festgesetzten Hinrichtungszeitpunkt* ebd., S. 203

Seite 240 *Dem Nachruf zufolge* Ossining Citizen Sentinel, 23. Februar 1929

Seite 241 *Er saß dabei* Das Handzeichen, das die Exekution einleitete, war Squires Idee – eine persönliche Verfeinerung der Methode. «In meiner Zeit als zuständiger Arzt ... empfanden wir es als wünschenswert, den ersten Stromstoß zu verabreichen, wenn die Lungen leer waren. Wenn der Strom den Körper trifft, kontrahiert die Glottis, jedwede in den Lungen befindliche Luft zurückhaltend. Mit dem Ende des Stromstoßes senkt sich der Brustkorb. In diesem Moment entweichende Luft erzeugte einen lauten und furchtbaren Laut und brächte Schaum auf die Lippen.» (Squire, S. 198–199)

Seite 242 *Als einziges Mitglied* ebd., S. 99

Seite 242 *Vor lauter nervlicher Erregung* ebd., S. 1

Seite 243 *Als ich nach diesem Erlebnis heimkam* ebd., S. 220

Seite 244 *Nachdem er sich einem Freund und seiner Tochter anvertraut hatte* ebd., S. 221

Seite 244 *In einer historischen Fernsehdokumentation* «The Big House», im Geschichtsfernsehen, 24. Mai 1998

Seite 246 *Die Gefangenen werden ... wie wilde Tiere gehalten* Rudolph W. Chamberlain, There is no Truce: A Life of Thomas Mott Osborne, S. 237

Seite 248 *Dennoch, argumentierte er* ebd., S. 8

Seite 248 *Wenn ich mich einfach gehen ließe* ebd., S. 42

Seite 249 *Rigide Disziplin* ebd., S. 188

Seite 249 *Ich kann mir nichts moralisch Zerrüttenderes vorstellen* ebd., S. 136

Seite 249 *Ich möchte nicht so verstanden werden* ebd., S.135

Seite 249 *Sich im Schlamm zu suhlen* The Bridgeport Standard, zitiert in: Chamberlain, There is no Truce: A Life of Thomas Mott Osborne, S. 262

Seite 250 *Nur die Freiheit macht Menschen tauglich* ebd., S. 237

Seite 250 *Der Gouverneur selbst* Frank Tannenbaum, Osborne of Sing Sing, S. 194–195

Seite 251 *Verschiedene ungesetzliche und widernatürliche Handlungen* Urteil der Grand Jury von Westchester County, in Auszügen in: Chamberlain, There is no Truce: A Life of Thomas Mott Osborne, S. 329

Seite 251 *Bis dieser Posten in den fünfziger Jahren eine normale Beamtenstelle wurde* Lewis E. Lawes, Twenty Thousand Years in Sing Sing, S. 109, 290

Seite 252 *Aus der Reihe der Gefängnisleiter ... sticht Osborne hervor* ebd., S. 105

ANMERKUNGEN

Seite 252 *Es kann innerhalb von Gefängnismauern keine Demokratie geben* ebd., S. 118

Seite 253 *Ein immer wiederkehrendes Thema* The New York Times, 21. Oktober 1977

Seite 253 *Für einen Hearst-Metrotone-Wochenschaubericht* Ein Teil dieses Berichts wurde in der «Big House»-Dokumentation des Geschichtsfernsehens am 24. Mai 1998 gezeigt

Seite 255 *Eines jedoch war während Lawes' Amtszeit unverändert geblieben* «These are Your N. Y. State Correctional Facilities: 8. Sing Sing Prison, Part II» in: Correction, monatliche Publikation der Vollzugsbehörde des Staates New York, Bd. XIV, Nr. VIII (August–September 1949), S. 4

Seite 255 *bemerkte Dr. R. T. Irvine* ebd., S. 4

Seite 255 *1905 befand eine Staatskommission* ebd., S. 4

Seite 255 *hing der Zellenblock der Anstalt «weiterhin wie ein Mühlstein»* ebd., S. 3

Seite 257 *Der Ausbruch der Geschehnisse* Tom Wicker, A Time to Die: The Attica Prison Revolt, S. 319

Seite 258 *Lewis Lawes schreibt* Lewis E. Lawes, Twenty Thousand years in Sing Sing, S. 66

Seite 259 *zur Klärung der Ursachen* «Bericht an Gouverneur Mario M. Cuomo: Unruhen in der Ossining-Vollzugsanstalt, 8.–11. Januar 1983» von Lawrence T. Kurlander, Strafrechtsbeauftragter des Staates New York, September 1983, S. 224

Seite 259 *Es war zu einem Ort geworden* ebd., S. 25–26

Seite 259 *1982 wurden vier Wärter und ein Sergeant wegen Bestechlichkeit angeklagt* The New York Times, 29. Juli 1982, S. B3

Seite 259 *1986 entkamen ein Einbrecher und zwei Mörder* The Citizen Register (Ossining, New York), 14. Dezember 1986, S. 1

Seite 260 *Sex-Eskapaden in Sing Sing* New York Daily News, 30. Januar 1988, S. 1–2

Seite 260 *Nachdem er die Leitung von Sing Sing übernommen hatte* Lewis E. Lawes, Twenty Thousand Years in Sing Sing, S. 68, 74

Seite 261 *Wohl niemals haben Richter, Polizisten und Gefängniswärter es verstanden* Eldridge Cleaver, Seele auf Eis, Carl Hanser Verlag München 1969, S. 72

Seite 262 *In einem Parlamentsbericht von 1851* Bericht des Untersuchungsausschusses von 1851 beim Repräsentantenhaus [des Staates New York] ... der Legislative übergeben am 7. Januar 1852, S. 5–6

Seite 263 *Wir werden dieses Gefängnis vom Abfallhaufen zur Reparaturwerkstatt machen* Rudolph W. Chamberlain, There is no Truce: A Life of Thomas Mott Osborne, S. 412 Dieses Zitat ziert eine Tafel an der Außenwand des Gebäudes 114 East 30th Street in New York, einst Sitz der Osborne-

Gesellschaft, einer Non-profit-Vereinigung, die sich um ehemalige Straftäter kümmert.

Kapitel 6 Alltag bei Mama

Seite 289 *Die Zahl der jungen Männer in den USA* laut Schätzungen der Zahl männlicher Einwohner zwischen 18 und 24 durch die Abteilung für Bevölkerungsstatistik der Bundesbehörde für Statistik, Washington, D.C. 20233

Kapitel 7 Von drinnen nach draußen

Seite 322 *Der Bericht eines Gefängnisinspektors des Staates New York* «Bericht der Untersuchungskommission zur Situation geisteskranker Insassen», in: Jahresbericht der Inspektoren des Mount-Pleasant State Prison, 10. Januar 1845, S. 16–20

Seite 351 *Kurz nachdem ich Sing Sing verlassen hatte* The New York Times, 7. April 1999, S. A1

Auswahlbibliographie

Abbott, Jack Henry, *Mitteilungen aus dem Bauch der Hölle*, Ullstein 1982

Abu-Jamal, Mumia, *Ich schreibe um zu leben. Zeugnisse eines zum Tode Verurteilten*, Atlantik Bremen, 1997

Beaumont, Gustave de, und Alexis de Tocqueville, *Amerika's Besserungs-System und dessen Anwendung auf Europa*, Berlin 1833

Brice, James R., *Secrets of the Mount-Pleasant State Prison, Revealed and Exposed: An Account of the Unjust Proceedings Against James R. Brice, Esq., by which he was convicted of the Crime of Perjury, Accompanied by Affidavits to Prove His Innocency: Also an account of the Inhuman Treatment of Prisoners by some of the Keepers; and an authentic statement of the officers and salaries, with other curious matters before unknown to the public*, Albany, New York, 1839

Burr, Levi S., *A Voice From Sing Sing, giving a general description of the state prison, a short and comprehensive geological history of the Quality of the Stone of the Quarries; and a synopsis of the Horrid Treatment of the Convicts in That Prison*, Albany, New York, 1833

Chamberlain, Rudolph W., *There is no Truce: A Life of Thomas Mott Osborne*, Macmillan, 1935

Cheever, John, *Falconer*, Vintage Books, 1991

Cleaver, Eldridge, *Seele auf Eis*, Carl Hanser Verlag, 1969

Foucault, Michel, *Überwachen und Strafen – Die Geburt des Gefängnisses*, Suhrkamp, 1994

Frank, Anne, *Tagebuch*, S. Fischer, 1991

Jackson, George, *Soledad Brother*, Lawrence Hill Books, 1994

Johnston, Norman, *The Human Cage: A Brief History of Prison Architecture*, Walker & Co., 1973

Kauffman, Kelsey, *Prison Officers and Their World*, Harvard University Press, 1988

Lawes, Lewis E., *Twenty Thousand Years in Sing Sing*, Ray Long & Richard R. Smith, 1932

Luckey, John, *Life in Sing Sing State Prison, as seen in a twelve years chaplaincy*, N. Tibbals, 1860

Nelson, Victor, *Prison Days and Nights*, Garden City Publishing Co., 1936

Osborne, Thomas Mott, *Within Prison Walls: Being a Narrative of Personal Experience During a Week of Voluntary Confinement in the State Prison at Auburn, New York*, D. Appleton, 1914

BIBLIOGRAPHIE

Pierson, George Wilson, *Tocqueville in America,* Johns Hopkins Paperbacks, 1969

Shakur, Sanyika, alias Kody Scott, *Monster: The Autobiography of an L. A. Gang Member,* Penguin, 1994

Squire, Amos O., M. D., *Sing Sing Doctor,* Garden City Publishing Co., 1937

Tannenbaum, Frank, *Osborne of Sing Sing,* University of North Carolina Press, 1933

Wicker, Tom, *A Time to Die: The Attica Prison Revolt,* University of Nebraska Press, 1994